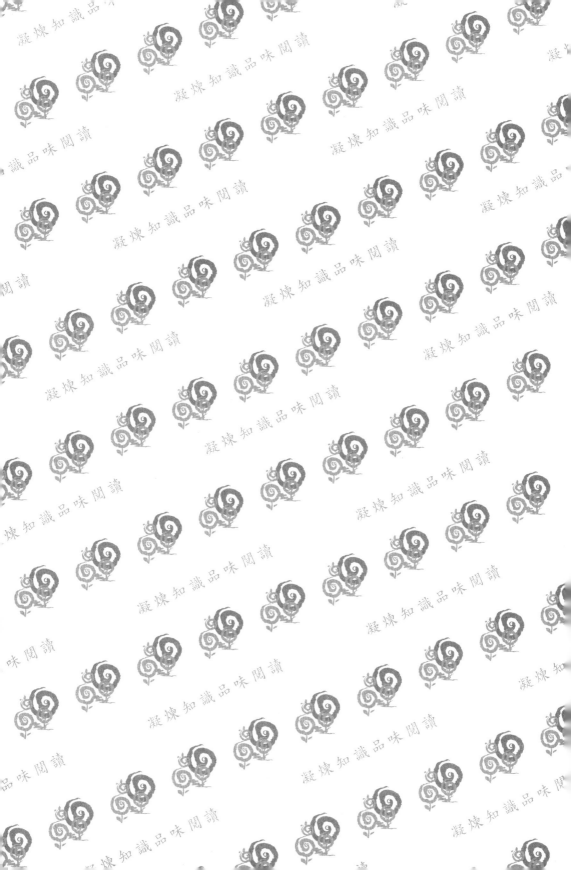

教育美學
靈性觀點的藝術與教學

李　崗　主編

馮朝霖　方志華　郭淑玲
何佳瑞　蔡偉鼎　陳柏年
林忠蔚　徐永康　李　崗
謝易霖　王尚文　林美玲
林雅萍　許宏儒　合　著

本書各篇論文皆經匿名雙審通過

五南圖書出版公司 印行

主編序

　　美學，作為一種安身立命的學問，必須根源於文化與教育的理解與想像。缺乏美學思考的教育工作者，容易形成平凡庸俗、單調無趣的教學風格；缺乏文化理解的美學研究者，容易形成高傲自大、充滿偏見的理論視野；缺乏教育關懷的文化評論者，容易形成喪失希望、無能為力的社會氛圍。因此，教育家應該充實自己的美學素養，進行文化的傳承與創新，此乃吾人提倡教育美學的主要旨趣。

　　本書的緣起，乃是主編從連續三屆的學術研討會中，精心挑選切合主題之論文，同時設定各篇文章的關鍵概念，作為系統化全書章節架構的基礎。換句話說，她並非一般常見的論文集彙編，我希望能夠藉此向讀者揭露，教育美學研究不可缺少的靈性向度。因為，美感經驗的發生，從來都不只是主體情慾的滿足，同時更是存有意義的開顯、天人合一的體驗、生命價值的創造。

　　首先，就靈性觀點言，教育界經常將其視為宗教的同義詞，有些學者主張靈性無法透過科學驗證，具備神祕色彩，充滿爭議，純屬無稽之談。這種說法乃是落入唯科學主義的迷思之中，殊不見超個人心理學運動的發展，極為重視身心靈統合作為人類潛能開發目標的終極價值。因此，本書特別從美學角度，主張靈性應包含神聖體驗、合一經驗、崇高感受、審美經驗、自我實現、自我創造、精神流變等概念。其次，就美學觀點言，繪畫與音樂並非單純只是兩種藝術類型，草圖與韻律更隱喻課程與教學。本書聚焦於「教育如何藝術化」的問題意識，一則涉及中國美學「傳神」概念的介紹，二則詳細地剖析西方美學康德、席勒、海德格、阿多諾、德勒茲、杜威、羅蒂、梅朵、培根、斯泰納、馬里旦等人的思想內涵，三則透過認知神經科學觀點省思我們究竟該如何研究審美歷程。復次，就教育觀點言，本書指出生態村運動的文化精神，乃是存在美學、公民美學、靈性美學的三重奏，這是二十一世紀另類教育的精彩演化，更因此成為全人教育的典範。美感教育，必須促成心靈能量的轉化與心靈品質的提升，原本是人格教育，也可以是透過藝術的道德教育。教師與學生之間，

運用生命敍說與協同合作的方式，得以湧現即興的教學藝術，進而朝向共生的靈性救贖。

再者，為了方便讀者能夠快速查詢，本書各章對於關鍵概念的延伸討論，主編與各章作者，乃是共同決定最具代表性的專有名詞，製作中英索引，希望有助於提升國內對於教育美學的認識，以及在日常生活中實踐的興趣。

時間過得很快，距離本書初稿在花蓮的首次發表，已經整整三年了。本人相當感謝每位作者，不僅在研討會上交換最真誠的肺腑之言，會後更仔細回應一切的匿名審查意見，甚至大幅改寫全文。在這個I級期刊至上的年代，願意惠賜大作，不計較研究績效的點數，長期等待只為了成就這部專書，實在兼具哲學家與藝術家的風骨與性情。此外，封面與封底的兩幅圖片，乃是心靈繪畫創始人郭淑玲老師的作品—〈轉化與輝映〉及〈暗夜一花〉，承蒙慷慨答應提供使用，其中寓意正與本書的標題「靈性」相互契合，達到畫龍點睛的效果。

最後，各位重視美感經驗、追求靈性成長、喜歡哲學思考、關心教育改革的朋友，尤其是藝術／文化工作者、美學／教育研究者、各級學校教師／教育行政人員、有志成為教師的人，主編誠摯地邀請大家，給自己一個沈思的場所與時間，與本書進行自由的心靈對話，相信必能從中開展美學視野、豐富人文素養！

李 崗

謹識於東華大學共和村奇萊居

2017年2月22日

目　錄

馮朝霖
國立政治大學教育學系教授

第一章

靈性美學——
生態村運動之教育啟示[1]

摘　要

全球生態村運動的核心——蓋亞信念——相信地球是孕育與滋養所有生命共同的母親，如此的信念不能不是一種覺醒，並且是靈性的覺醒。蓋亞信念代表的靈性覺醒也可說同時是「意識的轉化」與「世界觀典範」的改變。

　　「蓋亞」一詞牽涉的是世界觀，靈性牽涉的是人類圖像與全人教育，美學牽涉的則是教育的「究極想像」，而當這三者在全球生態村運動的脈絡中聚焦時，可能對教育思維產生何種可能的複雜發酵？本文的意圖在於經由探究生態村運動的烏托邦理念及實踐，描繪教育革新及社會文明革新的整體性典範趨勢。生態村體現了存在美學、公民美學與靈性美學的三重奏，更因此成為實現全人教育的典範。

關鍵字：靈性美學、蓋亞思維、生態村、萬物一體論世界觀

1　本章作者原訂標題為「靈性美學與蓋亞思維—生態村運動之教育啟示」。本書主編為求凸顯全書之論述架構，同時兼顧各章標題之一致性，因而略作更動，特此聲明，並向作者致上最深的歉意與謝意。

壹、文明災難與蓋雅思維

人類是怎麼陷入這個爛攤子的？（Jackson, 2012）

當今人類文明的所有威脅幾乎都可追溯到同樣的根本原因，我們正經歷幾百年來將「人與大自然分離」之世界觀的陰影面。這樣的世界觀把世界視為可分開操作，且是由各別部分組成的機器。大自然是我們身外之物，沒有內在價值並且是要去征服的。這種以化約論看世界的觀點是現代科學的基礎，且不斷增強提供我們生活的標準，通常被世界多數人視為偉大的成功。然而，人類開始意識到有諸多隱性的成本，這筆帳現在必須一一償付。

只要我們人相對比較少，而技術相對是無害的，未來似乎是一個永無休止的成長和物質進步的地平線。儘管強大的技術開發具有深遠的影響，但逐漸地，我們開始遭遇有限星球上有限的成長。現在我們可以透過炸山挖掘礦物，並且不分青紅皂白地破壞海洋與植物生命，暴力地削刮海床來捕魚。在這些年中，我們正共同學習重要的一課，即生態系統比我們所理解的更加複雜且不可預測。一個看似合理的地區發展，因為燃燒石化燃料，結果在其他地方，卻引發氣候改變而造成威脅。從自然到合成材料的轉變，像豆類罐頭的塑料內裡這樣簡單的東西，儘管成本效益顯著，卻導致對生育力的威脅，基因工程植物可能是更加茁壯的，但在無法自然地抵抗病毒防禦上卻付出更高成本。我們發現，我們是整體活生生的有機體（即蓋亞）中的一部分，在其中每一個組成部分以難以通盤理解的方式交互連結成為一體。

經濟成長的謬論

儘管全球性過度消費已經是不爭的事實，各國都有其經濟成長最大化的政治目標。這是一個無望的任務。如果世界各國都要達成像美國一樣的消費水準，將會過量360%，需要幾乎額外四個地球資源來承擔。在我們達到那一點不久，顯然人類就會和生態系統一起邁向死亡。就像任何生物學家都可以證實的，以雨林為例，生長總是以衰退或穩定的「高潮」

（climax）狀態兩者其一作為結束。隨著文明的發展，更多經濟成長的成本總是不斷增加，由於我們首先會實施最低成本的解決方案，因此隨後付出更昂貴的代價。在某些時候，邊際成本將超過邊際效益。就是在這一點上，根據史學家Joseph Tainter的說法，許多過去的文明開始崩潰。[2]

蓋亞典範

如果我們要進入問題的根源找解決方案，首先我們必須丟棄舊有的機械世界觀，在牛頓（Isaac Newton）與迪卡爾（René Descartes）之後，它有時也被稱為牛頓／迪卡爾典範。我們必須將其替換以更好地反映地球生命的現實。幸運的是，這正慢慢地發生。一個新的、整體交互連結與團結的世界觀正在萌發。我們可稱之為蓋亞典範，用以指涉、反映地球作為生命有機體並伴隨作為整體一部分的人類之確認，同時扮演一個相當特別的角色。這樣的世界觀必定是包羅萬象，如同我們不能拒絕身體的任一部分一樣，我們不能否認少數族群的人類社會、動物或植物的生命都是地球家族的成員。

蓋亞假說又稱蓋亞理論（Gaia Theory）或蓋亞原則，乃英國自然科學家詹姆斯洛夫洛克（James Lovelock）在1972年提出的一個假說。蓋亞假說指出在生命與環境的相互作用之下，能使得地球適合生命持續的生存與發展（Lovelock, 2000）。Morin（1999）呼籲地球人將地球視為人類「唯一的故鄉」（the only Homeland），這樣的主張與洛夫洛克將地球整體視為所有生物共同母親（The earth mother），實是異曲同工。如果地球是所有生物的母親，重建與母親的和諧關係，對地球母親的愛慕與歌頌就是生態美學的真意，而在另一層面，如此的認知與情意關係就是個人靈性（小我）與宇宙靈性（大我）的關係。因此生態美學本質上也即是靈性美學。

舊有世界觀的致命重擊可追溯到1920年代，當量子物理學理論指出整個宇宙中所有粒子是「纏繞一起」（entangled）或相互連結的（interconnected），因此證明可以將觀察者與被觀察者區分開來的「迪卡爾」想法

2　Tainter, J. (1988). The Collapse of Complex Societies, Cambridge University press.

是錯誤的。因此我們無法如同迪卡爾所相信的，將人與大自然分開。萬物以無法預料的方式交互連結。要以如此的洞見運作在社會上，需要幾十年的時間，但是它正逐漸地發生。在每個奮鬥的領域都有富前瞻性思維的小眾創造這個轉變。當整個社會發生這種轉變之時，事物看起來會是如何？（Jackson, 2012）

演化生物學家Elisabet Sahtouris（2012）曾描述從最小的細菌層面到整體人類社會，演化如何從競爭走向全面的合作，她帶著樂觀的態度說明我們如何處在學習合作的歷程中。Sahtouris宣揚「模擬生物的合作文化」（Biomimicry culture of cooperation），因為她認為進行合作就存在於我們的基因、我們的血液以及我們的骨頭之中。人類以前就經歷過這樣的合作，只是以前從未在全球規模的視野上進行。上述Lovelock（2000）的《蓋雅》（*Gaia: A New Look at Life on Earth*），還有Lynn Margulis（1998）的《共生的地球》（*Symbiotic Planet*）都是支持以上看法的重要理論。

物種要得以永續，即長久存活，得達到成熟的合作階段，當其他物種滯留在青春期的行為而不再為它們提供服務之際，便走向消亡。人類身處在自己所造成的災難中，現在正站在成熟的邊緣。Sahtouris呼籲我們從地球最古老的祖先——古細菌那兒吸取教訓，古細菌是充滿生機的地球中唯一透過自身行為創造全球災難並且解決災難的生物。讓我們看看是否我們也能做得跟它們一樣好！讓成熟合作的全球經濟結構成為我們的目標，也讓我們使得這樣的目標如同我們高度演化的身體一樣成功、高效率且有韌性。（Sahtouris, 2012）

Sahtouris認為所有我們的技術都是生物模擬（Biomimicry）——如蠶抽絲、蜘蛛織網、白蟻建窩、鼴鼠挖掘地道、鳥類飛翔以及人腦般的計算，如蝙蝠使用雷達、海豚使用聲納等等。但是現在是最重要以及最偉大的模擬生物演化壯舉的時候了：複製那些我們祖先所從事的，他們使其走向成熟永續，拉回我們經濟的擴張，就像我們的身體一樣，當達到成熟的尺度時，則轉變為維持穩定的持續狀態。

觀察人類最近的歷史，我們見到許多合作的實驗推動我們朝向真正的全球合作成熟期：從美國到歐盟，從NATO與SEATO及其他聯盟到世界宗

教會議、國際法庭與國際太空站（International Space Stations），從跨貨幣與文化的VISA卡到國際空中交通指揮部（International Air Traffic Control）等等。網路是人類創造最大的「自我組織活系統」，它改變了所有事物。由上而下的科層結構運作所維持與擴張的帝國，正讓位給民主以及更加成熟的組織以管理我們自己的生活系統（Sahtouris, 2012）。

進行合作就存在於人類的基因、人類的血液以及骨頭之中。人類以前就經歷過這樣的合作，只是以前從未在全球規模的水準上進行。合作不僅是一種令人讚嘆的生物行為，或是值得推崇的社會倫理，合作應該是當前人類文明困境出路的關鍵條件—共生的智慧—的外顯（Morin, 1999），而共生的智慧卻僅當在靈性的覺醒之後才有所可能。全球生態村運動正是此一靈性覺醒轉化為社會創新創造的具體實踐。

貳、生態村發展緣起與核心意義

顧名思義，一般以為「生態村」乃是以環境保育為目的，事實上，「生態村」的論述開始於對資本主義經濟主導社會發展模式的批判，反思人們究竟該如何生活。這一文明反思在1991年首次由丹麥蓋亞（大地之母）信託基金會（Gaia Trust）提出。1995年，蘇格蘭的Findhorn生態村首度舉辦了「生態村和永續社區」會議。生態村運動自西北歐啟動後，隨著「全球生態村網絡」（Global Ecovillage Network, GEN）[3]的成立，相關概念、論述和行動乃在世界各地逐漸熱烈開展。

生態村運動展開於三個文明面向的反省批判，包括社會（含經濟）、生態、靈性生活（spirituality），其中對社會之反思最為關鍵，甚可回溯60年代末發生於丹麥之「集村運動」（Co-housing movement），當時某些人認為市場供給的都市居住環境無法滿足人們的生活需求，決意發展更多共享空間（如廚房、菜園）、照護服務（如安親托育）的集村住宅計

---

[3] http://gen.ecovillage.org/

畫。原來丹麥語*bofællesskab*的意思更接近「生活共同體」（living community），然經翻譯，到北美卻變成了「集村」（co-housing）。易言之，生態村運動的發展和人類對於現代文明生活方式的反省有關，經多方討論研究，合作發展出一種創新生活方式，空間不限於城市或鄉村，而社群組成也各自不同，如在丹麥有許多高齡住宅相關案例。生態村實踐同時是對資本主義經濟全球化的抵抗，致力降低不當生活方式所造成對於地球自然環境的負面影響。

我們或可簡單定義「生態村」：不論城鄉，一群人致力於整合一套社會支持系統，採取對環境衝擊較低的共居生活方式，可採納不同策略包括生態設計（ecological design）、永續農業（permaculture，亦作樸門農法／農藝）、有機農業、可再生能源等等。在歐美等已發展國家，生態村案例多爲計劃性營造，然而，在亞洲、南半球，許多歷史聚落的傳統生活延續中早已具備生態村特質，因此生態村未必是個新建計畫。

因此對生態村要提問的核心問題是：在不過度依賴科技的狀態下，人究竟要與自己、社群與自然萬物如何和諧共存？用什麼方法才能凝聚共識，讓人們願意一起努力，創造新的生活方式？

生態村永續生活的四大意義包含：個人修行／靈性提升、社會生活、生態保育、經濟穩定。這四大領域面相所組成的全面向永續生活，很清楚顯現其中所訴求的各項平衡：個人與社群的平衡、經濟與生態的平衡。生態村匯集來自世界各地的居民，就像個小型地球村。每個人到此居住的動機不同，但是透過遵守社區共識／規範，幫助個人思考，發現彼此所追求的目標殊途同歸，善待自己、他人與環境的目標，其實都得回歸到人與自己相處、人和人相處、以及人和自然相處的練習／實踐之上。生態村的精神就是讓人體悟：在多元中看見一體性（一多相即）（see the unity in diversity）。

在世界其他地方，像哥斯大黎加（沒有軍隊）與不丹（最大限度地提高國家幸福總值）已經顯示他們分享許多蓋亞典範的價值。在非洲，賽內加爾（Senegal）政府不管如何，是第一個積極支持生態村運動的。在斯里蘭卡，佛教薩爾烏達耶運動（Sarvodaya movement）串連15,000個

村落，分享許多蓋亞典範的價值。晚近在南美有33個國家成立地區聯盟CELAC，其目標有許多面向與GTO類似（Jackson, 2012）。

一、生態村是人類文明危機的積極性出路

蓋亞基進會創始人之一的Ross Jacksen（2012），在其最新暢銷書《占領世界街道》中很中肯與充滿自信地指出生態村典範是當前人類整體危機出路的最可欲與可行的出路。今日的全球生態村乃是史無前例的世界性社區實驗，一個催生新人性的生活實驗室。從此一鉅大運動歷程所浮現的不僅僅是一種哲學觀，而是一種嶄新典範，一處人類未來文明的迷你縮影（Joubert & Alfred, 2007: XII）。

二、生態村是跨世紀（最）基進的教育改革運動

生態村本質上是以「整個村莊」整體作爲創新教育與學習的空間，其實就是名符其實的「沒有圍牆的學校」，下一代人類在眞實環境中與大人共同進行聞名的革新與創造，這本身即是上一個世紀另類教育運動（alternative education movement）的基進願景，如今終於得以實現（Dawson, 2006: 17）。

三、生態村實踐草根民主與追求平權溝通文化

生態村在基本精神上都認同民主價值，並且信仰民主平權對於世界和平的不可或缺性。德國生態村Tempelhof以村落整體實驗作爲社會改革與世界和平的實驗典範，全村重大事務的決策尊重每一個成員聲音，以細膩的溝通關懷取代傳統民主的粗暴及冷血。

四、生態村本身就是一個生活與學習中心

全球生態村逐漸具有校園的意義與功能（Ecovillages as campus），學生利用生活在其中的機會，學習各種永續性相關主題。生態村與外面世界最成功的橋梁連結也被認爲是在其教育面向，其實際教育功能甚至被認爲優於一般學院機構，因此建議將生態村逕稱之爲富於創意之「社區大學」

（Communiversity）（Dawson, 2006）。

五、生態村尊崇全人教育理念與理想

Jonathan Dawson明白確認全人教育乃生態村七大項共同要素其中之一項（2006）。大自然的核心是相互關聯的，其互動是動態的，我們可以看到原子、有機體、生物圈和宇宙本身都是動態的和互相關聯的。不幸的是，人類世界自從工業革命以後，就被切割成片段和格式化（引自張淑美譯，2007：111）。

六、生態村隱含的靈性層面強調人類意識轉化

生態村的推動者都體認到，整體性文明實驗成敗關鍵在於人類意識是否能產生典範性的轉化（Harland & Keepin, 2012），Albert Einstein曾給了典範性的啓示：「我們所體驗的自我、思想與感覺彷彿是與其他事物分離的東西——這是一種視覺意識上的幻覺，這種幻覺對我人而言實是監獄。……人類的任務必須是將自己從此監獄中解放，擴展我人理解與慈悲的範圍，進而擁抱自然整體的所有生命及其美麗」（引自Harland & Keepin, 2012）。

七、世界生態村經驗彰顯「共生的智慧」的多元實相

生態學與機體論世界觀的發展也啓發人類應該謙卑向大自然學習更適當的生存智慧，因而有「社會仿生論」（social-biomimetic）的論述發展，生態村文明實驗則顯示人類只要心胸足夠開放與謙卑，只要心存悲憫大愛與創意勇氣，那麼不難在先民經驗、自然生態、在地文化與團隊合作的眾多來源之中，發現可資參酌應用的獨特「共生的智慧」。

八、生態村發展奠基於萬物一體論（整體論／機體論）世界觀

生態村體現一種生方式，他們都是基於深刻瞭解所有事物與所有生命都彼此連結，而且，人類的思想與行為對環境會產生影響（Svensson,

2002: 10）。萬物一體論（整體論／機體論）世界觀至少有三個不同的淵源：德國新人文主義、二十世紀中出現的複雜科學（Complexity Science）、萬物一體論世界觀尤其是東方文化的基調，不論佛教、道教、儒教或印度教，都共享此一典範的世界觀。

參、萬物一體論世界觀（*the Worldview of the Oneness*）

一個同時並行的覺醒正發生在世界各精神與宗教傳統。當東方遇見西方、北方遇見南方，萬物一體的真相以前所未有的方式逐漸顯露，人類精神意識不可缺的整體性越來越受到認可。世界的傳統智慧與宗教原則相互映照與連結，帶來先前分殊的實踐與教義之間的融合（Keepin, 2012）。

這些趨勢的意義為何，它們將何去何從？我們所見證的不外乎是意識的革命——東西方、現代與在地、人類與非人類、當代與古代兼具且交互影響之廣大、整體世界觀的誕生——所有這些皆帶領我們朝向對「存在共同體」（oneness of existence）深刻、整體的理解。此一充滿吉兆的突破性發展來得一點也不晚，原因在於為了通過前方具挑戰性的水域，並開始建構愛與和諧的新文明，人類迫切地需要一個全面的、團結的觀點。這不是夢幻神祕的幻想。這是我們作為人類族群的命運，同時體現此命運是我們與生俱來的權利（Keepin, 2012）。

傳統西方科學之世界觀限定了我們，使我們相信這個世界是由不同的、孤立的、有形的物體所組成——所以事物在空間上彼此分開，並且根據理性的、確定的、機械的律則設置其動態運動。這種宇宙觀強力地支配了幾百年或更久的時間，帶動古典物理學、生物學以及其他自然科學的言論。然而，上個世紀起，這種世界觀在無數科學新領域的卓越發現下，開始崩潰。從此一角度觀察，這導致了根本性的轉變，它始於約莫一百年前伴隨物理學的量子理論以及相對論而來，並持續到二十世紀在生物學、演化生物學、複雜理論、超個人心理學及許多其他學科上的重大突破（Keepin, 2012）。

先從物理學家David Bohm（1917-1992）的研究談起，他是科學與精

神靈性的領導先鋒。Bohm與愛因斯坦在普林斯頓是同事，他們兩人對量子理論的理論基礎分享類似的觀點。Bohm對理解宇宙本質有強烈的熱情，這種熱情驅使他覺得科學探究的真正目的在追求真理，他對於許多科學家將科學首先當作預測與控制自然以及科技的實用手段感到困擾與不滿。如同愛因斯坦一樣，Bohm相信科學是一種精神的追求，一種深刻的對真理的追索或智者瑜珈（jnana yoga），致力於發現存在的終極秘密（Keepin, 2012）。

Bohm不僅深切地探究現代物理學，在此領域他作出重要的貢獻，同時他也帶著其探索超越了科學本身。他深入鑽研精神的教導與智慧，他持續與印度智者克里希納穆提（J. Krishnamurti）和其他引領精神的大師們包括達賴喇嘛深度對話超過20年。他也探索藝術以發現關於秩序與形式之本質的洞見。他熱切地擁抱科學與精神的探究形式，藉由斟酌運用盡可能廣泛的數據和調查方法，作為對現實真正本質之所謂的「三角檢證」。

他開始追問新物理學的兩大支柱——相對論與量子力學——有何共通點，他發現此即是整體性（wholeness）。兩種理論皆提出，不論從最微小的原子到最大的星系，宇宙是個單一的整體。建立在此超過30年的嚴謹科學工作基礎上，Bohm浮現了一個假設，宇宙的本質即是他所稱的全息移動（holomovement）。「全息移動」意指存在的本質是持續的改變歷程，「全息」（holo-）指的是它有一種全像結構，在其中每個部分包含整體。以Bohm的話來講，「宇宙是流動運動中的單一、完整的整體」，在其中每部分的流動包含了整體的流動。偉大的神祕詩人魯米（Rumi）早就以詩表達相同意涵（Keepin, 2012）：

> 我是陽光下的塵土，我是太陽球體……
> 我是早晨的薄霧，傍晚的氣息……
> 我是石頭上的火花，金屬的黃金光芒……
> 玫瑰與夜鷹沈醉在其芬芳中。
> 我是存在之鏈，星球之軌道，
> 創造的尺度，興盛與陷落。

我是所是與非所是……

我是萬物的靈魂。

有許多方式讓我們能夠與自然產生連結，並體驗我們美麗地球的智性與相互連結網絡，見證整體論／一體論世界觀的眞實意義。在團體中一起工作是個特別豐富的基礎，因爲這不僅帶來與自然的巨大連結性，更可以強化團體的認同感。我們並不總是需要由正式的小組會議開始。圍著開放的營火煮飯、用家用物品作爲打擊樂器一起玩音樂、就地取材創造藝術、在星空下睡覺或在野外游泳，都可以使人產生這類的意識。如果是要在一起一個月的團體，建立一個小而物種多樣的沙拉菜園是另一種方法。園藝開啟我們對不同元素、微氣候、水質、季節、當地野生動物以及生長歷程的意識。很少有比從種子開始種植食物、欣賞形式中的固有樣式以及透過良善耕種成爲滿足感的主體更爲神奇的。種植種子也可以是一種深度的象徵行動，當我們播種時，就好比種下我們個人或團體的意圖。

肆、三種美學素養集一村

筆者在不久之前，根據Edgar Morin的思想提出符合當代社會文化脈絡意義的美感素養論述（馮朝霖，2013/12），Morin的三元人類圖像是爲UNESCO推動所謂的「地球永續性發展教育」（Education for Sustainable Development, ESD）提供系統論述架構基礎，筆者認爲莫翰所提出的人類圖像不僅對於當今「地球公民」教育之實踐提供富於啟示的理論基礎，也可對應於三個層面的「教育美學」：個體存在範疇恰好對應於「存在美學」；「社會」範疇對應於「公民美學」；「族類」範疇則對應於「生態美學」。簡要地說，存在美學要回應的是自由個體在「意義世界」中「精神的究極性發展」；公民美學要追尋的是社會人在「民主社會」中「實踐的正當性可能」；生態美學要開展的則是地球人在「地球社區」中「共生的永續性價值」（馮朝霖，2012，頁83-116）。

存在美學、公民美學與生態美學（靈性美學）三個範疇的意義略述如

下。

　　存在美學何以是美學的第一個範疇？馮朝霖（2000）曾提出美學是教育上最容易被疏忽與遺忘的範疇，但是只要人們同意「教育即是成人之美的藝術」，就會繼而發現對人類個別主體而言，人的「自我完成」需求本質上既是存有學範疇，更是美學範疇，因爲生命存在意義的尋找與實現乃是人類生命最爲深刻的驅力與創造性動源，存在美學也即是人類主體自我創化（self-creation）歷程的整體展現。存在美學牽涉的是個人生命歷程的意義邂逅（encounter）、義意創造（creation）與意義分享（sharing），三者組成了主體性的形成。「主體的力量無法如心智或品格般被培育或訓練，唯有在獨立於對象的自由實踐中才存在。美感的邂逅（aesthetic encounter）無法隨意志徵召，唯有在不費力氣的專注中到來」（Løvlie, 2002）。此段話道盡美感經驗對於主體發展與建構歷程的深刻意義。

　　西方公民美學論述傳統起源甚早，席勒在《美育書簡》第二封信即明顯主張「現代政治問題的解決必須假道美學問題，人類只有透過美才能走向自由」（Schiller, 1795）；其第三封信繼續談論「根源於暴力的強制國家過渡到根源於法則的倫理國家，所需要的乃是第三性格（即美的性格）這根支柱」；第四封信則論述「理性要求一體性，自然要求多樣性，但有教養的人具有性格的全面性，只有在這種條件下，理想中的國家才能成爲現實，國家與個人才能達到和諧統一。」

　　席勒的遊戲具有實現理想文明政治的意義，遊戲因此可以稱爲「藝術化的公民行動」，感性的衝動、理性的衝動都需要透過遊戲的衝動來調合成藝術性，以建構席勒美育哲學中的「審美的王國」，也就是所謂的「藝術化的作品」。因此就席勒美育哲學觀點而言，美感素養本身已經無可避免具有公民美學的意涵，全人教育與公民教育互相涵攝。

　　席勒之後，人智學（Anthroposophie）創始人史泰納（Rudolf Steiner, 1861-1925）與其後繼者藝術家波伊斯（Joseph Beuys, 1921-1986）皆以擴展藝術概念爲「整體社會之型塑／雕塑」（Soziale Plastik, Soziale Skulptur）而聞名於世（Roesch, 2013）。這樣的美學觀點看起來與馬克思主義哲學有所關聯，都強調人類參與政治社會改革的主體性發展意義，因此也

可以說，從席勒以來，史泰納與其後繼者的美學思考，已將美學意義從個人存在美學擴展延伸到公民美學範疇，甚而進一步而至於生態美學（大自然整體）的範疇。

本文「生態美學」範疇意義採「生態思維」（ecological thinking）的衍義，研究者（馮朝霖，2000）曾以「生態思維與宗教情懷」為題以詮釋「德國新人文主義」教育哲學之現代意義。換言之，席勒與歌德等新人文主義時期的宇宙觀就以「機體主義」（Organist Worldview）為其特徵，視宇宙眾生彼此生死與共、禍福相關，此一思維典範宇宙觀乃是二十世紀生態學與複雜科學的先驅。生態美學即同時是靈性美學的論斷，皆可在新人文主義與後來的人智學（Anthroposophy）思潮中得到應證。蓋亞假說（Gaia Hypothesis）則是其最新的版本。

本文認為生態村的整體文化精神完全體現（embody）了存在美學、公民美學與靈性美學的三重奏，更因此成為實現全人教育的典範。如果將生態村視為二十一世紀另類教育的一種精彩演化，那麼可以說生態村、另類教育、全人教育與美學三重奏的匯流，乃是本世紀教育創新演化上最令人驚艷嚮往的願景。[4]

伍、靈性美學與全人教育——共生與即興

滄海盡頭人滅度，亂峰深處塔孤圓。
憶登夜閣天連雁，同看秋崖月上煙。

一、全人教育是靈性的永恆的美夢

存在美學、公民美學與生態美學／靈性美學三者構成了後現代的全人教育（holistic education）完整願景。或也可稱為後現代「教育美學三重

---

[4] 相關細節內容請參閱馮朝霖&許宏儒（2014/05）。學習的自由與地球的未來——另類教育與生態村運動的匯流。**教育研究月刊**，**第236期**，頁29-43。

奏」（馮朝霖，2012）。而夢想則是靈性的首要象徵指標。

全人教育本質是教育的美夢！一場永遠都不會醒的夢！在其中，孩童應是「夢想者」（dreamer），教育者（含教師與家長等）應是「夢行者」（practitioner of dream）！但教育機構必須是「夢之鄉」（dreamland），是醞釀夢想、呵護夢想與培力夢想的溫床，否則任何人的夢想都無法存在與實現！

如果十二年國教的教改基本上是臺灣斯土斯民的夢想，那就務必盡一切所能，讓孩童能是真實的「夢想者」，教育者能是真實的「夢行者」，而教育機構也能是真實的「夢之鄉」！

夢想原是靈性的本質，是教育工作者最應關切的生命大事，當代德國靈性教育／和平教育思想家Sabine Lichtenfels以下的一篇散文詩〈孩子們的夢〉（The Dream of the Children）（in Harlan & Keepin, 2012: 190-193），美妙地傳達了本文上述的思維：

請給孩子們與他們的夢想連結的機會

你不會再這麼想：這些是我的孩子，他們從屬於我。所有孩子都是天地大化（Creation）的孩子，他們從ME（大我）而來，也將返回到ME（大我），他們攜帶自己的生命藍圖而來。

那是可能的，你將在自己的孩子身上發現你的宇宙夥伴與老師。

別試圖利用你的孩子來實現你未實現的渴望，請自己去實現自己的渴望。

傾聽你孩子的語言，並感知他們的夢想；如此或將喚醒你自己的夢想。一旦你開始看見並瞭解孩子的夢想，孩子將會是你自己覺醒的祝福。

支持他們，以使他們的智慧能降臨他們自身，他們需要你的愛，你的嚴格，你的清明與你的真理。

他們特別需要你割捨關係（愛必隱含割捨），以使他們能自由

維繫他們與世界的關係。

與孩子們的夢想連結，如此的連結將會帶給你自身內在力量的
增長。

〔……〕

假使孩子偶然表現得有如叛逆的怪物，請別驚慌。他們只是短
暫地重複人類演化的整體歷程。請運用你自己寧謐的力量，指
引他們清晰的方向。

請賜給孩子機會，讓他們發現並接受他們的宇宙使命。

傾聽孩子們的語言並感知他們的夢想，如此或將喚醒你自己的
夢想。

二、全人教育的前提在認知靈性乃完整人性的成素

任何全人教育的主張，本質上都是教育美學意識的投射，其意義都是
人類對於人性發展「盡善盡美」的渴望與投射！全人教育的主張都是文化
烏托邦的設計。

人類審美活動與美感意識都與想像力及夢想密不可分！而夢想是靈性
的本質，人同時是美的「受用者」與「創造者」，作為美感受用與創造的
基底若非靈性，那還能是什麼？

靈性未必與宗教信仰有關聯

我們每一個人都可以有我們自己的「與神對話」，跟自己的內在智
慧接觸，找到我們自己內在的真理。這就是自由之所在。這就是機會之所
在。這就是生命最終目的之所在（Walsh, 1998）。

靈性即體驗自己是神（聖）的一部分

你是，一向是，也永遠是神聖整體的一部分，是整個身體的一員。
所以，你在世上的工作並非學習（因為你已然知道），而是重新憶起你
是誰，並且重新憶起每個人是誰。愛是終極的真實（reality）。它是唯一
的、所有的真實。愛的感受是你對神的體驗（Walsh, 1998）。

靈性即領悟最高的價值——喜悅、眞理、愛

喜悅、眞理、愛——這三者是可以互換的，而其一永遠導向另一個，不論他們的先後次序如何。最高的思維，永遠是那包含著喜悅的思維。最清楚的話語，永遠是那些包含著眞理的話語。最崇高的感受，就是你們稱爲愛的那種感受（Walsh, 1998）。

靈性究極即是自性本覺的宗教情懷

冥想的覺照（空寂）即是眞正的宗教情懷，具有宗教情懷的心才有「自發性」的愛。這份愛是沒有分界的，對它而言，遠就是近，個人就是群體。處在這份愛中，所有的分別分界都消失了。和美一樣，它是無法言喻的。所有的行動都從這「寂照」中產生。靈性大師克里希納穆提（Jiddu Krishnamurti）如是說：冥想因此就是愛的活動，那不是愛一個人或許多人之類的愛。它就像人人都可以喝的瓶中水，不論那瓶子是金的，還是陶製的，它都是飲之不盡的（引自馮朝霖，1998，頁140-141）。

陸、結語

如果你認同的是你的形體與屬性，那麼你僅是宇宙中的微粒。但假如你認同的是你的存有或本質，神聖的整體以其所有的深度與光輝與你同在。因此你眞正的認同與萬物一體——即與神合一。阿拉伯詩人紀伯倫美麗的詩篇上也如是說：美是生命，當生命取下面紗而露出她神聖的面龐時，但你是生命，你也是那面紗。美是永恆，在鏡中凝視自己，但你是永恆，你也是那鏡子（Gibran, 2006）。

我們以古波斯詩人魯米（Rumi）的詩來結束本文，他在七百多年前更優雅地且更爲簡潔地表達了我們在本文中已經說明的所有事情，看關於靈性美學的意涵與深度在這首詩中如何巧妙地呈現（引自Keepin, 2012）：

你所見到的萬物在看不見的世界中有其根源。
形式也許會改變，但本質是一樣的。

每個奇妙的景象會消失，每個甜美的字句會褪色。
但不要沮喪，
他們來自永恆的根源——
成長、枝散，賦予新生命以及新的喜悅。

你為何流淚？——
你自身即是根源，
這整個世界
從它那兒湧現、成長。
此根源豐潤，
其水源源不絕；
不要悲傷，喝個夠吧！
不要認為它會乾涸——
這是無止盡的海洋！

從你來到這世界的那一刻起，
梯子便放置在你前面，因你可能會逃脫。
從泥土你變成植物，
從植物你變成動物。
最後你成為人，
擁有知識、智慧與信仰
看看這來自塵土的身體，——它變得多完美啊！
你為何要害怕其死亡？
你何時曾不計垂死？

當你超越此人類外在形式，
無疑地你會變成天使
穿越天堂遨翔！
但不要停留在那裡。
即使天上的形體老去。
再次地通過天堂的領域
投入浩瀚的意識之洋。

讓一滴水，那就是你成爲許多巨大的海洋。
但不要認爲這一滴水可單獨地
成爲海洋──
這片海洋也會成爲一滴水！

致　謝

　　本文爲行政院科技部補助專題研究計畫【共生的智慧與即興美學──以生態社區實踐經驗爲參照。計畫編號：NSC 101-2410-H-004-116-MY2】之部分研究成果，特此誌謝。

參考文獻

中文

Ferguson, M.（1993）。**寶瓶同謀**（廖世德譯）。臺北：方智。（1987）

Gibran, K.（2006）。**先知**（王季慶譯）。臺北：方智。（1923）

Osbon, D. K.（1997）。**坎伯生活美學**（朱侃如譯）。臺北：立緒。（1991）

Walsch, N. D.（1998）。**與神對話（I）**（王季慶譯）。臺北：方智。
　　（1996）

崔光宙（1988）。樂記篇源出考及美育觀。**師大教研所集刊，第卅輯**，頁87-
　　111。

馮朝霖、范信賢、白亦方（2011）。**國民中小學課程綱要系統圖像之研究報
　　告書**。（國家教育研究院：NAER-100-12-A-1-02-01-1-02）。臺北：國
　　家教育研究院。

馮朝霖、許宏儒（2014/05）。學習的自由與地球的未來——另類教育與生態
　　村運動的匯流。**教育研究月刊，第236期**，頁29-43。

馮朝霖（1998）。開展自由無欲的愛——克里希納穆提的觀點。孟東籬等，
　　關於性的最高觀點（頁119-144）。臺北：圓神。

馮朝霖（2000）。**教育哲學專論——主體、情性與創化**。臺北：元照。

馮朝霖（2006）。希望與參化——Freire教育美學推衍與補充之嘗試。李錦
　　旭、王慧蘭主編，**批判教育學——臺灣的探索**（頁137-168）。臺北：心
　　理。

馮朝霖（2012）。另類教育與美學三重奏。中國教育學會主編，**2020教育願
　　景**（頁83-116）。臺北：學富。

馮朝霖（2013.08）。學校在窗外——村中自有讀書聲（評介）。黃武雄，**學
　　校在窗外——教改二十周年紀念版**。臺北：左岸文化。

馮朝霖（2013.12）。和光同塵與天地遊——論當代美感素養。**教育研究月
　　刊，236期**。頁29-43。

黃武雄（2013）。**學校在窗外——教改十五周年紀念版**。臺北：左岸文化。

外文

Biesta, G. (2002). Bildung and Modernity: the Future of Bildung in a World of Difference. In *Studies in Philosophy and Education*, *21*, 343-351.

Freire, P. (1998). *Pedagogy of Freedom—Ethics, Democracy, and Civic Courage.* Oxford: Rowman & Littelfield publishers, Inc.

Greene, M. (1995). *Releasing the Imagination, the Arts, and Social Change.* San Francisco: Jossey-Bass Publishers.

Harland, M.& Keepin, W. (EDT) (2012). *The Song of the Earth: A Synthesis of the Scientific and Spiritual Worldviews.* The Worldview Key of the EDE, UK: Permanent Publications.

Jantsch, E. (1980). *The self-organizing Universe—Scientific and Human Implication of the Emerging Paradigm of Evolution.* Oxford/Frankfurt/Paris: Pergamon Press.

Jackson, R. (2012). *Occupy World Street—A Global Roadmap for Radical Economic and Political Reform,* Vermont: Chelsea Green Publishing.

Joubert, K. A. & Alfred , R. (EDT) (2007). *Beyond You and Me: Inspirations & Wisdom for Building Community.* The Social Key of the EDE, UK: Permanent Publications.

Keepin, W. (2012). Inner Net of the Heart : The Emerging Worldview of Oneness, In Harland, M. & Keepin, W. (EDT). *The Song of the Earth: A Synthesis of the Scientific and Spiritual Worldviews* (pp. 2-17). The Worldview Key of the EDE, UK: Permanent Publications.

Lovelock, J. (2000). Gaia: A New Look at Life on Earth. London: Oxford Univ. Press.

Løvlie, L. (2002). The Promise of Bildung. Løvilie, L. & Mortensen, P. & Nordenbo. E.

Margulis, Lynn (1998). *Symbiotic Planet (A New Look At Evolution),* NY: Basic Books.

Morin, E. (1999). *The Seven Complex Lessons in Education for the Future*. UNES-CO.

Nachmanovitch, S. (1991). *Free Play—Improvisation in Life and Art*. New York: Jeremy P. Tarcher/Penguin Putnam Pub. Group.

Nietzsche, F. (1984). *Also Sprach Zarathustra*. München: Edition Deutsch Bibliothek.

Roesch, U. (2013). *We are the Revolution! Rudolf Steiner, Joseph Beuys and the Threehold Social Impulse*. Temple Lodge Publishing.

Rorty, R. (2006). *Take Care Of Freedom and Truth Will Take Care of Itself – Interview with Richaed Rorty*. Edited and with an Introdoction by Eduardo Mendieta. California : Stanford University Press.

Sahtouris, E. (2012). Towards A Biomimicry Culture of Cooperation. In Harland, M.& Keepin, W. (EDT). *The Song of the Earth: A Synthesis of the Scientific and Spiritual Worldviews* (pp.18-24). The Worldview Key of the EDE, UK: Permanent Publications.

Schiller, F. (1795). *Über die ästhetische Erziehung des Menschen*. München: Wilhlm Fink Verlag.

Special Issue: *Educating Humanity: Bildung in Postmordenity. Journal Philosophy of Education, Vol.36*, No. 3. Oxford.

Tainter, J. (1988). *The Collapse of Complex Societies*, Cambridge University press.

方志華
臺北市立大學學習與媒材設計學系教授
郭淑玲
心靈繪畫講師、文化大學哲學研究所博士生

心靈繪畫——
教師美育社群的實踐敘說[1]

摘　要

　　諾丁斯女性主義關懷倫理學理論的推衍，尤其是在美感經驗、接納意識，和反省的悅樂情感的分析，促使研究者著手去組織了一個共同進行關懷自我的「心靈繪畫」教師美育社群。社群運作從2009到2012年共六期五十四次，四年研究成果包括：在社群期間舉辦一場蠟筆詩畫聯展，得到發聲表達的肯定與回應。主要成員在兩年後2014年對社群經驗活動的回饋，包括有：意義的沈澱、表達的安頓，以及相遇的幸福感。

　　在六期從蠟筆點線面的表達中，主題從關懷關係、文學、音樂、視覺藝術、建築的觸發導引，最後回到社會人格發展，以空間感、轉化到平面視覺點面線，與艾瑞克森人格成長階段的對應，提出「視覺化人格建構」。從中漸漸看見美感經驗與道德人格內省的連結，即可以用美感經驗的接納意識為核心位置，反思德性人格關懷自我的力量。

關鍵字：教師社群、關懷倫理學、心靈繪畫、艾瑞克森、美育、德育

1　本章作者原訂標題為「『心靈繪畫』教師美育社群的實踐敘說──美育與德育連結
　之路初探」。本書主編為求凸顯全書之論述架構，同時兼顧各章標題之一致性，
　因而略作更動，特此聲明，並向作者致謝。

壹、前言──從德育到美育的反思

會組成一個教師美育社群，從關懷心靈繪畫工作坊開始、延續到教師蠟筆詩畫聯展，最後社群授課講師郭淑玲老師在課程中發想建構出一個視覺化人格理論，並在美育社群中得到理論和實踐的初步印證，其實是我在關懷倫理學德育理論探索中，去結合一群教師同好和一位藝術家的共同創造。

對於發起人的筆者[2]而言，一路走來，支持我的理論意識，是研究諾丁斯（Nel Noddings）關懷倫理學的重要啟示，讓我願在教師美育社群中一步步品嘗和體驗美感創作之旅。當我帶著關懷倫理學的理論觀點，經由郭淑玲老師在心靈繪畫課程中的美感反思與引導，讓自己經歷美感探究的歷程、體驗其在關懷自我人格上的作用、及疏通道德關懷動力的效用時，我更肯定在這個講究科學與效率的年代，美育素養是教師這個成己成人專業的重要一環。至少我自己和社群老師們，在我們專業成長的道路上，都得到很大的支持、助益，以及轉化力量。

貳、我在關懷倫理學中的探究──美感經驗在道德關懷中的核心位置

以下主要針對諾丁斯（Nel Noddings）《關懷──女性進路的倫理學與道德教育》（1984）一書中有關美感經驗的部分，提出我的探究心得。

美國女性教育哲學家諾丁斯建構的關懷倫理學，不同於重視理性論證的倫理學，她以促成關懷動力和關懷關係為核心，提出關係是存在的基礎、關懷是道德的基礎（方志華，2004）。在這樣的脈絡下，情感成為重要的關懷動力來源，而美感經驗成為描述和呈現情感狀態的重要體驗。也

---

[2] 本文由第一作者站在構想、發起和邀請、組織的立場，進行實踐的敘說。本文第二作者（通訊作者）專長在心靈繪畫，受第一作者之邀，設計並引領每次畫畫的美感經驗主題課程，因而有本文中各項視覺藝術成果反思與詩文呈現。

就是說，我其實是在研究道德哲學，但是跟著諾丁斯重視道德情感的思維追本溯源，我自然而然會想去探索隱含著情感的美感經驗。

一、諾丁斯關懷倫理學對「道德實踐」與「美感經驗」二者關係的探討

諾丁斯在《關懷》（1984）一書中，指出了道德關懷、智性關懷和美感關懷的關係和異同。她首先分辨：進行道德論辯時的美感經驗是智性關懷，不能算是道德關懷。然而她又在另一處提出：悅樂（Joy）可成為增進道德理想之動力來源與基本情感。

此外，諾丁斯另外有一論述，並未直接提及美感經驗，但卻由於強調關懷動力中的接納意識，因而間接指出了美感經驗與關懷實踐的密切連結；即在關懷者與受關懷者的關係中，關懷者的道德動力感性來源，可以用有反省性質的美感經驗作為入手。在一邊強調分辨不同美感經驗的差異、一邊又強調道德的基本情感中，我看到「美感經驗具反省意識的性質」、與「接納的悅樂是道德的基本情感」二者，我需要再更進一步以親身經歷去探究。

二、道德關懷、智性關懷，同源於（或造就於）創造性接納意識的美感經驗

諾丁斯首先運用了一般對美感的詮釋：「是一種對形式的熱情投入，無涉於個人需要的滿足」（1984:21）。接著，她將對事物的智性興趣，從道德關懷中區分出來，也就是當我們談論、或分析某事物的道德意義或道理時，這不算道德關懷，而卻是發揮出智性的美感經驗或美感興趣。更甚者，如果我們對人事採取旁觀批判立場，不願為之有任何作為，只是在情緒上不勝其擾，諾丁斯稱之為「在美感中失掉了道德關懷」（1984:22）。她說：

> 「我們得問個特別的問題：道德和美感有何關聯？而我們視為道德重要基礎的關懷，是如何受到美感的增進、扭曲，或是減弱？」（1984:21）

　　於是，關懷倫理學雖是論述道德實踐的理論，卻必須從源頭處──即美感經驗，提出反省分析。諾丁斯指出，許多藝術家自述的創作經驗有個共通點是，靈感不是努力就一定可以得到，它不可捉摸，而是在朝思暮想、眾裡尋他千百度的努力中，靈光乍現。不是藝術家捉住創作靈感，而是靈感不預期而自然地向藝術家敞開、說話（Noddings, 1984:22）。

　　諾丁斯接著話鋒一轉，將創造活動與關懷實踐相提並論。她說當我們在談學校的創造力教育時，總將焦點放在諸如：如何進行活動和操作、以及給多少自由上。而談及道德關懷的學習時，大都會談及照顧的行動，但促成照顧行動背後的關懷，老是被簡單地視為只是感性（sentiment）而已。可以說，長久以來以目標評量為導向的教育取向，同時耽誤了創造力教育和道德教育的發展（Noddings, 1984:22）。

　　其實道德之關懷，與藝術之美感一樣，都需要創造性的超越，而創造的核心經驗，是開放的接納意識。對於美感接納在教育中的位置，諾丁斯鄭重提出她的質問：

> 「當我們無法測量接納時，如何能（在教育上）對於在創造力和關懷中都是核心重要的接納，加以強調呢？因此不論是在教育上或是生活上，我們可以說，有些事應由信念（faith）來接管和承擔，而非目標評量。」（Noddings, 1984:22）

　　因為創造中真正的接納意識，不知何時會出現，所以要承諾去做、然後信任那開放的接納會自然地湧現。於是，諾丁斯馬上又說，雖然藝術創作與道德關懷的美感接納，有類似的特徵──即創造性地接納──但二者又不同，因二者未必會相互移轉，如：熱愛蘭花的納粹分子（有藝術的美感接納），卻可以殺人如麻（沒有對人的關懷接納）；即使道德關懷本身的接納意識，都未必能擴充轉移，如：能愛自己的家族，卻未必能愛敵人的家族。（Noddings, 1984:23）

三、關懷關係中接納的悅樂（joy），是一種具反省與評價意識的基本情感

在分辨了道德關懷與智性關懷中的接納，都以創造性接納意識之美感經驗爲核心、但卻又不可混爲一談後，諾丁斯提出要增進關懷動力，必須要增進道德理想，對接納意識的美感經驗有了進一步分析。她提出關懷關係的基本情感，是有反省意識的、由衷的悅樂之情。

不同於存在主義以焦慮情緒爲存在的基本情緒，也不同於效益主義指出人以自私爲主的情感假設，諾丁斯另提出，我們在成就了的關懷關係中，時而不經意流露出一種寧靜愉悅、和諧關聯的氛圍心情，可稱爲接納式悅樂。這種情緒之流露，是因爲感知到與當下的對象、事物，或環境，處於一種開放接納的關係中，這是已成就關懷關係而散發出的一種內在氛圍，也是反省評價後的意識狀態。諾丁斯指出：

> 「這種悅樂之發生，是在主觀令人驚異的神奇中，而有的一種
> 自我的意願轉換；它指向一種接納式的意識，此接納意識因全
> 心投入而變得活躍，因注視和傾聽而得到啓蒙。」（Noddings,
> 1984:144）

人在悅樂時未必是道德善的完成，因爲悅樂有很多種可能，但倒過來說，當道德善或關懷關係完成後而湧現的、向世界開放的接納意識，正是人性基本情感的安寧悅樂狀態。能學習去察覺和體驗此種創造性接納意識的悅樂，可以作爲持續關懷實踐的力量回饋，其能回饋給自己，增強我們對生命的價值意義感。

四、關懷者的道德關懷情感，源於包括「為自己好」和為別人好的理想圖像

諾丁斯因此提醒我們，關懷關係中的受關懷者，在整個道德活動中占著重要的地位。因爲關懷者要在受關懷者的身上，去學習如何開放接納，

而這接納——正如藝術創造一樣——需要努力，但又非一蹴可幾。

　　學習接納，是一門生命的學問，永無止境。諾丁斯雖然以討論道德為主，然而所涉及到的開放接納、悅樂情感、反省意識等，也通於美感經驗和藝術創造經驗，尤其是她提及道德行為源於雙重情感時，預設了自我情感與內在意識的探索空間，孕育了筆者想從美感經驗探索自我的伏筆：

> 「道德行為的來源，在於雙重情感中，一是直接感受要為對方好；一是感受要為自己好，成為最好的自我，這最好的自我會接受並保持此原始的情感，而非拒絕它……關懷者道德理想之德行，是建立在關係中。德行向他人開展、並在回應他人中成長。」（Noddings, 1984:80-81）

　　諾丁斯的關懷倫理學在反省上雖是運用女性經驗與女性精神，在實踐上是承繼杜威的自然經驗主義，但在理論層面上卻是承續了存在主義對於存在感的現象描述與情感意識的反省（方志華，2004），也時時流露出文學性質的感性話語。包括她在之後《教育道德人》（2008）一書中〈課程與道德教育〉一篇中的各章，都可以看出其強調文學取向的課程。這些都可以看出情感與存在意識的反省，在關懷倫理學教育中占著核心的位置。

　　這也是為何我越來越發現，道德教育在啓動關懷動力的層面，生命教育和美感教育更是應該強調和配合的課程。筆者曾在一篇小文章中如此自我剖白：

> 「我在任教中一直在介紹關懷倫理學這個由女性主義所提出來的道德理論，它重視以關係為核心的道德實踐，然而我在關懷倫理學的教學和體驗歷程中，自己也一直有個疑問，就是好像自己『製造』了一些關懷關係上的艱難：如自己沒有力量去關懷別人時而覺內疚、關懷的好意竟然遇到不被接受時而覺憤怒、自己受傷的感覺超出了負荷時，甚至久久無法復原，遇到所謂的窘境時，不斷啓動了羞愧之感等。於是開始反省：到底

　　自己付出關懷的這個部分，出了什麼問題？關懷倫理學的創始者奈兒・諾丁斯說道德的關懷之情是同時對別人好『也對自己好』，可是我常覺得對自己不太好，這是到底是怎麼回事？」[3]

　　像筆者一樣的成人，尤其是教師們，在成為關懷者並要教導學生成為關懷者的素養教育中，如何在情感上自省、如何進入美感意識的反省，成為關懷倫理學要去開發的一個面向。

　　這段話開展了雙重的探索與學習途徑，一是向「他人」展開關懷實踐的德行，在回應他人中學習關懷。在這一方面，諾丁斯提出的身教、對話、練習、肯定等道德教育方法，是帶領學生學習關懷，並成長為對方好與為自己好的一個教育進路（方志華，2010）。

　　這裡的「為他人好」，可以有自近而遠的廣大範圍，舉凡我們自己與親密的人、社區內之人、遠方的陌生人、動植物生態環境、文明物品、理念文化、宗教理想等，都是有關懷關係的對象。

　　而另一方面，如何「為自己好」，什麼是為自己好的圖像，對於一些成年人而言，進行自我探索，瞭解自我意識並開拓自我意識，也是一條自我開發之路。這是筆者多年來在關懷之路發現險阻後的另闢蹊徑，即倒過來，要從美感經驗去探索那阻礙了關懷道德自我（「為自己好」）的創造性內在反省意識。

　　圖1的分析圖，呈現了這樣的層次關係，即道德的美感經驗，是具有創造性接納意識的性質，當其發生時，內在的悅樂之情可印證之。實則這三者在發生時是合一的關係，是為自己好也為別人好的意向下的呈現，只是借用層次來分析之。

---

[3] 全文為一本書的序言〈關懷的力量源自真實的信任〉，原載於：克里虛納、阿曼娜著，莎薇塔譯（2007），真愛的旅程——從虛幻的信任到真實的信任。高雄：于天出版社，頁4推荐序。也收錄於方志華（2010），道德情感與關懷教學，臺北：學富，頁343-345。

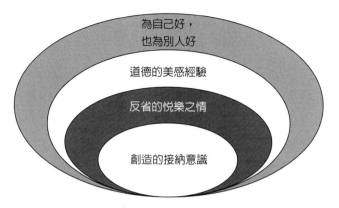

圖1 關懷倫理學對道德的美感經驗分析

參、「心靈繪畫」關懷自我美育社群的活動發展

一、美育社群的活動設計和參與成員

　　為了進行我想要的內在接納意識的美感經驗探索，我邀請了郭淑玲老師進行社群學習活動的操作設計。郭淑玲老師創發了心靈繪畫，之前已在中小學或大學進行多次心靈繪畫教學，而且重視直覺與接納，與我的理念不謀而合，於是邀請郭淑玲老師帶領這個我心目中的美育社群進行關懷自我的探索。

　　淑玲老師運用的媒材，是大眾皆可上手的蠟筆，畫面不拘泥於抽象或是具體，然她本身以抽象的點線面構成色彩的凝聚感，既是對直覺力的發掘，也是對直覺力本身的信任（郭淑玲，2011）。對於當今聲光化電之視覺畫面已臻浮濫的社會，讓人回歸到手繪質感本身所帶來的原始筆觸，頓時讓人回到無聲生命的空白立足點，或是生命廣大無垠的自然背景，遺世而獨立，內在審視的片刻。Gardner將智慧一分為八，其中有內省（Intra-personal/Introspective）智慧與空間（Visual/Spatial）智慧（李平譯，2003），淑玲老師心靈繪畫所蘊涵的智慧，即占此二，是一種創意的結合。

何謂「心靈繪畫」？「心靈繪畫」是以人的身心為平臺，憑藉人與生具有的直覺感知能力，讓手自動將圖像呈顯出來。在繪畫創作的歷程中，人將與自己的內心相遇，並藉由圖像的解讀及詮釋，進而領悟自身的遭遇與意義，使人得以觀照真實的自我，進而產生新能量和智慧。

淑玲老師本次心靈繪畫的活動，進行的流程如下：

1. 給予一個主題。讓人生的課題在當中呈顯。

2. 如主題涉及社會、哲學、藝術等相關內涵，則給予相關的畫面與文本，作為導引，如主題與自身感受有關，也可直接作畫。

3. 拿起蠟筆憑心靈直覺作畫，直到不想再畫為止。

4. 將畫展示在黑板上，大家一起觀賞一幅畫，自由說出自己的感受。

5. 由畫者說出自己畫畫的感受、以及聽到大家自由聯想心得後的感言。

6. 如此一幅接一幅，直到所有的畫作都分享過為止。

7. 由淑玲老師總結，有時會指點畫者再發展畫面上的某個部分，繼續挖掘。

8. 每期社群約活動九次，最後一次要將這一期前八次所有的畫作以詩性文字作整合，製作成簡報檔，發表並分享自己的心得。

作畫過程像是潛意識的不斷流瀉，而分享的過程，則是有意識地去回頭看見自己，也如照鏡子般，社群成員間互相輝映，也互相支持。

我們這個美育社群，一開始即是在我任教學校招募志願成員，在2009年暑假很快就有十多位成員，他們多是研究所在職進修的中小學老師，有博士班和碩士班研究生。在從2009-2012年共六期的社群活動中，有些成員因著學業完成而告一段落，也有成員介紹有興趣的朋友一起進來參加過幾次活動，每次活動大都維持約十多位成員。

二、美育社群繪畫主題的發展進程

第一期是由我以關懷倫理學由近及遠的關懷面向，提供作為探索關懷自我的參考主題，內容則由淑玲老師自由發揮和帶領。第一期心靈繪畫社

群主題爲〈2009夏‧關懷、接納與連結——探索女性特質之心靈繪畫〉，在招募成員海報上，「緣起」由我開場如下：

> 「關懷倫理學以女性經驗爲基，提出關懷包括『爲最佳之自己好和爲別人好』，從關懷自己到關懷他人的每一層連結中，都可以一一探索和反思其中的動力關係，讓關懷關係得以自然地建立、保存和增強。因此，挖掘自己的女性特質，從接納自己的內在到連結外在世界，是個重要的體驗與學習歷程。」

淑玲老師則接著我的緣起需求，轉化爲她的理解與繪畫元素，將社群的「目的」鋪陳如下：

> 「以宇宙構成元素（地水火風空）、生命、文明及藝術精神等作爲探索女性特質的層面，並將之轉化爲關懷的諸多向度，讓探索動力由認知轉化爲行動力。希望在自由的繪畫氛圍和老師帶領的分享中，探索自己的女性特質，感受自己在不同層面的接納與連結，進而開拓關懷的內在潛能。」

於是我們共同規劃了第一期「關懷、接納與連結——探索女性特質之心靈繪畫」的主題與內容如下：

1. 關懷自己：接納——擁抱內在的小孩
2. 關懷父母：連結——信任、照顧、愛與需求
3. 關懷愛人：奉獻——親密關係、愛的學習、喜樂泉源
4. 關懷他人：回應——經驗對方（兩對眼睛）、聚合與離散
5. 關懷環境：保護——理想生活、共同的需求與感受
6. 關懷世界：承擔——理想人生、責任、對話、社區、動植物、大自然
7. 關懷文明：開創——文化、表達、情感疏通、理念建構
8. 關懷宇宙：反饋——神祕的召喚、系統的循環

　　社群共進行了三年六期，每期畫八次畫，最後一次統整與總結，共上九週。這六期的主題和運用的文本素材，整理在表1。

表1　「心靈繪畫」教師美育社群的六期主題與導引文本

期別	時段	主題	導引範疇	導引的媒材文本
第一期	2009	自我探索	點線面	以關懷倫理學的關懷關係為主題，感受自我的情感關係
第二期	2010	當代心靈	文學	以當代小說、經典等為文本，感受當代人的存在感受
第三期	2010	東方音樂	音樂	以中國傳統樂曲、南管、臺灣原住民音樂等為文本，感受東方的文化底蘊
第四期	2011	藝術心靈	視覺藝術	以當代藝術畫作、民俗等為文本，感受當代畫家在傳承與另闢蹊徑的時代感
第五期	2011	美好生活	建築	以當代著名建築理念與作品為文本，如安藤忠雄等，想像自己未來理想的生活型態
第六期	2012	療癒之道	身體、空間、自我關懷	以淑玲老師創發的「點線面構成——建築空間——人格成長」為文本，輔以Erikson社會人格階段理論

　　六期五十四次的社群歷程，每次都歷經約2.5到3小時。前五期包括了自己與各種社會人際關係的反思（第一期）、當代文學的心靈探求（第二期）、東方中國音樂文化的沈澱（第三期）、西方繪畫心靈的啓示（第四期），以及建築空間的理想生活創發（第五期）。

　　六期的社群繪畫活動，從第一期關懷自我的各種關係連結開始，中間歷經了文學發想、音樂聆聽、平面繪畫、建築造形，而最後一次第六期與人格成長發展的力量來源最爲密切，似乎又回到了第一期的自我探索。然而第六期是帶著前五次的經驗，並重新由美感元素點線面的空間感，再對自我存在感與社會關係加以回應。此時不但看到了關懷理論發展的潛能與連結，也從美感元素中提煉出對自我關係的新感受。

　　在第五期以「美好生活」爲主題時，淑玲老師即已分享了當代建築大師的作品和心靈洞見，讓大家反思自己內在嚮往的生活方式和自處模

式[4]。而到了第六期，淑玲老師也即順著從第一期起持續關懷自我的探索路線，讓第五期的「空間構造」和第一期的「人際關係」互相對應，並命名為「療癒之道」，似乎從第一期到第六期是個順勢而為的水到渠成，第六期也開展了一個從藝術心靈中的美感經驗、到道德心靈中人格反思的療癒之道。

其實我並沒有設定社群要持續多久，而是抱著順其自然的心態在經營，結果是欲罷不能。我們從2009年暑假連續上了共六期，直到第四年2012年同一時間，我自己因行政職務、時間上無法配合，幾位博士生進入新的人生階段，而關懷自我的美感經驗因著淑玲老師「療癒之道」的創發，也剛好來到了一個沈澱與重新開展的飽和時刻，此時固定的社群活動才在2012年嘎然而止。

肆、第六期「療癒之道」中「視覺化人格建構」的創發——從空間感到視覺平面點線面，以及道德人格發展的關係連結

由於淑玲老師在第五期以建築與理想生活的關係帶領作畫，第六期「療癒之道」的創發，即接續之而以建築和點線面的空間意識轉化，對應到人格成長與道德實踐中，重要力量的來源與課題。「療癒之道」的八個面向，創意地對應到美國艾瑞克森（Erikson, 1968）的社會心理人格八個認同階段，這樣由空間意識到人格德性的對應連結，更凸顯了美育中美感經驗與德育中人格成長的連結和教育意涵，淑玲老師稱之為「視覺化人格建構」，以下是淑玲老師對設計和內涵的說明與分析文字。

一、「視覺化人格建構」的設計

「視覺化人格建構」的設想是以「建築」的基本構成來對應「人格」

---

[4] 這次我也覺得特別有興趣，我本來就對建築有興趣，曾在參加一個心輔團體時說到房子或住處代表了自己與母親的關係，就像胎兒與子宮。

的成長階序。一座「建築」的基本構成，需有底線、支柱、遮蔽（形成場域）、路徑（形成動線）、邊界（空間分割使用）、出口（與外界的連結）、流動（自然生息），最後是「完整」，人得以安居其中。一如「建築」須兼具人文與自然、實用與藝術，「人格發展」也是需要父母教養（家庭教育）、師長提攜（學校教育）、同儕間的競爭合作、社會的定位貢獻、成家立業、及生命的終極關懷與完成。

以「建築之道」比擬「人格發展」，於是有了「視覺化人格構成」的創發。「視覺化人格建構」的操作，結合繪畫基本元素——點、線、面、空間、光影的處理等等，並輔以Eric H. Erickson的人格發展理論（Erikson, 1968），讓建築空間、平面視覺繪畫、與教育人格三方面領域連結，且讓「教育人文」的理論增添了一種可操作性。

依「建築」的基本構成順序，逐一對照「人格」長成的基本要素，包括人文、自然、和社會等因素，二者的連結「詮釋」，便是本文的重點。本研究運用質性研究的描述，以結晶式的直覺判斷，提出理論初步建構，也就是依據「視覺化人格構成」的理論假設來進行「心靈繪畫」，然後再依每位參與者的繪畫圖像進行解讀、分析，以粹取圖像所透顯的訊息，最後進行每人的成長歷程比對。

先簡要地說明其中三個連結，即水平線（底線）、垂直線（支柱）、和場域（空間感）。依「建築」的基本構成，首先是「地基」，轉化在二度平面時便是「水平線」。將「水平線」與「母親」的意象連結起來，是因「水平線」在視覺上予人平穩、安定的感覺，且就人格成長來說，「母親」也是首要的影響者；對應Erickson的人格發展第一階段「嬰兒期」，表現出的人格特質便是「信賴v.s.不信任」。如果此階段人格發展得宜，日後對人便能產生信任、安全感；反之，則表現出依賴、退縮，或面對新環境時會焦慮、適應不良等。當然「水平線」有非常豐富的意涵，由十位參與繪畫者的貢獻，可看出母親作為「陰性」力量的影響，不僅影響個人人格，甚且可檢視目前社會和教育界的價值趨向。

「底線」確立後，再來便是建築體的「支柱」，對應的是「垂直線」。「垂直線」作為「矗立」起來的線條，具有振作、奮起的意涵，我

們說是「父親」的力量、或「陽性」的力量，具有主動、支撐、堅強的意象。對應Erickson的人格發展第二階段「幼兒期」，表現出的人格特質便是「自主行動（自律）v.s.羞怯懷疑（害羞）」，成長得當便能按社會行為要求表現目的性行為；反之，則缺乏信心、行動畏首畏尾、自我懷疑、或任性、衝動等，總的來說，是「意志力」薄弱、以及缺乏「自我駕馭」的能力。

再來是建築體的「遮蔽」所形成的「場域」，也就是處理「光」的問題、以及如何「遮風避雨」等。我們說是「光」的力量（或「學習」的力量），當內心的「光」無法進入時，便會產生陰影、疏離、恐慌、和幽閉；相對的，則是因有「存在感」而產生的自我價值感，這得靠「學習力」來達成──對應Erickson的人格發展第三階段「學齡前兒童」，表現出的人格特質便是「自動自發（主動）v.s.退縮愧疚（罪惡感）」，成長得宜則表現出積極行動、有進取心、和責任感；反之則畏懼退縮、少自我價值感，或冷酷無情、自我抑制等。

如此發展下去與Erickson的人格發展對應，「視覺化人格建構」共產生八個主題：

「視覺化人格建構」共有八個主題，其從建築元素、視覺化繪畫元素、到生命狀態與特質、德性人格的力量來源，及德性人格成長課題，八個階段皆有相應對應的主題，本研究的建構設計芻議如表2。

此外，視覺化的人格構成，雖可以由艾瑞克森的階段論加以詮釋，即人格有其在成長期循序的發展階段與學習課題；然而每個人的生命當下都完足具備人性中所有的德性特質，因此也會在不同的情境脈絡中，凸顯不同人格特質中的德性議題，所以每次心靈繪畫皆可以統整又獨特地呈現生命不同面向的議題。

表2　視覺化人格的建構芻議

階段	建築元素	視覺化元素	生命狀態與特質	德性人格力量來源	德性人格成長課題
1	底線	水平線	依靠、安定、靜默守候	母親的力量	信任v.s.不信任
2	支柱	垂直線	主體、成長、肯定、責任	父親的力量	自主v.s.羞怯懷疑
3	場所、牆	遮蔽、內與外	陰影、疏離、恐慌、幽閉v.s.存在、如是、敞開	光的力量／學習的力量	主動v.s.愧疚
4	路徑	動與靜	傍徨、虛幻、行屍走肉v.s.希望、目標、抵達	真實的力量	勤奮v.s.自卑
5	邊界	空間	切斷、對立v.s.漸進、關係、互動	理性的力量	自我認同v.s.角色混淆
6	出口	孔、洞	撞擊、碎裂v.s.分擔痛苦、連結	情感的力量／愛的力量	親密v.s.孤獨
7	流動	流動	瞬間凝結、完全不連續v.s.循環、對話、變化、進入彼此	大自然的力量	創造力v.s.停滯
8	完整	完整	缺口、修補、融合、再生、不可思議	靈性的力量	整合v.s.絕望

二、「視覺化人格構成」八個層面內涵分析

㈠底線─水平線─依靠、安定、靜默守候─母親的力量（信任v.s.不信任）

「水平線」就視覺上來說，具有無限「延展」的意涵，展現的是無垠無涯、廣大和遼遠，不僅在空間上如此，就「時間」而言也是如此，於是「水平線」便有了「永無止盡」的況味，可以成為「時空」的起點和終結的表徵。一條「水平線」躺在紙上，便有了「休息」、「止息」的指向，也就是不作為、被動、靜默、回歸，彰顯的是「陰性」特質。進一步衍生為「母親的力量」，是在華人的文化價值系統下而有的理解，由於「陰性」的非主動作為、配合，於是便有了默默承受、承載、負重等意象；「母親」作為這些形象的總代表，直與「大地」的意象劃上等號──大地無盡藏，不僅承載萬物，也包藏孕育萬物、默默進行「轉化」的工作；另

外，由於靜默、配合、不主動、不凸顯自我，於是也有了平常、平凡、陪襯、耐心等待的意涵。

㈡支柱─垂直線─主體、成長、肯定、責任─父親的力量（自主v.s.羞怯懷疑）

「水平線」從躺平到「站立」起來，成爲連結天地的「中軸線」，一如人類文明的演化，也是由「直立」開端。一條矗立於天地的「垂直線」，便有了昂揚自信的況味，可以有「自主」可能性，可以憑空創造、建設一切；但同樣的，要擺脫「不作爲」的被動，便要有支持系統的底蘊、和「振作奮起」的動能，否則任何挫折、風吹草動便無法昂揚挺立於天地。如此，「垂直線」作爲主動、奮起、有所作爲、開始展現建設力的「父親力量」呼之欲出──撐得住、有責任感、可被攀附、往上成長、庇蔭等。但另一面來說，一條「垂直線」矗立著，同時也有「切割」的意涵，不同於「水平線」的隱沒、不被看見，相反的便是要人看見、昭告天地它的存在和價值，是明顯的「有」、並非「無」。所以「垂直線」的存在，也意味著一種「渾沌」、完整的狀態被「破壞」了，於是有了「分裂」、「分離」、「區分」的意涵，「價值判斷」開始出現，什麼好壞、高下、美醜、褒貶……等等。「相對立」的價值出籠，打破了「水平線」世界的安詳寧靜，使得人類處境顯得更加緊張。

㈢場所、牆─遮蔽、內與外─陰影、疏離、恐慌、幽閉v.s.存在、如是、敞開─光的力量／學習的力量（主動v.s.愧疚）

當「水平線」與「垂直線」交會，就建築來說，代表物就是「牆」。有基底、有結構支柱、有「牆」，此三者已建構了基本的建築。換個說法，「牆」是「垂直線」（支柱）的放大版，主要是以「面」的型態來形成支撐，在內涵面上，具有「陽性」力量的表徵，尤其發揮「陽性」的「切割」屬性，具阻絕、隔離的功能。就建築來說，一道牆的存在，形成「遮蔽」，就更確定了「空間」的範疇，於是有了內、外的區分──就建築內部來說，「牆」的存在，區分了不同的用途，因此「牆」除了切割空間外，作爲某種特定「功能」的屬性也被強化了。如此，「牆」的存在意

味著「區分」與「功能」，作為滿足某種特殊需求的「價值」於焉浮現；因此，我們便可理解何以「存在感」本身便與「價值感」連在一起，因為作為滿足特定「需求」的「存在」，其本身便被界定是有價值的。在人格發展的第三階段，便是如何讓「光」進入內心，點亮未來人生的前程。所以我們就將「光的力量」與「學習力」連起來；在「空間場域」（或說是「生命場域」）的主要活動，便是「學習」，如果一個人能夠「真正」學習，其人生才可能開展。

㈣路徑─動與靜─徬徨、虛幻、行屍走肉v.s.希望、目標、抵達─真實的力量（勤奮v.s.自卑）

前面談到「水平線」（母親的力量）、「垂直線」（父親的力量）、和「光」與學習的力量（十字線），有此三者，大抵建築已確定，延伸來說，生命亦然，有父母照顧、及智慧之道指引，大抵也確立不敗人生。但從此起點到完成「天賦使命」之間，便有太多的人生故事可說，或順利、或曲折、迴繞、走不出去……等等，一生經歷的諸多「事件」型塑了「人格」，但人格發展有其軌跡可循，除外在因素（命運）外，主要便是依據一些看得見、或看不見的「路徑」來決定。

「路徑」的產生，便是在空間被阻隔的情況下留下一些缺口、或說是「通道」，以便能運用空間；如此，「路徑」本身並不具主體意識性，而是配合所要到達的目的而有。所以當一個人「無路可走」，而顯得徬徨、虛幻、行屍走肉時，重點便不是在他該選擇走哪條路的問題？而是要先釐清內心的「價值判斷」。此階段的人格發展便是讓天賦使命的圖像逐漸清晰。靠的不盡然是父母、師長睿智的指引，而是每個人如何聽從與上天的密約，讓自己真實的力量自內而外地啟動開來，這端看每個孩童喜歡自發性地做些什麼，便可逐漸拼貼出未來可能的路徑。

㈤邊界─空間─切斷、對立v.s.漸進、關係、互動─理性的力量（自我認同v.s.角色混淆）

「邊界」的定義，主要是「不可逾越性」。如此，便有了「分際」、角色定位、言行是否合宜等問題。到了「邊界─立足空間」這階段，便不

僅限於個人價值，還擴大到「價值體系」問題——符應、或挑戰龐大的價值系統？在此階段，我們對應的是「理性力量」——理性的思考不侷限一時一地一人，而是建立一套「規範」，讓社會一體適用；所以，此階段談論的是「自我定位」、「價值系統」及「社會關係」。

　　「邊界」的處理，可以直截了當、涇渭分明，也可以容許「模糊地帶」、以漸進的方式進行轉化；不同的「邊界」處理，產生不同的「視覺」效果：邊界線清晰明確，予人明快了當、御繁為簡，且頗有不容逾越的「警告」意味；邊界不清楚，比較容許不同的價值彼此激盪、融合、互相滲透，展現的是相對「寬容」的精神。但，如果邊界太模糊，失去區別性，也將使「功能」無從發揮，陷入一片混亂。人格發展至此的重點是「自我認同」，重點是能否預見未來在社會上的「一席之地」？

㈥ 出口—孔、洞—撞擊、碎裂v.s.分擔痛苦、連結—情感的力量／愛的力量（親密v.s.孤獨）

　　就建築內部來說，根據用途作空間切割、設定路徑、以及確定物件位置邊界等，內部空間大抵完成，足以發揮功能。但就對外關係來說，則需要有「出口」，否則只是幾堵牆的墓穴——以「地下陵寢」的圖像便可明瞭缺乏「出口」的處境，一樣生活不虞匱乏，但缺乏與外界的聯絡互動，生活將陷入一片死寂。此人格階段的發展，主要學習的便是「愛的力量」——真正的「愛」，意味願意共同分擔痛苦，所謂「無緣大慈、同體大悲」，近似宗教愛的奉獻。

　　一個「出口」，也同時是對封閉建築的破壞、裂解，形成窗口或門口。「裂解」需要超過建築本身建構的外力撞擊，所造成的破洞，一如生命成長經歷的「傷痕」，是以一種痛苦的方式強迫封閉系統「敞開」，以便與外界進行交流互動。前面階段的人格建構，都是為了培養「自我感」，以便建立自尊自信、自我價值、和責任感，但到了這個階段，卻是徹底打破「自我中心」，重新推翻、檢驗「真實」的自我。

㈦ **流動─流動─瞬間凝結、完全不連續v.s.循環、對話、變化、進入彼此─大自然的力量（創造力v.s.停滯）**

建築有了「出口」，陽光會照拂、風能在建築內穿梭，帶來鮮活的氣息，人居其中才充滿生命能量；我們將內外在能量的交換，稱之爲「流動」。我們將人格發展的第七階段對應「大自然的力量」，已顯示當個體從建立自我個性、到摒棄自我中心而發展「群性」，接下來的重點便是與「天地」相溝通，看的是能否使社會邁向文明演化。

在此發展階段特徵，依Erikson人格發展理論便是「創造力v.s.停滯頹廢」。「創造力」表示開創新思維、新視野，並帶來新的生產型態、或生活方式等等，將使社會進行「更新」，開創新局。「創造力」的產生並不難，來自「深度關懷」的態度、以及願意眞正「解決問題」的承擔，不管是對人、事、物皆然；所以Erikson說是：熱愛家庭、關懷社會，有責任心、有正義感。

㈧ **完整─完整─缺口、修補、融合、再生、不可思議──靈性的力量（整合v.s.絕望）**

人格發展到了最後階段，便是「整理」與「回顧」──看是隨心所欲，安享餘年、回顧與釋懷，還是悔恨舊事，徒呼負負、或專橫輕蔑？所以Erickson歸結爲「自我榮耀（統整）v.s.悲觀絕望（碎裂）」。歸結來說，看到的是人格特質的眞正「轉化」，也就是說每個人重新「創造」了一個「新」的自己──內在眞正的「質變」、甚且是迥然的翻轉。比如說：分化的，變成融合；封閉的，變成敞開；枯索的，變成豐富多彩；剛直的變柔軟等。

伍、心靈繪畫第六期療癒之道作品與自我敘說舉隅

一、參與心靈繪畫的敘說之一──以小惠老師爲例

六期的心靈繪畫每期九次，其中第九次是運用詩文總結前八次的畫作。六期共跨了四年五十四次，每次皆進行了2.5到3小時。每期參與人數

從十到十多人不等，而當時在國小任教的小惠老師（化名）除了第五期以外，其他各期都有參加，是這個心靈繪畫美育社群的重要成員。

　　表3是小惠老師參與第六期的八次作品和自我敘說，由於正面臨生涯抉擇，因此各次主題綜合著她對自己外在境遇的內在詮釋。看著日出日落、從自己腳下的大地出發、走出谷底的遲疑、進入新域、延伸到域外，找到出口、在朦朧中想像，直到肯定遍地的開花。從信任出發到靈性整合的歷程，不斷透顯出面對未知與未來時，同時有著不確定和自我的追尋，然而終究透顯出生命自我肯定的德性力量。

表3　小惠老師（化名）參與第六期的八次作品和自我敘說（節錄）

次	主題	作品	自我敘說	力量	人格
1	底線		地平線 「太陽上升？落下？」 太陽日復一日由地平線升起，緩升緩落，／注入光的天空，一切清楚有方向指引／太陽熾熱太近灼傷，太遠失去溫暖，保持距離在合宜距離下成長……。	母親的力量	信任v.s.不信任
2	支柱		垂直線 「你準備好了嗎？」 ……小女孩打扮漂亮要去參加活動，所處空間安全，但未被看見，女孩尚在遲疑是否往上爬，往上是否真的有路走，所以女孩未握住繩子／父親柔軟的形象，支持我想要的。和父親有距離的……。	父親的力量	自主v.s.羞怯懷疑
3	場域		水平線＋垂直線 「進入城牆」 沙漠旅人在兩地交流貨品／這交換行為是利人利己，他逐漸富有／夕陽將落，他進入城中休息，同時交換他帶來的貨品／	光的力量	主動v.s.愧疚

次	主題	作品	自我敘說	力量	人格
			牆提供城安全、保護,進入牆便安心,但守門者問來者意圖,旅人得意自己身分是受歡迎的		
4	路徑		斜線、曲線 「何時啓程?要去哪?」 天微光,不是啓程好時刻,靜待。/路徑在隱密的草叢中、森林中、山澗水流處,每走一步,便知道如何走下一步,只是心中盤算要去哪兒,並不急著前往,每個點都有引人入勝之處,等要出發時,聽聽心的召喚。/路在自己心中,心清明,路便出現。	真實的力量	勤奮v.s.自卑
5	邊界		直線、曲線、圓弧線 「長出畫面之外」 接了新工作/水平建立人與人的連結,各自發展空間,成長速度不同/到頂的芽苞長到邊界,往回長?或再往上長?當決定長出畫面外,便進入另一未知空間。	理性的力量	自我認同v.s.角色混淆
6	出口		圓、S的形變 「一定有出口」 當我畫好出口,便可以自由地畫黑色,不懼怕在黑暗的陷溺。/光的指引,是窗、是洞、或「人為」出口,自然吸引漂移,不必有路通往。/大風雪中的光,你要不要往前走,進入。停留,黑暗是試煉所,靜心地在其中修練。黑暗是滋養靈魂深度的沃土。/另一個出口是退路,緩衝,光的世界是另一個未知。	愛的力量	親密v.s.孤獨

次	主題	作品	自我敘說	力量	人格
7	流動		U形 「山非山，霧非霧」 迷濛的霧雨帶來想像，清晰無誤的真面目未必吸引人，反且美麗的誤會，引發心理的變化，讓人想親近，一步步踏入，未覺自己走了多遠／朦朧美，勾出人們對美好的想像，願意去嘗試、接觸、一步步涉入，等到進入後，自己也改變了／當玫瑰不再是玫瑰，玫瑰是愛小王子一朵花，是夜鶯刺入胸前綻放的玫瑰，有了人的寄托的感情，事物被注入靈魂訴說著故事。	大自然的力量	創造力 v.s.停滯
8	完整		完整 「遍地開花」 每個小點都有自己的綻放、爆發，遍地開花是一種完整。／改變是來自於一點一滴能量累積，長時間的動能灌注，力量的發散是每個點力量的串聯及擴散，彼此點燃，此消彼長，生生不息的延續力。／每個顏色都有其價值，完整來自於接受生命中的任何遭遇都有其義意與價值，不要輕忽一件小事或某個人。	靈性的力量	整合v.s.絕望

二、作品示例與說明之二——我在八個主題美感經驗中的反思

筆者（小華）自己的八次療癒之道，以下挑出其中三回，呈現出自我分析、圖畫和對應詩句。

1. 第二回：支柱─垂直線─主體、成長、肯定、責任─父親的力量
（自主v.s.羞怯懷疑）

在我想著剛過逝一年的父親而要畫垂直線或支柱時，我感受到的是永恆的力量，於是我試著畫下一棵像是魏晉時代古畫上的樹，一棵天際邊的高大杏樹，想像著他為家人帶來的永恆力量，我用了鮮紅和大綠，而且很用力的塗色。我也試著連結感受人的自主力量和小孩學著站起來自己走路的同源，都是相信自己、相信大地、不猶豫地挺直背脊站起來，所有的樹也是如此地信任大地和自己，並能承擔。

表4　小華老師畫的「支柱」

美感元素 2. 支柱		支柱 ── 父親的力量─自主v.s.羞怯懷疑 我站在這裡　為了 所有昆蟲 都需要找一片葉面 安眠

2. 第六回：出口─孔、洞─撞擊、碎裂v.s.痛苦的分擔、連結─情感的力量、人間的愛（親密v.s.孤獨）

與理性相對應的是情感，就像〈樂記〉所言的「樂合同，禮別異」，理性讓人不會過猶不及而能各安其所，情感則讓人生充滿價值和樂之美。最親近的情感冒險，應屬愛情之路或夫婦之道。淑玲老師則將之視為突破邊界的出口，可以互相連結，但也是互相分擔。

我對於融洽情感的記憶，則覺得像是香水，所以也如此畫下，我感受到香水味無法占據，恰如人的精神層面，但香水味又讓人著迷想留住，則恰如人心欲望的層面，情感的出口，對我而言，像是精煉的精油由瓶中倒出，令人神往。

表5　小華老師畫的「出口」

美感元素 6. 出口	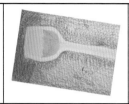	出口，孔，洞──情感的力量──親密vs孤獨 瓶口倒出的香水　一如初遇時的芬芳 永遠年輕

3. 第七回：流動─瞬間凝結、完全不連續v.s.循環、對話、變化、進入彼此─大自然的力量（創造力v.s.停滯）

淑玲老師以「大自然的力量」帶出這樣的社會參與力或社會影響力。相對於光的力量、真實的力量、理性與情感的力量，四者是個別地從自身身體接收或掘發，這「流動」的社會參與力量，似乎回到比父母更廣大的大地滋養、和寰宇天地，如同大自然「鳶飛戾天，魚躍於淵」（詩經）天行健而自強不息的力量。

我是從停滯（freeze）的經驗中去反思和發掘流動的重要力量。「停滯」的感受是有憂有懼有驚有恐，似乎又回到之前羞愧、內疚、自卑、認同等的階段性課題，當然核心也是對己對人的不知如何信任。我畫了代表恐懼的黑足蟲，和紅色綠色各代表社會不同的勢力和道理。有關「流動」，我又畫了一張，因為我似乎無法一次或一步就處理這個議題，我需要先經歷過不知如何信任或如何認同的課題（義之所在，需要情理皆出動判斷），再去找「出路」。我畫下了一個像是耳朵的粉紅通道（淑玲老師語），用千風吹過髮絲的意象，表達我可以重新承諾付出時的釋放感。這裡我自己覺得比較像是回到愛情般的承諾，也能讓我放鬆，因為結髮是愛情承諾的象徵，通道有「出口」的象徵，它又是粉紅色的。大自然中的蟲讓我驚懼，而風則有讓我自由之感，二者同時存在於天地之間。

我感受到「仁者不憂、智者不惑、勇者不懼」（中庸）三者是同源的，來自信任，那可以先自愛而後愛人的力量。這是我的重要功課，先能自愛，又不能只是「自我感覺良好」，去愛人時，如不能自愛也無法持久。我感受到自愛又愛人的課題，是成熟人格的課題，也是道德實踐的力量來源。

表6　小華老師畫的「流動」

美感元素7.流動	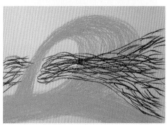	流動，進入彼此 —— 大自然的力量—創造力v.s.停滯 之一 相反相成的彩光　初不相識　於是 驚恐化生黑蟲　懼怕游成纖足 之二 游到粉色光環　遭遇干風 一如你挎不住的髮髻　青絲散盡無悔

三、作品示例與反思之三 —— 同一主題的二個類似美感經驗，在互相對比中反思

　　筆者自己到了第六期「療癒之道」，有很大的的震撼。因爲進行水平線與母親的美感經驗聯想，再轉化爲畫作時，我發現將母親與地平線做聯想是有困難的，這也讓自己有機會內省有關和母親關懷關係的議題。而小婷老師和我有類似而又個殊的詮釋。我將我們二人的同一主題的兩個作品互相對照，放在表4。

　　我們都感受到自己母親的盡心盡力，我看到了小婷老師對母親付出的回應，而我也看到了身爲人母的自己，還有放手的議題，然而這需要信任而非擔憂。

表7　同一主題的兩個作品互相對照舉隅（地平線—母親的力量—信任v.s.不信任）

作者	作品	主題：底線——母親的力量（信任v.s.不信任）
小婷老師 （化名）		詩文： 吸吮，妳給我的養分，我逐漸強壯， 而妳，卻用盡全身的力量，將我捧高， 妳是，我最屹立不搖的後盾。 感想： 母親就像我的土壤，用盡力氣將我撐起，也不管自己是否因為壓力而受到擠壓變得渺小，但在我眼中，她永遠是最耀眼的。
志華老師		詩文： 在你脆弱時　我會弓成一座山／在你需要時　我會聚成一堆土　為了你我不再平坦／然而我可以平坦時　你也可以離去／一路的平坦　就是我祝福你的印記 感想： 母親永遠會擔心子女，子女要讓母親不擔心，就是要成熟長大；母親也要學會不擔心、先放手，子女才會長大。

陸、教師美育社群美感經驗的漫延與發酵

一、美感創作能量的分享——期中舉辦社群成員「天地合關懷心靈繪畫聯展」

　　在心靈繪畫過程中，除了有當下心靈層次的意義沈澱、表達與相遇的存在感外，因心中充實而舉辦畫展，是我們分享表達與相遇的另一種形式。我們在2010年5月展開一場美麗的邂逅——「天地合關懷心靈繪畫聯展」。

　　畫展的作品，是以持續參與的八位成員為主，挑選了比較有代表性的畫作三十多幅，配以創作的詩意文字。主題靈感是阿娟老師的一幅「天地合」畫作，表現出本次畫展的自由無拘與心靈的豐富神祕。這也恰好呈現

出我們的心靈繪畫一向自由抽象，有翱翔天地的開闊意象。

指導我們心靈繪畫的淑玲老師，寫了一篇序，道出有關信任與轉化、從心出發的心靈密碼：

> 「卿雲爛兮，糾縵縵兮，日月光華，旦復旦兮。
> 明明上天，爛然星陳，日月光華，弘於一人。」～卿雲歌
> 「人」立足大地、仰望星辰，探索我們自何而來的奧祕？文明的巨輪從未停息，不斷的向未知邁進。我們的「心」，充滿好奇、渴望、疑惑、不解、與七情六慾……，透過繪畫，讓心靈顯影，從渾沌未明到心領神會，憑藉直覺，「心」成了智慧的領航員。
> 信任自己的手、信任引導前行的宇宙動力，「心」是最佳導師，我們可自問自答、自作自解，不管遭逢光明或黑暗，都有待慧心善解；於是，我們進入深淵、觸探邊際、體驗瘋癲……，從天到地、從地到天，琢磨藝術「轉化」之力，為越趨混亂的現代人心，尋找脫解之道。
> 於是，我們回歸神話、領會上古「巫」的神力，我們向傳統詩人請益、體會美與修練的奧祕，我們更向自己內在的神性扣問，祈求引領歸途……，於是，我們有了這次的展出。
> 「那是沉睡千萬年的記憶。在沉睡了千萬年之後，在這個時代再度被喚醒……」時代沉默不語，等待一種新理解、等待傾聽……；天地終將逐漸遇合，上世紀的爭鬥、虛無、分裂與破碎，都將隨著心念與願力，逐漸整全。再現當代新文明，我們由此出發……」

我在「展出的話」中提到：有感於教育殿堂中，應有師生共同提升敏感、開發直覺、探索自我、分享美感經驗的活動，好讓理性的教育學術，也有加入美感理論的實務探索、回到關懷自我的機會，所以嘗試開啓了關懷心靈的繪畫社群。

　　也提到了平日聚會作畫分享的狀況：在不要求任何既定目標或教學成效的心情下，一同經歷一趟以感性滋養心靈、以美感薰陶性情的蠟筆畫活動。由於放空作畫，畫紙上盡是直覺流洩出來的色彩濃淡和點線力度，我們放下了平日已枯竭的左腦運作，活化了長久不用的右腦創意；分享過程中彷彿經歷著一段興、觀、群、怨的詩教功能；結束時，每人都意猶未盡、若有所思，卻又放鬆而清明，滿足而盡興。

　　展覽的邀請卡圖畫與文字參見附錄一。這樣的機會可以讓我們向親朋好友、甚至不認識的觀賞者，呈現出自己以詩畫抒懷的經驗，這個部分與教學這件事無關，而與關懷自我的內在生命，表達出自我生命探求的姿勢有關。這也是身為助人專業的老師在道德關懷的背後，頗為需要的美感經驗表達，以作為生命實踐反思的後盾。如果在社群內畫畫分享是一個小小的意識接納圈，則作品展出這件事，讓我們的美感經驗得以向更廣大的世界表達，得到一種發聲、交流與圓滿之感。我們本非專業畫家，許多參觀的老師也從中得到啟示，喚起了他們也想借美感形式表達自我的想望，讓自己的生命得到直覺力的抒情出口，我想這是我們展出的另一個價值。

二、成員的回饋描述——心靈繪畫社群歷程中的美感經驗

　　2009-2012年間社群成員來來去去，然而主要成員是博士班心輔組的數位博士生（都是在職中小學老師），以及一位開設兒童繪畫治療工作室的小婷老師。我在兩年後（2014年）撰寫本文時，邀請小婷老師和其中三位博士生給我一些回饋，三位分別是當時任教於國小的阿永老師、小惠老師，和任教於高中的小娟老師。我請他們四位寫出心目中「心靈繪畫」美感經驗帶給他們什麼感受，結果在現象描述上有「沈澱」、「表達」、「相遇」等面向，而價值感受上則有「意義」、「安頓」、「幸福」等面向。

㈠沈澱與意義——是賦予自身意義與認同的沈澱時刻

　　專長為兒童藝術治療的小婷老師，認為她可以在其中沈澱和認同自我，並有助於她的助人專業：

「總是很期待每週上課的時間，和大家一起繪畫的時刻，我更能夠沉澱自己的思緒，將力量凝聚在畫面上，透過目睹自己的作品和賦予它意義，我更能夠認同自己在專業上的選擇，也希望能夠透過像這樣藝術的自然表達方式，協助更多的人接觸心靈繪畫、認識自己的核心。」

畫風沈郁渾厚的小惠老師，感受到美感經驗像是心靈的入口，重要的是在接納中，自己所賦予的意義：

「第一次上課以關懷為主軸，探索由自己父母到他人環境，甚至是世界宇宙。用簡單的蠟筆媒材，八開的圖畫紙成了心靈世界的入口，無意識的塗鴉動作，圖像、感受、內在對話在這個空間進展開來，探照著幽微不明與潛抑蟄伏的潛意識，有時堵塞、有時通達、有時領悟啟發、有時無所得，在這個心靈繪畫課程不管畫出什麼圖像，能被每位參與者接納涵容，大家都可以提出自己的理解來詮釋，不過最重要的，是當事人自身所賦予的意義。」

㈡表達與安頓——在繪畫表達中，獲得心靈滋養與安頓、整合當下生命狀態

身為少數男性成員的阿永老師提到，繪畫的美感經驗，讓不可言說的廣闊心靈，得到滋養與安頓：

「心靈是如此廣闊，廣闊到文字與語言均無法適切地表達⋯⋯於是有所謂『溢於言表』之形容。心靈繪畫提供了一個訴諸於語言、文字之外的表達。
在創作的過程中，只要投入與媒材的互動⋯⋯拿掉慣用的思考，重新拾回我們與生俱來的直覺感受。

心靈不可言說，藉由繪畫我們可以將之用『畫』說『話』，而
盡在不言中。
於是，心靈得到滋養與安頓。」

小惠老師也指出長期累積的繪畫表現，可以看出一貫的生命主題，並
可以在反思中重整出清晰的生命位置：

「每次的主題隨心畫一幅畫，這幅畫記錄著每節課畫者的『此
時此刻』、『心領神會』、『起心動念』等等的狀態。一段時
間下來，一幅幅畫都述說著自我的故事，如同拼圖一般，在混
亂中撿拾一片片，放入合適的位子，讓自己看到更清晰的生命
整合面。」

㈢ 相遇與幸福——是一段見證、紀錄、與自己相遇的幸福時光

我翻到小娟老師在第一期畫結束時的詩文（我想她已經忘了），她開
始時是正經歷著一些心痛事件進到社群的，而她提到了「幸福」：

「許久以來／努力地在五顏六色的世界裡／用盡能量呼吸／
忘了和自己好好相處／不自覺地遺失了純真／
和大家一起畫畫、分享、吃點心／在蠟筆、畫紙中／
又開始和自己的相遇／是一段新（心）旅程／
原來　這就是幸福／原來　孤獨也很精采」（2009）

小惠老師的回饋除了上述提到第一期的關懷自我主題、也提到了最後
一期的療癒之道，此頭尾二期主題對她有特別的意義：

「101年『療癒之道』，開課前我個人因著身體狀況與工作上的
挑戰，對未來產生了一種不明確的沮喪感，在這堂課隨著每次

的主題，也與自我生涯的發展產生了連結，直到期末報告時，由一系列的畫協助自己看到生涯如何出現了改變。……去年我確定自己的志業後，變得更為篤定與勇敢，『心靈繪畫──療癒之道』的繪畫歷程，我探索著中年迷惘的自我、身心的困頓、生涯的另一種可能性。這堂課結束後的二年再回顧，這些畫成了我生涯轉變的見證者與記錄者。」

而對比於小娟老師在2009年的小詩，小娟老師在2014年給大家的來信，如此輕巧地比喻著這個社群，一樣提及了「幸福」：

「Dear all：
最近有一個廣告，
下雨天，小朋友的球滾到路面，嚴肅媽媽拉著小朋友的手，不讓去撿。
煩悶的上班族，被老闆責怪的中年男子，正在排隊等公車。
一場臨時雨，有一個人在雨中快樂的跳起舞來，
小朋友、上班族被感染，更多人被吸引，
一起加入雨中漫舞的行列。
旁白是『上一次感到幸福，是什麼時候？』
對我而言，
和大家一起畫蠟筆畫就是這種感覺，
而那位帶動大家在雨中漫舞的先驅，就是淑玲老師和志華老師。
至於感覺，就是『幸福』和『被雨水洗滌一般的清新』。
實在跟這個廣告很match。」（2014）

其實小娟老師和我，在社群畫畫的過程中，都各自經歷著生離死別的人生過程，小惠、阿永、小婷老師也處於生涯發展的十字路口，然而小娟老師「雨中漫舞」的幸福妙喻，仍會獲得大家會心的一笑與認同吧！

柒、結語——從美育到德育的連結

諾丁斯女性主義道德教育理論的推衍，尤其是在美感經驗、接納意識，和反省的悅樂情感的分析，讓我著手去組織了一個共同進行關懷自我的教師美育社群，留下了可以繼續發展的議題。我的教師美育社群之旅，可參見圖2。

由於繪畫和分享帶來洞見，有教育歷程上的可操作性，而當經驗累積越來越多時，也帶來了人格成長特質多元面向的累積性，由自我美感的發揮到自我德性基礎的挖掘重整，這是由美育邁向德育的一條有潛力的道路。當然這還需要更多的學習探索和更多的社群實例分享，讓這個美感經驗到德性反思的教育之路可以加以開展。

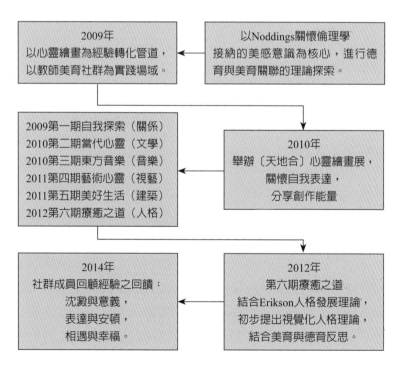

圖2 「心靈繪畫」教師美育社群實踐的整體呈現

一、從身體空間感、平面視覺、到人格德性的相關性

　　點線、形狀、色彩等與人的心靈面向，本即可以有呼應的對應性（郭淑玲，2011）。而在這次「視覺化人格建構」由空間意識到人格德性的對應分析，更凸顯了美育與德育的連結和教育意涵。

　　美國著名課程學者艾斯納認為視覺藝術教育歷程，並非一般人以為只是發揮感性而已，由繪畫到鑑賞是高層次的認知創造歷程（Eisner, 2002；方志華、劉雅琪，2010）。就艾斯納所提的銘刻、編輯、交流、驚喜等表徵歷程而言，「視覺化人格建構」心靈繪畫的團體歷程中，感受自我的身體空間是「銘刻」，將感受化為蠟筆下的線條色彩是「編輯」，畫者之間的回饋和回應是「交流」，而此處的「驚喜」，不止於是對畫面創作的讚賞和空間認知分析，還有對於自己重新認識的生命洗滌。就艾瑞克森的社會心理人格成長而言，「視覺化人格建構」是一個可以經由視覺藝術，將社會心理所影響的人格特質加以外化，將之呈現出來，以供德性反思的一個完整操作歷程。就關懷倫理學而言，在「關懷自我」的層面，經由視覺化人格建構的歷程，是重新發現自己，重新跳出來看待自己，觀看自己本身即是自我知識的產生，它可以帶向未來不同的道德實踐意識。

二、「視覺化人格建構」與艾瑞克森社會心理階段建構的對比

　　女性主義者卡蘿‧吉利根（Carol Gilligan）對艾瑞克森社會心理發展的八個階段次序有所批判（Gilligan, 1982；蕭巍譯，1999）。主要是艾瑞克森的階段說除了第一階段是強調信任的親密感外，之後皆走向個體的分離，而第五期青春期的認同先於之後第六期的親密關係，他雖也指出女性有不同的發展，她們的親密關係似乎沒有像男生那樣明顯地斷裂過，然而艾瑞克森仍以男性為原型提出其階段說。由於「視覺化人格建構」是由空間感出發，包括橫線、直線、場域、路徑、邊界、出口、流動和完整的空間感受和想像，因此可以經由蒐集多元的實例分享（如上述例三水平線的對比），來呈現和分析不同社會所建構的性別，是否會有集體傾向，或是共同的人性課題。

此外，艾瑞克森是在天主教傳統的脈絡中，提出他對自我意識與對光的看法。根據他的傳記作者L. J. Friedman描述（廣梅芳譯，2001），艾瑞克森站在社會心理學和建構自我認同的立場，提出「耶穌將給予人類認同和道德意義的信仰之父擬人化」，「一個人內在的重心──我──將他（她）與全人類及上帝做了連結。」艾瑞克森認為：

> 「『我』就是一個內在之眼，充滿光芒。一個人可以透過內在之眼看到上帝，上帝也透過這個看到他……人感受到一個活的感覺，感受到存在。」（廣梅芳譯，2001:345）

> 「這個『我』的意識起源於嬰兒和父母之間的互動儀式。『我』的起源就開始於認識到母親是『你』的認識。這個原始的你和我的意識，一直維持整個生命。」「生命和『我』從希望開始，當希望成熟，會成為老年期的信仰。」（廣梅芳譯，2001:346）

由心靈繪畫所提出的視覺化人格構成，提出嬰兒期的「信任」，幾乎可以說即是一種「信仰」，在第三階段也以光的力量直指人格的學習與成長，二者皆與艾瑞克森的體會有殊途同歸之義。這顯示這樣的內省之學、內在之眼，仍有其「人同此心、心同此理」的相通性，值得在此基礎上繼續掘發。

三、教育科學經驗上德性反思的可操作性與可累積性

從關懷倫理學的觀點來看，「視覺化人格建構」是個可以增進道德感性、理想與承諾的教育歷程。在諾丁斯關懷倫理學的思維中，道德感性是源於反身性反思，包括了由感知而帶來的喜悅，道德感性是發動道德動力的重要基礎（方志華，2010）。心靈繪畫一開始即是以繪畫的視覺藝術與分享帶動想像力與敏覺力，而當身體的空間感連結到人格情操時，感性加深了，理性也拓廣了，洞見也隨之提升，有了帶動德性實踐的新視野與內

在力量。

其中，艾瑞克森的第七階社會心理人格指向自愛愛人的關懷之情（care），如第五階是在社會中「向外向上」尋求志同道合的道義忠誠（fidelity）、第六階是在親密關係中「向內向平等」的方向尋求愛情（love）的平等承諾，則第七階是在家庭、社區、社會中，同時「向內、向外或向下」學習自愛與愛人之道，因而是生命的創造力或停滯（Erikson, 1968; Yount, 2010）。這是我研究的關懷倫理學中所言的關懷動力來源中，道德情感的核心要素「愛自己也愛別人」（Noddings, 1984），在此也可以看出，其是經過了前面各階段人格養成的結果，也是我在實踐反思中的核心功課（方志華，2010）。

由於繪畫和分享帶來洞見，有教育歷程上的可操作性，而當經驗累積越來越多時，也帶來了人格成長特質多元面向的累積與對比，由自我感性的藝術發揮、到自我德性基礎的挖掘重整，這是由美育邁向德育的一條有潛力的道路。當然這還需要更多的探索和更多的實例分享，讓這個感性到理性到德性的教育之路，可以同時在理論與實踐上，加以開展。

四、應重視藝術抒懷、情感內省，與道德人格連結的人文素養教育

本研究由於關懷倫理學的理論興發，在心靈繪畫課程連續四年的美感經驗下，而呈現的實踐敘說。目前只有藝術治療課程和華德福教育有相類似的內涵，在關懷倫理學中，這種主觀內在情意的主宰力量的興發，也是道德教育的重要根基之一。藝術教育進而到層面更廣的美育，不應流於口號、比賽、和熱鬧的活動，而應有深沈的反思和文化沈澱與累積，就如民國初年蔡元培提出教育宗旨「以美感完成道德」，能內省人格力量來源又掘發個人直覺力的藝術陶冶歷程，正呼應這樣的宗旨。類似課程可再發展，使其精神和實踐可進入師資培育或教師在職進修課程，也讓從美育到德育的連結，得到一種具體落實的有力途徑。

參考文獻

中文

方志華（2004）。**關懷倫理學與教育**。臺北：洪葉。

方志華（2010）。**道德情感與關懷教學**。臺北：學富。

方志華、劉雅琪（2010）。艾斯納（E. W. Eisner）《藝術與心智創造》一書述評，收於黃政傑主編，**教學藝術**，臺北：五南。頁195-229。

李平譯，Armstrong, T.著（2003）。**經營多元智慧（增訂版）**，臺北：遠流。

國立編譯館主譯，朱美珍等合譯，Nel Noddings原著（2008）。**道德教育人**。臺北：巨流。

郭淑玲（2011）。**創作之心──點與線的謳歌**。臺北：洪葉。

廣梅芳譯，Friedman, L. J. 著（2001）。**艾瑞克森──自我認同的建構者**。臺北：張老師文化。（原著：Identity's architect: A biography of Erik H. Erikson, 1999）

蕭巍譯，Gilligan, C.著（1999）。**不同的聲音：心理學理論與婦女發展**。北京：中英編譯出版社。

外文

Eisner, E. W. (2002). *The arts and the creation of mind.* New Haven & London: Yale University.

Erikson, Erik H. (1968). *Identity: youth and crisis.* N. Y.: W.W. Norton & Company, Inc.

Gilligan, C. (1982). *In a different voice: psychological theory and women's development.* Cambridge, Massachusetts: Harvard University Press.

Noddings, N.(1984). *Caring: a feminine approach to ethics and moral education.* Berkeley: University of California Press.

Noddings, N. (2002). *Educating moral people—A caring alternative to character education.* New York: Teachers College Press.

Yount, W.R. (2010). *Created to learn: A Christian teacher's introduction to educational psychology.* Nashville, Tennessee: B & H Publishing Group.

附錄一　天地合關懷心靈繪畫聯展邀請卡

天地合 ~關懷心靈繪畫聯展

畫展日期：2010.5.17~6.4　AM9：00~PM5：00

開幕茶會：2010.5.18（週二）PM1：30

地點：台北市立建國高中　夢駝林藝廊

　　（台北市南海路56號　紅樓二樓）

參展人：郭淑玲　方志華　曲慧娟　郭淑惠

　　　　黃傳永　洪利穎　陳姵宇　徐淑靜

　　　　　敬邀

Name

Address

何佳瑞

輔仁大學天主教學術研究院助理研究員

哲學系兼任助理教授

第三章

合一經驗——
以馬里旦創作理論與中國
繪畫之「傳神」概念為例[1]

摘　要

　　馬里旦（Jacques Maritain, 1882-1973）對於藝術創作的精深探討，被表達在他著名的《藝術與詩中的創造性直覺》一書中。在該書中，他提及了藝術創作的過程，需要藝術家產生一種創造性的直覺（Creative intuition），然後才能將該直覺所掌握到的內容（即馬里旦所稱的「詩的知識」[Poetic knowledge]），透過作品傳達出來。創造性直覺所掌握的內容，乃是一種主體與客體不分的內容，它正是藝術家創作的珍貴寶藏。馬里旦以創造性直覺爲核心的創作理論，正表述了一種在藝術創作過程中，藝術家所不能或缺的、與對象合一的經驗。這樣的論述正相應於中國傳統文人繪畫的創作，在文人繪畫中，藝術家強調一種傳神的表達，形與神的統一，必須要藝術家深入到對象當中，掌握了對象的本質、精神而最終鎔鑄成爲一個超越有限外觀的一種神形相融的形，將這個「形」表現在畫面上，便是眞正「傳神」之形。神形的統一的過程，其實正是主客合一的過程。透過馬里旦創作理論與中國繪畫之「形神之辨」的對照，幫助我們更清楚地理解到藝術創作與合一經驗的關係，我們期待對於創作中合一經驗的認識，將能夠給予學校之藝術教育更多積極的啓發。

關鍵字：合一經驗、馬里旦、創作理論、中國繪畫、傳神

1　本章作者原訂標題爲「藝術教育與合一經驗：以馬里旦創作理論與中國繪畫之『傳神』概念爲例」。本書主編爲求凸顯全書之論述架構，同時兼顧各章標題之一致性，因而略作更動，特此聲明，並向作者致上最深的歉意與謝意。

壹、前言[2]

　　藝術的創作在欣賞者的眼中，一直是令人好奇的旅程。馬里旦（Jacques Maritain, 1882-1973）在他的《藝術與詩中的創造性直覺》（*Creative Intuition in Art and Poetry*）一書爲我們完整的勾勒了這趟旅程。他向我們指出，在藝術創作的過程中，藝術家掌握了一種珍貴的知識，那是他與事物相融無間的、不可被分割的知識，是他奮鬥著要表達在作品中的知識。由此，我們可以看見，藝術家所經歷的一種主客不分的合一經驗（基於這種經驗，他才能夠掌握住一種主客統一的知識），正是他創作的核心泉源。[3]同樣的，在古典的中國繪畫理論中，我們也看見了這種合一經驗的不可或缺。中國的畫家，爲了達至畫面物象的「傳神」，他必須要深入到對象當中，掌握了對象的本質、精神而最終鎔鑄成爲一個超越有限外觀的一種神形相融的形，將這個「形」表現在畫面上，才成了眞正的「傳神」之形。而這神形的統一的過程，其實正是立基在藝術家與對象主客交融的合一經驗之上的。

　　透過馬里旦創作理論和中國古典畫論對藝術創作的描述，藝術家與對象之實在的合一經驗在藝術創作中的重要性已經不言而喻。本文嘗試比較馬里旦的創作理論與中國畫論，進而探討兩者所述合一經驗的相同與相異之處。相同之處使我們更加肯定了合一經驗的特徵，相異之處則使我們深入思考並且得以相互引發補充。我們期待對於創作中合一經驗的深刻認識，將能夠給予學校之藝術教育更多積極的啓發。

　　本文在行文上，首先論述馬里旦的創作理論，隨後描述中國畫論中的「傳神」概念，並透過這個概念引出中國古典畫論對於藝術家創作經驗的理解。接著，我們進一步將對於兩者的觀察，分爲三個面向來論述其相同

---

[2]　本文爲行政院國家科學委員會專題研究計畫補助研究（部分研究成果）。計畫編號：NSC102-2410-H-030-074。

[3]　這種主客合一的知識，儘管稱之爲「知識」，其中也蘊含了理智的運作，但卻不是我們運用思辨理智（speculative intellect）時所產生的清晰的、推理的知識。

以及相異之處。最後，我們嘗試把這些觀察應用於藝術教育之上，並指出在藝術教育中引導學生體驗主客合一經驗的可能原則。

貳、馬里旦的創作理論

馬里旦（Maritain, 1952）在《藝術與詩中的創造性直覺》[4]一書當中，非常詳細地描述了一個藝術家的創作過程，並且架構起一套完整的藝術創作理論。馬里旦是二十世紀著名的多瑪斯學者（Thomists），在他所論述的創作理論中，最核心的原則即是來自於多瑪斯（Thomas Aquinas, 1225-1274）哲學的一些概念。馬里旦在藝術的領域中，再度將這些原則發展起來，爲當代的藝術創作理論而言具有相當的啓發。其中有一個來自多瑪斯哲學的概念──"Connaturality"[5]──在我們即將要探討的關於藝術創作的合一經驗中，扮演了關鍵的角色。我們首先論述馬里旦的創作理論，然後再逐步進入到有關"Connaturality"這個概念所涉及的合一經驗的討論。

馬里旦的藝術理論主要是集中在美術（fine arts）領域的創作，他認

---

[4] 1952年，馬里旦受邀爲A. W. Mellon基金會講授有關美術的課程，課程的內容就是後來他於1953年出版的 *Creative Intuition in Art and Poetry* 一書，全書以英文寫就。中文譯本可見雅克‧馬利坦（雅克‧馬利坦，1991）的《藝術與詩中的創造性直覺》，劉有元、羅選民等譯。本文中所用引文未採用中文翻譯，而由筆者自譯。

[5] "Connaturality"這個字，實在很難找到適當的中文翻譯。沈清松教授曾經建議翻譯成「共同本性」，亦即明確地表達Con-（共同）與naturality（本性）這個字的兩個部分，算是最忠實的翻譯。但是就中文的行文而言，這是一個很難融入中文的翻譯。在英文中，還有如"connatural to"這樣的表達，指主詞與受詞的一種聯合過程，彼此趨於共同本性，這類句型若用「共同本性」來翻譯，也很難把其完整意涵表達出來。筆者曾經參加過一次研討會，會中有學者建議翻譯成「情性相投」，這個翻譯不僅是「字譯」，其實也是一種「意譯」，因爲"Connaturality"這個字確實涉及了一種人的情感的作用（這部分我們稍後再述），而且也涉及了主客的本性。但是在本文中，筆者仍然決定直接採用"Connaturality"，期待日後還能找到更適當的、相稱的翻譯。

爲，在美術創作中，藝術家所依循之最重要的一個規則即是「創造性直覺」（creative intuition），又稱詩的直覺（poetic intuition），他爲了將其創造性直覺所掌握到的內容表達於作品之中，才有了藝術創作的活動：

> 在美術中，意志和欲望所要求的，是在它對美的渴望中的精神的純粹創造性的釋放（the release of the pure creativity of spirit）……欲望的直接性意指著，它朝向於一個目的，這個目的的達至，要藉助理智所發現的規則，而首要規則就是創造性的直覺，作品就來自於這個創造性直覺。（Maritain, 1953: 54）

創造性直覺乃是一種理智的直覺，亦即，美術創作所依循的首要規則，即是理智之創造性直覺。然而，這個創造性直覺和和理智的其他活動有什麼不同呢？過去我們在一般認識論中所標舉的，都是理智之概念的、邏輯的能力和活動，現在，在創造性直覺中，我們接觸到了一種理智的前概念（preconceptual）活動：

> 理性確實不僅表達、連結、推論，它還「看」（it also sees）。理性的直覺把捉（grasping），正是這稱之爲理性或理智的獨特能力的首要行動和功能。<u>換句話說，這裡不僅有邏輯的理性，還有更先於此的，直覺的理性。</u>（Maritain, 1953: 75）[6]

直覺理性的活動發生在「精神的前意識」（the spiritual preconscious）

---

[6] 本文中引文的底線爲筆者爲強調論述的重點而加，原文中則無。本文在翻譯時，以「理智」一詞來翻譯"intellect"，以「理性」一詞來翻譯"reason"，以「心智」一詞來翻譯"mind"。嚴格來說，理智與理性仍是有所區別的，在士林哲學的分類中，理智多指人類智性（intelligence）功能所引申的理解活動（act of understanding），而理性則指同一份智性功能的思考活動（act of reasoning）。但是馬里旦在使用這兩個字時，並沒有特別強調它們差異，有時會出現兩者彼此替用的情況。在翻譯上，我們仍以理智來表明"intellect"，以理性來表明"reason"。

當中。馬里旦創作理論的其中一項創舉，就是把這個「精神的前意識」或「非意識」（unconscious）的概念[7]帶入了他的論述當中。馬里旦將精神的前意識描述為一種受到光照理智所活化的精神背景，正是在這個精神的背景中，出現了理智的前概念活動：

> ……一方面，我們有確實的認知（knowing）的閃光──詩的經驗；詩的直覺──誕生了，透過精神化的情感，在理智的前意識、非概念的生命當中誕生了。另一方面，我們有一個精神的背景環境（milieu），即某種流動的、運動的世界，被光照理智所散發之光所活化，似乎在沈睡卻又暗中繃緊的、警醒的狀態，它是這個理智的前意識生命，以及想像和情感的前意識生命，沒有任何實際的概念或觀念，但卻充滿了影像與情感的運動，在它之中，所有過去的經驗、靈魂所要求的回憶的寶藏都在一種潛藏（virtuality）的狀態中呈現。（Maritain, 1953: 301）[8]

---

[7] 概念與現象學中的「前反思」（pre-reflective）概念有著難以忽視的親緣關係。沙特（Jean-Paul Sartre, 1905-1980）在他著名的《存有與虛無》一書中論及了一種「前反思」的意識：「正是非反思的意識（la conscience non-réflexive）使反思（la réflexion）成為可能；有一個前反思的我思（un cogito préréflexif）做為笛卡兒我思的條件。」（Sartre, 2004: 19）沙特在這裡所描述的前反思或非反思的意識，並非什麼無關緊要的東西，它正是使反思成為可能的基礎。在前反思的意識中，意識的內容以一種主客不分的方式存在，它是人類意識最豐富的泉源，而預設了主體與客體之區分的反思活動，正是以其為基礎才成為可能的。

[8] 引文中所說的光照理智，事實上就是多瑪斯哲學中所說的主動理智（agent intellect）。在理智的理解活動中，光照理智可以從感官所提供的材料當中抽象出可理解的心象（intelligent species），然後印入被動理智當中，成為印入的心象（impressed species）以形成概念。多瑪斯以此來說明理智的理解過程，亦即由雜多的感官材料中抽象出概念的過程。在馬里旦的論述中，光照理智在理智的前概念活動之中也起到了作用，它使精神的前意識背景成為一種真正的精神的環境，它乃是精神的活泉，馬里旦把它形容為某種「靠近靈魂中心的地方」（Maritain, 1953: 231），以此區別於佛洛伊德（Sigmund Freud, 1856-1939）所說的封閉而自動的潛

在「精神的前意識」（the spiritual preconscious）中，理智以一種前概念的、非概念的方式運作（沒有任何實際的概念或觀念，但卻充滿了影像與情感的運動），事實上，理智這種前概念的運作，正是它在意識中之概念化活動的基礎，或說，是理智概念的、邏輯的、推理的活動所依憑之最豐富的泉源。在精神的前意識中，不僅有著理智的活動，它同時有著想像和感官的前意識活動（它是這個理智的前意識生命，以及想像和情感的前意識生命），此時，理智的前意識運作不是分離於人的想像和感官的運作，而是與想像和感官一同進入了有機的、和諧的互動狀態的運作。不僅如此，人潛藏的經驗、回憶，也全部被攪動了（所有過去的經驗、靈魂所要求的回憶的寶藏都在一種潛藏的狀態中呈現）。我們可以說，在精神的前意識中，創造性直覺所欲把捉（grasp）東西，是創作主體透過他的全部能力（理智、想像與感官）以及他的全部存有、他之所是的一切（他潛藏的經驗、回憶、想望……）的投入，才能獲得的。現在的關鍵在於，創造性直覺所要把捉的是什麼？這個「什麼」是以什麼樣的方式向我們呈現？

我們一直強調理智的前概念活動是其概念活動的基礎和泉源，因為任何概念化的活動，都必須把對象以一種與我們對立的方式帶到我們的面前來，以形成關於對象的概念，這樣的概念活動是如此的顯著和確定，以致於我們常常忘記了在理智進行這種主客二分的概念化活動之時，它還有著一種更先於此的、更原初的與對象交會並且聯合在一起的活動。如果我們不是首先以一種統一的方式與對象結合在一起，如果不是對象（或說對象的某一個方面）已經在這統一之中向我們揭露了什麼，一種必須以此為基礎的、概念化的、主客二分的那種理智認識，就不會發生。馬里旦所說的，在精神的前意識中理智的直覺所掌握到的，正是人對對象之一種主客不分的把捉，他將之稱為「詩的知識」（poetic knowledge）。[9]

意識，亦即區別於那血與肉的、本能的、傾向的、被壓抑的、渴望的或者充滿創傷記憶的潛意識。

[9] 著名的義大利學者Umberto Eco曾經表明，「馬里旦、德布魯內（De Bruyne）以及許多其他人所討論的那種直覺，是一個現代的概念，它對於多瑪斯系統來說是陌

　　馬里旦（Maritain, 1953: 115）表明，詩人的創造性直覺，「是他對於他自身（his own Self）與事物（things）在某種知識中的模糊把捉，這種知識是透過在精神的非意識中所誕生的統合（union）或者"connaturality"而獲得，並且僅僅在作品中才結出果實。」"Connaturality"是一個從多瑪斯哲學而來的概念，多瑪斯（Aquinas, II-II, 45, 2）在《神學大全》中數次提到這個概念：[10]

　　智慧指的是一種根據永恆律之判斷的正確性。現在，判斷的正確性是雙面的：首先，是基於對於理性（reason）的完美使用；第二，是基於一種與所要判斷之物的connaturality。因此，有關愛德之事物，一個人若學會了道德的科學，在探詢他的理性之後，他會形成一個正確的判斷，而一個擁有愛德之習性的人，則透過一種connaturality來判斷這類事物。

　　因此，在理性做了它的探問之後，下了一個關於神性事物（Divine things）正確的判斷，這是屬於一種作爲理智之德行的智慧，但是，基於對神性事物的connaturality而做的關於這類事物的判斷，則是屬於作爲聖神恩賜的智慧：由此，Dionysius（Div. Nom. ii）說，「Hierotheus在神聖事務方面是完美的，因爲他不僅學習了它們，並且經受了（is patient of/ suffers）[11]它們。」現在，這樣的對於神之事物之同感與connaturality，就是愛德的結

生的。」（Eco, 1988: 63）他對於馬里旦的主要批判，即在於他不認爲多瑪斯的系統中可以容納這種（馬里旦所述的）理智的直覺。筆者（何佳瑞，2013）對此觀點的看法表達在拙著〈托馬斯美學中之美感經驗研究〉一文中。

[10] 本文關於《神學大全》的中譯主要根據Fathers of the English Dominican Province所翻譯的版本，並參考中華道明會所翻譯之《神學大全》（碧岳學社／中華道明會，2008），最後由筆者自譯之。

[11] Fathers of the English Dominican Province的翻譯採用了"be patient of"的用法，Kevin E. O'Reilly則採用了"suffer"這個英文翻譯，參見O'Reilly, 2007: 61。在這裡，我翻譯爲「經受」，表示了一種承擔起了對象的存有並且完全地接納了它的狀態。

果，愛德把我們與天主統一起來，根據《格林多前書》第六章
第十七節所說：「那個與天主結合的，便是與祂成爲一神。」

　　很清楚的，多瑪斯首先把這個概念用在道德領域中，他分辨出了一
種純粹透過思辨理性而來之道德的認知，以及另外一種透過"connaturality"
而來的，或說，透過自身存有與德行的統一而來之道德的認知。他隨後以
"connaturality"來說明神祕的經驗。透過神聖恩賜的智慧，人超越了理性，
而直接與天主結合並「經受」了天主所給予的一切。多瑪斯（Aquinas,
1946: I, 1, 6）有時也稱這種透過"connaturality"的認知爲透過傾向（inclina-
tion）而獲得的認知。此外，透過傾向或"connaturality"而來的知識，多
瑪斯有時也將之稱爲情感的知識或感發之知（affective knowledge/cognitio
affectiva），也就是說，多瑪斯已經在某種程度上明確地肯定了透過"con-
naturality"而獲得的知識涉及了情感。我們可以在《神學大全》中的幾個
地方找到他關於此情感知識或感發之知（affective knowledge）的論述。[12]
　　馬里旦把從多瑪斯而來的"connaturality"概念帶入了藝術創作理論中，
這爲多瑪斯哲學在當代藝術理論的發展而言，有著深遠的影響。Kevin E.
O'Reilly（O'Reilly, 2007: 59）曾說：

---

[12] 《神學大全》（ST）中論及情感知識或感發之知（affective knowledge/ cognitio
affectiva）的段落至少有三處，除了這裡所引的ST, II-II, 97, 2之外，尚有II-II, 162,
3，以及I, 64, 1等。在此，我們除了將"affective knowledge"譯爲情感的知識，也譯
爲「感發之知」。此譯名爲評審委員給予的寶貴意見，表達 "connaturality"中所包
含的一種感動、打動的作用，確實是一精準的翻譯。但是筆者仍保留「情感的知
識」這個翻譯，這是因爲馬里旦常常使用"emotion"一詞，它也同時可以替代"af-
fection"一詞，這兩個字在馬里旦的系統中，都同時有表明人之情感的意涵，彼此
可以相互替換，筆者並未發現兩者有甚差異。所以"affective knowledge"必須是在
人的情感"emotion"作用的參與下才可能成就的知識，兩者的密切連結還是以「情
感」一詞的翻譯才能充分表達。馬里旦少用"feeling"一詞，我建議把"feeling"一詞
翻譯爲「感覺」或「感受」，表達一種更強的、個人的感情表達。馬里旦在論述
"emotion"時，比較強調的是人所具有的普遍的情感作用，而較少強調"emotion"個
人化的、獨特的且他人不可取代的一種個體感受。

……馬里旦不僅發掘出了一個能夠說明當代藝術實踐發展的概念（按：透過"inclination"或"connaturality"的知識），這個概念還能夠在應用於美感經驗的可接受狀態（亦即，美感知覺）當中時，獲得美好的果實。

我們之前已經提及，創造性直覺所掌握的「詩的知識」，是在精神的前意識中的一種主客不分的知識，這樣的知識是「透過在精神的非意識中所誕生的統合（union）或者"connaturality"而獲得。」這代表了主體與客體之間有一種趨於共同本性（正如"con-naturality"本身所表達的一種主客的統合）的情況發生了，主體以其全部的存有去「經受」（suffer）對象，而對象在一種主客不分的統一性中被揭露了出來。在此，使"connaturality"得以如是發生並且起到關鍵作用的主體能力，乃是「情感」：

一方面，它（按：情感）擴散於整個靈魂，擠滿了靈魂的存有，於是事物中的某種特定的面向與以這種方式受到影響的靈魂趨於共同本性（connatural to the soul）。另一方面，這落入了活泉的情感，被智力的生命力（vitality of intelligence）所接收。這是被擴散的光照理智之光（light of the Illuminating intellect）所浸透的智力，並且是轉向於被保存在靈魂之中的所有經驗和記憶收藏的智力，主體之中包括流動的影像、回憶、聯想、感覺與潛藏在壓力下的欲望的全部宇宙，現在都被攪動了。……情感仍然是情感，它（相關於事物中的某些面向與被情感所擠滿的靈魂趨於共同本性或者是相似於此）變成了智力的工具……基於這個事實，它被轉化為一種客觀的意向性，它被精神化了，它成為意向的，這就是說，以非物質的狀態傳達有別於它自身的事物。（Maritain, 1953: 122-123）

多瑪斯哲學中的"connaturality"已經涉及了情感的因素，馬里旦更進一步在藝術創作理論中指出，正是擠滿了靈魂之存有的情感，使靈魂與事物

的某一面向彼此趨於共同的本性。我們可以這樣說，情感在獲得「詩的知識」的過程中，扮演了工具的角色，因為它把靈魂所經受之事物某一面向的內容傳達了出來，最後被理智的創造性直覺所掌握（或說接收）。

馬里旦（Maritain, 1952: 22-29）曾經在一本不屬於其藝術理論的專書《理性的範圍》（*The Range of Reason*）中討論過透過"connaturality"而來的知識，他提出了三種屬於"connaturality"的知識，包括來自神祕經驗的知識，然後是詩的知識，以及來自道德經驗的知識。在論述多瑪斯所謂透過"connaturality"而來的道德經驗時，馬里旦曾經這樣敘述：

> 另一方面，在我們的意志和慾望能力當中，我們可以擁有前述的德行（virtue），並可以使它實現在我們之中，由此在我們的存有中與它相符，或說，與它共性（co-natured with it）。因此，被問到關於至福（fortitude）的問題之時，我們將給出正確答案，卻不是透過科學，而是透過一種傾向（inclination），透過察看並且詢問我們之所是、我們自身存有之內在的趨向（bent）以及習性（propensities）。（Maritain, 1952: 23）

在這裡，馬里旦使用了「共性」（co-nature）這個字，事實上表明的正是我們與內在於自身意志當中之德行的一種統一狀態。在創作經驗當中的情況也是一樣，當藝術家與世界交會之時，他透過"connaturality"的過程而與世界中之物向他呈現的某一個面向聯合在一起，在這種統一性之中，他用他全部的存有向存有開放（用馬里旦的話來說，就是「被情感擠滿的靈魂存有經受了事物的實在」），並在精神的前意識中，調動了主體全部的能力而獲得了一種關於實在的知識，那就是「詩的知識」。

> 在此，我會說，在詩的知識中，情感承載了靈魂所經受的實在（reality）——那是在一粒沙當中的世界，並將之帶入了主體性的深度之中，帶入了理智的精神非意識的深度之中……（Maritain, 1953: 122）

「詩的知識」作爲一種主客不分的知識，正是藝術家努力要表達在作品當中的東西。

> 在這種知識中（按：connatural knowledge），透過統一（union）
> 或傾向（inclination）、透過一種共同本性（connaurality）或意氣
> 相投（congeniality），理智並非單獨運作，而是與情感的傾向與
> 意志的傾向一道，並且理智有如被它們所指引與塑形。（Marit-
> ain, 1953: 117）

儘管如此，理智仍然扮演了最後拍板定案的角色，因爲「詩的知識」最後是由在精神前意識之深度當中的理智所接收，才形成了知識（儘管不是思辨的或科學的知識），原因很簡單：「我所說的這種確定的知識，感情並不知道：但是在這樣的知識中，就像在任何其他的知識中那樣，理智卻知道。」（Maritain, 1953: 119）

在論述了馬里旦創作理論中的一種藝術家和事物之實在的合一經驗之後，我們將進一步探討在中國繪畫美學中所描述的、一種在藝術家身上發生的主客合一的體驗。

參、中國繪畫中的「傳神」概念

> 客有爲齊王畫者。齊王問曰：畫孰最難者？曰：犬馬最難。孰
> 最易者？曰：鬼魅最易。夫犬馬，人所知也。且暮罄於前，不
> 可類之，故難。鬼魅無形者，不罄於前，故易之也。（外諸説
> 左上）（陳維禮、張桂蘭、王月，1998：305-306）

這段話表明了中國繪畫最早的追求乃從「形似」開始。由於犬馬可見，所以模仿起來最難，而鬼魅無形，無可模仿，怎麼畫都可以。模仿什麼呢？人所知的犬馬是什麼（夫犬馬，人所知也）呢？人所知的，首先就

是犬馬的外形，而畫家所瞄準的，也是犬馬的外形。

　　中國繪畫中「傳神」概念的出現，正是來自於對「形似」模仿的反省。約西元前139年成書的《淮南子》中有段話：「神貴於形也。故神制則形從，形勝則神窮。」（劉康德，2001：783）至此，傳「神」成為繪畫的追求，畫面上的「物之形」當為達至「物之神」而服務（神制則形從）。《淮南子》又說：「畫西施之面，美而不可說（悅）；規孟賁之目，大而不可畏：君形者亡矣。」（說山訓）（劉康德，2001：890）「君形者」正是畫中物之「神」（在其形容之內的精神），若沒有「君形者」，畫中西施畫得再美，亦如死物，難以讓人感到愉悅；畫中孟賁眼睛再大，也不能讓人感到敬畏。

　　這種「以神制形」的觀點，在人物畫上因為顧愷之（345-406）的成就而登峰造極。「小列女面如恨，刻削為容儀，不盡生氣。」（張彥遠，1971：178）這裡的「生氣」同樣是指畫面人物的精神。容儀極盡刻削，但若無「生氣」，亦是無用。《世說新語・巧藝》中記載：「顧長康畫裴叔則，頰上益三毛。人問其故。顧曰：裴楷俊朗有識具，正此是其識具。看畫者尋之，定覺益三毛如有神明，殊勝未安時。」（許紹早、王萬莊，1996：461）顧愷之以破壞「形似」以達至「傳神」的極端例子，為中國繪畫美學穩穩地奠下了「以神制形」的典範。

　　唐宋以後，中國繪畫的主流逐漸由人物畫過渡至山水畫。文人畫論的代表人物之一的蘇軾（1037-1101, 2000: 351）曾說：「論畫以形似，見與兒童鄰；賦詩必此詩，定非知詩人」（〈書鄢陵王主簿所畫折枝二首〉之一）。文人畫山水，從一開始就直追山水之神，而以山水之形為追求目標的畫家，實是「見與兒童鄰」。重「傳神」而輕「形似」，乃為中國古典畫論的代表性特徵，已為無庸置疑的事實。然而，這項特徵最終並沒有讓中國的古典畫家完全拋棄「形似」並成就西方所謂的抽象繪畫。晁補之「畫寫物外形，要物形不改」（晁補之，1965：47）一句，很能說明問題。畫寫「物外形」，事實上是要畫家超越對象外觀，把外觀背後所隱藏的精神表達出來；要物「形不改」，則表明了物的精神仍然必須寄託在這個外觀上才能被傳達。正所謂「傳神者必以形」（董其昌，1999：

105）。因此，在繪畫上，形似的描繪並非是繪畫失敗的原因，只有當畫家僅以「形似」為首要目標時，失敗才會發生。既要達至「物外形」又要對象「形不改」的關鍵，就是要在畫面上創造一種形似，但此形似並不止於形似而已，它「乃超越以後神形相融的形似。」（徐復觀，1966：202）

我們要追問的是：畫面上物象的「神形相融」，是如何做到的呢？我們仍然可以在蘇軾（2000：2194）的一段話中找到線索：

> 觀士人畫如閱天下馬，取其意氣所到。乃若畫工，往往只取鞭策皮毛槽櫪芻秣，無一點俊發，看數尺許便倦。漢傑真士人畫也。

這裡的「意氣」，就是顧愷之的「生氣」，就是以神制形的「神」。觀士人畫如閱天下馬，表明了畫中的馬已經把馬之為馬的精神表達出來了，因而觀一幅畫有如看盡天下之馬。這個意思是說，一個單一的物象，事實上呈現的不只是一匹馬的外觀而已，而是使天下馬成為如此的、種種的情態而向我們呈現的馬之「神」。中國畫家透過單一物象卻表達了該物象所指之物的真正本質，或許，正是因為如此，觀畫者甚至有可能認為，欣賞畫面上的一匹馬，比單單看一匹實際的馬更能掌握馬之為馬的精神。這不正是荊皓（約833-917）所謂「度物象而取其真」（袁有根，2010：324）一句中所表達的「真」嗎？繪畫至此不單為一物物象的表達而已，它還關涉到了事物的本質以及一種透過物象而傳達出的真理。對於一物之精神的體認，蘇軾「身與竹化」的論題（2000：350），給出了很好的表述：

> 與可畫竹時，見竹不見人。豈獨不見人，嗒然遺其身。其身與竹化，無窮出清新。莊周世無有，誰知此疑神。（〈書晁補之所藏與可畫竹〉三首之一）

「身與竹化」表達出的，正是一種人與竹彼此不分的合一經驗。這經驗甚至達到了忘乎自我（嗒然遺其身）的地步。然而，掌握物象所指之物的精神和本質，並將之與物象融爲一體，實在談何容易。中國山水畫家經年累月遊走於山水間，觀山水之種種情態，正是爲了掌握這山水的精神：

> 蓋身即山川而取之，則山水之意度見矣。眞山水之川谷，遠望之以取其勢，近看之以取其質。眞山水之雲氣四時不同：春融，夏蓊鬱，秋疏薄，冬黯淡。畫見其大象而不爲斬刻之形，則雲氣之態度活矣。眞山水之煙嵐四時不同，春山淡冶而如笑，夏山蒼翠而如滴，秋山明淨如妝，冬山慘澹而如睡。畫見其大意而不爲刻畫之跡，則煙嵐之景象正矣。眞山水之風雨遠望可得，而近者玩習不能究錯縱起止之勢，眞山水之陰晴遠望可盡，而近者拘狹不能得明晦隱見之跡。（郭熙，2008：96）

郭熙（約1023-1085）的「身即山川而取之」，爲我們描述了藝術家爲掌握山水之精神所做的一切努力。畫家觀察山水，不僅要近看，還要遠看；要春天看、夏天看、秋天看，還要冬天看；看山看水，還要看環繞其上的煙嵐；陰天看，晴天看，還要風雨中看。畫家若不能掌握眞山眞水之「神」，又如何能夠透過畫面來傳達畫中山水之「神」呢？然而，沒有藝術家心靈向山水的鎔鑄，沒有藝術家對山水的一種泯滅物我的投入，山水的精神是永遠掌握不到的。事實上，在這種投入中，情感也起到了一定的作用。在中國繪畫藝術史的發展上，隨著繪畫創作中主體性的逐漸凸顯，個體的情感也更加受到重視。祝允明（1460-1526）曾說：「身與事接則境生，境與身接而情生。……夫韻人之爲者，是故以情之鍾耳，抑其自得之處，其能以人之牙頰而盡哉。」（于民、孫通海編，2000：648-649）面對山水之境，人豈能不生情？在與山水交融之高峰，唐志契（1579-1651）甚至說：「自然山性即我性，山情即我情。」（唐志契，2003：11）事實上，明清以後，倡情之說綿延不絕，對於情感在創作中的強調更甚，諸如徐渭（1521-1593）所說：「摹情彌眞，則動人彌易，傳世亦彌

遠」（成復旺，1992：386），李贄（1527-1602）說：「蓋聲色之由來，發乎情性，由乎自然，是可以牽合矯強而致乎？」（于民、孫通海編，2000：686），又如鄭燮（1693-1766）所說：「畫者形也，形依情則深；詩者情也，情附形則顯。」（于民、孫通海編，2000：913）其中鄭燮之言最是精要，畫中之形若不是藝術家的情感投入，只怕僅是膚淺的物象罷了，「以形寫神」不能離開藝術家的情感作用。

那麼，我們可以接著問：是不是只要藝術家多看多觀察，並且投入真情，就能夠掌握山水之精神，就能夠於畫面上表達出山水之「神」呢？事實是，與山水合一的體認，不僅取決於山水，也取決於藝術家。因此，郭熙（2008: 75）說：「看山水亦有體，以林泉之心臨之則價高，以驕侈之目臨之則價低。」何謂「林泉之心」呢？它正是那藝術家的境界心胸。

在這裡，我們遇到了在中國繪畫藝術中一種絕然不同於西方的、對藝術家的要求，亦即，對藝術家人格修養的要求。蘇軾（2000: 886）說：「世之工人，或能曲盡其形，而至於其理，非高人逸才不能辨。」山水是一樣的山水，但是山水之精神是否能夠被掌握以及如何被掌握，端看畫家的境界修養。山水之精神是與藝術家的主體精神交融在一起的，若藝術家的人格修養低下，其胸次中的江山如何能高？清代張庚（1685-1760）於《浦山論畫》中說道：

> 古人有云：「畫要士夫氣」，此言品格也。第今之論士夫氣者，惟此乾筆儉墨當之，一見設色重者即目之畫匠，此皆強作解事者。古人如王右丞、大小李將軍、王都尉、文湖州、趙令穰、趙承旨俱以青綠見長，亦可謂之畫匠耶？蓋品格之高下不在乎跡在乎意，知其意者雖青綠泥金亦未可儕於院體，況可目之為匠耶？不知其意，則雖出倪入黃猶然俗品。所謂意者若何？猶作文者當求古人立言之旨。（張庚，1992）

畫要有士夫氣，首重藝術家的品格。「品格之高下不在乎跡在乎意」，畫面上所傳達出的「意」表達了藝術家品格之高下，品格高者既

使重色濃墨，因爲意高，亦是好畫；品格低者既使出倪（倪瓚）入黃（黃公望），因爲意低，亦是俗品。陳衡恪（1876-1923）在〈中國文人畫之研究〉一文中講得更乾脆：「文人畫之要素：第一人品，第二學問，第三才情，第四思想。據此四者，乃能完善。」首推人品爲文人繪畫的第一要素。

　　在中國繪畫理論當中，從出現了傳「神」的追求開始，繪畫藝術就遠離了形似，遠離了物象外觀的模仿，而深入到了事物的本質，也同時深入到了藝術家的人格精神當中去。這是一個必然的發展，因爲畫面上物象所傳達的「神」，又或者是「生氣」、「意氣」、「物外形」，不透過藝術家主體的心靈是無法達至的。這裡涉及的正是藝術創作中最爲關鍵的合一經驗。然而，這種合一的經驗，不同於我們一般的認識經驗，儘管一般的認識經驗也要求理智與事物的某種程度的同一。在藝術創作的經驗中，藝術家所經歷的合一經驗，不僅是理智，而是主體全部存有的投入，這一點，我們在蘇軾「身與竹化」的命題中已經看見。藝術家「不見人」、「嗒然遺其身」的忘我情態，正是此物我交融之合一體驗的高峰。爲了要掌握事物之「神」，藝術家對對象這種泯滅物我的鎔鑄，是不可缺少的，他可以經年遊走於山水之間，看盡山水姿態，只爲在與山水一體的體驗中，掌握山水精神。而由於他是如此全然的、毫無保留的投入，以致於他的品格修養，或說關乎他一切主體性（也同時是他無可取代的獨特性）之存有的東西，就不再是無關緊要的。在這個環節上，總讓我想起法國現象學美學家的一句話：「事實上，我們是在人類深度的影像中經歷到物的深度的。……深度是對有深度的人而言才存在的。」（Dufrenne, 1973: 398-399）很不幸的，就像存在著膚淺的物一般，也存在著膚淺的人。中國畫論對於藝術家人格修養的嚴格要求，正是由此而來。只是，在中國的繪畫藝術中，我們比較常說的是藝術家的境界「高度」，而不說「深度」。我們甚至可以說，在畫家的最高境界中，畫面上的物象不僅能夠把一物的本質和精神顯現出來，藝術家在其修養境界中，對於整個世界的體認，也能夠寄託在這個單一的物象中一起被表達出來，於是，我們有了蘇軾（2000: 351）「誰言一點紅，解寄無邊春。」（〈書鄢陵王主簿折枝二

首〉之一）的名句；有了一種畫，它可以在山水的一隅中，或在一株古松、一塊奇石的姿態中，向我們訴說了整個宇宙。這就是「傳神」的中國繪畫。

肆、中西比較視域下之合一經驗

在論述了馬里旦以及中國畫論中的藝術家創作經驗之後，我們在此將嘗試標舉出兩者之同與異，以作為我們日後更深入思考的基礎。在行文上，我們採取由「同中見異」的方式，先從相同之處入手，再分析其相異之處。我們分別由以下三個方面進行論述：

一、合一經驗需要拋棄主客二分之認識形式

在馬里旦創的作理論中，他把人與外在實在之聯合所產生的知識，稱之為「詩的知識」。而「詩的知識」出現在理智的前意識生命當中，這個意思是說，在理智還未形成有關外在事物之主客二分的概念化知識之前，「詩的知識」就已經出現了。正因為「詩的知識」既是藝術家與世界接觸時所生的知識，又是在理智的前概念活動中所出現的知識，這表明了它肇因於一種主客的聯合，並且在這個聯合尚未為概念活動而分化之前，就已經被理智的前意識生命所把捉，由此，它必然是一種主客不分的知識。基於「詩的知識」這種主客不分的特徵，它往往向我們呈現的，是某種儘管模糊卻極為珍貴的內涵。馬里旦（1953: 31）曾經這樣描述塞尚的繪畫：「我堅持，任何塞尚的畫不過就是塞尚自身的表意文字（ideogram），正如André Malraux也曾這樣訴說van Gogh的「椅子」那幅畫。然而，我更不應該忘記（這種遺漏會損害當代藝術家光輝思想體系中的最好部分），它也是某種僅僅只能被他（按：這個藝術家）所掌握住的、在有形存有者的奧祕中的那無比珍貴之真實側面的表意文字……」、「詩的知識」，正因為拋棄了主客二分的認識方式，才成為「詩的知識」，或說，才成為那無比珍貴的、既訴說了藝術家又訴說了存有者之奧祕的知識。

在中國畫家的創作歷程中，表現於畫中的物象，來自於一種主客不分

的認知，已經被視為理所當然的事情。在我們曾經舉出的例子當中，以蘇軾的「身與竹化」的命題，以及唐志契之名言「自然山性即我性，山情即我情」最具代表性。「身與竹化」當中的「化」字，已經將藝術家之主體性完全消融在眼前之物當中。正是這種主客不分的鎔鑄，藝術家才能真正進行創造，隨後才有創作之「無窮出清新」的可能（其身與竹化，無窮出清新）。唐志契所言之「自然山性即我性，山情即我情」，更是關於此主客不分之合一體驗的直接表達。我們可以說，如果沒有這種主客交融的體驗，藝術家便很難掌握對象的精神，更遑論在畫面上傳達出一種神形相融的物象。

　　由此可見，無論在馬里旦的創作理論中，或是在中國的畫論中，藝術家與事物之實在的合一經驗都是不可或缺的。使「詩的知識」如此珍貴的原因在於此，使繪畫得以「傳神」的原因更在於此。在這個點上，馬里旦的創作理論和中國畫論所不同之處僅僅在於，馬里旦乃是從認識的前概念活動來描述這種合一，而中國畫論的創作描述，卻僅做出事實的陳述。我們可以說，馬里旦的創作理論為我們解釋了藝術創作之合一經驗在人的意識中得以可能的方式，並且詳盡地描述了主體的所有能力的運作和參與過程，而中國畫論在這個方面卻是付之闕如。中國畫論給予我們的多是事實陳述（直接描述合一的事實或是體驗），並且陳述的方式更傾向於一種詩意的表達，而非理論的分析。在某種程度上，中國畫論中關於藝術創作的描述方式可能更親近於合一體驗之難以言說的特徵，並且常令讀者產生「心有戚戚焉」之感，然而，也正因為如此，這些描述無法如馬里旦的創作理論那般，形成某種藝術創作過程的完整體系與理論架構。筆者以為，在創作之主客合一體驗的論述上，中西方藝術理論的陳述方式正可以互為補充。

二、合一經驗需要主體整體存有的涉入

　　馬里旦的創作理論，清楚明白地指出，藝術家的創作過程（為了掌握「詩的知識」的整個過程），首先因為藝術家或詩人意志（在其對美的

渴望當中）的推動，他的感官、想像、理智以及情感等所有能力，在精神的前意識背景中，進入了和諧的運作狀態。不僅如此，藝術家的靈魂中所保存的一切經驗、記憶以及渴望等（主體之中包括流動的影像、回憶、聯想、感覺與潛藏在壓力下的欲望的全部宇宙，現在都被攪動了），在靈魂交出自己並且與對象合一之時，也全都毫無保留地參與了進來。由此，我們可以說，在馬里旦的創作理論中，他所描述的合一經驗，涉入了主體的全部存有，因為如果主體的全部存有不是主體的全部能力、使主體成為這個獨一無二的自己的一切經驗、記憶、感覺、慾望……的一切，那又能是什麼呢？

在中國畫論中，為了達至「傳神」的繪畫，藝術家也必須投入他的全部存有才能做到，名畫家張璪（?-1093）曾說：「外師造化，中得心源。」（《歷代名畫記》卷十）這裡的「心源」事實上已經是主體所是之一切的高度綜合。正因為藝術家的整個人都涉入到了創作當中，中國繪畫（尤其是自宋代以來獨領風騷的文人繪畫）對於藝術家主體人格修養的要求，才能被稱之為一個合理的要求。藝術家的人格和修養是關乎於藝術家整個人的，我們甚至可以說，是他的人格和修養使他成為這樣的自己、成為這樣的藝術家。

確實，在中國的古典繪畫理論中，出現了一個馬里旦的藝術創作理論所未曾標舉出的、屬於藝術家全部主體性之其中一部分的重要特徵——藝術家的人格境界、心胸，以及修養。在某種程度上，馬里旦的創作理論也可能涵蓋繪畫對於藝術家人格和修養的要求，因為既然藝術家的人格修養是關乎於藝術家的整個人，那麼他的人格修養的境界也必然關乎於他的主體性或說他的全部自我（the artist's Self），這意味著，藝術家在創作過程中的全部投入，也必然會受到其人格修養之境界的影響。我相信馬里旦會完全同意上述的推論，然而，他從來沒有這樣要求過藝術家，他只有誠心地祈求他能夠這樣做。他注意到，藝術家可以為了他的藝術而不顧一切地浸淫在邪惡當中，只為創造出一個好的作品。馬里旦感嘆：

> 讓我們假定荷馬（Homer）是個酒鬼，威吉爾（Virgil，羅馬詩

人）是個阿諛者，賀瑞斯（Horance，羅馬詩人）是個懦夫，塔
索（Tasso，十六世紀義大利詩人）是個瘋子，培根（Lord Ba-
con，十六、七世紀英國哲學家兼作家）是個挪用公款的人，
拉斐爾是個放蕩的人，以及斯賓塞（Spenser，十六世紀英國詩
人）是個桂冠詩人。……他們的錯誤已經被估量，並且發現到
這些錯誤在平衡當中已被撢去了塵埃，若他們的罪惡曾經是鮮
紅色的（scarlet，按：這個字也有罪孽深重的意思），那麼他們
現在就像雪一樣的潔白；罪惡已經在那**調停者**（mediator）與**救
贖者**（redeemer）的血當中被洗淨了，它正是**時間**。（Maritain,
1960: 86）

但時間這個調停者，救贖的只有作品，卻幫助不了藝術家的靈魂：
「時間並非是詩人靈魂的救贖者。但它確實是詩人作品的救贖者。」
（Maritain, 1960: 86）詩人受苦的靈魂，不能被救贖，卻有可能創造出不
朽的作品。因為對於馬里旦來說，使這些偉大作品成為不朽的東西，不是
道德的高度，而是存有的深度：

創造性純真（creative innocence）絕對不是道德的純真。如同
我已經指出的，它是屬於存有的而非道德的本性。它與詩人的
直覺有關而非與他的愛有關。……在每一個偉大的詩人之中，
創造性純真的存在達到了某種程度。它具有在偉大之中的豐富
性。它存在的地方，是如此之深，以致於那是一個沒有任何憂
慮的影響、分裂、邪惡、或是暗中危害自由意志的失敗、熱情
和本能都不能壞它的存有廉潔（ontologic integrity）的地方。在
這裡，感官和理性沒有衝突與斷裂，因為這裡沒有分裂。所有
靈魂的力量都以一種慣常的永久狀態被帶入了統一之中……。
（Maritain, 1953: 374）

所以，在這裡，讓我們指出，合一的經驗可以往兩個方向發展，一個

往深度去，一個向高度走。同樣在承認藝術創作需要主體全部存有之投入的基礎上，馬里旦的創作理論和中國的畫論在此分道揚鑣了。在我看來，高度多半具有深度，但是深度卻可以沒有高度。我這樣說，是因爲中國繪畫藝術嚴格地要求畫家人格心胸的高度，甚至要求他們把整個宇宙的精神託寓在一個物象之上，然而，想要達到這種境界，如果不是畫家深入到了對世界的深度體認之中，他就不可能做到。反觀西方藝術，藝術家既使沒有高度的人格修養，卻仍然能夠創造出偉大的作品。事實上，只要藝術家進入到了自身存有的深度經驗當中（亦即，一種主客的深度統一當中），並且透過他的作品成功地向我們揭露出在其中所呈現的、關於人類對自身命運的奧祕，以及對（那無法與人類命運相分離的）實在奧祕的關懷，他就有可能成就一個偉大的作品。換言之，一個具有深度的作品，無論它的作者是否具有高潔的人品，都有可能成爲不朽的傑作。[13]

由於這種深度與高度的辯證，我們或許可以這樣說，中國藝術常常在其強調境界的高度中，突出了藝術作品的層次感；而西方藝術在其重視深度的訴求下，成就了藝術作品的多樣性。

三、主體的情感因素在合一經驗中扮演了重要角色

在馬里旦的創作理論中，我們已經看見藝術家情感因素的重要性。如果不是藝術家的特有情感，擠滿了靈魂，並且將靈魂所經受的實在的某一面向傳達出來，理智的創造性直覺將無物可把捉、無物可掌握，更遑論形成任何「詩的知識」了。因此，靈魂儘管扮演了一種工具性的角色，卻具有決定性的地位。

中國的古典創作理論，同樣重視藝術家的情感作用。我們曾引用祝允明所說：「……夫韻人之爲者，是故以情之鍾耳，抑其自得之處，其能以人之牙頰而盡哉。」李贄所說：「蓋聲色之由來，發乎情性，由乎自然，

---

[13] 中國藝術特有的「由高進深」的進路，明顯地有別於西方「以深論深」的方式。這個論題，筆者曾經在探討莊子「無情說」與魏晉詩論之時，已經略有論述。請參見拙著（Lenehan, 2013: 340-354）。

是可以牽合矯強而致乎？」，以及鄭燮所說：「畫者形也，形依情則深；詩者情也，情附形則顯。」這些都是中國藝術家創作時，重視情感因素的證明。

馬里旦（Maritain, 1953: 122）表明，藝術家藉著情感，把自身存有與事物實在結合的一種深度的經驗帶了出來（情感承載了靈魂所經受的實在──那是在一粒沙當中的世界，並將之帶入了主體性的深度之中，帶入了理智的精神非意識的深度之中……），這種看法與鄭燮「畫者形也，形依情則深；詩者情也，情附形則顯」的看法極為相近，可視為兩者的相通之處。然而，如果我們進一步去探討便會發現，中國的藝術家對於創作中情感之運作所強調的面向，不盡然同於馬里旦的論述。首先，情感在創作中似乎扮演了一種推動創作產生的角色，藝術家因為「情之所鍾」（以情之鍾耳），而不能僅僅終止於口頭上說說而已（其能以人之牙頰而盡哉），他還必須進行創作，來表達這份獨特的情感。同時，所有的藝術表達都是「發乎情性」地流露出來，絲毫不能受到任何外力的勉強（牽合矯強）。以情感為引發創作之動力的看法，無法在馬里旦的論述找到，馬里旦將這份動力歸之於意志，因為「在美術中，意志和欲望所要求的，是在它對美的渴望中的精神的純粹創造性的釋放……」（Maritain, 1953: 54）當然，我們也可以說，藝術家的意志對美的渴望，就是一種對美的愛，而這種愛同樣也涉入了情感。但是無論如何，關於情感在創作中所扮演的角色，馬里旦的論述所強調的仍然是情感（在主體靈魂諸能力的協調運作中）的工具性特徵，而未強調情感作為推動、引發主體創作的動力。

馬里旦的創作理論與中國畫論皆重視情感在藝術創造中的作用，但是國畫論似乎肯定了情感更為廣泛的功能：它不僅是引發創作的動力，更是使作品得以向我們呈現出一種深度的原因。

伍、合一經驗與藝術教育

從上述的分辨中，我們可以看見，在馬里旦的藝術理論以及中國畫論中，主客合一的經驗都是藝術創作中極為重要的關鍵環節。馬里旦所謂

的「詩的知識」，是詩人的主體性與對象的結合而成就的一種知識；而中國畫論中，為了達到「傳神」，藝術家也必須有與山水或自然物交融的經驗。而我們希望進一步探討的是，這種合一的經驗有可能被帶入到藝術教育中並且豐富我們的藝術教育嗎？根據之前有關馬里旦和中國畫論的分析，以下我們將從兩個方面來思考這個問題。

一、放棄概念化的探究而重視情感的運作

藝術教育[14]最容易的進行方式，就是知識的傳遞。教師能夠給予學生非常豐富的有關創作或作品的知識，這些知識包括了一個作品如何構圖、色彩如何配置，或者藝術家創作的過程、背景，還有這個作品在藝術史上的意義等。這些東西確實都很重要，但是，我們不要忘記了，擁有最豐富的關於作品、作家或藝術史之「知識」的人，卻不一定能成為最有創造力的、最好的藝術家。這意味著，有一些更本質的東西，在藝術創作中是不可以被知識取代的，而且所有其他的知識，都應該為此而服務。在此，吉爾松（Étienne Gilson, 1884-1978）的一段話頗有意義：

> 當然，既喜愛藝術又喜愛它的歷史是最好的，但是感到對藝術史漠然卻熱愛著藝術，卻是很可能發生的事。現今把藝術和藝術史兩者搞混的趨勢，可以帶來很大的傷害。（Gilson, 1957: 91）

在我看來，使創作成為藝術家獨特而不可被取代的創造性歷程，就是這個合一的經驗。它是藝術家與對象的一種結合，並透過這個結合帶出了只有他才體驗到的、也只有他才能向我們揭露的對象的奧祕。藝術家不是

---

[14] 在本文中所訴說的藝術教育，指的是有關藝術家創作的教育，而不是指美感教育（aesthetic education）。我們在前面討論的所有內容（馬里旦的藝術理論和中國古典畫論），都是著重在藝術家的創作，而非討論有關藝術欣賞的美感經驗，儘管主客合一的經驗可能為美感經驗而言也是不可或缺的。

上帝，他不能無中生有的創造，但是他可以創造出一種新的形式安置在材料之上，傳遞出他在與對象合一時所體認到的、關於對象的某種東西（我會說，那是關於對象的「真理」，儘管這裡不涉及任何科學的、思辨的真理）。正是基於對創作中合一經驗的重視，馬里旦堅持，藝術家企圖在作品中所表達的「詩的知識」乃是來自藝術家自我與事物彼此不分且統一的知識；而中國的藝術家則強調，「外師造化，中得心源」，「造化」與「心源」缺一不可。

作為一種教學（教與學），教師必須認清，除非這個合一的經驗發生在受教者之中（而非教師之中），否則沒有任何藝創作術的教學可能成功。教師可以訴說所有關於作品、創作者或者藝術史的知識，但這些知識只是為了向受教者展示、並且引導受教者產生合一經驗的材料和工具。教導藝術創作的教師，不是藝術史教授，他要引導學生去「體驗」，而不是幫助他累積知識。

如何去引導學生去「體驗」一種主體與對象的合一？在馬里旦的藝術理論和中國畫論的分析中，已經給予我們很多的線索：首先，應該要儘量延長觀察的時間，而不需急著進行作品的製作，這意味著教師們應該要給予學生更多時間去嘗試並內化他與對象結合的種種可能性，急著完成作品大概不會是件好事。郭熙「身即山川而取之」的命題所表明的合一經驗，甚至可能是經年的累積成果。總之，教師應該儘量給予學生和對象「相處」的時間，儘管創作的最終目的是要完成作品，但是「欲速則不達」這條黃金律在任何地方都適用。

其次，無論馬里旦或者中國畫論中所描述的創作經驗，都要求藝術家整體存有（包括一切能力）以及全部主體性的投入，而這種投入與主體的情感因素脫不了關係。我們之前已經看見，馬里旦和中國畫論對創作中情感角色的描述可能不完全相同，但是兩者皆肯定情感的重要性。尤其，情感儘管不從屬於任何一個主體的官能，它既不是理智，也不是想像，更不是各類感官，但是它卻與主體所有的能力都相關，或許正因為如此，馬里旦描述情感為傳遞出靈魂所經受之實在的工具。是以，在我看來，幫助主體之全部存有投入於一種與對象合一的經驗，情感將起到最大的作用。

教師在進行教學時，應以引導學生情感為首要之務。否則，儘管施教者給予了學生很多與對象「相處」的時間，但若不得其門而入，學生同樣無法獲得合一的經驗。基於此，教師在選擇「對象」或「主題」的時候，教學就已經開始了，因為他所選擇的「對象」或「主題」，將是一個容易引起學生共鳴的題材。最好是學生能夠自然而然地、由內而外地讓情感流露出來，毫無任何的「牽合矯強」。教師也可以展示自身與對象的合一經驗，描述這種經驗，而不是對「對象」進行概念化的分析。我相信教師所描述的自身的合一經驗，對學生而言，將會是最好的範例和引導。

最後，教師可以鼓勵與對象結合的各種可能性。這個意思是說，在藝術的世界，任何的可能性都是合法的。教師可以向學生展示同一題材的不同的表現方式，亦即展示出不同的主體之存有投入以及主體之情感涉入的方式。在我看來，這種多元性將能夠真正活化學生的創造力，並且體認到自身存有所具備的這種獨特性的珍貴。為一個多元化的社會而言，這有著不可言喻的價值。當然，這不是說要鼓勵學生標新立異，標新立異不是藝術創作的本質。為標新立異而標新立異，不是真正的「創新」，真正的「創新」來自於創作主體那不可取代的、自身存有的獨特性，以及這樣的獨特存有與對象結合的方式。在這裡我們又再一次看見了引導學生擁有「合一經驗」的重要性，因為在這些經驗中，他可以不斷地從中汲取靈感，他可以一次又一次地為觀者訴說實在的奧祕，只要他擁有了取之不竭的實在，他就擁有了取之不竭的靈感。教師給予他的，不僅是學會一次的創作，而是帶領他去體驗永不枯竭的創造泉源。

二、合一經驗的引導方向

正如我們之前所述，東西方創作理論中的合一經驗所強調的面向不盡相同。在西方，藝術作品因為其所展現的人性的、實在的「深度」而不朽；在東方，作品則因為藝術家在合一體驗中所呈現的境界「高度」而永恆。這一點提醒了我們，合一經驗可能有兩種的發展方向，它可以往深度去，也可能往高度走。

在我看來，馬里旦對創作經驗的論述可能更適合幫助學生的啓蒙，亦即透過合一經驗之深刻性來豐富作品；而中國畫論中所描述的創作經驗，則可以作為一生的課題，它是以人生境界的高度（亦即合一經驗的高度）來滋養作品。之所以這麼說，是因為中國畫論所要求於藝術家的，是高度的人格修養，但這並非一蹴可幾的事情。換句話說，中國畫論對於藝術家的要求是更加嚴格的，它不適合直接用於合一經驗的啓蒙。但是無論如何，合一經驗的深度和高度並不是兩種相衝突的東西，但是它們確實是兩種可能的體驗方向。

或許，經驗的深刻性（深度）更多地依賴於人的情感作用；而經驗的境界高度，則更多地依賴於人理智精神的自由。我們在這裡無意去討論經驗的深度和高度與主體能力之間的關係，這不是本文能夠處理的問題。但我們可以設想，施教者在明白經驗在深度和高度間的微妙辯證之時，可以更好的引領學生去體驗兩者。年輕的心靈對於情感的感受力是最敏銳的，所以，施教者可以首先透過深刻的情感來引導學生的合一經驗，這是一種有深度的、傾盡了創作主體所是之一切的合一體驗。這種融入了創作者之主體性（或存有）深度的體驗同時是一種準備，為受教者朝向於一種既具有深度又具有高度之體驗的準備（最高境界的合一體驗，不可能沒有深度的特徵）。中國古典畫論對於藝術家的高度要求，放在現今的藝術教育中當代是不必要的。教師的工作並不是要教育符合於古典畫論的畫家，他的工作是引導，是向受教者展示一種可能性，亦即，展示出一種既深且高的合一經驗的可能性，展示一種「誰言一點紅，解寄無邊春」的繪畫理想。無論如何，中國繪畫本身就是這種至高合一境界的結晶，它們已經為當代的藝術教育留下了最好的教材。

陸、結語

主客的合一經驗，並不是一個很容易論述的問題。探討它的困難，首先就來自於這種經驗的本性，亦即，它在本性上是模糊的並且是不容易把捉的。但是它的美好之處也在於此，它把主體與世界最深、最原初也最

豐富的內容，就這樣全部給出了。當它出現的時候，它把它的全部毫不保留地都交給了我（它同時也是我將我之所是全都交給了對象的結果）。我們藉由馬里旦的創作理論以及中國傳統藝術家的智慧，企圖掌握一些它的蛛絲馬跡，然而，我們用思辨理智所描述的、關於它的一切，或許可以釐清某些問題，但是最好的認識它的方式，仍然是在對它的體驗中，一次又一次的去領會。它儘管是模糊的，但對於經驗它的那個主體來說，卻有著一種不可替代的確定性。創作中的合一經驗不因為它模糊、不因為它無法用概念來表達，而失去了任何價值。相反的，合一的經驗在創作中是無價的，它應當在我們的藝術教育中受到更多的重視。

參考文獻

中文

于民、孫通海（編）（2000）。**中國古典美學舉要**。合肥：安徽教育出版社。

中華道明會（譯）（2008）。T. Aquinas著。**神學大全**。臺灣：碧岳學社／中華道明會。

成复旺（1992）。**中國古代的人學與美學**。北京：中國人民大學出版社。

何佳瑞（2013）。托瑪斯美學中之美感經驗研究。**世界哲學，5**，135-146。

唐志契（2003）。**繪事微言**。北京：人民美術出版社。

徐復觀（1966）。**中國藝術精神**。臺北市：臺灣學生。

晁補之（1965）。**濟北晁先生雞肋集**。臺北市：臺灣商務。

袁有根（2010）。**解讀北方山水畫派之祖荊浩**。北京：中國文聯出版社。

張庚（1992）。浦山論畫。收錄於中國書畫全書。上海：上海書畫出版社。

張彥遠（1971）。**歷代名畫記**。臺北市：廣文書局。

許紹早、王萬莊（1996）。**世說新語譯注**。吉林：吉林文史出版社。

郭熙（2008）。林泉高致。收錄於中國藝術・美學。江西：江西出版社。

陳維禮、張桂蘭、王月（1998）。**韓非子譯注**。瀋陽：遼寧民族出版社。

董其昌（1999）。**畫禪室隨筆**。上海：上海遠東出版社。

劉有元、羅選民等（譯）（1991）。J. Maritain著。**藝術與詩中的創造性直覺**。北京：生活・讀書・新知三聯書店。

劉康德（2001）。**淮南子直解**。上海：復旦大學出版社。

蘇軾（2000）。**蘇軾全集**。上海：上海古籍出版社。

外文

Aquinas, Thomas (1946). *Summa Theologiae* (*ST*), Trans. by Fathers of the English Dominican Province. New York: Benziger Brothers.

Dufrenne, Mikel (1973). *The Phenomenology of Aesthetic Perception*. Evanston:

Northwestern University Press.

Eco, Umberto (1988). *The Aesthetics of Thomas Aquinas*, Trans. by Hugh Bredin. Cambridge: Harvard University Press.

Gilson, Etienne (1957). *Painting and Reality*. New York: Pantheon Books.

Lenehan, K. (2013). Theory of Non-Emotion in the *Zhuangzi* and Its Connection to Wei-Jin Poetry. *Journal of Chinese Philosophy*, 40 (2), 340-354.

Maritain, Jacques (1952). *The Range of Reason*. New York: Charles Scribner's Sons.

Maritain, Jacques (1953). *Creative Intuition in Art and Poetry*. New Jersey: Princeton University Press.

Maritain, Jacques (1960). *The Responsibility of the Artist*. New York: Charles Scribner's Sons.

O'Reilly, Kevin E. (2007). *Aesthetic Perception: A Thomistic Perspective*. Dublin: Four Courts Press.

Sartre, Jean-Paul (2004). *L'etre et le neant*. Paris: Editions Gallimard.

蔡偉鼎
東海大學哲學系助理教授

第四章

崇高感——
從康德到席勒的審美教育

摘　要

　　自席勒出版《審美教育書簡》以來，有不少論者主張學校應培養學生美感，以彌補傳統教學偏重知性教育而致使其人格發展不夠健全之弊病。依此，審美教育乃屬全人教育之重要一環，旨在促進人感性與理性之間的和諧。

　　然而，迄今一般學校之審美教育在提升學生美感時，多傾向從藝術經驗之情感層面來發展其審美判斷力，強調學習藝術表現方法之技巧，以致較少留意到席勒所主張的審美教育之核心目的其實是要臻至人類自由。為了達成該目的，席勒認為應去培養學生的崇高感。今日一般學校的美育就是因為遺忘了崇高感在審美教育中的意義，故才會淪為形式化之弊。

　　基本上，崇高感在美學史裡可說是盛行於啟蒙時代晚期到浪漫時期的審美觀中。相較於古典時期審美觀所看重的優美感，整個浪漫時期則是更加重視崇高感。這個轉變首先起因於康德在《判斷力批判》中將優美與崇高視為具有能夠聯繫理論理性與實踐理性的媒介功能。席勒承襲康德的這個想法，但並不像康德那樣看重優美。席勒不但進一步將崇高與優美相提並論，甚至更為重視崇高感，因為後者更能有助於提升人性之自由精神。

關鍵字：審美教育、人類自由、崇高感、美、康德、席勒

壹、前言：當前美育面臨的困難

證諸東西教育史，自古即認爲理想人格的陶冶需納入美感的向度。（楊深坑，2009）美感的培養一般係以藝術作品之鑑賞爲始，並以心靈之健全發展爲終。這在實務操作上，大多就像今日國民義務教育之推動德、智、體、群、美五育均衡發展，或如大學通識教育之欲培養出跨領域的通才或全人那樣，尋求在學校教學科目裡安排一定數量的藝文課程，然後寄望於學生之美感能力即能隨之培育而成。這種教育理念基本上是想把美感教育──以下簡稱爲「美育」──化約成可被量化檢證的學習成果。[1]然而，恰如歷來之實務經驗所示，這類作法的實際成效從未能如人們所預期地那麼良好，而且也容易淪爲形式化。尤其是在一個以智育成績作爲評鑑教育成果之主要判準的社會裡，空談施行美育所可能達成的效果也就更顯得像是在浮沙建屋。[2]這個難題在在提醒著我們，美育的實踐並非易事。

一般現行教育機構之美育的實際操作內容大抵包括兩個部分，亦即：學習特定類型的藝術活動（例如：繪畫、雕塑、樂器、聲樂等等），以及培養一般性的藝術鑑賞力。就表面上來看，這兩者強調的面向不同。一個是著重在主動從事藝術活動，另一個則是強調被動體驗藝術表演。儘管

---

[1]　有關這種量化的思考方式，譬如可參考2014年5月7日《自由時報》的報導：「爲提升學生的美感教育，教育部長蔣偉寧今天在立法院教育及文化委員會，回答立委陳學聖質詢時表示，教育部願意推動，讓全國每個學生在國中畢業前，能學會一件樂器、到故宮（國家級美術館）看過一次展覽、到國家音樂廳（戲劇院）看過一次表演。」（請參見：http://news.ltn.com.tw/news/politics/breakingews/1002289。截取日期：2014年6月6日。）

[2]　向來美術、音樂等科目在臺灣一般中小學裡一直非屬學校教育的重點，常常被視爲國英數理化等「重要」學科的婢女，以致於大部分的師生們都傾向視之爲某種可有可無的課，認爲其可隨時調課、停課以配合「重要」學科的需求。有關國民教育體制裡施行美感教育之所以會失敗的可能原因，每隔一陣子就會看到坊間或學界裡有人提出，譬如近期則有朱家安於2014年5月8日在《聯合新聞網》中的評論〈美感教育失敗，因爲美感的問題不在教育〉。（請參見：http://mag.udn.com/mag/news/storypage.jsp?f_ART_ID=512621。截取日期：2014年6月6日。）

有此差異，但這兩者間似乎也具有某種正相關性。因為吾人通常亦可觀察到，若一特定類型之藝術未能學到相當水準，則其鑑賞力就不易有所精進。相對地，若未擁有一定程度的鑑賞力的話，則藝術表現水準亦難有所提升。不過，正如前所指出的，學習這些藝術課程並不必然保證美感之提升。這意味著，這兩者間的相互影響關係其實還需要另外訴諸其他的因素來加以說明。換言之，這兩者並非是美育的充分條件──儘管其無疑應被視為其必要條件。因此之故，美育之所以可能，必將取決於其他因素。有鑑於美育之實踐活動所涉及到的影響因素龐雜，為了能在有限的篇幅裡闡明那使美育得以可能的因素，本文將直接切入問題去進行討論。

本文企圖指出，當今美育實踐之困境在於人們遺忘了美育之目的究竟是什麼。畢竟，若學生不知為何接受美育，則容易失去自發學習藝術活動與鑑賞之動力。同樣地，若教師不知為何推動美育，則容易失去啟發學生從事藝術鑑賞與表演之熱情。如此一來，其會淪為形式化也就不足為奇了。而對美育之目的的探究也將會包括去一併瞭解該目的要如何方才能達成。畢竟，唯有能夠回答這個有關「如何」的問題，我們才能去克服當前美育所面臨的困難。

基於上述目的，本文擬透過追溯美學思想史，以指出問題的關鍵點在於美育所欲培養的理想人格之內容究竟為何。以下，首先將考察文藝復興時期之藝術教育的弊病以及啟蒙運動後期對其問題的反思。接著，則考察審美教育理論的早期發展，並揭示出其核心目標乃是康德所追求的人類自由。最後，則指出使人達至人類自由的美育之最終內在要素實則是崇高感。歸根究底，正是因為現代教育遺忘了崇高感之培育，致使審美教育的施行終難完成其提升人性以達理想人格的目標。

貳、從文藝復興時期的藝術教育到席勒的審美教育

文藝復興時期可謂是個文化運動的時代。當時因為人文主義（Humanismus/humanism）的興起，擺脫了中世紀以神為中心的意識型態，從而帶動了諸多層面上的重大變革，譬如：古典研究的復興、民族國家的形

成、法政理論的建構、宗教改革的肇始、自然哲學的反思等等。[3]不過，就一般人來看，其藝術成就才是最爲後人所關注的，這不光是因爲像達文西、米開朗基羅和拉斐爾這三位大師的作品迄今都還一直被視爲經典，而且當時在繪畫方面所發展出來的直線透視法一直到今日也仍被奉爲圭臬。毋怪乎自文藝復興時期以降，西方就已明確將藝術視爲人文教育中的一環。[4]

　　當時，這樣一股由人文主義所引發的全面性思潮也帶動了教育上的變革。爲了改變傳統學院不重視藝術人才培育的處境，王公貴族們及新興中產階級開始創辦新式藝術學院。當時的藝術教育（Kunsterziehung/artistic education）在方法上主要係在研讀古典文學與學習繪畫技巧，最終則是旨在塑造出一個具學識、懂藝術的文化人。然而，不可否認的是，實際上能夠有時間、金錢接受此等藝術教育的人，大多也都是資產階級（以及少數受其資助的、有繪畫天賦的平民兒童），而非廣大的勞動階級。更何況依循此法所塑造出來的，大部分仍是只知技法之匠，而難成藝術家之材，甚至這究竟是否真能有助於審美品味之提升也是成問題的。故當時所謂的「文化人」其實大部分頂多只能算是附庸風雅的有錢人而已。也正因爲如此，這樣的藝術教育終究會變成爲一種用來強化區分社會階級的工具，亦即讓有錢人能藉以從文化素養上來跟那些沒錢受教育的人進一步區別開來，俾使建立出一種能夠與經濟階級差異相符應的文化階級區分，從而令透過經濟力量所創造出的社會階級制度能夠更加地穩固。換言之，藝術教育在當時變成是鞏固社會上層階級的形式性工具，至於其究竟是否對受教者的美感有實質性影響已不重要。正因爲如此，文藝復興後期的藝術教育乃每況愈下而流於形式化，終爲人所詬病。

　　上述對文藝復興時期藝術教育背後的社會結構分析，雖指出了「光憑藝術教育仍不足以保證美感的提升」此一事實，但並未能提供充分的理

---

[3]　有關這幾點的進一步說明，可參見傅偉勳的簡要摘述。（傅偉勳，2011：196-202）

[4]　有關文藝復興時期的藝術教育，可參見Arthur Efland的簡潔說明。（Efland, 1990:28-34）

據來說明其爲何如此。也就是說，我們雖可以從社會層面來說明當時資產階級所推動的藝術教育爲何不成功，但吾人仍舊無法從個人層面來解釋藝術教育與審美品味的內在關聯性。儘管如此，至少這裡還是可以從「文藝復興時期推動藝術教育」這個歷史事實推知兩件事：(1)縱使人類自古即不學而能審美，但審美品味還是需要培養的，否則就不會需要設立專業學校；(2)就算藝術教育眞能有助於培養個人美感，但其仍不足以保證美感的提升，否則就不會出現教育形式化之弊端。在瞭解了這兩點後，我們現在需要進一步探問的是：到底當時的藝術教育缺了些什麼，以致最後竟會淪爲形式化？唯此一問題的答案並不容易從當時的社會結構分析出來，因爲該問題所要求的是一個能夠囊括社會層面及個人層面的總體性理論解釋。既然這裡涉及到的是當時一連串複雜社會現象之交互運作的結果，那麼要從中洞察該社會結構所欠缺的、亦即不在場的可能因素，自然會有緣木求魚之憾。

然而，吾人還是有可能透過某種歷史反思來考察後續的藝術教育史發展，從而事後諸葛地解析出具決定性的影響因素來。這是因爲上述的社會結構分析雖能針對該結構提出的共時性描述，卻不足以說明該結構的歷時性變化，而需借助於歷時性的研究方法來補其不足。畢竟歷史之發展往往是反映著後一時代對前一時代之問題的反省，不論最終後人是否有眞正解決前人的問題，至少這兩者之差異對比是有可能向人透露出一些可能的解答線索。因此之故，且讓我們先把目光轉向在文藝復興之後出現的啓蒙運動時期。

我們發現，啓蒙時期開始出現了所謂的美好的藝術（fine art）與機械的藝術（mechanical art）之區分，而該區分的判準大抵端視一藝術品究竟是「美」（schön/beautiful）或者「粗俗」（gemein/vulgar）而定。[5]此即後來所謂的美術與匠藝之分。基本上，我們可以藉由這個區分來說明文藝復興時期之藝術教育的情形，亦即：當時的藝術教育大多只是形式地教授繪

---

5 有關啓蒙時期之藝術分類，請參考Tatarkiewicz的說明。（Tatarkiewicz, 1980: 60-65）

畫技巧，以致所學到的僅屬匠藝，故難以提升美感。此外，啓蒙運動時期亦是美學理論建立的創始期。鮑姆嘎登（Alexander Gottlieb Baumgarten）首先提出了「美學」（Aesthetica）一詞，以總括論述有關美的感覺或品味。這開啓了藝術教育史的另一個重要發展。此後，藝術教育之推展均難以逃避藝術理論奠基的要求。相較之下，即可看出文藝復興時期的藝術教育其實是缺乏理論反思的。

　　基於以上的分析，吾人可知：文藝復興時期的藝術教育之問題毋寧是源於當時人們對於實施藝術教育的目的仍未提出一個更具有理論深度的整體性解釋，以致於大多是將理想人格之陶冶簡化爲上流社會之養成，把藝術品味的提升等同於對藝術技法的瞭解。簡言之，就是沒有充分思考藝術教育的理論基礎問題，才會在實務上造成了馮京馬涼之誤。故若要徹底解決此問題，則顯然有必要進一步深入瞭解：爲何人格教育需要藝術？於是，後來試圖具理論系統性地回應前述問題的教育理論──亦即一套有關審美教育（ästhetische Erziehung/aesthetic Education）的理論──遂應運而生，以俾與先前狹隘的藝術教育有所區別[6]。

　　最早公開倡導「審美教育」者其實是德國哲學家席勒（Friedrich Schiller）。其在1793至1794年間撰寫、1795年出版的《論人類審美教育之系列書簡》（*Über die Ästhetische Erziehung des Menschen, in einer Reihe von Briefen*）──以下簡稱《審美教育書簡》──成爲審美教育理論的經典之作。[7]在席勒之後，教育學者們[8]紛紛響應其說，認爲審美教育實可彌補理

---

[6] 有關「審美教育」及「藝術教育」在內容上的區別，請參見：楊深坑，2009：5f.。

[7] 《審美教育書簡》一書的源起是由於席勒爲了感謝丹麥的奧古斯騰堡公爵（Herzog von Schleswig-Holstein-Sonderburg-Augustenburg）慷慨提供三年的經濟資助，以俾其能在1971至1973年間無食炊之憂地專心研究康德哲學，故將其研究成果以書信集的方式撰寫出來。席勒在1973年將初稿寄給奧古斯騰堡公爵，後者則將該批手稿收藏於位在哥本哈根的克里斯蒂安堡宮（Christiansborg Palace）裡。1794年2月，克里斯蒂安堡宮發生火災，該批手稿付之一炬。席勒遂重新撰寫了一份，將之大幅修改，並於1795年分批刊登於他所主編的期刊《季節女神》（*Die Horen*）裡。1801年，席勒又再將這個新版的書信集以《論人類審美教育之系列書簡》之名收錄於其《小散文集》（*Kleinere prosaische Schriften*）裡專書出版。

[8] 譬如：倪麥爾（August Hermann Niemeyer）、赫爾巴特（Johann Friedrich Her-

性知識教育之不足，後終發展出所謂的「審美教育學」（ästhetische Päda-gogik/aesthetic pedagogy）這門學科。（梁福鎮，2001:9ff.）唯迄今諸論者們對於審美教育之內容與功能還未有明確共識，致使審美教育學尚屬一門仍處於爭論中的未成熟學科。（梁福鎮，2001:392ff.）由於本文之旨並非在為審美教育學之學科立場說項，故在此不去細述審美教育學之發展過程。本文所要追問的是審美教育相較於以往藝術教育的那個細微差異處。為此，這裡首先要加以分析探討的是：席勒所提出的審美教育究竟是要如何陶冶出理想人格來？

按照席勒的說法，當時 —— 即啟蒙時代晚期 —— 的時代精神是墮落的，因為底層大眾階級僅只盲目地按其粗野而無法無天的衝動來行動，而上層文明階級只圖自私地捍衛個人財產與權利。他將這兩種階級的人分別稱為野人（Wilder/savage）和蠻人（Barbar/barbarian）：前者是「當其情感支配其原則之時」，從而蔑視藝術；後者則是「當其原則摧毀其情感之時」，從而嘲笑自然。相較之下，他宣稱：唯有那受過教化之人（der ge-bildete Mensch/the cultivated man）方才能既與自然為友，又能尊重自由。（Schiller, 2004:579）他這裡所說的「教化」即是所謂的審美教育，後者則能兼顧野人那以生命（Leben/life）為對象的感性衝動（sinnlicher Trieb/the sensuous drive）以及蠻人那以完形（Gestalt/form）為對象的形式衝動（Formtrieb/the drive to form）。在那受過教化之人中，這兩種看似對立的衝動還能夠在遊戲衝動（Spieltrieb/the drive to play）之下相互協調，而這第三種衝動的對象恰恰就是那些具有審美性質（ästhetische Beschaffen-heiten/aesthetic qualities）從而被稱之為「美」（Schönheit/beauty）的「具生命力的完形」（lebende Gestalt/iving form）。（Schiller, 2004:506ff.）由於這是一種自由的遊戲（freies Spiel/free play），吾人遂能藉以將感性的人轉化為理性的人，使人從「感性的依賴」（sinnliche Abhängigkeit/sensuous dependence）過渡到「道德的自由」（moralische Freiheit/moral

---

bart）、福祿貝爾（Friedrich Wilhelm August Fröbel）、史萊爾馬赫（Friedrich Ernst Daniel Schleiermacher）、古勞德（Gottschalk Eduard Guhrauer）。

freedom）──此即席勒所謂的「透過自由來給出自由」（Freiheit zu geben durch Freiheit/to give freedom through freedom）。（Schiller, 2004: 641f.、654、667）總之，席勒所提出的審美教育是要人在從事美感活動時以理性之道德自律的自由作為其終極目標，如此便能解決該時代之精神墮落問題。

參、人類自由：康德對審美教育的理論奠基

　　席勒在《審美教育書簡》中開門見山指出其論點在很大部分上是奠基於康德式原則。（Schiller, 2004:570）我們從前面對該作品的內容概述中亦可以看到：席勒欲透過美來彌合「感性／理性」（或說「自然／自由」）之分裂，以及把倫理王國中的精神自由視為人性尊嚴之最高表現，這些均吻合康德哲學──尤其是《實踐理性批判》及《判斷力批判》──的核心觀點。總之，席勒的美學思想確實帶有濃厚的康德色彩。若要去嚴格區分出其不同之處，則可以這麼說：席勒高舉審美教育的重要性，明確主張審美教育為臻至人類自由的必要媒介；相較之下，康德似乎更重視的是道德教育，故未見其談論審美教育。畢竟，在康德的哲學系統裡，理性的自由確實是不需美感的媒介即可自行達成，所以我們看到康德雖有在談論審美活動，卻不需像席勒那樣去暢談審美教育。倘若康德此舉是有道理的，那麼吾人之人格教育又何必需要多此一舉去訴諸審美教育呢？為了回答此一問題，接下來有必要先去檢視一下康德的教育理論。

　　康德在其論述教育理論的專著《論教育學》（*Über Pädagogik*）中開宗明義就說道：「人是唯一必須被教育的受造物。」（Kant, 1995: 697）需注意的是，他的這個斷言絕不可從生物學的角度來理解，因為它並非意指人類無法像動物那樣憑靠與生俱來的自然稟賦維生。相反地，其應當從人類學的角度來理解，而且其所要表達的意思是：人類之天生稟賦是需要經過後天教育的培養來擴而充之，方才能夠逐步將其潛能給完滿發揮出來。也正因為如此，康德接著說道：「人唯有透過教育才能成其為人。他完完全全就是教育將他加以造就而來之物。」（Kant, 1995: 699）不過，

若吾人進一步對教育活動本身的構成環節加以解析，則可見教育活動中除了有受教者外，還需預設有教育者。[9]換言之，有學生，就會有老師。而老師的教學活動通常同時囊括兩種樣態：一種是教給學生某種東西，另一種則是令學生能夠自己發展出某種東西來。（Kant, 1995: 699）若是就教育活動的一般性內容來分析，康德則區分出兩種教育，亦即自然性的（physisch/physical）與實踐性的（praktisch/practical）教育。「自然性的教育乃是人與動物所共通的那種教育，亦即養育（Verpflegung/victuals）。實踐性的或說道德性的（moralisch/moral）教育則是指那種為了讓人能如一自由行動者那樣地生活而所應接受的教化。」（Kant, 1995: 712）前者是「消極地」基於「練習與規訓」（Übung und Disziplin/practice and discipline），來防止壞習慣產生；後者則是「積極地」基於「規準」（Maximen/maxims），以去教化思維方式。（Kant, 1995:734f., 740）

康德的主張是，「教育學應去發展人類本性，俾使之臻至其規定」。（Kant, 1995:703f.）故教師之教學活動就應是去啟蒙學生，好讓其所有的稟賦均能充分發展出來，以成就完滿的人性。為此，康德將實踐性教育的內容再細分成三個部分，亦即：技巧（Geschicklichkeit/skillfulness）、明智（Weltklugheit/prudence）及道德（Sittlichkeit/morality）。技巧係在發展人的自然天分（Talent/talent），使其獲得作為個體（Individuum/individual）的價值；明智是指培育人的性情（Temperament/temperament），

9　康德說道：「人是被人所教的，亦即是被那已受過教育的人所教的。」（Kant, 1995:699）不過，康德的這個論斷本身實有導致無限後退之嫌，除非其如亞里斯多德形上學設定有一個不動的推動者那樣，假設有一個不學而能的第一位教育推動者才行。儘管康德在後面仍談及所謂的「自學者」（Autodidakt/autodidact），但他仍語帶保留地說其「彷彿是從自己學來的」（Kant, 1995:736；強調記號為筆者所加），且也未再深入探討這個弔詭的問題，故他對此問題所持的立場究竟為何，仍舊是懸而未決。相較之下，高達美（Hans-Georg Gadamer）所主張的「教育即是自我教育」之論點，則可避免發生這種無限後退尋找第一教育者的問題。唯高達美的教育觀非本文欲討論之議題，故不擬在此細述，相關論述煩請另行參見：蔡偉鼎，2014。

使其獲得作爲公民（Bürger/citizen）的價值；道德則是在陶冶人的品格
（Charakter/character），使其獲得作爲人類（menschliches Geschlecht/hu-
man being）的價值。（Kant, 1995:713, 746f.）若再加上前述自然性教育那
種對人之野性的馴養（Bezähmung der Wildheit/taming the wildness），則可
說康德是主張一個完整的人類教育過程應包括如下四個階段：動物性之
規訓化（Disziplinierung/disciplining）、天分之培育（Kultivierung/cultiva-
tion）、性情之文明化（Zivilisierung/civilization）以及品格之道德化（Mor-
alisierung/moralization）。（Kant, 1995:706ff.）對康德來講，最重要的是道
德的教化，因爲就算一個人能夠擁有一個發展良好的精神，但只要他的道
德教化很糟，則其仍舊是個惡劣的受造物。（Kant, 1995:729）而道德教化
作爲實踐性教育的最後階段，必當要令人去選取那些善的目的，亦即選取
那些被所有人贊同、且同時亦能成爲所有人的目的的諸般目的。（Kant,
1995:707）

　　在康德的教育理論裡，教育最終是要使人獲得眞正的自由。[10]因此，
康德之所以高舉道德教育，是扣合著《實踐理性批判》的論點，要在道德
的目的王國中去追求意志之自由。正因爲如此，在《論教育學》這裡顯然
是沒有審美教育的位置。

　　不過，我們也曉得《論教育學》一書其實是由他的學生林克（Fried-
rich Theodor Rinck）在1803年將康德的上課講稿整理編輯出版的。根據
Irrlitz，康德的這門演講課曾開過好幾回，第一次是開設於1776/77年間，
最後一次則是在1786/1987年間。[11]（Irrlitz, 2010:502）雖然我們無法得知林

---

[10] 這點無疑亦有被教育哲學的研究者們所觀察到。譬如：俞懿嫻，2007:47。

[11] 歐陽教在2014年4月12日於第一屆「教育美學」學術研討會中指出，康德這門課
曾開過四次，不過有一次沒開成。朱啓華在其〈論康德的教育學說及其性格〉中
也主張康德這門有開過四次，但實際只主講了兩次。（朱啓華，2008：5，註3）
根據佛廉德（Karl Vorländer）在1911出版的《伊曼紐·康德的一生》（*Immanuel
Kants Leben*），康德這門課在1776/77年的冬季學期開過之後，因爲按政府規定
必須由哲學教授輪流開此課程，故要一直到1780年才輪到康德第二次開設此課。
（Vorländer, 1911:95f.）佛廉德後來在1924年出版的《伊曼紐·康德：其人與作

克所編輯出版的《論教育學》究竟是基於康德哪一年的講稿版本，但至少可以確定的一點是：康德最後一次教這門課的時間恰恰是在他1788年出版《實踐理性批判》的前一年。這首先意味著，他在《論教育學》中談論的道德教育，極有可能就是濃縮了他正在撰寫的第二批判之內容及精神。其次，這也表示：《論教育學》一書未曾論及審美教育，也是十分合理。畢竟康德那部系統性地思考、申論審美活動本質的《判斷力批判》是要一直到1790年方才出版。

那麼我們或許可再追問：在康德的教育理論裡究竟是否眞無審美教育可容身之處呢？是否「透過審美教育以達到人性自由」的這個主張眞的完完全全是席勒一個人的創見呢？其實倒也不盡然。細觀《判斷力批判》，吾人仍可從中發現一些線索，證明康德在那裡有繼續去思考審美教育與人性自由之關係，因而可視作為對《論教育學》的一點事後補充。茲說明如下：

在《判斷力批判》中，康德首先是將有關美感的判斷稱為品味判斷（Geschmacksurteil/judgment of taste），並按照性質、分量、關係、樣態四個環節將美（das Schöne）之內涵規定爲：無一切利害關係的愉悅感（Wohlgefallen ohne alles Interesse/satisfaction without any interest）、不具概念而普遍令人喜悅（ohne Begriff allgemein gefällig/universally pleasant without a concept）、無目的的合目的性（Zweckmässigkeit ohne Zweck/purposiveness without a purpose）、以及作爲一必然愉悅的對象（Gegenstand eines notwendigen Wohlgefallens/object of a necessary satisfaction）。（Kant, 1974）康德接著指出，吾人可從前述對美的剖析得出此一結果：「品味判斷乃是一種關聯到想像力之自由的合法則性（freie Gesetzmäßigkeit/free comformity to law）以去判斷一對象的能力。」（Kant, 1974）更清楚地說，美的品味判斷就是要在自發的生產性想像力（selbsttätige und produk-

---

品》（*Immanuel Kant. Der Mann und das Werk*）中補充說，康德在1780年代還曾兩度宣布要開這門課，但均因將該課程讓給教育學系的創辦人Wald教授去上而作罷。（Vorländer, 1924；或參見以下網頁：http://www.textlog.de/35680.html）

tive Einbildungskraft/automatic and productive imagination）──其不同於複製性的想像力（reproduktive Einbildungskraft/reproductive imagination）──之自由活動中，使其同時與知性的合法則性（Verstandesgesetzmäßigkeit/comformity to law of understanding）相協調。換個方式來說，品味判斷就是在自由地馳騁想像力時，能將某種快感跟自然之合目的性概念連結起來。而這種品味判斷對康德而言，只能是一種反思性（reflektierend/reflecting）判斷，而非規定性（bestimmend/determining）判斷，亦即：其是一種在特殊中尋求普遍的判斷，而非從普遍演繹出特殊的判斷。

　　康德在《論教育學》中雖有談及對想像力及判斷力的培育（Kant, 1995:735f.），但他這時所說的想像力其實僅意指那服從於聯想律（Assoziationsgesetze/laws of association）的複製性想像力，至於他這裡講的判斷力亦只是知性所能掌握的規定性判斷力。因此，康德在《論教育學》中談到需要培育的那些人類心靈能力裡頭，確實不包括那作爲反思性判斷力的品味判斷以及那能夠自由活動的生產性想像力。不過，這並不因此就表示康德的《論教育學》論述有誤。我們頂多只能說，其論述有缺而已。因爲康德在《判斷力批判》中的論述並不與《論教育學》有理論上的衝突。故吾人不但可將《判斷力批判》視爲康德繼《實踐理性批判》後去思索審美活動之本質而獲致的成果，更可在審美教育史的意義上視之爲對《論教育學》的補充。現在，還需要說明的是：康德在《判斷力批判》中欲透過藝術來聯繫自然與自由的作法，是如何與其在《論教育學》中所高舉的道德教化之論點相配合？

　　關於這點，我們可以在康德《判斷力批判》的〈對審美反思判斷之解說的總評〉這一節中看到一點端倪。他在那裡是將與一對象相連的快感分析成四種──亦即舒適（das Angenehme/the comfortable）、美（das Schöne/the beautiful）、崇高（das Erhabene/the sublime）及善（das Gute/the good）──而線索的脈絡即落在他將舒適與美拿來加以比較時的簡單說明中。他是這麼說的：相較於那作爲欲求動機（Triebfeder der Begierden/driving force of desire）的舒適感並不會對人加以培育、而僅屬純然享受之事，「反之，美則要求對客體有某種特定性質（Qualität/quality）的表象，而該

性質亦能讓人理解並被放到概念上來的（儘管美在審美判斷中並未被放到概念上來）；而且美還有所培育（kultiviert/cultivates），因爲它同時教導（lehrt/teaches）人去注意到在快感中的合目的性。」（Kant, 1974:192）在這段引文中，康德使用了「培育」與「教導」這兩個措詞，暗示著他這時確實視美感具有某種教育功能──儘管這點在《論教育學》中隻字未提。至於此種審美教育的目的何在，則我們還可在〈論美作爲道德之象徵〉一節的以下引文中找到：

> 由於品味將在其自由中的想像力表象爲對知性來說亦是可以合目的地被規定的，且甚至**教導**（lehrt/teaches）吾人無需感官刺激就能在感官對象那邊發現自由的愉悅感，以致品味彷彿使得從感官刺激（Sinnenreiz/sensory stimulus）過渡到習慣性的倫理興趣（moralische Interesse/moral interest）之舉，不需要太過猛烈的一躍即爲可能。」（Kant, 1974:298f.；作者的強調記號）

換言之，康德認爲美感的培育終究是爲了順當地邁向道德。倘若我們將康德的這個論點進一步對比他在《論教育學》中談到的人類教育之四個階段過程，則可確定他眼中的審美教育至少是介於「動物性之規訓化」和「品格之道德化」之間的某個過渡階段。至於其到底應該被定位爲對天分之培育，還是性情之文明化，此刻則仍不得而知。

　　這個過渡之所以可能，則是源於康德在美與道德之間看到了某種結構上的類似性，故將這兩者視爲一種象徵關係。也就是說，人們透過思考某種類比性而能夠從對美的表象之意識躍升到對善的理念之意識。此則是因爲審美判斷與道德判斷均是立基於反思性的判斷上，而且都涉及到主體心靈能力的某種自由活動：在進行審美判斷時，想像力是處於一種自由遊戲中；在進行道德判斷時，意志力則是自由地去自我立法。不過，既然這是一種象徵關係，則美與道德之間的連結就不是一種必然的邏輯蘊含關係，所以有審美品味的人也就不必然在道德上是善的。（Wenzel, 2011:142）也正因爲如此，在康德眼中，美感雖有助於道德的提升，但仍非道德本身。

美與善之間仍有一鴻溝。就此而言，康德自然會認爲，審美教育就達成道德教化之目標——成爲自由人——而言，確實仍力有未逮。

在康德那裡，美僅只能作爲道德的象徵。這點就足以讓我們理解爲何康德雖明白剖析了審美活動的性質，卻不需要再去特別談論審美教育的施行。畢竟，透過審美教育所獲得的自由，在他看來，僅是想像力的自由而已，尚非道德的自由。儘管如此，康德將美視爲道德象徵的做法卻開啓了一條從想像力之自由過渡到道德之自由的道路，而這條路恰恰是被席勒所繼承。與康德唯一不同之處是，席勒相信吾人確實可以做到「透過自由來給出自由」，能夠無需跳躍地從美走向善。

肆、崇高感：席勒對康德哲學的繼續闡發

爲了說明席勒的審美教育如何做到「透過自由來給出自由」，我們接下來有必要先澄清一下《審美教育書簡》中所說的「自由」之確切意涵，因爲席勒在那裡其實是歧義地使用著該語詞。

本文前面曾提到，席勒認爲其時代的特徵是精神之墮落。基本上，席勒有關自由的論述均可說是環繞著這個議題展開的。他在〈第二封書簡〉中談到（Schiller, 2004:571ff.），該時代的人性墮落是由於人們都被囚禁於物質需求的暴政枷鎖下，而當時哲學家與世人爲了推翻此暴政，多是尋求從政治上來著手，致力於建立眞正的「政治自由」（politische Freiheit/political liberty）。但席勒認爲，若要成功解消那時的政治社會難題，則唯有透過那作爲「自由之女」（Tochter der Freiheit/daughter of freedom）的藝術，「因爲美才是吾人藉以臻至自由之物」。在〈第六封書簡〉中，席勒對前述主張進一步做了簡明的闡述。他說道，該時代的這種墮落特徵實乃是文化本身對現代人所造成的創傷。「一來由於人類之經驗更廣與思維更精，造成科學分科越細，二來因爲國家機器之構造越加錯綜複雜，致使職業與事務必然分化越嚴，這遂撕毀了人性之內在統一，而某種讓人敗壞的爭執亦使得其原本和諧的諸般能力彼此發生糾紛。」（Schiller, 2004:583）於是，生氣勃勃的想像力與抽象冷靜的知性能力變得形同陌

路。雖然席勒承認,竭盡發揮這些個別的精神能力是能分別成就出非凡的人來,但對他來說,卻唯有當這些精神能力有相同的步調,彼此相融,才能造就出真正幸福且完滿的人。只不過這並非一蹴可成。所以席勒相信,唯有當人們均致力於此,那麼下一個世代方才能夠在一種幸福的閒暇中去期待其道德的健康,並展現其人性的「自由成長」(freier Wuchs/free growth)。(Schiller, 2004:588)在〈第二十封書簡〉中(Schiller, 2004:632f.),席勒更進而宣稱:「自由本身乃是自然(該詞按其最廣的意義來理解)之結果,而非人的作品。」這意味著,席勒認為人類自由最終是不能在人類自然本性之外完成的,而是要在人類之自然充分發展中,方才可能達成。總之,唯有當人是完整的,而且其感性衝動和形式衝動皆能展現,「自由方才肇始」。

根據上述席勒所言,可知其說的「自由」其實牽涉到政治事務、道德意識、心靈能力及大自然等層面。按照弗蘭克(Manfred Frank)的分析,席勒的自由概念囊括四種意義:(1)自然的自由,亦即自然生物之按其生理構造而任意成長的自由;(2)想像力的自由,係指人類想像力之不受知性規範的活動自由;(3)實踐的自由,亦即人類意志在道德上自我決定的自由;(4)綜合的自由:意指感性與道德處於一種愉悅的協調狀態,「彷彿自然自願地順從道德所要求的秩序。」(Frank, 2005:98)弗蘭克之所以將這第四義的自由稱為「綜合的自由」,是因為其並「不是從上面來調節對立的統一,而只得滿足於反映兩者之間的一種協調關係」,故「沒有原理特徵,只有綜合特徵。」(Frank, 2005:98)換言之,這個第四義的自由也就是對第二及第三義的自由的一種先驗綜合。至於第一義的自由則是作為其他三義自由之生理基礎的自由。總之,我們可以說第四義的自由必當包含了前三種意義的自由。所以在席勒看來,亦唯有這第四義的自由才足以保證「自由在感性中自我反映的可能性」──雖然弗蘭克對於席勒的這個論點是否可行仍有所懷疑。(Frank, 2005:99)

綜上所言,我們可知,席勒的審美教育最終是要使人能達至第四義的自由。這種審美教化能夠使「一切不被自然法則及理性法則所約束的人類任意性均臣服在美之法則下」(Schiller, 2004:645)。顯然地,席勒至此

已試圖要從康德的哲學系統中走出來，抑或可說是其不欲僵化地侷限在康德作品的字面意義上去思考。因此之故，當康德按照知性、意志、情感三者分立的論點來將自然法則、理性法則及美之法則視爲隸屬於三個互相獨立的不同領域，並分別以三大批判來論述之時，席勒反倒則是欲要將這三者都統攝在一起，而且是將其統攝在「美」之名義下。

　　惟席勒在這裡所說的「美」（Schönheit/beauty）亦同樣是有歧義的。他在《審美教育書簡》中有區分出兩種美，亦即融合美（schmelzende Schönheit/fusing beauty）跟充沛美（energische Schönheit/energetic beauty）。（Schiller, 2004:620）我們可以發現，這兩者在康德那裡其實就是對應著所謂的優美（das Schöne/the beautiful）[12]與崇高（das Erhabene/the sublime）之區分。不過，席勒還試圖將康德的優美與崇高進而統合在所謂的理想美（das Ideal-Schöne/the ideal-beautiful）中。他是這麼說道：「我將檢視融合美對緊張的人的影響，以及充沛美對鬆弛者的影響，以俾最終將這兩種對峙的美消弭在理想美的統一性中，正如那兩種對峙的人性形式消失於理想人之統一性中。」（Schiller, 2004: 621f.）在此，我們看到席勒恰恰是承襲著康德在《判斷力批判》第十七節中有關「美之理想」（das Ideale des Schönes/the ideal of the beautiful）的論點。康德在那裡指出：美之理想是以人之完形（die menschliche Gestalt）爲目標，而且是以道德（das Sittliche）作爲其表現。（Kant, 1974:154）只不過正如本文前面所述，康德比較看重的是道德性，至於優美則僅是其藉以躍至道德性的跳板而已。相較於康德，席勒在審美教育中賦予崇高更爲重要的地位。他的這項主張則是要在他稍後完成的〈論崇高〉（Über das Erhabene）一文中，方才有細緻的闡述。

　　席勒的〈論崇高〉這篇文章首次發表在其於1801年5月出版的《小散文集》（Kleineren prosaischen Schriften）之第三部裡。這篇文章的確切形成日期迄今仍不明，不過一般咸信這至少是跟他在1793年9月發表的〈有

---

[12] 本文前面在提到「das Schöne」時，本是譯爲「美」。這裡之所以改譯爲「優美」，主要是爲了配合席勒的論述脈絡，避免讀者混淆席勒對於美的分類。

關崇高〉（*Vom Erhabenen*）一起草擬的。席勒後亦節錄〈有關崇高〉這篇文章的後半部分，將之改名為〈論慷慨激昂〉（*Über das Pathetische*）而收入其《小散文集》的第三部中。我們可以從〈有關崇高〉這篇文章的副標題「對康德某些觀念的繼續闡發」（Zur weitern Ausführung einiger Kantischen Ideen）看出，席勒對於崇高這個現象的研究，基本上仍然是接續著康德的美學研究，並將之發展開來。

在進一步梳理席勒的論點之前，暫且讓我們先瞭解一下到底什麼是崇高。就日常用語來看，德文的形容詞「erhaben」（崇高的）係用來描述某物之如此龐大，以致讓人對其充滿敬畏及肅穆之情。[13]英文的「sublime」則是在形容某物之壯觀而引發人讚嘆（Bewunderung/admiration）、驚訝（Erstaunen/astonishment）之情。現代中文雖較常見人在倫理情境中使用「崇高」一詞，以形容某人之道德高尚而讓人景仰，不過若按字源學來看可知高山曰「崇」、高樓曰「高」，所以這兩個漢字原先也是用來形容物，而非人。根據以上三種語言的日常用語之意涵，我們至少可分析出兩個重點：一是，「崇高」這個現象涉及到某種巨量，故作家徐志摩所謂的「數大就是美」[14]其實或可改為「數大就是崇高」。二是，「崇高」涉及到某種激情，故前述席勒的〈論慷慨激昂〉一文即是欲強調出崇高感中的激情部分而採用該標題。總之，席勒之所以曾使用過不同的用語來稱說「崇高」這個現象──例如「das Erhabene」、「die energische Schönheit」、「das Pathetische」──，毋寧說都是為了欲凸顯出其豐富的內涵罷了。

對席勒來說，比起美，他更加看重崇高。其原因正在於：席勒認為，唯有培育崇高感才能真正達到人所欲追求的整體自由。為了說明這點，我們有必要再回頭考察一下康德對崇高感的論述。

康德是在《判斷力批判》的第二十三到二十九節裡討論到崇高感的。他在分別分析了數學上的崇高跟力學上的崇高之後，對崇高給出了如下

---

[13] 參見：*Langenscheidts Großwörterbuch Deutsch als Fremdsprache*，條目「erhaben」。

[14] 參見：徐志摩，1969：510f.。

簡單的定義：「崇高就是那透過抵抗感官之利害關係而直接地令人喜歡之物」；「崇高乃是（自然）的一個對象，其表象規定著心靈去將自然之不可企及看作是理念的表現。」（Kant, 1974: 193）由於這七節有關崇高的文本在《判斷力批判》這部共有九十一節的書中所占的分量並不大，而且就康德的哲學體系來說，也彷彿像是天外飛來的一筆，故就算康德把它們給刪除掉，似乎也不會對其哲學體系造成什麼損害。再者，從美學史研究來看，大多數人在提到康德美學時，也很少看重其有關崇高感的論述。故我們很難理解爲何康德這裡非要提到崇高感不可。

徵諸美學史，崇高感一直不怎麼被人重視。首先提出此概念的是古代的僞隆及努斯（Pseudo-Longinus）。他是在大約西元一世紀時寫了一篇〈論崇高〉（Περὶ ὕφους），這篇文章後來被黑格爾（Georg Wilhelm Friedrich Hegel）譽爲跟亞里斯多德（Aristoteles）的《詩學》（Περὶ ποιητικῆς）及賀拉斯（Horace）的《詩藝》（Ars Poetica）相提並論的巨作。然而，這篇史上第一次探討崇高這個現象的作品，其實有很長的一段時間並未被人特別重視。它後來到十七世紀時才突然又被人重新挖掘出來，並引發許多人撰文去繼續研究崇高概念。其首先是在1674年法國藝評家布瓦洛—德普雷奧（Nicolas Boileau-Despréaux）的〈論崇高〉（Traité du Sublime）裡被直接探討，接著又在英國於藝評家丹尼斯（John Dennis）1704年的《詩詞批評的基礎》（The Grounds of Criticism in Poetry）、劇作家艾迪遜（Joseph Addison）1712年的《想像的喜悅》（Pleasures of the Imagination）裡被論述。此後，英、法語區的文藝界開始流行談論藝術作品的崇高感。不過，這個風潮在當時德語地區仍未被注意到。要一直等到愛爾蘭哲學家柏克（Edmund Burke）於1757年出版《對於吾人崇高與美兩觀念之根源的哲學研究》（A Philosophical Enquiry into the Origin of Our Ideas of the Sublime and Beautiful）後，德語界才開始感染上此一研究熱潮。

康德在前批判時期就曾因閱讀了柏克上述作品，而在1764年寫了一篇文章〈對美感與崇高感的考察〉（Beobachtungen über das Gefühl des Schönen und Erhabenen）。[15]後來要一直到1790年的《判斷力批判》，康德

---

[15] 柏克在分析美與崇高兩種感受時，指出前者是一種積極的快感，全然不摻雜任何

才又重拾對崇高的分析，但顯然也僅僅視之爲其哲學體系中的一個不太起眼的小環節。在席勒接續康德去探究崇高現象後，似乎西方學術界對它的研究熱潮就逐漸淡去了。譬如黑格爾在其《美學講演錄》（*Vorlesungen über die Ästhetik*）裡就未如席勒那樣特別看重崇高感，僅只是視之爲一種藝術形式，從而將之隸屬於藝術史發展中的一環而已。當然，學術研究上的退燒並不表示崇高感在當時藝文界就不再受到重視。相反地，歐洲文藝界自十九世紀初期開始盛行的浪漫主義，毋寧恰恰就是在生活中實踐「崇高」之觀念。譬如德國浪漫主義的風景畫家菲特烈（Caspar David Friedrich）的畫作、音樂家貝多芬（Ludwig van Beethoven）的音樂均可被視爲崇高藝術的代表。因此，我們確實可以說：當藝術的時代精神從古典主義進入到浪漫主義時，藝文界對崇高感的評價確實達至了高峰。只不過當浪漫主義風潮一過後，「崇高」觀念就真的開始又被人給打入冷宮了。[16]

那麼，到底崇高感在康德的哲學體系中扮演著什麼樣的角色呢？康德在《判斷力批判》中是這麼說的：

> 所以，恰如審美判斷力在評判美時是將想像力在其自由遊戲中跟**知性**聯繫起來，以俾與一般知性**概念**（不需去規定這些概念）相協調；此同一能力在將一物評判爲崇高時則是跟**理性**聯繫起來，以俾在主觀上與理性之**理念**（不特定是哪些理念）相一致，亦即去產生出這樣一種心情，其是跟那種因特定（實踐的）理念對情感之影響所造成的心情相親相覲的。（Kant, 1974: 178f.）

痛苦情感，後者則是一定伴隨著痛苦感的快感。基本上，康德即是基於這樣的一種內容分類方式來繼續進行分析的。

[16] 基本上，要等到二十世紀末的後現代主義興起時，「崇高」觀念才又再度被人注意到。代表人物之一是法國哲學家李歐塔（Jean-François Lyotard）。他之所以重提「崇高」，並非要像康德一樣去中介諸理性能力，也不是要像浪漫主義那樣，去把藝術提高到具有能力去調和知性與感性、精神與自然、人類與世界之間的分裂；而是要把崇高感當作「存有之多元性」（Pluralität des Seins）的明證。（Breuer et al., 1996: 303）

簡言之，美是想像力與知性相涉之下的產物，崇高感則是想像力與理性相繫之下的結果。於是乎，康德在這裡找到了一個解決其在《純粹理性批判》及《實踐理性批判》中所遭遇到的理論體系問題的方案，亦即：透過想像力的居中媒介來克服知性與理性這兩種心靈能力在理論上竟然無法相通的窘境。因此，我們可以看出崇高感在康德哲學體系中其實是有其理論上的必要性。但是，康德在解決了這個理論性的問題之後，又將崇高感束之高閣，彷彿在求助於審美判斷以培養道德性的實踐過程中，還是可以單單訴諸於美即可。這就是為什麼儘管他並不否認崇高感更接近理性，但最後仍還是以美作為道德的象徵，而非以崇高作為其象徵。

　　然而，席勒顯然並不認同康德的這個作法。為了說明這點，我們有必要進一步闡釋席勒在〈論崇高〉中的論點。

　　席勒在〈論崇高〉一文中是以萊辛（Lessing）的劇作《智者納坦》（*Nathan der Weise*）第一幕第三景的一句話來開篇破題：「沒有人必須必須。」（Kein Mensch muß müssen./No person must ever have to do something.）（Schiller, 2004: 792）他對此句的解說是：「所有其他的事物都必須，人類則是那意欲著的存有者。」換言之，人類的特徵就是他有意志（Wille/will），而意志所追求的則是自由（Freiheit/freedom）。因此，人的尊嚴就在於其自由意志，因為其能超越感性的束縛。與此相應地，也就沒有什麼是比「忍受大自然施加的暴力」還要更不符合人的本質了。席勒認為，既然人的本質在於其自由意志，那麼人文教化就是要讓人自由，不被大自然的暴力所屈服。（Schiller, 2004: 792）不過，席勒接著指出，有兩種讓人獲得自由的方式：一是現實主義的方式，另一個則是理想主義的方式。（Schiller, 2004: 793f.）現實主義的方式乃是一種自然的人文教化，其教導人去操縱大自然，或者說「以暴制暴」。理想主義的方式則是一種道德的人文教化，其讓人超脫於大自然，從而摧毀「暴力」這種概念。然而，由於大自然只有在一定的限度內可以被人所操縱，所以現實主義的方式並無法讓人完全擺脫大自然所施加的暴力。如此一來，顯然只剩下理想主義的方式才可以讓人真正成為一個自由人。論述至此，吾人可見席勒仍沿襲著康德在《論教育學》中所作出的自然性的教育及道德性的教育之區

分。

不過，席勒還進一步將理想主義的方式區分為兩種，一種是透過美感，另一種則是透過崇高感。（Schiller, 2004: 796ff.）他認為，我們之所以在美中感到自由，是因為感性衝動與理性的知識論法則相和諧；而我們在崇高者中感到自由，則是由於該感性衝動不影響理性之道德立法，精神在此彷彿只依照自己的法則而行。簡言之，美是理性與感性的協調一致；崇高則反倒是理性與感性的不一致。當然，這種對崇高感的說明仍不夠精確，因為這種不一致其實是一種動態的現象。崇高感的對象首先是某種巨大到讓人無法想像的東西，而當我們無法理解、掌握它時，我們就會有痛苦、難受、鬱悶等等不快的情感。但是接下來當我們的理性透過「無限」這個觀念來掌握住它時，我們心中又會有某種快感出現。所以崇高感可說就是一種從痛苦中獲得昇華的快感。崇高感是個證據，指出我們自身具有某種自主的、不受感性所規定的能力。

嚴格來講，美只足以讓我們在感性的範圍內享有自由而已；它尚無法讓人擺脫物質性的影響。崇高則不然，因它要求人去超越一切物質性束縛。還需注意的是，席勒認為美與崇高都是必要的，而且並不互斥。故，有崇高感的人才會一心一意要求使不美的東西變成為美的。或是換個方式說，他是個徹底追求完美者，所以在追求美時能超脫其物質性限制，而又能同時保有其想像力自由。就此而言，美雖能引導人從原始的自然狀態向文明前進，但其還需要訴諸崇高才能接著引導人擺脫大自然的禁錮，以成為真正的自由人。所以，席勒在最後歸結道：審美教育不能只教導人美感，還需要教導人崇高感。（Schiller, 2004: 806f.）總之，席勒所主張的審美教育其實是一個由美到崇高的循序漸進之教育過程，所以才能一一實踐前述的四個層面的自由——自然的自由、想像力的自由、實踐的自由及綜合的自由。因此之故，他才不致於像康德那樣強調美與善之間有一鴻溝。

伍、結論：審美教育作為一種統合發展的教育

透過以上的闡述，我們可以理解為何席勒主張審美教育確實可以彌補

傳統教育方式的不足，因它能促進知性、情感與意志的均衡和諧，以提升人類心靈的能力。他清楚地看出，審美教育的決定性關鍵正在於崇高感。審美教育倘若不去培養崇高感，則學生們所能獲得到的自由就是有限的：其頂多只能達到想像力的自由，而不具道德上的自由。席勒的這番創見可謂是一帖對治當時人文教育的藥方。因為這種審美教育恰恰能將偏重感性的野人與偏重理性的蠻人都給教化成文質彬彬的理想人格。倘若席勒的這個主張是有道理的，則其無疑將有可供吾人參考以改進當今學校審美教育之處。

我們已看到今日學校教育是將審美教育簡化為藝術教育、將理想人格的培養簡化成塑造五育均衡的人，這其實並無異於文藝復興時期對於美感教育的素樸想法。正因如此，我們看到今日學校之美育流於形式的情形，猶如出一轍。若借用席勒的說法，今日學校教育下的那些學生大多只能算是重智育的蠻人，仍不算已教化之人，因為其縱使有接受美育，也僅只是習得一些形式性的技巧而已，終未能在美感上獲得提升。現若我們不願重蹈文藝復興時期的藝術教育之覆轍，則就不能忽略在從事審美教育時，背後所應持有的目標——人類自由——，更不能忘記審美教育實踐的核心內容其實應是培養崇高感。崇高感會引導著審美教育中的學生，使其不至於迷失在純粹技巧性的藝術表現中，而是要去在每一藝術作品中洞察到人之所以為人的特殊處。

需補充說明的是，席勒之「高舉審美教育」一事並不表示他就是在獨尊美育，而貶低其他內容的教育（譬如：德、智、體、群等四育）。事實上，他並未偏廢任何一方。審美教育是因為具有統合其他四育於美育中的功能，故才會被席勒特別強調出來。基本上，會對席勒之審美教育懷有此種疑慮者，或許是緣於未看出席勒背後的教育理念。簡單來講，相較於一般強調五育均衡發展的教育理念，席勒所持的教育理念毋寧是在強調統合發展。而後者所主張的是，吾人唯有能統合自己的所能與所學，方才能夠成為一個真正完整的人。在席勒看來，強調均衡發展的教育理念在實務上最終只會造成人性的分裂，以致於雖能造就出獨擅一面的能者，終無法成就出一個文質彬彬的自由人。

不可否認的是，當今一般學校的美育幾乎完全遺忘了崇高感在審美教育上的重要性，或說甚至是根本就遺忘了崇高感本身。也正因爲如此，吾人也就無需訝異，一般對於如何改善美育之流於形式的問題所進行的討論往往也流於形式，常常只能提出治標不治本的藥方。總而言之，這完全是由於人們忘記了美育之目的爲何的關係。至於人們爲何會有此遺忘，則屬另一個問題，因這涉及到崇高感之概念史上的轉變而有待人進一步釐清。惟此已非本文之篇幅所能處理，故將留待他處再來討論。

參考文獻

中文

Frank, Manfred (2005)。**德國早期浪漫主義美學導論**（*Einführung in die frühro-mantische Ästhetik : Vorlesungen*），聶軍等譯。長春：吉林人民大學出版社。

Kramer, Sven (2008)。**本雅明**（*Benjamin zur Einführung*），魯路譯。北京：中國人民大學出版社。

Wenzel, Christian Helmut (2011)。**康德美學**（*An Introduction to Kant's Aesthetics*），李淳玲譯。臺北：聯經。

朱啓華（2008）。〈論康德的教育學說及其性格〉，**臺中教育大學學報**第22卷第2期，頁1-14。

俞懿嫻（2007）。**道德教育與哲學**。臺北：文景。

徐志摩（1969）。**徐志摩全集**第四輯。臺北：傳記文學。

梁福鎮（2001）。**審美教育學**。臺北：五南。

傅偉勳（2011）。**西洋哲學史**。第二版第六刷。臺北：三民。

楊深坑（2009）。〈美育在後現代社會中的人格陶冶功能〉，**教育資料與研究**，第88期，頁1-16。

歐陽教（1969）。〈康德的哲學與教育思想〉，**臺灣師範大學教研所集刊**，第7期，頁163-274。

蔡偉鼎（2014）。**論教育與文化的相互依存關係——從杜威到高達美，教育哲學2012**，頁389-417。臺北：學富。

外文

Breuer, Ingeborg et al. (1996).*Welten im Kopf: Profile der Gegenwartsphilosophie. Bd.2. Frankreich/Italien.* Hamburg: Rotbuch.

Efland, Arthur D. (1990). *A History of Art Education: Intellectual and Social Currents in Teaching the Visual Arts*. New York: Teachers College Press.

Irrlitz, Gerd. (2010). *Kant-Handbuch: Leben und Werk*. 2. Aufl. Stuttgar/Wemar: Verlag J.B. Metzler.

Kant, Immanuel. (1974). *Werkausgabe in 12 Bände, Bd. 10: Kritik der Urteilskraft*. Herausgegeben von Wilhelm Weischedel. Frankfurt am Main: Suhrkamp.

Kant, Immanuel. (1995). *Werkausgabe in 12 Bände, Bd. 12: Schriften zur Anthropologie, Geschichtsphilosophie, Politik und Pädagogik 2*. 9. Aufl. Herausgegeben von Wilhelm Weischedel. Frankfurt am Main: Suhrkamp.

Koopman, Helmut. (1969). *Schiller – Kommentar. Bd. II: zu den philosophischen, historischen und vermischten Schriften*. München: Winkler-Verlag.

Schiller, Friedrich. (2004). *Sämtliche Werke in 5 Bände, Bd. 5: Erzählungen, Theoretische Schriften*. Herausgegeben von Wolfgang Riedel. München: Deutscher Taschenbuch Verlag.

Tatarkiewicz, W adys aw. (1980). *A History of Six Ideas: An Essay in Aesthetics*. The Hague/Boston/London: Martinus Nijhoff.

Vorländer, Karl. (1911). *Immanuel Kants Leben*. Leipzig: Felix Meiner.

Vorländer, Karl. (1924). *Immanuel Kant. Der Mann und das Werk*. Leipzig: Felix Meiner. (Digital form under the following website: http://www.textlog.de/vorlaender-kant.html)

Wolin, Richard. (1994). *Walter Benjamin, an aesthetic of redemption*. 2nd ed. Berkeley/Los Angeles/London: University of California Press.

陳柏年
環球科技大學幼兒保育學系助理教授

審美經驗——
從杜威美學論自我實現[1]

摘　要

　　從傳統的美學觀點，「審美經驗」通常又被稱審美判斷，是指人們在審美活動歷程中感受、知覺並且判斷審美的事物時，直接感受到的一種特殊的愉快經驗。然而，杜威認為，這種「直接感受到的一種特殊的愉快經驗」的定義，無法說明生物和自然的環境中正在進行的過程與它的變異性，不完全性與開放性，特別是透過對周圍環境的融合互動。因此杜威主張，審美經驗是一種自然現象，其中一部分存在與另一個之間的互動的整合關係。而對於人類來說，這種「審美經驗」正是自我價值實現的重要因素。

　　根據此立場，本文試圖澄清杜威的「審美經驗」概念對人的自我價值實現的意義。首先，杜威認為，審美經驗是一種對於實體的經驗描述，它互相定義了純粹作為審美主體或審美客體的對立關係與內在不可調和性。其次，杜威認為，互為定義主體與客體的審美經驗是一種人類對於主體客體的整合詮釋。這是人類生活樂趣的源泉與生命意義的建構。最後，杜威認為，審美經驗是一種體驗，這有助於擴大與自然再認識的生活領域，以及豐富自我創造的精神內涵。

　　本研究的結論是，杜威強調審美經驗是一種歷程活動。在歷程活動中，人類發現自然、社會和人文的知識，並在生活中找到自我基本的價值。因此，杜威主張人類透過審美經驗實現了人類的自我實現。

關鍵字：自然、經驗、審美經驗、自我實現

1　本章作者原訂標題為「論杜威審美經驗的自我實現觀」。本書主編為求凸顯全書之論述架構，同時兼顧各章標題之一致性，因而略作更動，特此聲明，並向作者致上最深的歉意與謝意。

壹、緒論

在西洋哲學的古希臘時期，哲學家就對經驗與理性做了程度上的區分。亞理斯多德提出人類活動應該區分爲「理論的」與「實踐的」兩大部分。前者指的是認知與思辯──認知與思辯是科學（知識）的，說明存在的整體性是客觀而圓滿的；後者指的是做事與製造──做事與製造是工藝（藝術）的，說明人類的需求與運用是主觀而不圓滿的。

然而，杜威不同意這樣的區分。杜威認爲我們不應該將知識分成科學和工藝兩大部分，而應該將科學和工藝同樣視爲「實踐」的不同形式。杜威主張「實踐」就是人與環境互動的經驗。

杜威對自然的定義是：自然是人與環境互動的整體，而這樣的整體是透過經驗表達的。在傳統的哲學中，經驗被視爲「回憶」、「所與」的認知狀態。即經驗是「已經發生的事」或「過去的事」。但是，杜威認爲經驗包括人類的一切活動。也就是說經驗不僅包括人們做過的事和遭遇過的事，也包括人們追求什麼、期待什麼、信仰什麼、渴望什麼和享受什麼。簡單地說，經驗就是我們對於已經做過的事的過程與反省，對於尚未做過的事的想法與期待，以及因此而承擔的全部的成果。

杜威美學的一個根本的傾向是自然主義。他稱之爲「經驗的自然主義」。杜威試圖把美學放置在人類的自然需求和意向行動上。他認爲，藝術和審美的根源應是人類的基本機能和常見屬性。因爲人類基本機能與常見屬性根本上與其他生物沒有什麼不同。換言之，杜威強調人與自然有許多互動，而此互動則是有機體不斷向前的經驗累積，是有機體在環境中的奮鬥與成就。而這些奮鬥與成就是一種互動中所產生的「主動的做」與「被動的受」的過程。這就是經驗。這些經驗就是藝術的根源。藝術來源起於有機體與其環境之間的互動。而藝術就是形式與內容的融合，目的與手段的統一，就是經驗的完整。

貳、經驗與自然

「經驗」是什麼呢？如前所述，杜威認爲經驗（experience）是有機體（organism）和自然（nature）相互影響的過程。這種經驗不是靜止不變的，而是一種持續的互動：是「有機體隨著環境的改變而改變」，同時也是「環境隨著有機體的改變而改變」的連續的歷程（Shook, 2000: 133）。所以，對於杜威而言，「經驗」概念具有形而上的意涵。在杜威的形上學觀念中，沒有任何普遍的、永恆的、絕對的、先驗的自然律則。杜威主張實體不是一個絕對的事物，它是一個不斷經歷交互作用的經驗（Knight, 2008. p.70）。

杜威在《經驗與自然》的導言（LW1:3-9）所討論的是關於：(1)經驗問題、(2)自然問題以及(3)經驗與自然之間的關係問題。杜威認爲經驗乃是人類瞭解自然與有機體以及其間的關係的重要概念。杜威指出經驗和自然並不是對立的。經驗並不是把人和自然隔絕開來；相反的，它是繼續不斷地深入自然的一種途徑。而透過經驗，人與自然在交互作用中，自然本身是不斷地在揭露它自己（Nathanson, 1951: 31-2）。

杜威在《藝術即經驗》提出（LW10-42），經驗泛指人類與自然互動的一切生活總稱。各種生活上的製造、社會活動、科學研究與探索、藝術創作等等都是如此。一切生活經驗都能夠並且也都應該有同等的價值。因之，杜威所指的經驗是具有廣闊的包容性的。

杜威（LW10:xxi/29/50-54）認爲，從「主動」的角度，有機體主動地與環境進行交互作用稱之爲「做」（doing），也就是有機體主動地「執行」與環境的交互作用；而從「被動」的角度，有機體被動地與環境進行交互作用稱之爲「受」（undergoing），也就是有機體被動地「承受」與環境的交互作用。例如：一個人「主動」敲打（doing）石頭（可能是要製作工具，也可能是要表現情感），他就會「被動」承受（undergoing）石頭的回應（可能是重量硬度等物理性質或是石頭帶給他情緒上的感受）。進一步而言，有機體「執行」並且「承受」環境而互相形成一個經驗的整體。杜威（LW10:47）強調，這樣的經驗整體是朝向一個完

成（toward... an ending）的事實。這不斷「朝向」（being toward）的互動歷程使得一個經驗變得完整（completeness）並且統整（unity）是同時具實務性的（practical）、情感性的（emotional）與智能性的（intellectual）（LW10:61）。因此，具有實務性、情感性與智能性的經驗是完整且統整的經驗，並使得審美經驗成爲可能。

因此，杜威主張「藝術即經驗」以進一步闡述審美經驗是具有廣闊的包容性的。杜威（LW10:50/43）認爲，人生的經驗活動從觀察、認識、操作、預期、控制、享有到反省。經驗活動有兩個特性（LW10:59）：第一是關涉到人們能做出的生產和行動：它是操作性的（controlled）。第二是這些生產和行動的活動具有能爲人們擁有的特徵：它是承受性的（recep-tive）。這兩個特性說明：只要操作過程遵循某些規律，經驗就具有被人控制與預測並且爲人們直接擁有的特徵。因此，杜威根據此兩個特性而進一步強調：這樣的經驗活動的適應判斷就會產生藝術活動的價值判斷。也就是說，人類的經驗活動無處不在，當然藝術活動也就無處不在了。

在杜威的看法中，藝術活動無處不在是說：藝術不單單存在於形式或內容、精神或物質、語言或動作之中。藝術的開始、過程中的交互作用以及結果的產生都是在具體的經驗中進行的的。經驗不僅包括人們執行（do）些什麼和承受（undergo）些什麼，他們的信念堅持追求，而且也包括人們活動中如何刺激、如何解讀、如何反應——換句話說，經驗就是我們所做的（do）以及我們因此而所受的（undergo）全部過程。經驗具有如此廣闊的包容性，亦即杜威所稱的「藝術即經驗」，藝術也就無處不在了。

杜威認爲，審美經驗來自日常生活的「執行」與「承受」的歷程（LW10:50; Alexander, 1987）。具有形而上的意涵的「經驗」概念即爲人類知識建立、技術運用與價值判斷等的依據。當然，日常生活經驗也就成爲審美經驗的本質上的必要條件。所以，杜威這種專指人類日常生活的脈絡爲主的「生活經驗」概念拒絕接受傳統哲學所探討的美感來自昇華的「超驗」概念。

基於上述的主張，杜威認爲其實人與環境的互動過程都有可能成爲藝術。原因是杜威（LW10:156/151）認爲藝術的開始、過程、結果都是在人

與環境互動的經驗中進行。因爲，杜威的審美經驗論認爲生活經驗的統整會引發藝術創作與藝術鑑賞的價值。他認爲人與日常生活環境互動的經驗都有可能成爲審美經驗。換言之，我們可以說生活就是藝術，藝術就是生活（Morrison, 1970）。

日常生活經驗如何與審美經驗相關聯？而審美經驗特徵爲何？對於美學史而言，杜威的美學觀是立基於日常生活經驗。杜威反駁了美學家強調「藝術是形式主義傾向的審美經驗與藝術理論」，重新強調藝術與日常生活活動之間的關係——即「藝術強化、統整並完成生活的經驗」。而杜威（LW10:145/147/152）奠基於人類日常生活經驗的美學理論，替藝術與人類日常經驗之間架起了一道廣泛而且深入的互動橋梁。這樣的藝術觀不再是提供某種階層指向某種特定外在世界的認識意義的特殊管道，反而是能在人的生命中產生一種與自然溝通的能量。進一步有助於「藝術人文」與「科學技術」兩種文化的溝通。

在《藝術即經驗》中，杜威（LW10: 9）探討的審美經驗是以日常生活經驗爲基礎的藝術作品（the works of art），並非藝術產品（art product）。藝術產品指的是藝術價值的創意物品，如雕刻、繪畫、音樂、電影、陶藝、詩歌文藝等等。然而，杜威所指的藝術作品包含了上述有價值的藝術產品之外，同時更廣泛的包含了各種日常生活活動所形成的統整且完整的經驗（unified and complete experiences）。杜威所稱的藝術作品可以舉例如下：各種生活上的製造——如工匠製造的實用物品等、社會活動——如人際對話或教育歷程或宗教活動等、科學研究與探索-如科學理論的建立與運用等、與自然現象的互動——如欣賞湖光山色或露營健行等、體能活動——如游泳或打球或氣功等、收藏物品——如郵票或剪報或石頭等、益智活動——如下棋或邏輯遊戲等、社會服務——如擔任志工等。

不過，值得注意的是，對於杜威來說，並非所有的「日常經驗」皆是完整的經驗。許多時候，我們所經驗到的只是一個一個片段的經驗。然而「完整經驗」所需具備的條件是由本能的需求所引發的衝動，並且在追求本能需求的滿足過程中有環境的助力及阻力、再加上對於活動的參與及對

於結果的預期。所以杜威（LW.10.20/22/183）認爲經驗在進一步參與及預期的連續的互動過程中，經驗得以保存、累積、創造與發展。最後，在互動中保持有意義的平衡（equilibrium）。

因此，杜威（LW.10.61-62）強調經驗的精華在於完整經驗，而完整經驗的精華在於審美經驗。人持續的與自然互動即是此審美經驗的重要基礎。藝術包含於此審美經驗，審美經驗會產生藝術。所以，當審美經驗成爲日常生活經驗的具體表現以及想像概念的抽象表現時，藝術才可能在經驗之直接與完整的顯現中持續發展，並且代表自然的顚峰事件與經驗的高潮（consummation），表現出意義與價值的累積，以及需求與理想的滿足（LW10:47/87）。

參、形式與內容

杜威（LW10: 111）認爲形式與內容是兩個重要的藝術範疇。任何藝術都是以某種形式和內容存在的。杜威（LW10: /137）認爲形式與內容在經驗中必然連結。經驗就是有機體與自然在做（do）與受（undergo）中的相互作用之關係。

以柏拉圖開始的西方傳統形式主義者認爲，審美經驗是建立在事物的觀念之上的。而這觀念（idea）就是形式（form）。形式是理性的，是可理解的，是世界中事物事件發生的原因。它是永恆的、不變的、純粹的而且是獨立存在的。而形式的對立就是質料（material），這質料就是內容（matter）。質料是非理性的、是混亂的、也是短暫而變動的（LW10: 120）。康德在《判斷力批判》論證中，同樣地也作出形式主義的立場。康德主張美應該不涉及欲望、利害與目的，也不涉及純化概念與抽象思考的結論。因此，美只在於形式而不涉及內容。一旦涉及內容，美就不是純粹而是依附而存在的。

杜威不同意這種靜止不變的形式主義美學觀。杜威（LW10: 114/118/137）認爲，把形式範疇從內容範疇抽離出來而純粹化和理想化形式，根本上也就割裂了形式與內容的必然聯繫，是對審美經驗的扭曲。無

法把握審美經驗的形式與內容。

在審美經驗中，杜威主張形式與內容是統一的。杜威（LW10: 114/133）主張，形式與內容在本質與活動上都是互動而統整的。杜威認為內容和形式密不可分，每一種經驗，都擁有形式；而且每一種經驗，都擁有內容。按照杜威的觀點（LW10: xxii），探討人的經驗時，把形式從內容分開，單獨的討論形式或是單獨的討論內容，是沒有意義的。

對於杜威（LW10: 113）而言，藝術並不單純的創造形式，它只是對形式之架構上的持續組合；藝術並不單純的統整內容，它只是對內容之訊息上的不斷選擇。所以，杜威（LW10: 118）認為，應以審美經驗的觀點來看待藝術中的形式與內容。藝術是創造形式並且同時統整內容。也就是說，人類在面對一件藝術作品進行審美經驗時，就是在形式與內容的持續組合與不斷選擇。在藝術的實踐過程（創作過程以及鑑賞過程）中，就是不斷的再重新創造形式與內容。對於創作者如此，對於鑑賞者也是如此。

肆、目的與手段

目的（end）與手段（means）二元論觀念是古老的形上學議題。亞理斯多德對此議題提出：目的是永恆且完美的，而手段是暫時且不完備的。杜威批判這種傳統哲學二元論觀念。杜威（LW10: xxii/120）認為當本質性（substantive）定義成為目的（end）本身，而不是為了經驗此目的而使用的一個工具（instrument/means）時，定義的謬誤就產生了。因為，從形上學的角度來看，杜威認為，任何時候只要手段和目的是分開的，就不可能得到真正的經驗。因為把手段與目的分開來，是無法解釋人類行為與自然運行的規律性。杜威對於美學觀念的主張也是如此。杜威強調，手段和目的是同等重要的。杜威（LW10: 202）認為只有完整的經驗才稱得上藝術。而完整的經驗中，手段與目的是統一而不可分割的。

杜威（LW10: 200）主張，只有完整的經驗才是藝術。杜威認為在每一個經驗中，都充滿潛在的性質的整體。它對應於並顯示於構成人的精神狀態的整體活動組織。換句話說，存在兩種手段，一種處於所要實現的東

西之外，另一種被納入所產生的結果之中，並留在內部。對杜威（LW10: 199）而言，審美經驗就是導向結果（目的）的過程（手段）。也就是說，當人正在做的事情的方法與所做這件事的目的一致時，就進入了審美經驗。因為在每一個經驗中，都充滿潛在的「手段／目的共存」的性質上的整體。這樣「手段／目的共存」性質上的整體構成人的意識狀態的整體活動組織（LW10: 201）。因此，我們不能說「昇華」（吾人所言及的手段）日常經驗變成審美經驗（吾人所言及的目的）。基本上而言，在手段與目的統整而成一完整的經驗時，此日常經驗就變成了審美經驗。

　　康德在美學專書《判斷力批判》中，分析了審美判斷的手段與目的。康德定義「判斷力」是人們所說的「興趣、分析以及鑑賞的能力」。基於此，康德有四點主張：第一點是性質：對於審美所下的無關心之判斷而獲得愉快的感受。這樣的感受是不考量任何利害關係的。第二點是分量：美是一種被表現出來的愉快內容。而此愉快的內容是來自人們主觀上的同意。第三點是關係：美是一種合目的性的純粹形式，當它被感知時並不涉及任何可欲之目的。換句話說，美本身是純粹自由的美。第四點是樣態：美是不依賴概念而被認作是產生滿足且愉快的必然的對象，這是說審美對象產生的愉快是必然的。

　　杜威不同意康德這樣的主張。尤其是第三點：「美是一種合目的性的純粹形式，當它被感知時並不涉及任何可欲之目的。」杜威提出「手段與目的必然共存性」予以反駁。杜威（LW10: 199）認為，一般而言，當我們從事藝術工作時，完成藝術作品是我們的目的；同時，我們也應該將藝術作品是當作是手段，借助於它們所喚起的情感與想像，使得我們進入到我們自身以外的其他關係和參與形式之中。在審美的藝術中，手段表示一個特殊經驗的專門化與具體化發展到某一程度，其中所有可能性都獲得在目的上程度的利用（LW10: 200）。這種「可能性」表示「手段與目的共存」，而「利用」表示「手段與目的互換」。總之，杜威主張審美經驗是手段與目的合一的過程（LW10: 202）。

　　從日常經驗走向審美經驗並非如傳統美學所謂的「超越」或「昇華」。杜威（LW10: 9/26）反對傳統美學把藝術作為一種活動的目的來看

待，而主張藝術作品應該作爲一種活動中的手段與目的之統一來看待。杜威（LW10: 17）認爲，藝術作品（the works of art）與藝術產品（art products）的區別是，藝術作品是審美經驗的，而藝術產品是審美經驗的，同時也必須是具體性的物質（如繪畫或詩文）與昇華性的精神（如感動或讚嘆）。當然，杜威並不反對藝術產品，只是藝術產品會窄化對於藝術與審美經驗的詮釋。因爲，藝術產品只是藝術作品的一部分。杜威認爲藝術作品才能廣泛的詮釋並說明人文藝術之美、自然之美、人與人互動之美。也就是說，在杜威看來，藝術作品不僅是完整經驗的產品，而且是持續生產性的產品。藝術作品應該是能不斷地在創作者與鑑賞者之間產生新的意義並且使得人們產生新的經驗的作品（LW10: 10）。所以杜威（LW10: 12/198/202）認爲偉大的藝術作品的價值性便來自這些藝術作品的生產性——即不斷自我意義更新，產生更完美的經驗的生產能力。所謂生產能力，就包含著手段與目的的統一。

伍、審美經驗

杜威（LW10: 143）主張連續性（continuity）、累積性（cumulation）、守恆性（conservation）、張力（tension）與預期性（anticipation）等特徵是審美經驗在形式上的條件（formal conditions）。而這些形式要素是審美經驗（aesthetic experience）存在的必要條件。這也就說明了杜威認爲並不是所有的事物都是審美的，審美形式必須符合上述的條件。不論是創作者或是欣賞者，爲了審美地知覺周遭的環境（matter），都必須以上述的特徵再造（remake）過去的經驗，以便能夠整體性地進入一個新的形式（pattern/form）之中。也就是說，杜威認爲有一些經驗並不是審美經驗；而且不同意形式可以獨立地成爲審美經驗的可能性。

杜威（LW10: 104-108）對「審美經驗」的詮釋不同於傳統西方哲學中對「美學」或「美感鑑賞」的詮釋。傳統哲學在美學上主張從生活經驗中去抽象出「美」的觀念或是從愉悅感動中去昇華出「美」的觀念，同時把這樣的觀念看作是客觀現實事物的美的反映，一種普遍的形式，並賦予

以永恆的價值。

　　杜威並不同意上述傳統哲學所主張的「審美經驗」，因為這種主張是狹義的。相反的，杜威對於「審美經驗」的闡釋是廣義上的，它並不僅僅侷限在我們所說的對於藝術作品的抽象和昇華（LW10: 109）。人們的「審美經驗」必然涉及主觀意識對於客觀事物的反映，故必然有所取捨、有所再造。因此人們的「審美經驗」對於事物的形象的反映，也都有相當的主觀性。而且由於社會生活本身是複雜的，因而它對於人的「審美經驗」意識的影響也是複雜的。所以對於杜威來說，「審美」活動當然不可以脫離日常生活的連續性、累積性、守恆性、張力與預期性等等的特徵（LW10: 143）。

　　杜威主張經驗是隨時在發生的，同樣的審美經驗也在日常生活中隨時在發生的。杜威認為，所謂有審美經驗的事物並不是從外面強加於經驗之上，而是每一個完整的經驗之發展的必然結果。這樣發展的必然結果使得審美經驗具有強度（intensity）、統一性（unity）、複雜性（complexity）的要素（LW10: 206/265）。如果有強度但沒有統一性，作品是雜亂無章的。如果有統一性但沒有複雜性，作品是沒有深度的。如果有複雜性但沒有強度，作品是無法引起共鳴的。強度指的是只有當吾人經驗某事物達到某種程度時，我們才可以說有了一個完整的經驗；統一性指的是只有當吾人經驗某事物經過一定的過程而有所獲得而且能由內部統整為一時，我們才可以說有了一個完整的經驗；複雜性指的是完整的經驗，就是複雜的各部分都有機地結合在一起的整體。也就是說，杜威主張審美經驗是任何一個完整經驗之發展的必然結果（Geiger, 1958: 23-25）。

　　從審美要素來看，「審美」活動當然是一種無所不在而且獨特的生命活動和存在經驗。此無所不在的生命活動和存在經驗在日常生活中作為生活意義的表達方式時，我們對它的領悟就是「審美」。並且由於「審美」是感性經驗的直接性經驗，因而表達「審美」經驗就其在傳達生活經驗的角度上而言，它們都以鮮明且具深度的審美形式表達了人類生活內容意義的擴充與深化。故杜威（LW10: 132/133/137）既重形式又重內容的美學觀點，使得杜威的美學觀點充滿了生命力。其實用性的詮釋更能與生活經驗

結合。

基於上述，杜威認為藝術應該定義爲根據經驗過程的「若一則」操作特性，而不是如傳統哲學所言，藝術是形式的抽象或情感的昇華。只要具有某種「若一則」操作特性，經驗就是可能是藝術。因此，杜威（LW10: 167）主張，藝術一詞不應僅僅指藝術產品，而應該包括所有的藝術作品。前者是物質性的（physical）和潛在性的（potential）；後者是主動性的（active）和經驗性的（experienced）。

杜威從經驗的特性及藝術的起源之觀點，探討了經驗與藝術的關係（LW10: 139）。杜威強調經驗是藝術的起源；進一步說，藝術不僅起源於經驗，而且藝術本身就是人類整體生活經驗的一個重要組成部分。藝術活動即是人類經驗活動；包含藝術家的創作活動以及人類生生不息的審美活動等兩種活動。如上節所探討，前者指的是藝術產品的活動，是藝術家經驗的昇華與欣賞者的參與分享、給予互動及判斷價值的混合經驗（Alexander, 1998）。後者指的是藝術作品的活動，是人類同時作爲創作者與鑑賞者，在深化自己與自然、人文之間產生新的意義的交流之經驗。

杜威（LW10: 143）所探討藝術產品的活動是指立基於審美經驗的藝術創作，包含藝術創作的經驗與藝術欣賞的經驗。因爲當創作者依其個別的情感經驗與藝術產品發生互動時，會發生與過去經驗所不曾有過的東西，是一種新的經驗之產生；這也說明了在創作者在創作了藝術產品之後，創作者仍然會與藝術產品持續互動，並可能再賦予藝術產品新的意義與價值。而當欣賞者依其個別的觀察及感動，與藝術產品同時也與創造者發生互動時，也會發生與過去經驗所不曾有過的東西，亦是一種新的經驗之產生。是故藝術是一種創作者與藝術產品以及與欣賞者不斷互動的歷程（LW10: 138）。當然，藝術產品是藝術作品的一部分。

杜威（LW10: 152）所探討藝術作品的活動，可以從自然（如花草樹木蟲魚鳥獸與其他有機體，甚至自然界的山川大地）當作是創作者，而人類是欣賞者的角色來看兩者審美經驗的互動。杜威認爲，審美經驗是一種對於實體間交互作用的經驗描述，而不是將審美主體或審美客體放置在對立的關係。如此，傳統哲學所強調的主客實體之內在不可調和性，在杜威

的「審美經驗」觀的說明之下，變成互相定義的角色。當然，也再次說明藝術是一種創作者與藝術作品以及與欣賞者不斷互動的歷程。不論是與藝術產品之互動歷程或是與藝術作品之互動歷程，都是如此。

陸、審美經驗與自我實現

從形上學的意涵上，杜威認爲經驗是一種自然現象，存在於一物與另一物之間的互動關係中。杜威（LW10: 44/58/212）強調經驗是所有的生物和自然正在進行的進程與它的變異性（variation），不完全性（incompleteness），開放性（openness）的融合互動。所以，進一步而言，在討論審美經驗的意涵上，杜威（LW10: 218）認爲審美經驗是人和自然的成功互動關係之整合。名詞性的詞語只是靜態上的表面說明。而動態上的互動關係之成功整合才能創造出完整的經驗，而對於人來說才能創造出有意義的人生。爲此，他主張創造出有意義的人生在於審美經驗的互動關係之成功整合。這當然是人類的任務，也是人類實現了具體而完整經驗的高峰。

杜威（LW10: 292）並不認爲審美經驗是來自於先驗的理念。杜威（LW10: 276/255/287/281）認爲它是從日常經驗中想像（imagination）、控制（control）、適應（adaptation）、統整（integration）出來的。利用以往之經驗，以控制與適應而進一步統整成新經驗。所以，杜威（LW10: 281）主張經驗之事實，即在其自身創造或改進而指導其自身之歷程。於是審美經驗之生活內容，因當其與環境主動而積極的從事交互活動時，視爲一自我意識之存在而有意義之生活內容。自此觀點隨之而來的，即審美經驗並非單單指個人自己或是外在環境，而是人與環境積極交涉之活動；亦爲日常經驗保留生命成長的完整軌跡。從日常經驗的想像、控制、適應、統整而持續性的創造（creation）就是爲審美經驗（LW10: 286）。

傳統美學從日常生活經驗將審美經驗抽離。是一種狹義的「昇華經驗導向」的崇高藝術美學。然而，杜威的概念中審美經驗並不局限於傳統美學。杜威主張美學是關於人的「自我實現導向」的生活經驗美學。杜威的

「自我實現導向」的生活經驗美學當然包含了「昇華經驗導向」的崇高藝術美學。

對於杜威而言,「美學」有兩個層次。第一個層次是表現一般經驗和鑑賞藝術的統整體驗。第二個層次是表現在經驗和自然的互動的統整體驗。就第二個層次而言,人生的自我實現被視爲其統整體驗的目的,所以人生的自我實現被視爲其高峰。這也就是說,杜威(LW10: 325/328)認爲,生命是有自我實現的意義,生命的任務是創造出眞實自己的任務。這意味著,生活是眞實的,生活可以是完整的,生命是值得探索並創造的。人的經驗滿足現實的個人需求和願望,這些需求和願望是人生活的特點。此特點是一種體驗,也是一種「美學」。

杜威(LW10: 31/238)同意古代希臘「經驗」與「藝術」的連結概念。古代希臘人認爲,人類可以創造出各種不同層次的「藝術」,這些不同層次的「藝術」同時也標誌著各種不同層次的洞察力,以及洞察力所開展的生活知識與實踐智慧。同樣的,杜威(LW10: 321)同意希臘人的看法,也主張審美經驗對人類所開展的生活知識與實踐智慧所表現出來的自我價值。這自我價值可以從三個方面來討論。首先,杜威認爲,審美經驗是一種反省體驗,自我在深度思考的回饋。其次,杜威認爲,審美經驗是一種豐富體驗,有助於增廣見聞和豐富精神。最後,杜威認爲,審美經驗是一種正向體驗,這是快樂的源泉。雖然,杜威在許多方面批評古代希臘思想。然而,他非常同意「經驗」以及「藝術」概念的連結,因爲這樣的連結必然將人類的經驗導向人類「藝術即經驗」的深化、廣化及正向的自我實現。

柒、結論與建議

從上述的論述可知,杜威主張藝術在創作過程中會使整個生命具有經驗互動上的活力,並且使生命在透過欣賞藝術而擁有更爲完整的生活經驗。杜威堅持,藝術創作和審美經驗將指向個人自我實現。換句話說,個人自我實現必須透過藝術創作和審美經驗在過程的互動與經驗的完整——

積極尋求適當安適自己，融入環境。

　　在美育的應用上，我們可以說杜威探討的審美經驗在美學教育上是一種過程而同時也是一種結果。藝術和生活經驗不應該是斷裂的，也不應該說藝術是生活經驗的昇華。因為，藝術正是用來結合生活的完整經驗，同時透過「藝術即經驗」對此種完整經驗所引起的情感反應可以深化、廣化及正向我們思考和想像。而這種過程的重視與經驗的完整也是杜威所強調的美育的目的性與實用性。

　　因此，本研究的結論是，杜威主張的審美經驗是指人類內外在互動的活動經驗，周圍的自然探索、人類的知識建立、在生活中找到什麼是生命的價值；並且在一個充實而愉快的生活狀態中，審美經驗的蘊育，可以實踐人的自我實現。

參考文獻

中文

高建平（2005）（譯）。**藝術即經驗**。北京市：商務出版社（原著Art as Experience. John Dewey, 1934）。

外文

Alexander, T. (1998). *The Arts of Life: Dewey's Aesthetics*. In Reading Dewey: Interpretations for a postmodern generation, 1-22. Larry Hickman (Ed). Bloomington: Indiana University Press:

Baker, M. C. (1955). *Foundations of John Dewey's Educational Theory*. New York: Atherton Press.

Boydston, J. A. (ed.) (1970). *Guide to the Works of John Dewey*. Carbondale and Edwardsville: Southern Illinois University Press.

Brickman, W. & Lehrer, S. (ed.) (1961). *John Dewey: Master Educator*. New York: Society for the Advancement of Education.

Campbell, H. M. (1971). *John Dewey*. New York: Twayne Publishers, Inc.

Dewey, J. (1925). Experience and Nature. In *John Dewey: the Later Works, 1925-1953*. Vol. 1, edited by Jo Ann Boydston. Carbondale: Southern Illinois University. 1981.

Dewey, J. (1934). Art as Experience. In *John Dewey: the Later Works, 1925-1953*. Vol. 10, edited by Jo Ann Boydston. Carbondale: Southern Illinois University. 1987.

Dewey, J. (1938b). Experience and Education. In *John Dewey: the Later Works, 1925-1953*. Vol. 13: 1-62, edited by Jo Ann Boydston. Carbondale: Southern Illinois University. 1987.

Dewey, J. (1939). Experience, Knowledge and Value: A Rejoinder. In *John Dewey: the Later Works, 1925-1953*. Vol. 14: 3-90, edited by Jo Ann Boydston. Carbondale: Southern Illinois University. 1988.

Dewey, J. References for Dewey's writings reprinted in *The Work of John Dewey, 1883-1952*, are given by series, volume number and page where the series is indicated as follows:

EW John Dewey, The Early Works, 1882-1898, in five volumes, 1969-1972.

MW John Dewey, The Middle Works, 1899-1924, in fifteen volumes, 1976-1983.

LW John Dewey, The Later Works, 1925-1953, in seventeen volumes, 1981-1990.

Geiger, G. R. (1958). *John Dewey in Perspective*. New York: McGraw-Hill book Company.

Hickman, L. A. (1990). *John Dewey's Pragmatic Technology*. Bloomington, Indiana: Indiana University Press.

Hickman, L. A. (ed.) (1998). *Reading Dewey*. Bloomington, Bloomington, Indiana: Indiana University Press.

Knight, G. R. (2008). *Issues and Alternatives in Educational Philosophy*. Berrien Springs, Michigan: Andrews University Press.

Morrison, B. (1970) *Dewey's Theory of Art*. In Guide to the Works of John Dewey, 156-182. Jo Ann Boydston (Ed) Carbondale and Edwardsville: Southern Illinois University Press.

Nathanson, J. (1951). *John Dewey*. New York: Charles Scribner's Sons Press.

Noddings, N. (1995). *Philosophy of Education*. Colorado: Westview Press.

Roth, Robert J. (1962). *John Dewey and Self-Realization*. New Jersey: Prentice-Hall, Inc.

Shook, J. R. (2000). *Dewey's Empirical Theory of Knowledge and Reality*. Nashville: Vanderbilt University Press.

Wirth, A. G. (1966). *John Dewey as Educator: His Design for Work in Education*. New York: John Willey & Sons, Inc.

林忠蔚
國立政治大學教育系博士候選人

第六章

審美歷程——
認知神經科學觀點

摘　要

　　從日常生活來看，我們每個人都有過美感經驗。當你看到一件藝術品、設計產品、圖畫、雕刻或大自然景色而大受感動；當你聽見一首優美的曲子而陶醉其中；當你欣賞一齣戲劇、電影或文學作品而觸動心弦時，你正在經歷美感經驗。究竟美感經驗是什麼？它為何能讓你的感受不由自主的被挑起來？而不同的人之間具有相同的感受嗎？不同形式感官的刺激來源（視覺、聽覺、文字……）有其共同的本質嗎？對於這些問題，從以前到現在，許多不同領域都曾試圖努力解答。

　　首先是哲學，其焦點為「美是什麼」，試圖研究美的本質與意義、美對人類的意義，以及十八世紀以降美的主觀經驗的探討，主要的方向在於美對人類精神層次的意義與重要性，其研究方法為哲學思辯。其次，從心理學的觀點來看，將美感經驗視為一種心理歷程，精神分析、格式塔心理學、訊息論等不同學派，均對美感經驗的心理歷程提出解釋（張衛東，2011），其研究方法為實驗心理學取向。最新的神經美學（Neuro-aesthetics）承接著心理學的觀點，除了視美感經驗為心理歷程之外，亦將之視為大腦神經的活動歷程，故將心理歷程對應至大腦活動上，企圖找尋當人類經歷美感經驗時，所對應相對活化的腦區（Nadal, M. & Skov, M., 2013），其研究方法為透過腦造影技術將相關刺激呈現時的大腦活動紀錄並分析之。本文將從哲學開始，隨後介紹認知心理學中重要的訊息論，然後聚焦於神經美學的目標、研究方法及其發現，還有其未來與展望，期對教育美學領域提供一個新的觀點。

關鍵字：神經科學、審美歷程、美感經驗、教育美學、神經美學

壹、前言

美學一般而言是哲學的範疇，哲學家很早就開始思考美的相關概念。初起哲學家關注的是美是什麼？什麼事物或特徵可以稱作美的？例如希臘時期的建築講究對稱；又如文藝復興時期**達文西**著名的人體圖像維特魯威人（Vitruvian Man，義大利語：Uomo vitruviano），是達文西在1487年左右根據約1500年前維特魯威在《建築十書》中的描述，所繪出之完美比例的人體。由此看來，似乎美的其中一個性質是對稱，再繼續找下去，是否能夠窮盡美的事物的所有特徵與性質呢？這是早期哲學家所關心的焦點。十七、十八世紀歐洲發生發一場哲學與文化運動，即啓蒙運動（英語：Enlightenment，德語：

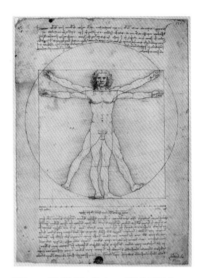

圖1　維特魯威人，達文西繪

公有領域（public domain，簡稱PD）：或稱CC0，不保留任何權利。

Aufklärung），又稱爲啓蒙時代（法語：Siècle des Lumières；英語：Age of Enlightenment）或理性時代（Age of Reason），重視人類的理性並認爲理性發展知識可以解決人類實存的基本問題。在這樣的時代背景與思潮中，當時的英國哲學家休姆（David Hume）、德國哲學家康德（德語：Immanuel Kant）在意的是人如何認識美？人具有什麼樣的能力可以審美？審美的歷程與判斷爲何？審美所帶來的經驗又是什麼？此時哲學家對美學的主張從關注外在客體的美的性質與特徵，轉向關注於欣賞美的主體，也就是人本身，其所關心的是進行欣賞與感受的主體，而非被稱作美的事物本身。其實這比較符合美學即Aesthetics的原意，此字源於希臘文Aisthetikos，詞義是「對感觀的感受」，所以美學又稱爲感覺學，由十八世紀德國哲學家鮑姆嘉通（A. G. Baurngarten）所提出。

　　十八世紀下半葉另一門關注人類經驗與感覺的學科「心理學」誕生。

心理學從一開始便為了想要成為像物理學一樣的自然科學，所以在研究方法上仿效生理學進行「實驗」並普遍採取實驗主義的態度，強調客觀與觀察。不過有趣的是，即使各個時期的心理學都強調「科學」但對於人類內在經驗與感覺的態度差異甚大，以下依照時序簡述在認知神經科學發展出來之前，對於人類內在經驗態度的演變。這一百多年來，大約可以分為三種不同的主張：心理學出現之初的內省法（introspection）[1]、二十世紀上半葉的行為主義以及二十世紀下半葉迄今的認知心理學[2]。

　　公認最早的心理學實驗室[3]由德國心理學家也是哲學家威廉·馮特（Wilhelm Maximilian Wundt）於1879年在德國萊比錫大學裡所成立，馮特是一位醫學博士也是生理學教授，他將心理學從哲學與生理學獨立出來，擺脫了哲學的純內省法，並且透過研究直接經驗（感覺、情感、意志、知覺和思維）使心理實驗與生理實驗區分開來，使心理學發展成獨立的科學。馮特發明的內省實驗法，是以特殊的方法來訓練受試者，讓受試者更仔細和完善地來看待自己的內在經驗，卻不會過分地解釋自己的心理，並向實驗者報告。同一個時期，美國的心理學家威廉·詹姆斯（William James）也提倡實驗與內省法，雖然詹姆斯與馮特彼此對對方的內省法不以為然，互相為文批判，但從現代心理測驗的角度來看，兩種內省法同樣都是主觀的自陳式報告，雖然各自對人類心理現象與人類經驗有過劃時代的貢獻，但是無法達到如同物理學客觀觀察與驗證的標準，故一直為後世所批評。

　　二十世紀初，行為主義被認為是對於內省法以及對於佛洛伊德潛意識論點的反動，主張心理學應該研究可被觀察與直接測量的行為。從行為

---

[1] 事實上，內省法是哲學家的方法，心理學是從哲學借用方法。

[2] 當然心理學還有許多不同的流派、思想與主義交互影響，只是認知心理學是對行為主義的反動（雖然它也繼承了嚴格且客觀地記錄受試者行為），而行為主義是對內省法與佛洛伊德學派的反動，所以對筆者而言，它們之間具有類似承接的味道。

[3] 其實威廉·詹姆斯於1875年在哈佛就成立了一個為了講課用的心理學實驗室，比威廉·馮特還早。

主義的觀點來看，心理學可以被簡述為研究人類行為的科學，觀察不到的意識與潛意識則不在其研究範圍之列。例如：當父母稱讚孩子的讓位行為，之後孩子讓位行為的頻率增加，以獲得更多父母的讚許，此時讚許被稱為正增強（positive reinforcement）；相反的，若父母對孩子讓位行為給予責罵，則孩子讓位行為減少，此時責罵即為一種懲罰（punishment）。雖然行為主義的說法，對於解釋外在刺激對行為本身及行為結果的影響、爾後行為發生率的上升或下降，有很好的解釋力，甚至衍生出能夠塑造（Shaping）行為的行為改變技術，能有效改變人類行為，例如良好行為的增進，以及不適當行為的矯治與根除，卓有成效。但是只強調外在刺激對有機體的輸入與有機體行為的輸出，而將有機體內在的心理活動視為黑盒子（史登柏格，2005），使得行為主義對行為主體的主觀感受與內在歷程視而不見。例如究竟孩子被稱讚後，再次出現的讓位行為是因為學習到這是一個良善的利他行為而做呢？亦或是孩子只是為了討父母歡心呢？這些外顯行為背後的動機、態度與情緒等思考歷程，由於無法滿足可被觀察與直接測量之條件，而被行為主義的研究排除在外。簡單地說，行為主義拒絕探問「他在想什麼？」而是問「他的行為與反應是什麼？」。

　　1950至1960年間，許多心理學研究顯示出對於心智活動的訊息加工（Information Processing或稱訊息處理）觀點[4]，例如：心理學者米勒（Miller, G. A.）於1956年提出關於短期記憶容量的「神奇數字7加減2」的研究；喬姆斯基（Avram Noam Chomsky）對於語言的研究；紐威爾與西門（Newell and Simon）提出問題解決的模型等研究，不只在心理學內形

---

[4] 認知心理學中解釋知識組織的觀點有兩類，訊息加工觀點與聯結主義（associationism）觀點。訊息加工觀點具有符號性質，認為知識是以抽象的形式儲存在大腦裡，認知系統透過某種編碼方式來儲存訊息（即知識表徵），心理可以對訊息做加工處理，並透過類似查詢圖書的方式來搜尋與提取訊息。知識表徵的各種形式有概念、命題、圖式（pattern）、心理模型、產生式規則……等等。而聯結主義認為，如果大量類似神經元的單純元件相互間以簡單的方式作用，再複雜的訊息都能有組織的方式儲放在大腦中，知識的提取直接來自於大腦某種計算的結果（陳烜之，2007）。

成了新的分支（認知心理學）也造成了認知革命（Cognitive revolution），此觀念上的影響包括心理學、人類學、語言學、人工智慧與計算機科學還有神經科學。所謂心智活動的訊息加工觀點，以認知心理學中的訊息處理論為主要的代表觀點與基礎，即一種解釋心智如何處理訊息來思考與推理的模式。以記憶為例，外在訊息（如：文字、語言）由人體的感官系統（如：眼睛、耳朵）所接收，訊息極短暫地存在感官記憶區稍縱即逝（如：視覺殘像或是言猶在耳的迴響），接著訊息需經過注意力關注才會進入短期記憶（專注的重要），而此短期記憶的容量有限（7加減2），爾後經過心智處理的訊息（如：刻意的複習、形成更大的組塊）則可能編碼送到長期記憶區保存，一旦訊息成功地保留下來，則未來可以透過搜尋與檢索對長期記憶內的資訊加以提取，展現出回憶的能力，也可以在心智中對訊息加工處理，例如：給受測者一串數字（12345），請受測者回答將數字倒著背出來、計算裡面有幾個奇數、幾個偶數或是把所有數字加總起來……此時受測者便需要在內心對訊息做一些運算或處理。這只是認知心理學對於記憶所提出的眾多模型中的其中之一，各家理論對於心智如何處理知覺、記憶、語言、心像、思考與推理等領域提出不同的模型。

　　認知心理學與過去的心理研究取向不同，在態度上認知心理學承認內在的心理狀態的存在，與行為主義心理學不同；而在方法上認知心理學拒絕接受內省的方式研究內在心理狀態，而是使用「模型—驗證」（例如：以雙耳耳機播放不同的內容，且只要求參與者只專注聆聽某一邊的內容，但事後測量其記憶，檢證另一邊的內容是否亦進入記憶中。藉此驗證所謂的注意力篩檢／過濾機制是在進入短期記憶之前便將訊息過濾掉？還是在進入記憶之後才過濾呢？）之科學方法與實驗進行研究。由上所述可以發現，百年來對於客觀上無法由他人直接觀察測量，但主觀上卻又不斷經驗到的內在心理歷程，在研究方法上面，除了透過內省法使得參與者自己直接觀察自己的內在心理活動之外，便是以「模型—驗證」的方式進行研究，然而「模型」始終是針對心智的「功能」[5]面加以解釋，對於心智

5　受到威廉‧詹姆斯的心理學屬於功能主義、實用主義的影響，認知心理學訊息處

「結構」[6]一直無法提出有力的證據。另一方面「驗證模型」此種研究法並沒有辦法突破以觀察外顯行爲來間接推論內在歷程的侷限，一樣無法直接觀察心智活動或是大腦活動。所有心智模型，其實是對於訊息的處理歷程的一種想像。

　　認知神經科學繼承了認知心理學，以理論模型爲前導，但是以大腦解剖與神經科學實驗等實證資料爲驗證。例如早期以解剖學爲主，結合、臨床腦損傷病人的研究（如：大腦手術損傷導致的失憶症患者H.M.的研究或是患者過世後的病理解剖研究）、動物實驗研究（如：破壞或修復實驗動物的海馬回（Hippocampus）對其短期記憶的影響）等方式，試圖直接在大腦中找尋功能與結構的對應關係。但是腦傷患者可遇不可求，而動物實驗在類推到人類的效度上有其侷限（在細胞層次即神經元的類推較能被科學界接受，但在高階認知功能方面，例如：創造力、審美能力等向度上則難以自動物實驗上取經）。近年來由於腦造影儀器的發明與進步，從靜態結構性影像掃描（例如：使用X光的CT scan、核磁共振造影MRI）到動態的活動性影像掃描（如：正子放射掃描PET scan、功能性核磁共振造影fMRI）的發展，使得原本看不見、摸不著的隱藏在心「裡」的活動，藉由儀器得以「外」顯出來。前述原本用於醫學診斷或術前評估的腦造影技術，如今已進入大學校園，在多所大學提供神經科學、心理學甚至社會科學研究[7]使用。

　　理論裡面的元素都是以能做出具體功能爲主，例如能知覺、能記憶或回憶、能判斷、能產生情緒等功能元素。他們關心：「人做什麼？」以及「他們爲什麼做？」（史登柏格，2005）。

[6] 結構主義心理學代表人物爲威廉・馮特。主要目的是藉著分析組成知覺的成分，來瞭解人類心靈與知覺的結構。例如：以顏色組合、幾何形狀、小大關係等來分析「一朵花」這個知覺。他們問：「構成人類心靈的基本內容（結構）是什麼？」（史登柏格，2005）。

[7] 筆者所在之國立政治大學以人文社會學科見長，承蒙科技部補助3T功能性核磁共振造影貴重儀器乙部，並鼓勵本校以該儀器進行人文社會學科相關領域之研究。其中筆者參與的研究即美感歷程的神經科學實驗。

貳、審美歷程：認知心理學觀點

　　由前段可知，認知心理學重視心智的訊息處理能力，強調訊息的輸入、處理與輸出等歷程，認知心理學者經常會提出其解釋心智活動的模型，而模型也通常可以將之圖示化，審美歷程的認知處理模型也不例外。由於審美歷程包含美醜的判斷以及情緒的引發，故審美歷程為兼具認知成分（發現、感受、評價）與情感成分（激起情緒及產生共鳴）也涉及了記憶等多項認知功能。在研究美感經驗時，各種感官知覺的選擇以視覺研究為最多，以下概述三種以視覺為主的美感認知歷程模型。

　　第一種是Chatterjee（2004）從視覺神經科學的角度出發，為首次提出關於視覺審美的認知神經模型（見圖2）。由左而右分別為早期：與一般視知覺一樣，可對視覺刺激基本屬性（顏色、亮度、形狀、運動、位置）提取分析。中期（形成表徵[8]）：自動分離某些視覺元素並且與其他視覺元素組合而形成統整的視覺單元（表徵）。晚期：有選擇地進一步辨析那些視覺表徵並引發相關記憶、情緒和判斷反應。

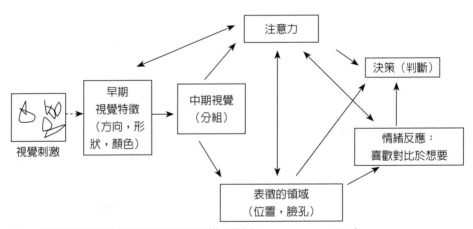

圖2　視覺美感的神經基礎概括性架構（引自Chatterjee, 2004）

8　表徵：representation，為一種假設性能夠代表外在現實或可以讓心智過程得以利用的內在認知象徵。

　　可以看出整個歷程從初步而且低階的知覺的分析開始，先將外界物體的整體訊息，拆解成不同屬性的各種知覺特徵，先各自分析之後，再將所有訊息整合起來形成表徵。會如此拆解的原因，是因爲在視知覺的歷程中，科學家從視網膜開始就發現視覺細胞（椎細胞與桿細胞）對外界訊息具有反應特定性，即某些細胞對直線條反應敏感，另一些細胞對橫線條反應敏感，再另一些對左上右下方向的斜線敏感，還有對其他特定形狀、運動方向……敏感的細胞，同時一路向上傳遞至大腦初級視覺皮質區後，大腦對同一物件所含有的不同屬性之訊息也是分開在不同部位處理，例如視覺的背側路徑（dorsal pathway）經過頂葉處理物體空間與運動訊息的解析，又稱爲where pathway；而視覺的腹側路徑（ventral pathway）經過顳葉處理物體顏色、形狀與質地訊息解析，又稱爲what pathway。兩種分開的訊息，會在頭頂的聯合皮質區整合，形成視覺。

　　第二種爲L. Höfel & T. Jacobsen（2007）提出關於視覺審美的處理過程示意圖，審美處理三個不同階段的子歷程：感官知覺的接收、中央處理歷程以及行爲的產出。對於美麗事物的美感鑑賞，則包括了美感判斷及其他子歷程，例如美感分心及美感沉思（見表1）。Höfel與Jacobsen除了將審

表1　參與審美處理子過程的示意圖（改編自L. Höfel & T. Jacobsen, 2007）

審美歷程		
接收	中央（處理）	產出（行為）
例如	例如	例如
視知覺	思考	跳舞
聽知覺	回憶	唱歌
	決定	畫畫
對美的（事物）審美欣賞		
—審美判斷		
知覺	**分類**	**反應**
視知覺	反思	公開反應
	決策與判斷	
例如		
—審美的悸動		
—審美的沉思		

美的先後歷程區分成訊息的接收、處理與表達（表現）之外，還進一步區分了當事人自己的美的產出（跳舞、歌唱與繪畫）以及欣賞他們作品時的審美歷程。

　　第三種是Leder等人於2004提出藝術經驗的美感模型（見圖3）。此模型為認知歷程的層次。該模型的主要特點之一，為整個審美經驗被嵌入在一個上下脈絡中，其意義是由一個特定的社會論述所給出，並且決定該經驗對象的特定意義。美感經驗被分為五個主要階段知覺分析（複雜度、對比性、對稱性、順序性、分組）、內隱記憶的整合（熟悉性、原型、peak shift[9]）、外顯分類（樣式或風格、內容）、認知控制（藝術特定性解釋、自我特定性解釋）與評價（認知狀態、理解、模糊；情緒狀態、滿足感），並按照該對象先前的經驗與知識，改變著自動化或慎思推敲的歷程。這幾個階段從知覺到評價依序遞增，並與情感歷程不斷互動。前面兩個階段即知覺分析與內隱記憶的整合是自動化歷程，所謂自動化歷程指的是訊息的處理歷程不在意識層面或幾乎不在意識層面進行，大腦會在意識不注意的情況下，在腦海的背景中自動執行，優點是由於不需要注意力進行監督，所以能夠大量節省寶貴的認知資源（注意力），而將注意力放在更重要的事情上，但缺點是由於不在注意力的範圍內，所以我們的注意力無法對之進行監管，以致於受其影響而不自知且無法克制地受其影響。例如：欣賞一張臉時，我們會無法克制地覺得對稱比不對稱來得美。相對於前面二個階段，後面三個階段為外顯分類、認知控制與評價則是慎思推敲歷程，意思是這些階段都浮現在意識層面上，需要注意力即認知資源的參與，優缺點恰巧與前述的自動化歷程相反。

9　peak shift：「特徵誇張化」，以女體雕塑品來舉例，所謂「特徵的誇張化」就是拿平均化後的女性身體和平均化後的男性身體作對比，找出相異特徵，而後在雕塑的女體上誇大這些特徵。例如：胸異常大、腰異常細、扭腰的姿態等等。（Ramachandran, 2004）

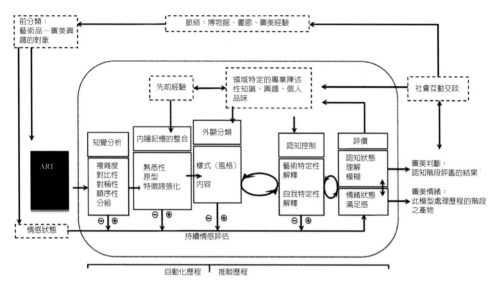

圖3 Leder、Belke、Oeberst與Augustin的**審美經驗模型**（引自Nadal, M. & Skov, M., 2013）

　　圖3這張圖示的審美歷程較前面兩種歷程更為複雜，雖然一開始都是從知覺出發，但是Leder等人進一步具體描述了哪些是美的知覺特性（對稱、複雜、順序……），並且注意到了先前經驗影響當下的審美歷程，還有社會互動脈絡下的影響，最後將審美的認知判斷與審美的情緒區分開來。

　　以上三個模型相同的地方在於，認知取向的審美歷程至少都會有訊息由外而內的傳遞路線，即由下而上處理歷程（bottom-up processing）；換句話說，是訊息由低階的知覺辨識向上傳遞形成高階的認知判斷等功能，亦為由部分到整體逐漸整合的過程。例如：閱讀並理解一個句子時，是先辨識字母的形狀，再組成字詞，最後再整合成為句意。相異之處除了不同模型的複雜度不同之外，Leder等人在第三個模型中還考慮到了由上而下處理歷程（top-down processing），也就是對訊息的辨識與處理，受到過去的記憶、背景知識或目的所影響，即訊息由高階的記憶、動機等認知功能向下影響了低階的知覺辨識。例如：閱讀並理解一個句子時，以整體文章的意思與上下文脈絡來理解其句意與字詞意義，通常在同一個句子（字

詞）有兩種涵義時，人類的解讀是根據記憶中的上下文脈絡來決定獲取哪一個句意。不只如此，圖3還顯示了由上而下和由下而上兩者之間的互動性，稱爲交互處理歷程（interactive processing）。例子同樣以一句多義時的解讀歷程，會同時包含字母、字詞等形狀辯識（由下而上歷程）亦會包含以上下文脈絡來判讀歧異句（由上而下歷程）。

　　無論審美的認知模型最後發展的多複雜，在認知學者心中都存在著「刺激—內在審美活動—行爲」這樣子的輸入與輸出的核心概念，都是在內在的審美活動之前尋找各種影響因素（例如：刺激的種類、特徵……），以及量度審美活動之後的行爲反應（包括：情緒起伏、判斷行爲……），而其中最關鍵的審美的內在心理活動，則依行爲表現再推論內在的心理歷程，例如：欣賞美的事物後，使實驗參與者的正向情緒上升，故內在的審美歷程增加一個情緒狀態的元素；另外，審美之後會進行美或不美的判斷，所以審美歷程中再放入一個認知判斷的元素。還有個人的專業背景不同（例如是否爲藝術專業），也會影響審美的判斷結果，所以審美歷程需考慮過去的經驗與背景知識。乍看之下，模型複雜又完整，而且因爲根據現象與反應而來，所以模型很能解釋人類的反應情況。不過，其實我們還是依賴實驗參與者的行爲反應以及他們的自陳報告（例如：評估自己的情緒狀態），還有放入了情緒、認知判斷、過去經驗……等等模型的元素，其實都是我們「假定」它存在，所以我們還是無法客觀而直接地測量到審美歷程時到底內在發生了什麼事情，這是純認知模型的侷限性。神經科學的發展，正是希望提供更直接、更進一步的大腦內在活動的證據。

參、審美歷程：神經美學觀點

　　以認知神經科學的觀點來研究人類的美感經驗，或許可由神經美學（Neuroaesthetics）一詞的提出，來代表它開始的年代。神經美學於1999年由英國倫敦學院的視覺神經科學家Semir Zeki所提出，Zeki創立了第一個神經美學研究所（Institute of Neuroaesthetics）被喻爲「神經美學之

父」。其研究取向為大腦視覺、美感經驗與創造力之間在大腦神經方面的相關性，並希望藉由人文取向的研究更瞭解大腦組織。

　　神經美學的研究方法依據研究對象的性質區分為二：第一種是大腦損傷患者的研究，第二種是健康正常人的神經造影研究。大腦損傷患者的研究，其目的在探索腦損傷和退行性神經病變對藝術的創作和鑑賞及審美經驗的影響。如：中風、精神患者、自閉症等。正常人的神經造影的研究，使用不同的神經影像學的方法來研究審美經驗中的神經活動歷程，如：ERP（事件相關電位）、MEG（腦磁造影）、fMRI（功能性核磁共振造影）。以下分別介紹腦損傷患者與神經造影以及鏡像神經元在美感經驗上的研究。

㈠大腦損傷患者的研究

　　心智疾病與藝術能力之間的關係，長期以來一直為人們所關注。大腦受傷或生病便能激發出藝術能力嗎？這樣的情況常見嗎？進一步地，為何藝術能力會在大腦受損或生病後出現呢？有沒有什麼理論可以解釋呢？以下我們探討藝術與憂鬱症、自閉症還有中風之間的關係，以及可能的原因。

1. 藝術與憂鬱症（depression）的關係

Young、Winner與Cordes（2013）提出，有憂鬱症狀的青少年參與藝術的發病率升高，即參與藝術活動的青少年在憂鬱的症狀以及規模的得分較高（見圖4）。圖中，左邊兩組為有參與藝術活動與無參與藝術活動的青少年，兩組青少年在憂鬱量表上的分數達到顯著差異，即參與藝術活動的青少年憂鬱分數較高，表示參與藝術活動對憂鬱症而言是個危險因子。中間兩組為有或沒有運動的青少年在憂鬱分數的比較，結果是沒有運動的青少年組在憂鬱量表上的分數較高，表示運動是憂鬱症的保護因子，可以降低或預防憂鬱症。右邊三組由左而右分別是，既參加藝術活動但又沒有運動的青少年在憂鬱量表得分最高；藝術活動與運動皆參加的青少年憂鬱量表得分居中；有運動而且無參加藝術活動的青少年憂鬱量表得分最低。有趣的是最右邊三組的比較，憂鬱最高分組青少年（有藝術活動又不運

動），只明顯高於有運動且無藝術活動的青少年（最右邊那條線），但沒有高於有運動且有藝術活動組（中間那條線），表示參加藝術活動會使憂鬱得分升高，但是希望藉由運動來抵銷藝術活動所造成的憂鬱得分升高卻不理想。

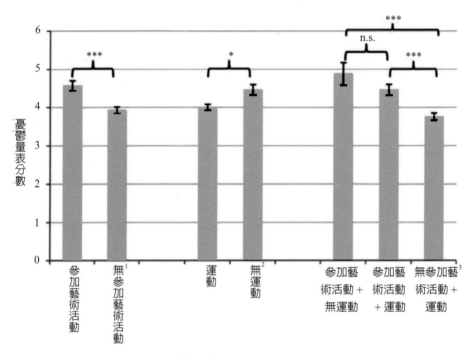

圖4　從事藝術活動或運動與憂鬱量表得分之關係

　　綜合來看，這表示如果青少年參與藝術活動或是青少年不運動，都是患憂鬱的危險因子，相反的，有運動或是不去參加藝術活動，都是保護因子，但是效果上來說，運動所產生的保護作用，尚不及不參加藝術活動所產生的保護作用。惟需要特別注意的是，此實驗談到的運動、藝術活動與憂鬱的關係，只能確定有高相關，由於無法推論到因果，所以採取危險因子與保護因子的概念，不能由此斷言參與藝術活動會「造成」憂鬱傾向上升，這樣的因果推論是危險的。

2. 藝術與自閉症譜系障礙的關係

自閉症譜系障礙（Autism Spectrum Disorder）有三個主要項目：自閉症、亞斯伯格症候群、待分類的廣泛性發展障礙，其症狀爲社交能力缺失、溝通能力缺失以及有限、重複或一成不變的行爲、興趣或活動。雖然在電影或小說中不斷的重複出現具有特殊天賦的自閉症患者讓人誤會自閉症是天才的機率很高，實則不然。在自閉症患者中，有些人會有某些特殊才能（如：超級記憶力、繪畫或數字等能力）但是卻有整體認知上的缺陷，稱爲學者症候群（savant syndrome），即整體的心智有所缺失，卻不相稱地具有孤立的驚人能力及才華。這是種不尋常的情況，出現在各式各樣發育過程失常的人身上，包括自閉症在內。10個自閉症患者，以及2,000個腦部損傷或智能障礙者當中，可能有1位出現學者症候群。在已知的這類「學者」中，至少一半患有自閉症，其餘的則爲其他發育失常（崔佛特，2002）。

爲何會有特殊的天賦出現呢？學者症候群在大腦神經科學上的解釋，目前學界傾向於左腦受損、右腦補償的假說。首先，學者症候群所顯露的本事，通常是以右腦半球爲主的一些功能。也就是說，主要屬於非符號、藝術、視覺以及動作方面的才能，包括音樂、藝術、數學、計算方式及其他各式各樣的能力，好比機械或空間方面的性向與才能。反之，左腦半球擅長的是比較連續性、合乎邏輯以及符號式的能力，像是專門負責語言及說話的才能。還有，一些左腦受傷的個案發展出學者症候群、一些額顳葉失智症（FTD）的長輩，在出現失智症狀及逐漸惡化的過程中，發展出藝術的才能來，而以腦部斷層顯影顯示這些人的腦部傷害主要在左側（崔佛特，2002）。綜合以上兩點，爲左腦受損、右腦補償的假說提供了臨床實證。

左腦受損則右腦一定會補償嗎？答案是不一定。一般認爲自閉症患者的語言發展受損，卻長於視覺空間技巧，可能就是左腦受損、右腦補償的結果（彭慧慈，2011）。但是，所有自閉症患者都有語言等左腦方面的缺陷，卻不見得都具有右腦方面的天賦，事實上每十位自閉症患者中，頂多有一位學者症候群。可見左腦受損不必然就會產生右腦補償。另外，

Drake（2013）的研究亦提出反對意見，認為一個局部視覺空間處理優越的孩子，並非特定於自閉症診斷的孩子，而可能是其繪畫天賦讓一個年輕的孩子，沒有經過任何繪畫訓練，即可在一張平面上，以真實的方式來描述一個三維景物。換句話說，讓孩子畫出具寫實主義（realism）畫風的原因，並非自閉症，而是原本的天賦，所以在自閉症患者與一般孩子身上皆可能發現對視覺空間在局部處理上的才能（見圖5）。圖5顯示，一樣是患有自閉症的孩子，有的孩子有非凡的繪畫能力(b)，但有的卻沒有(c)；而無自閉症的孩子，也有高超的繪畫技能(d)與無繪畫能力的情況(e)。所以根據此項研究顯示，高超的繪畫能力與否和自閉症沒有關聯。

3. 藝術與中風的關係

中風造成審美經驗的改變，究竟是怎麼回事呢？大腦造影的研究發現，有些個體在感知對象時發生「左視野忽略」（患者會宣稱視野左邊看不見或沒有東西），即右側頂葉活化程度不高（在視覺訊息的傳遞上是對側原則，即左視野是進入右大腦半球，而右視野是傳入左大腦半球），經常忽略空間中左側部分，稱為忽略症（Neglect syndrome）。神經學家曾讓右腦中風患者看印象派畫家莫內的《草地上的午餐》與立體派畫家畢卡索的《哭泣的女人》（見圖6與圖7）。雖然莫內的畫更接近現實，但是病人卻無法從畫中看出什麼；相反的，病人卻能很輕鬆的看懂畢卡索的畫。研究發現，由於中風通常會影響小細胞（從視網膜輸出的神經節細胞之一，與高解析度的中央視覺、色彩有關）通路的皮質投射，造成顏色與知覺缺陷，進而影響形狀知覺。莫內選擇的色彩在亮度上大致相當，人臉與背景的邊界線則是混合的，且其顏色變化是逐步漸層進行的，所以對患者的大腦而言，難以進行形狀知覺的辨識統整工作，以至於無法欣賞莫內的畫；但是畢卡索採用大膽的色彩和形狀對比，即便是臉部皮膚也會迅速地從黃色轉變到白色，並透過黑色輪廓加以強化。因此，與正常人相反，右腦中風的病人更能對畢卡索的畫產生審美經驗（單艷紅、陳慶榮，2007）。

這項中風患者的審美經驗改變的研究，顯示出在經驗一幅作品時，線條、顏色的改變對形狀知覺的形成造成了重大影響，但是這些歷程通常都是在無意識的層面，亦即圖3中Leder等人所說明的自動化歷程中進行。同

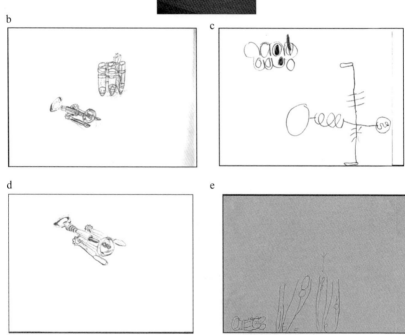

圖5　Drake（2013）的研究，(a)為呈現給受試者繪畫的模型；(b)與(c)皆為自閉症患者；(d)與(e)皆為正常的孩子。可以明顯的發現，左邊（b與d）兩張圖都畫的比較真實，細節處理佳；反之右邊（c與e）的兩張圖則畫得不好，細節處理不佳

圖6　莫內的《草地上的午餐》

公有領域（public domain，簡稱PD）：或稱CC0，不保留任何權利。

圖7　畢卡索的哭泣的女人

出處：Ian Burt

https://www.flickr.com/photos/oddsock/101164507

時也說明了在一個整體的審美經驗中，即使是初始的低階知覺辨識能力也很重要，以及在由下而上歷程（bottom-up processing）中，前面階段如何影響最後的審美結果。

(二) 神經造影的研究

神經美學在解決美感事件的神經活動這個問題上，扮演了很重要的角色。在神經活動上，可粗略的區分爲大腦空間向度上的研究與大腦時間向度上的研究。所謂空間向度上的研究，指的是該審美活動引發大腦中的哪個解剖學上的位置的神經活動呢？而時間向度上的研究則是審美活動的開始到結束在時序上大腦神經的活動情形。

當人們接收、衡量、享受藝術時，測量與分析大腦的活動，將此審美活動對應到特定大腦活動的歷程，使研究者能研究這些任務所涉及到的腦結構是否與美學相關。以上的任務與空間定位相關，適合用fMRI來探討（Leder, H., 2013）。如圖8所示，大腦對於判斷爲美或不美的經驗，在特定區域左前額背外側皮層（prefrontal dorsolateral cortex, PDC）上，有不同的反應。通常此類實驗的邏輯是，先確定外在刺激種類的不同，例如美的刺激與不美的刺激，然後呈現給實驗參與者欣賞，藉以引發實驗參與者大腦不同的反應。

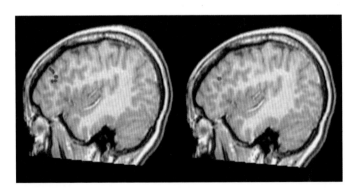

圖8　判斷為美的刺激（左圖）和不美的刺激（右圖）引發的左前額背外側皮層（prefrontal dorsolateral cortex, PDC）的活化差異。引自Cela-Conde et al.（2004）。

　　另一方面，神經美學亦可用來探討早期歷程，以增進我們對於神經活化的時間進程，更甚於空間解析度的探究。所謂的「早期」歷程，指的是在一般認知訊息處理的典範中，外在的物理刺激，會先經由相對較低階的感覺、知覺辨識等歷程，才會進入較高層次的認知與判斷歷程（即由下而上歷程）。然而低階的感覺、知覺辨識這部分的研究由於發生的歷程極短，經常不到1秒，而是幾百毫秒（ms）來計算，故適合腦電波（EEG）這種時間解析度靈敏的研究方法（Leder, H., 2013），如圖9所示。

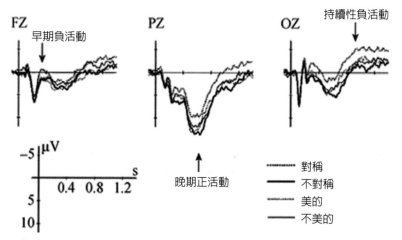

圖9　審美判斷和對稱性判斷相關的三個ERP（事件相關電位，event-related potential）效應：300～400 ms 早期負活動、440～880 ms 晚期正活動、600～1100 ms持續性負活動

　　腦電波（EEG）產生的原理是因為神經細胞在活化時，在細胞膜上是以電離子交換的方式傳遞，而在細胞膜上造成電流的變化，當一大群神經細胞同時活化時，便會伴隨著電流產生電場與磁場的變化，得以在頭皮貼上電極加以測量，得到的電訊號便是腦電波。所謂的事件相關電位（event-related potential, ERP）需要兩臺電腦同時運作，第一臺電腦呈現刺激，同時傳訊息給另一臺記錄腦電波的電腦，使得刺激呈現之時，相對應的腦電波可以對照並記錄下來。一般來說，腦電波的圖是上下相反的，也

就是波形往上是負活動，波形往下時是正活動，如同圖9一樣，所以圖中
標示的早期負活動（early negativity）會是一個朝上的波峰，而晚期正活動
（late positivity）會是一個往下的波谷。而不同線條代表著不同的刺激，
分別有對稱、不對稱、美的以及不美的四種刺激呈現，形成四條腦電波紀
錄。

　　一般人常說天才與瘋狂為一線之隔，而歷史上也經常發現藝術家有
某種程度上的精神問題，而導致了針對神經或精神疾病與藝術能力之間關
係的探討。過去的研究顯示，藝術家患有心智疾病的比例高於一般常人的
比例（Young, L., Winner, E., & Cordes, S., 2013），其中藝術家患憂鬱症的
比例亦較常人高；而自閉症患者中約5%有所謂的學者症候群（Savant syn-
drome）；加上近年來中風與失智症患者在患病後突然顯現的藝術才能的
研究，亦不斷地暗示著大腦中的藝術能力可能藉由各種疾病而「釋放」。
至於藝術才能為何會被「釋放」出來，學界試圖以「右腦補償假說」進行
解釋，惟尚無法全面解釋所有的個案。雖然這道謎題尚有待解決，但從以
上的研究，至少我們可以確認，藝術才能與生理（知覺）以及右腦功能有
強烈的關係，而且可以肯定的是審美歷程在大腦方面的研究方向是沒有錯
的。

㈢鏡像神經元的研究

　　美感經驗的研究，除了腦損傷患者的研究以及在正常健康的人身上用
神經造影技術，研究在實驗操弄下的大腦活化反應之外，近年來鏡像神經
元（mirror-neuron）的發現與其研究的興起亦開啟了美感體驗另一個研究
方向。

1. 何謂鏡像神經元？

　　大腦雖然複雜但總是要接收外在訊息，並且下令控制身體產生行為，
前者為外在刺激的訊息經由感覺神經傳入大腦的感覺區，後者為大腦決策
命令運動區再經由運動神經控制著身體產生行為。一直以來，神經科學家
認為感覺系統與運動系統涇渭分明，但是鏡像神經元的出現，打破了此觀
念。鏡像神經元是一個特定類別的視覺運動神經元，起初被發現於猴子腦

中的前運動皮層腹側一個被稱為F5的腦區，原本的功能是當猴子做某個特定動作（例如：抓起一個物件拿著）時，該腦區會活化起來。但是義大利的研究團隊（Rizzolatti & Craighero, 2004）偶然間發現，當猴子看到研究人員伸手抓取一個物件時，雖然猴子本身並沒有執行抓取的動作，但是F5腦區也同樣活化起來，就好似猴子自己在進行同一個行為一樣，因而將此神經元比喻為「鏡像」了其他個體的行為。這樣的神經元已經在靈長類、鳥類以及人類身上發現，一些科學家認為鏡像神經元在模仿、語言習得、理解他人以及同理心等方面有重要的功能。

對於人類鏡像神經元的研究顯示，即使是觀察動作的靜態圖像也能在觀看者的腦中觸發動作模仿的神經活動。Longcamp等人於2003之fMRI研究發現，字母的視覺呈現與實驗參與者直接書寫該字母，兩者都活化了前運動皮層的同一個腦區（解剖位置為BA6[10]）。Di Dio 等人（2007）的fMRI研究結果顯示，實驗參與者在觀看古典時期與文藝復興時期的雕塑時，前運動皮層和後頂葉皮層被活化，顯示出雕塑所暗示的動作引起了觀者的動作共鳴（motor resonance）。這些研究證據顯示，在相同動作的運動表徵腦區的活化下，人們可能就可以經由具身模仿而理解他人的動作涵義。鏡像神經元不僅是動作理解的神經基礎，而且還參與對動作意圖的理解過程（拉寇波尼，2009；張衛東，2011）。

2. 鏡像神經元與藝術欣賞

美學一詞的提出者鮑姆嘉通，結合了萊布尼茲（Leibnitz）的「混亂的認識」（即「感性的認識」），與沃爾夫（Wolf）的「美在於完善」這兩個概念，認為美學研究的對象就是「憑感性認識的完善」。因此，從審美的觀點而言，藝術的欣賞經常牽涉到「感同身受」的歷程，審美心理學家Lipps（1903）早已指出，移情（德文Einfühlung、英文empathy，又譯為「同理心」）是對於他人動作的內在模仿，「當我看著一位表演特技者在走鋼索時，覺得自己就在他體內。」即為例子。

---

[10] 學者布羅曼（Korbinian Brodmann）於1909年根據神經元的形狀，把大腦皮質區從1號編到52號，稱之為Brodmann Area，簡稱 BA。

　　另一方面，人如何能夠感同身受其他人的感受，或者說人如何能夠同理他人，可以透過鏡像神經元來解釋。由於自己在完成某項動作或觀察另外一位個體在進行類似的動作時，鏡像神經元都會活化，因此Gallese（2001）強調，鏡像神經元有助於從認知神經科學的角度來解釋移情現象。進一步言，鏡像神經元系統由大腦中的額葉下方區域（及鄰近的前運動區）、頂葉下方區域所組成，這兩個大腦區域的鏡像神經元在「執行與觀察」動作時密集對話，讓「運動與知覺」連為一體，也消弭了「自我與他人」的鴻溝（蔡振家，2012）。如此看來，鏡像神經元系統的參與是欣賞表演藝術不可或缺的基礎。以下為不同藝術欣賞與鏡像神經元有關的例子：

- ·欣賞舞蹈：Calvo-Merino等人（2008）指出，觀眾在欣賞舞蹈之際，大腦兩側的視覺區與右側的前運動區（就好像自己也在舞蹈一樣）之活化程度，與美感經驗的強度呈正相關。

- ·音樂欣賞：音樂的認知經常跟運動息息相關，聆聽他人演唱或演奏時，鏡像神經元系統讓我們自然而然產生內在哼唱（covert humming）與動作想像（motor imagery），甚至真的隨著音樂節拍而點頭或踏腳。最近的一個音樂認知模型指出，鏡像神經元系統透過腦島（insula）連結至邊緣系統（limbic system）[11]，為這些動作染上情緒的色彩（Molnar-Szakacs & Overy, 2006）。這表示，聆聽音樂時除了活化了與動作有關的鏡像神經元，也活化了與情緒相關的腦區，產生情緒上的共鳴。

- ·戲劇欣賞：戲劇的欣賞也同樣牽涉到動作模擬（motor simulation）與情緒感染（emotional contagion），觀眾有時會隨著劇中人的喜怒哀樂而不自覺地產生類似的臉部表情，此即心理學家所謂的變色龍效應（chameleon effect）[12]（Chartrand & Bargh, 1999）。

---

[11] 腦島與邊緣系統都是大腦中與情緒有關的區域。

[12] 變色龍效應是指人們經常無意識的模仿其他人的姿勢、表情、語句等等心理學現象。巴奇（Bargh）和查特朗（Chartrand）認為，人是群體共生的生物，藉由自然的模仿他人會增加被他人喜歡的可能性。

3. 鏡像神經元與情緒（理解）

最近的大腦神經造影研究透露，許多與情緒相關的大腦區域：腦島前區、右側杏仁核（amygdala）與額下回（inferior frontal gyrus）後方的鏡像神經元區域，在模仿臉部表情時皆會活化，但是只觀看臉部表情時則不太活化，這再度支持了「運動─情緒」的結合在理解他人情緒時所扮演的重要角色（Carr et al., 2003）。針對腦傷病人的研究也指出，杏仁核與感覺運動皮質（sensorimotor cortex）的損傷，可導致評斷他人臉部表情情緒的能力產生缺失；而當愛樂者的杏仁核與腦島受損之後，他在聆聽音樂時便不再像以往一樣深受感動（Griffiths et al., 2004）。以上研究皆顯示，鏡像神經元系統不僅參與了人際互動之間的動作表徵，也因為腦島的樞紐作用而參與了情緒表徵，並讓我們對於他人的情緒能夠感同身受（蔡振家，2012）。

4. 鏡像神經元與人際溝通

鏡像神經元系統在「面對面的人際溝通」中扮演著舉足輕重的角色，但美感評價則更側重於抒情自我（lyric self）的內省歷程。高友工（2004）曾經區分了「外向／內向」兩種不同的美典：外向美典源自於社交活動中的禮儀傳統與民間的口語傳統，在中國主要體現於戲曲藝術；內向美典源自於文人的抒情傳統，舉凡詩文、書畫作品的創作過程，皆始於內化（internalization）而終於意象（symbolization）。從神經科學的觀點來看，外向美典或許較倚賴鏡像神經元系統（即理解與同理他人的情緒、情感），而內向美典則可能涉及眼眶額葉皮質（orbitofrontal cortex）中的自我、情感與決策（蔡振家，2012）。

5. 鏡像神經元與美感評價

觀看普通的手寫筆跡固然可以活化鏡像神經元系統，然而在欣賞書法大師的作品時，則進一步牽涉到美感評價。唐代的書法理論家張懷瓘云：「深識書者，惟觀神彩，不見字形」、「須考其發意所由」，指出欣賞書法時不僅要超越字形、注重筆意，而且還要經由動作模擬來體驗書法家的心境。表面上看起來，鏡像神經元系統的「揣測動作目標」功能（Rizzolatti & Fabbri-Destro, 2008）似乎涵蓋了「考其發意所由」，然而，

美感經驗中對於「意境」的體會，畢竟比「揣測動作目標」複雜得多。高友工在述及主觀經驗的結構時指出，在研究人類的活動時，固然不能忽略動作背後的目的，但審美之際的「再經驗」自有其內在目的，其價值在於經驗本身（高友工，2004：26-27），以及結合個人記憶、想像、認知方式……對於該經驗所作出的解釋與判斷（高友工，2004：44-87）（蔡振家，2012）。

6. 鏡像神經元與自我

美感評價涉及了自我的諸多面向，而大腦皮質的樞紐之一：眼眶額葉皮質，可能負責綜合處理主體的情感、評價、決策，以及自我與外界的關係。近年針對藝術審美的神經科學研究，都揭示了眼眶額葉皮質所扮演的關鍵角色，包括：舞蹈（Calvo-Merino et al., 2005）、音樂（Blood & Zatorre, 2001）、繪畫（Kirk, 2008; Kirk et al., 2009a; Kirk et al., 2009b）。Iacoboni（2008）認為眼眶額葉皮質是「超級鏡像神經元」所在的大腦區域之一，這種神經元可以調控鏡像神經元系統的活性，此一猜測已經得到實驗的支持（Cheng et al., 2007）（蔡振家，2012）。

眼眶額葉皮質屬於酬賞系統（reward system）的一環，它不僅參與高層次的審美評價，對於巧克力（Rolls & McCabe, 2007）、藥物（Volkow et al., 2009）……的喜好與上癮，也都與此一大腦區域有關。每個人所著迷與追求的東西雖不盡相同，但附著於這些東西的價值與意義，或許同樣都得倚賴眼眶額葉皮質來產生。從這個觀點來看，「美感／快感」之間的區別還必須考量到其他的心智活動。例如文學、藝術作品中的意象或隱喻之理解，需要顳葉後區與額葉下方區域的參與（Ahrens et al., 2007; Shibata et al., 2007; Mashal et al., 2009），而文學、藝術作品在欣賞者身上所激發的心像（mental imagery），則召喚了頂葉下方區域（Just et al., 2004）（蔡振家，2012）。

綜合以上對於鏡像神經元的研究，我們可以得知由於大腦中的這些特殊神經系統「鏡像」了他人的行為，就好似觀看的當事人自己也正在做這個行為一般。所以，當無論我們欣賞舞蹈、音樂、戲劇、雕刻等藝術活動時，鏡像神經元的活化代表動作及情緒上的理解，也幫助欣賞者對於創作

者動作背後目的上的理解，使得整個審美經驗更貼近作品或創作者而達到「感同身受」的審美歷程。此外，眼眶額葉皮質既屬於像神經元的一環，又屬於酬賞系統（快感）的一環，使得美感與快感之間的區別問題更加複雜。

肆、省思

主觀經驗一直是心理學所關注的議題，二十世紀開始，心理學受行為主義影響深遠，對於所有的心理變項，皆需有其相對應的外顯行為來得以測量，純粹的主觀經驗難以成為客觀與實證研究上的研究標的。美感經驗做為一種主觀感受的歷程，在重視客觀觀察的科學研究上，於神經造影技術尚未發展之前始終難以觸及。無論是早期的精神分析、格式塔心理學，或是較近期的認知心理學取向的訊息論，對於美感經驗皆以提出「模型」為其解釋方法。以認知科學中的訊息論為例，將美感經驗視為一連串的「歷程」，由低階到高階認知歷程，從刺激的呈現、心智處理，最後到判斷（反應），心理學模型將美感經驗做形式上客觀的描述，不做主觀實質的探討。雖然美感經驗做為主觀經驗的形式存在，但美感經驗作為一個「客觀存在」，卻又是不可否認的事實。

拜科技進步之賜，藝術創作與欣賞過程中所牽涉的心智活動[13]，如今

---

[13] 嚴格上來說，大腦造影研究顯示的是大腦或神經活動，與心智活動還是不同。一方面我們只能觀察到大腦神經是否活動，但是為何這樣的活動能產生相對應的感受或經驗，則完全無法得知。目前的方法是以某個刺激造成某個「已確定」功能的區域的活化，來說明這個刺激造成什麼心智歷程。例如：給一個視覺刺激（圖片），造成視覺區及情緒區域活化，所以我們認為該圖片造成視覺經驗及情緒經驗。但是大腦尚有許多區域無法確認其功能，只能用聯合區來代表其綜合處理的功能。另一方面，除了單一細胞電生理紀錄之外，許多腦造影技術並非直接測量神經細胞的活動，以fMRI為例，其測量的是帶氧血與不帶氧血所反映的物理訊號差異，以間接推論有活動的神經細胞對帶氧血的需要增加，藉以區別有活動與沒有活動的大腦區域。

已經可以使用大腦造影儀器來研究。過去，腦科學研究常致力於把研究的焦點置於一個相關的心智活動，其究竟在大腦中的哪裡與何時（where and when）發生，而相關的大腦造影儀器也能提供研究者相應的解答。美感經驗的神經科學取向研究，一開始也不自外於這樣子的傳統，在尋找審美時相關的大腦區域的活化反應與時序上活化的發生，有著初步的成果（例如：掌管視覺的區域、情緒的區域、判斷的區域還有鏡像神經元等區域）。除了對於美感經驗在大腦中的時間與位置，是較傳統的神經科學研究取向之外，更進一步的對於整個美感經驗歷程裡高層次階段，即美感經驗的意義與理解、分析與判斷、意識層面、甚至個人經驗（即記憶）的影響，亦為神經美學關注的焦點。

神經美學的創見者Semir Zeki提到，哲學家們一直很感興趣：什麼是美？任何能經驗美麗的事物有什麼共同點？我們能不能藉由闡釋大腦發生什麼事情來回答這些問題呢？依Semir Zeki所見答案是肯定的（Beth Lebwohl., 2012），且認為神經美學正朝向此一方向努力。對於這些問題，以下試著提出一些暫時的答案。

· 美是什麼？這個問題在哲學上明顯是非主體的問題而是客體的問題，但是從神經美學的角度來看，則是明顯的主體與客體交互作用的問題。意即就算我們可以窮盡如同圖3裡Leder等人，在美的知覺特性中列舉出複雜度、對比性、對稱性、順序性、分組等特徵，但這只是在整個審美歷程中，五個階段中的一個，接著後續尚有與主體有關的內隱記憶、外顯分類、認知控制與評鑑，甚至審美經驗中的意義是由一個特定的社會論述所給出等各項因素，共同影響一個審美歷程，所以美是什麼，很難單獨由外在客體的性質所決定。

· 美是主觀或是客觀的？承上的觀點，也同時回答了美既受主觀影響，亦受客觀等眾多因素共同影響。

· 美感產生的愉悅與其他活動所產生的快感一樣嗎？在哲學上即是康德的想法正確或是休姆的看法是對的呢？康德在《批判力批判》所認為的美感「無興趣」，即康德想要區分美感所產生的快感與

其他帶有慾望的興趣所產生的快感是不同的；而休姆採取相反的看法，認爲審美的愉悅與其他愉悅不可能完全區分開來。對神經美學而言，如果認爲是一樣的快感，則我們最少必須要能證實審美經驗所產生的愉悅與其他愉悅所發生的大腦區域一模一樣。相反的，如果我們發現，審美經驗所帶來的愉悅感受同時還有別的大腦區域在作用，或許可以獨特地將「審美愉悅」特別獨立出來。

· 美與崇高之間的關係爲何？在主觀經驗上，當人類面對雄偉的高山、碩大的自然美景，可能產生崇高、敬畏的感受，同時覺得讚嘆。這樣子的崇高的反應在大腦的反應上，與一般對藝術欣賞的美感經驗究竟是雷同的心智活動或是根本上有不同區域的涉入呢？尙待研究。

· 美感與審美在教育上可能嗎？其可能的腦科學理論基礎爲何？其與學習的關係爲何？透過學習，是否能創造出一種全新的美感？Semir Zeki在2014年對於十五位數學家看到不同的數學公式（美麗、無動於衷或醜陋）的大腦活動之研究裡指出，數學的美感經驗與由其他美感來源（如圖畫或藝術品）一樣，都會造成情緒方面的大腦（例如：產生愉悅感及酬賞的紋狀體）以及負責控制決策和調節情緒的內側眼眶額葉皮質（medial orbito-frontal cortex, mOFC）等腦部區域的活動。

這除了顯示「數學之美」與其他藝術活動之美感經驗相似之外，亦顯示出「理解」與「個人經驗」在美感經驗上的重要性，因爲非數學家的實驗參與者，受限於無法「理解」數學式子而無法「欣賞」其美感。所以對於不同的背景知識的人而言，是有可能產生不同的美感經驗。

由此可見，在教育上，所有的學科（不只是傳統的藝術課程）都有其「美」的部分，但是這樣子的美因爲牽涉到理解，而無法直觀地、立刻地讓學生所欣賞，而需要透過教育來培養。一旦培養成功，則人生就又多了許多美麗的事物可以欣賞了。

‧美感是天生就具足？還是經由後天習得的能力？從上面一點來看，審美可以從後天學習與培養，但這不表示審美不需要先天的知覺能力。審美在心理學上視爲一種能力，從圖6與圖7在描述藝術與中風的例子中顯示，產生美感經驗需要具備基礎的知覺能力（形狀知覺、顏色知覺），這部分的能力在生命的早期便已發展出來，具有濃厚的生物發展與基因決定特性；然而上一段數學公式美感的研究中，則明白的顯示出後天學習的重要性，可見審美能力是先天與後天綜合交互影響下的結果。

神經美學是一門從神經科學的觀點來研究美感經驗的學科，它著重於尋找行爲「刺激與反應」與大腦活動之間的對應關係，神經科學並不會直接取代認知心理學，因爲它需要理論與模型作爲導引，而心理學更不會取代哲學，因爲它需要哲學的反省、辯證與思考。我們能夠做的是試圖以神經科學的實驗來驗證心理學理論與哲學上爭議的問題。但也要知道實證研究的侷限性，僅止於主觀經驗的客觀描述，對於第一手主觀經驗的體會（如人飲水，冷暖自知），仍舊只有經驗主體自己能夠感受的到，他人是一點也無法分享，這點要特別提出來，以免讀者誤以爲大腦造影儀器會變成能夠獲取他人感受的工具。

參考文獻

中文

史登柏格（Robert J. Sternberg）著，李玉琇、蔣文祁譯（2005）。**認知心理學**（三版）。臺北：雙葉書廊。

拉寇波尼（Marco Iacoboni）著，洪蘭譯（2009）。**天生愛學樣：發現鏡像神經元**。臺北：遠統。

崔佛特（Darold A. Treffert）著，潘震澤譯（2002）。孤島般的雨人天才。**科學人雜誌，6**，34-45。

張衛東（2011）。西方神經美學的興起與發展。**華東師範大學學報**（教育科學版），4:48-56。

陳烜之（2007）。**認知心理學**。臺北，五南。

單艷紅、陳慶榮（2007）。審美活動的腦機制研究及其美學意義探微。**山東文學**，6期。

彭克宏主編（1989）。**社會科學大辭典**。北京：中國國際廣播出版社。

彭慧慈（2011）。教育優質化──談自閉症學生潛能開發。**教師天地，171**，68-75。

蔡振家（2012）。藝術的腦：鏡像神經元‧美感評價‧抒情自我。2013年1月6日取自彈塗魚之舞，文章創作網址http://cgtsai.wordpress.com/2012/02/15/art_brain/。

外文

Beth Lebwohl. (2012). Semir Zeki: Beauty is in the brain of the beholder. 2013年1月6日取自 human world of EarthSky, http://earthsky.org/human-world/semir-zeki-beauty-is-in-the-brain-of-the-beholder

Cela-Conde, C. J., Marty, G., Maestú, F., Ortiz, T., Munar, E., Fernández, A., ... & Quesney, F. (2004). Activation of the prefrontal cortex in the human visual aesthetic perception. Proceedings of the National Academy of Sciences of the

United States of America, 101(16), 6321-6325.

Chatterjee A. (2004). Prospects for a Cognitive Neuroscience of Visual Aesthetics. *Bulletin of Psychology of the Arts*, 4:55-60.

Drake, J. E. (2013). Is superior local processing in the visuospatial domain a function of drawing talent rather than autism spectrum disorder? *Psychology of Aesthetics, Creativity, and the Arts, 7,* 203-209.

Goldstein, T. R., Tamir, M., & Winner, E. (2013). Expressive suppression and acting classes Psychology of Aesthetics, Creativity, and the Arts DOI: 10.1037/a0030209.

Leder, H. (2013). Next steps in Neuroaesthetics: Which processes and processing stages to study? *Psychology of Aesthetics, Creativity, and the Arts*, 7, 27-37.

Nadal, M. & Skov, M. (2013). Introduction to the Special Issue: Toward an Interdisciplinary Neuroaesthetics. *Psychology of Aesthetics, Creativity, and the Arts*, 7, 1-12, doi: 10.1037/a0031842.

Ramachandran, V. S. (2004). *A brief tour of human consciousness: From imposter poodles to purple numbers*. New York: Pi Press.

Rizzolatti, G., & Craighero, L. (2004) The mirror-neuron system. *Annual Review of Neuroscience, 27*, 169-192.

Roye, A., Höfel, L., & Jacobsen, T. (2008). Aesthetics of faces: Behavioural and electrophysiological indices of evaluative and descriptive judgment processes. *Journal of Psychophysiology*, *22*(1), 41-57.

Young, L., Winner, E. & Cordes, S. (2013). Heightened Incidence of Depressive Symptoms in Adolescents Involved in the Arts. *Psychology of Aesthetics, Creativity and the Arts*, Vol 7(2), 197-202.

徐永康

國立政治大學教育學系博士後研究員

臺北市立大學幼教系兼任助理教授

自我創造——從新實用主義美學論饒舌音樂

摘　要

　　本文主要試圖從新實用主義的美學理論來發展藝術教育的可能方向。從新實用主義的觀點下，藝術不僅能提升美的感受力，也包含自我創造。自我創造是自我擴張或自我轉化的渴望，讓自身擁有更多的可能性，擺脫被限制的束縛，進而去揀選與實現一個理想的自我生活。然而實際藝術教育往往忽略自我創造，在藝術教育中多數集中在古典藝術的教導，而未能注意流行藝術對文化有更深遠的貢獻。因此新實用主義者試圖解決傳統哲學所引發藝術教育的種種問題。新實用主義美學讓我們體會到：(1)美學不該僅是一種抽象思想、學說或是概念分析，而是一種身體的、生活的與實踐的連續過程；(2)人必須要有主導自己的生活，就像藝術家創造一件藝術品那樣，帶有意志作用與審美性質來自我完成；(3)人若要主導自己生活，必須能自覺與有方法來實現；(4)這個社會必須是民主自由的社會，確保每個人都能有機會以美做為理想的生活模式；(5)民主不只是政治體制而已，而是一種生活理念的實踐，彼此利益共享以及彼此充分互動與經驗交流，溝通是社會的基礎，如此才能形成共識。

關鍵字：自我創造、流行藝術、新實用主義、藝術教育、饒舌音樂

壹、導言

Nussbaum（1997, 2010）認為教育的最終目的並不該設定使人只想賺錢（not for profit），弔詭的是許多國家的政策都把提高經濟生產與擴張經濟效益作為整個國家發展核心。在經濟掛帥下，人文教育逐漸偏向工具化與型塑個人主義的現象，導致人與人之間的利益競爭成為生活常態。即使競爭狀態帶來效益，但也伴隨許多的不安。Nussbaum（1997, 2010）認為教育充斥著工具理性（instrumental reason）的思想削弱民主社會的穩定，並容易讓人忽視該去發展的人文價值。藝術教育的價值在於自我創造（self-creation）並能修正工具理性導向的社會以及療癒那些受傷的心靈（Tubbs, 2013），為此，我國由九年國民義務教育變成十二年國民基礎教育之時，以全人教育（holistic education）規劃教育藍圖，如馮朝霖、范信賢與白亦方（2011）提出的十二年國教改革，顯然不應只是教育年限的延長，而應力求典範式的創新突破。

從全人教育的觀點下，個人的學習需要去統整自我、自然與社會之間的關係，進而能自我創造與完成。其成功的關鍵在於探究個人的自然本性與維護個體的自發動源。馮朝霖（2013）認為藝術教育能讓自然與人性融通為一，以及彰顯生命的創造性除此之外，馮朝霖、范信賢與白亦方（2011）認為教育體系以維護個人的可塑性、尊重自我的完成性以及注意社會與環境相互依賴關係，此三項以更加精準的構成十二年國教課綱核心理念，構作出自發、互動與共好三項原則，期望學生在基礎教育中培養出學生對生命的喜悅、生活的自信、學習的渴望、創造的勇氣、共生的智慧[1]（symbiosophy）以及即興的美學[2]（improvisational aesthetics）。

---

[1] 共生的智慧：指的是我們必須喚起人類與世界成為一體的想法，並具有彼此同理心的內在思維。也就是學習和世界之間的相互依存關係，將地球視為我們最初、也是最終的家園，也以地球公民的認同，視為共生智慧的具體實踐。（馮朝霖，2013）

[2] 即興的美學：即興視為對現有世界複雜度與無法預料下的回應，而即興的本質就

　　若即興的美學成為我國整個國民教育的最終目標，那麼就有必要探究如此的美學教育該有怎樣的內容。每個人都能感受到美帶給我們的特有經驗，也都受到美的吸引，而美學的研究在於告知我們如何提升自我的美感能力，就像是植物學家經由訓練可以分辨許多植物的屬性，美感的學習也可讓人能有更高的能力來欣賞事物的美。本文將試著以新實用主義美學觀點來探究美學價值，作為理解即興美學的教育目標。

貳、新實用主義的美學觀點一：Rorty的自我創造

　　實用主義哲學為美國本土所發展出來的哲學潮流，但隨著第二次世界大戰的歐洲移民，邏輯實證論（Logical Positivism）從歐洲進入美國，但其發展便受到阻礙。在1950年代，邏輯實證論的基本思想也受Sellars、Quine和Davidson等人的三大嚴厲批判，自此，邏輯實證論在英美哲學界逐漸式微，「分析哲學」之名也應運而生，成了英美哲學主流的新稱呼。至於Sellars與Quine等人所提出的哲學新思維，雖然不同於Dewey的實用主義哲學，卻也與之有許多相同之處。為區分起見，這個新的哲學發展便被稱為新實用主義哲學（neo-pragmatism）。1960、1970年代以降，除了提倡新實用主義哲學不遺餘力的Richard Rorty外，Donald Davidson、Hilary Putnam、John McDowell以及Robert Brandom等人提出的新說，更充實與深化了新實用主義哲學的內涵。

　　新實用主義最顯著的觀點便是反笛卡兒主義（anti-Cartesianism）的基本立場。此一特色包含了反表徵主義（anti-representationalism）的想法以及反對從表徵主義隱含的基礎論（Foundationalism）。新實用主義主張人的思想與語言的內容，須依據於人與人、人與環境之間的關係，才能真正被瞭解。反表徵主義的道理在指出傳統知識論接受推論之證成概念上的困

　　是自由遊戲，帶有愛、專注、練習、技能、冒險、耐心、勇氣與信任，產生的生活彈性與適應能力，其結果是全然發揮出內在的創造，也是一種藝術能力的提升。（馮朝霖，2013）

境：一信念的證成是藉由其他的信念（或狀態）合理推出該信念。推論證成（inferential justification）即導致「無限後退」（infinite regress）的問題。Rorty（1979, 1989, 2006）認爲，我們不需要去花時間去探究永恆眞理的意義或是知識的基礎，因爲所有知識的存在都是歷史偶然，他反對有所謂普遍形上意義的知識或標準（Rorty, 1979, 1989, 2006）。在美學上，基礎論的分析哲學家認定需要特有的認知智能來詮釋藝術與審美判斷，例如理解立體主義畫派，必須知道立體主義的知識，訴求於形上學的超驗理性。分析哲學的審美判斷集中在理性形式，同時也排除了藝術對於個人工具的價值，因爲基礎論認爲審美經驗是無關心性[3]（Disinterestedness），具普遍性[4]（Universality），合目的性[5]（Purposiveness）與必然性[6]（Necessity），藝術的創作是爲了「藝術而藝術」來保護人不同於動物的高尚精神。

　　新實用主義者（Shusterman, 2000）反對基礎論的審美觀點，認爲基礎論容易產生對立性的美學與不必要的形上基礎，筆者認爲新實用主義有三個論述要點，如下：

　　㈠ 他們反對藝術的工具價值與內在價值的對立關係，同時也反對審美判斷的無關心性與無目的性，理性的普遍形式並不是是研究藝術的必要條件。因爲，從邏輯與概念分析的方式研究藝術，總有弄不清楚之處。而藝術的工具性與內在性是可以合一的，如採茶的山歌，除了有藝術內在價值之外，也同時兼具提高工作興趣之用途。另外，藝術不該只表現在博物館、藝廊與音樂廳，產生不當的藝術二分的現象：藝術理論與藝術實踐、高雅藝術與流行藝術、藝術家與普羅大眾。更仔細地說，對於藝術的研究，即使有許多不同領域或理論，如詩歌、小說、舞蹈、戲劇、圖像甚至

---

[3] 美感是無關於心性之一種滿足狀態，不帶利害關係的去感受美。

[4] 每一個感知到的人，都有能力去感知到美，這和知識多寡無關。

[5] 美是一個對象，合於目的形式，和我們的能力相合，但不被任何概念決定，這是合目的無目的。

[6] 美無須概念，卻被默思爲一必然滿足的對象，具有共同的感知性。

科學，也都只是凸顯美學的部分性質，藝術的部分研究或表現並不代表藝術整體，也不意味著彼此之間缺乏相互影響。把藝術、道德、科學嚴格區分與劃定界線的作法並不恰當；

㈡新實用主義者並不認為有所謂形上普遍基礎的本質：讓我們產生某種普遍性永恆真理並追求真理的假象，很可能來自於歷史文化演變中依然存在語言、文化與生物群體的共通性。與其認同分析哲學試圖在歷史脈絡中發現某種形上學所認定的普遍存在，還不如回到當下生活上的實際問題。依此，如同Rorty（1982: 346）說的：「根據後Wittgenstein的說法，認定我們身處在語言遊戲的混雜與多樣，由語言來型塑自我，我們究竟是誰已經不再如此肯定，隨著語言的使用，自我也變得如此反覆無常。」

㈢自我創造的強調：自我不再有內在固定，而是由特定歷史脈絡中語言與文化的隨機塑造，自我也就不再去找出內在真實的基礎與做出行為的符合對應，自我的意義成為自我創造、自我成長與擴展來決定，（Rorty, 1989），如同他對強健詩人（strong poet）的推崇，也就是說，審美經驗與自我創造都必須透過生活中的實際試驗，以求得更新鮮的自我體驗來確認自我的存在模式，去做前所未有的事情，以過去未有的語言來重新描述自身，以求創造出一個以前未曾有過的自我，他說：「如果我們的自我創造僅只是個過去某種熟悉的類型，不論是好的類型或是壞的類型，甚至是對過去詩歌的改寫，即使改得像是一流的作品，都算是失敗的審美追求」（Rorty, 1989：28-29）。個人的自由度，就是去自我重新描述的能力。由此來說，並沒有一個共同人性的本質。Rorty（2006）也從Freud的理論來破除一致性人性本質的神話，人的存在模式，都是一連串歷史偶然隨意組合體，也就是他所說的準人（quasi-persons），不存在所謂有個基礎的人性或真實的自我，也不存在由理性探究下所預設的統一的、穩定不變的性質。準人是無中心的、涵蓋了許多的矛盾、扭曲的記憶與信念，也就沒有一個穩固存在的形上基礎等待個人去發現。那麼，自我的改善與自我完美化的過程，也就是自我的隨機創造，而人際之間的互動原則是依據個人與團體之間所形成的某種共識，當彼此缺乏共識時，溝通與對話成為合理要求，個人的行為如同自我型塑，不再是運用普遍嚴格規

範下的結果，而是自我創造與想像後的產物，所以Rorty（2010）認為，道德生活如同審美判斷的練習，因此道德和藝術彼此有了連結。

Rorty（2006）認為個人只是個歷史下的偶然存在，不再認同分析哲學的藝術與道德形上學觀點。個人需要打造自己，透過審美方式來自我創造與自我成長，例如反諷知識分子與強健詩人正好是自我創造的範例，他們都努力的以不同語言來重新自我描述。

參、新實用主義藝術觀點二：*Shusterman*對自我創造的修正

自我創造的審美論點，可說是回應個人如何能型塑自己來實現自我的理想生活，為此，一個理想社會必須確保每個成員儘量有個滿意的生活。自由社會提供每個成員追求理想生活的結構，讓個人能體驗新奇事物與改變原先思維，創造不同於過去的自我。這想法和Foucault（1997）相似，兩者都認為個人如同一件永無止境等待被創造與修正的藝術品。

然而，並不是支持新實用主義的哲學家都完全同意Rorty的主張，如Shusterman（2000）修正Rorty的自我創造理論，他認為Rorty的自我創造論過於嚴苛，以下幾個理由說明：

㈠Rorty的哲學表現出強烈自我創造的企圖，並透過自我豐富與擴張化的不斷再描述來進行自我創造，個人追求新奇經驗與使用新穎語言做重新的經驗描述，並且不能對已經被認同的風格仿製或變異。Rorty接受Wittgenstein語言遊戲的想法（Rorty, 2006），推崇反諷知識分子與強健詩人成為最佳自我創造的範例，兩者不斷懷疑與嘗試不同的語彙來取代過去使用的語彙，並大量閱讀來尋求語彙創新的養分，讓自我產生多樣與新奇的經驗。Rorty的自我創造必須是新穎與獨特的，排除已經確立的藝術型態，否則就是贗品或是媚俗的作品；然而就以藝術創造的審美滿足要求中，其實並不需要全新與獨特原創的要求，Shusterman（2000）認為，我們可以從已經存在的生活風格中，揀選適合自己的，如早期希臘哲學的不同學院，讓學者可自由選擇，也沒說誰的主張最為優秀，在揀選後或許和

其他人的生活風格相似，也是某種程度審美能力的提升，若每個人都如同Rorty所說的方式來自我創造，則容易因為追求獨特與新穎，讓每個人都成為個別主義的結果。

㈡從Rorty對於反諷知識分子與強健詩人的推崇中看出，每個人都能成為他們的一分子時，就是社會自由民主最為成功的結果，他厭惡於複製或仿製的模式。然而即使如同他說的，每個人心中都有個自我創造的夢想，創造出自己理想的存在模式。事實上，這些理想並非必須是獨特與原創，要求獨特與原創的自我創造也使得審美生活顯得狹隘，也顯得過度汲汲營取而忽略了審美生活是專注於美的享受。

Shusterman從新調整了Rorty部分的美學觀點，降低了自我創造的唯一與獨特，而是回歸到生活中揀選適合自己的審美生活中對於美的享受，在新實用主義的大方向下，他整理出新實用主義的八種美學特質，如下（Shusterman, 2000）：

㈠主張身體的自然主義：Shusterman認為美感建立在人的自然需求、身體結構與行動的基礎之關聯，審美經驗如同生命過程之間的連續經驗，因此美感與藝術的根源是生命與環境之間的交互作用，即使當代美學的研究持續討論個人精神體如何被滿足的條件之時，還是必須回歸到審美的基礎是建立在生理與環境互動的層面，所以審美的研究必不可缺乏身體的自然主義研究。

㈡偉大藝術作品具有多方面價值：Shusterman認為任何帶有人類價值的東西，必定以某種方式去滿足人和環境互動下的需要，以求得生命的延續。他反對工具價值與內在價值的對立，而是回到藝術功能是讓每個人能直接經驗到美的東西後，幫助我們追求自我目標與滿足生命形式，因此藝術具有工具價值，同樣的也帶有本身的目的。

㈢美學作為整個哲學思維最重要的表現：Shusterman認為，美的經驗是個人最活潑的經驗，教育哲學家需要弄懂這些經驗的意義，而整個文化最後的成就尺度就是藝術的繁榮興盛。

㈣藝術是連續性的論點：Shusterman認為審美經驗是個生活過程中的連續接點，反對所有的二分方式，那些藝術上的分類，僅僅只是在相互影

響與連結中顯示比較突出的性質與表達出整體上的某一元素，如小說、詩歌、建築、圖畫與舞蹈等等，經由這些展演而比較容易凸顯出某項藝術的特質。藝術的研究在於整體價值與展演之間的關係，而不是限制了價值與展演之間的穩固不變的關係，因為整體大於部分的總和。

㈤重視經驗而非眞理：Shusterman認為不論我們如何界定美學，美感讓人有豐富與滿足的經驗，沒有美感也就沒有一個整體的個人圖像。從實踐的經驗來看，也就不需要預設人的認知先驗原則來看美學。

㈥當美學無法提供經驗的豐富時，就需要修正：Shusterman認為美學是讓人的生活經驗更加豐富化，那些被歸類於高雅藝術的領域，往往脫離了普羅大眾的生活而獨自顯示個別的崇高；那些封鎖在博物館、歌劇院或藝廊等等的藝術品和菁英文化相互結合產生藝術品味的階級性，如此的藝術限制同時也限制了藝術的創作者，最後他們只能極端的表現強烈個人主義，卻也更少人有能力去欣賞和理解作品。若把美感界定於自由、想像的愉快經驗，則可能顯出追求藝術的背後隱藏著生活的苦悶與無趣；換言之，如此的藝術定義容易和生活脫節，藝術本存在於生活中，當然也不該只是文化菁英所把持的藝術觀點。

㈦對藝術的理解，必須在文化歷史的脈絡中：Shusterman認為藝術並不是獨立的領域，藝術和物質、社會與文化相互糾結在一起的事物，如同善的行為也是美的表現，道德與美學非獨自分開。美學是個時代產物，無關於永恆眞理。

㈧美學的價值不只存在於藝術品，更在於感知它們的創造與動態發展的歷程經驗：美感用某種的經驗表現，而非物體實質的集合，審美經驗才是整個藝術教育的基礎。

在此整理一下Shusterman的美學觀點，涵蓋了反諷取向與強健詩人形式的自我創造，也包容了自我揀選已經存在的生活風格。從人生的整體觀點來看，維持生命中最基本的吃喝到高階思考的創造能力，都隱含著審美經驗，不論是簡單的飲食、穿著到音樂與舞蹈，都存在著某種審美經驗，也就是說審美是個人的連續互動下所產生的整體結構，這樣的結構存在於我們的身體功能，也讓我們的精神層面獲得滿足。

肆、饒舌音樂的出現：古典與鼓點的對抗

筆者認為過去我們習慣把科學、哲學與藝術等抽象理論和俗世分離，然而Rorty、Shusterman實用取向的美學不該只有表現在那些如同被收藏在博物館之類的藝術物件。事實上，被認為是美麗而令人愉快的審美標準，都隱含文化價值的偏見，審美判準是文化養成的結果，不再是內在固有的普遍性。物件之所以為美，能對於觀看者產生一定的衝擊，而物件中所涉及到的表現，常常取決於文化符碼與詮釋過程。換言之，物件是否讓我們感覺愉快、無趣或沉悶，並不完全來自於物件自身的表現，還涉及到觀看者的當時脈絡與所處在的文化符碼。個人的審美帶有文化學習的性質，落入資本社會的生活中，就帶有階級性質，特別在型塑出個人的審美能力之時，也容易不自覺接納社會的階級性。當我們說，某人有良好審美能力也就是說他很可能是上層階級者或是受過比較高等的教育，如此的話，審美可說是社會的、文化的、教育的階級標誌，並在確認階級差異之下，區分出好的審美與不良的審美能力。值得注意的是，如此的區分並非一成不變，被認為缺乏藝術修養的作品，其實也含有重要的文化特性，很可能是用來反抗早已被文化教育菁英把持已久的藝術市場，痛斥藝術被上層階級者用來炫耀與消費的批判。

Shusterman（2000）在回顧過去的藝術思想時，認為某種的哲思主宰了藝術領域，把美學等同於高級的藝術作品，表達了藝術制度的僵化與菁英主義的結果，反而造成藝術與生活的分離以及藝術和普通人民生活經驗的區隔，然而並非說在普羅生活中沒有藝術的存在，只是在某種哲思下，普羅大眾的流行藝術被排擠在精緻藝術外，也反映出維持社會菁英的階級制度，或是對於流行藝術的文化壓制。流行藝術與高級藝術之間的隔閡，畢竟容易受到部分有心人的操弄，特別是商業行為，不斷地以媒體傳播來型塑對高級藝術的崇拜，同時也創造出商業的自身利益。審美欣賞中或許能從作品上引向我們對現實文化對現有的藝術制度提出批判，因為有許多作品指出社會文化的侷限性，在作品中隱含著對現有社會的指責以及填補如此的缺失。

　　筆者認爲，審美判斷都帶著文化框架而無法脫離，審美判斷往往成爲個人強化自身社會地位的手段，表達自己與衆不同、社會地位與個人的文化資本，同時也獲得眞正的經濟利益，例如說，美術館的展示過程中涵蓋了多層經濟利益，除了展示藝術品之外，也隱約的表達出怎樣的作品是美的、怎樣的作品才是眞正的藝術、怎樣的作品無法被稱爲藝術、在大衆傳播習於媚俗的文化中找出所謂的眞正品味，並作爲有鑑賞力的藝術階級。對此，杜象（Marcel Duchamp）在1910年代，對於當時藝術品味階級化表達他的不滿，有一次在他協辦的展覽中，他展示了個小便斗，並在展示的標題中命名爲噴泉（Fountain），他刻意要反諷當時的審美標準，被命名爲噴泉的小便斗很快的被丟出展場。他揭示了對高雅藝術市場的反諷以及讓藝術能回歸生活中。在文化階級的刻意區分下，也產生出一群被認爲缺乏藝術素養的人。從有高階品味者的觀點下，認爲他們以低俗認知能力來觀看事物，也被認定是沒有權力與能力去擁有藝術作品，於是有了高雅與低俗、古典與流行的階級劃分。

　　Shusterman（2000）認爲文化菁英把古典藝術視爲藝術的同義詞，背後的因素與對藝術的傷害有兩個部分，如下：

　　㈠社會菁英用最有力的武器去維護已有的特權與利益，如此也威脅了文化創造與社會自由：這些高級藝術從來沒能爲社會批評、抗議以及轉型做出貢獻；反觀那些帶有反諷的小說、詩歌與戲劇反而在創造新的時代，構成社會進步的動力。回顧過去時代的轉變，也看出那些被認定的根深蒂固思想，並非必然的，也都只是歷史的偶然產物，不需要過於相信內含有永遠不變的眞理；相反地，與其找出時間流動下的藝術一致性，反而不如去注意彼此不一致的差異，差異可能來自於對於過去的反諷，諷刺著當時的迷惑與淺薄的崇拜。換言之，在時間上，世代都是多元的、彼此競爭、也會彼此合作以及開放目標，形成固有的審美判準也是在協調、比較、分類藝術過程中，激發出某些意識與精緻度的看法。然而要注意的是，重點不在於對於高級藝術的批判，即使是在這樣的審美條件下，造成了一種藝術的保守主義與對其他創作的壓抑；要批評的是自我爲何接受了過去的審美標準。如Shusterman（2000：142）所說的：「藝術有言說的力

量，但如果沒有一個能和藝術對話的知識分子，藝術依然保持緘默。」或許我們該去看看被認定具有開創性的藝術作品與當時的時代風格是否常有扞格不入的有趣現象，藝術對社會的重要性，取決於被怎樣的運用，即使是初期看不出特性的藝術作品，在某些知識分子的對話中，讓這些知識分子發掘或看出隱藏於作品之下的掩飾意識。過去的藝術觀點，把藝術視爲具有自律的領域，從服務教廷與宮殿中解放開來，卻也被某種政治性所限制，從藝術作品中進行自我批判，透過自身來超越過去，甚至由此促進對於藝術進一步發展的可能。

㈡ Shusterman（2000）認爲文化菁英透過高級藝術的連結而享有社會特權，加深了社會階級化的差距。筆者認爲，臺灣社會上有許多人可能一輩子都無力去購買一張柏林愛樂在國家音樂廳演出最便宜的票，能去欣賞的多數是所謂的上流社會人士，他們欣賞的能力也因爲過去自己家庭的社經優於一般人，家庭有能力提供小孩學習一個小時上千元的音樂課，個別一對一的音樂教學，那些無力負擔經費的家庭兒童，則容易被認定爲無力欣賞高級藝術的人，即便是許多富有的人，願意捐款讓偏遠貧窮的兒童來到臺北欣賞國家音樂廳、故宮博物院，即使這些菁英也謙虛的認同高級藝術的價值，期望偏遠的學生經由這次的機會，體會到高雅藝術之美。筆者認爲，這種作法其實也只是對於固有階級的維護：高級藝術和菁英連結的維護也表現在我們的美術教育上，學校內的藝術教師在介紹學生藝術時，也易於認爲在教室中多介紹莎士比亞、貝多芬和梵谷，即使下層勞工社會的學生也在班級的美術課中大量接觸高級藝術，教師相對的花較少的時間和兒童介紹帶有諷刺的藝術作品。若要期望藝術能對日常生活的俗世產生解放與重新組合，不太可能從被菁英分子把持的高級藝術中獲得，或許該轉向到流行藝術，流行藝術確實更自由與接近每一個人的生活，如電影、電視劇場、流行音樂與網路圖像等等很容易被取得，也有文化上的位置，甚至能減弱文化菁英對流行藝術的壓制性。

因此，在二十世紀末，新實用主義努力的要模糊高雅與低俗藝術的分界，不是要讓彼此之間相互流動，把過去的高雅轉變成低俗，再把低俗提升到高雅，而是回歸到藝術與人或族群的關係，例如美國黑人族群發展

出的饒舌音樂（Rap）曾經被歸類成粗俗、低下的文化產品，然而在新實用主義的觀點下，許多的饒舌音樂卻是表達對於菁英壓迫的反抗以及強化族群團結的表達（Starr& Waterman, 2007），饒舌音樂也落實了新實用主義的美學觀點。然而，我們也不需要錯誤地認為只要去否定那些儲藏於博物館的物件、在國家音樂廳演出的音樂或在高級藝廊的展出畫作，就能去消解菁英與普羅之間的差異，反而該去追問是在怎樣的哲思下，形成了如此階級性的審美判準，並試圖去轉變讓原先的博物館、國家音樂廳與高級畫廊不再受限於過去菁英主義下的藝術標準，去跨越階級，讓更多種不同性質的展演可能在這些場所中表現出來。為此，需要對於藝術有重新地描述。

　　饒舌通常不是用歌唱的方式表現，而是不斷的說或去聊。饒舌音樂並不去刻意創作，而是把已經存在的音樂，重新剪輯拼貼，歌詞中有許多髒話、俗語與不合語法的語詞，卻也是表達了低層社會的無奈與抗議。若從過去的古典審美標準來看，實在難以說出饒舌音樂有怎樣的美感。相對的，Shusterman（2000）認為饒舌音樂正在表達最為根深蒂固的美學思想，也就是緊密的和區域文化的生活結合。若要把饒舌音樂放入藝術的合法地位，並非去調整饒舌音樂的內容或是表達了藝術的原創，而是去調整傳統美學的觀點，為此筆者將以臺灣饒舌樂團MC hotdog的《我愛台妹》為例，詞曲中饒舌的特性為重複取樣使用而不用獨特創作，借用了過去流行音樂的旋律並大量混搭風格與大膽嘗試新的電音科技技術以及融入大眾流行議題與觀點、挑戰傳統的審美主張、關注個別區域以及事件的偶然等等的特性。

　　饒舌的重複取樣音樂很有可能來自於舞廳DJ的運用，這些DJ把許多不同風格的音樂同時放送出來與錄製，產生某種新奇的效果。在《我愛台妹》歌詞上也極盡誇耀自己的性能力與諷刺時事，如此的誇耀，在低階的勞工社會是常有的，在自成一個勞工階級中，誇耀式的表達也是一種出眾的、被尊敬的能力（Willis, 1977），因此在饒舌中給予演出者很大的空間即興創作。如《我愛台妹》的歌詞中充滿著對社會價值的抗議與嘲諷大眾的美女觀點，反而喜歡被認為打扮俗艷、沒有文化深度以及說話帶有臺灣

國語腔調的女生。同樣的在音樂節奏上，饒舌音樂有三種方式：(1)插隊混合是把一段音樂套疊在已經撥放的音樂中；(2)混合樂句表達音樂者精心設計在唱盤上，把唱針來回移動，凸顯出另一個音樂的節奏感；(3)DJ快速的移動唱針，快得讓人無法辨識原有的音樂風格，產生密集的鼓點，讓人有進入瘋狂的戲劇效果。如此的音樂風格，剪接、混搭與擦合中引發的聽覺效果，筆者認為可以類比將蒙娜麗莎改畫成黑猩猩的剪接樣貌或是安迪沃荷的廣告與藝術混搭。饒舌的樂曲剪接，來自於各種音樂，例如把古典混合在電動遊戲音樂中、套用廣告臺詞或電視歌曲之饒舌音樂內。如在《我愛台妹》中出現一段如京劇的唱腔。

筆者認為，Shusterman歸納出新實用主義的八種美學特性與饒舌音樂的現象，彼此相當符合。新實用主義的美學理論搭配著饒舌音樂，重新有了不同於傳統的美學觀點，建立出新的審美模式。這八種美學特質來看饒舌音樂的話，可看出如下的結果（以六項涵蓋八種特質）：

㈠回歸身體的自然主義：在古典音樂廳的消費者，只能保持安靜、固定座位、僵化的坐姿、甚至要很努力抑制自己無法控制的咳嗽。饒舌音樂設計給那群能以熱情的、自由的方式舞動自己身體的聽者，去感受饒舌音樂的韻律與身體舞動之間的合一關係；

㈡藝術的多方面價值：饒舌常常帶有諷刺時事的工具價值，同時也有內在的音樂美感，饒舌藝術的本質之一在於自我覺察能力，饒舌並不像是媚俗的流行藝術，也不迎合大眾產生特定的娛樂效果，也不接受權力階級下從古典音樂標準的否定。饒舌藝術有其歷史脈絡；饒舌藝術具有某種對權力反抗以及對新穎文化的關注與找出對應的形式，因此常在歌詞中出現反諷時事的自我反思；

㈢對人類文明的貢獻：饒舌音樂企圖顛覆藝術教育中所提倡的原創與獨特，反對把藝術家當作如同永恆的化身，不去認定作品的非凡意義，藝術的創作也只是個原先已經存在藝術的不同觀點的再描述。被視為原創性藝術也只是對舊有作品的重複使用，文明也就產生如此的多樣性與不斷變異之下的累積；

㈣連續性與動態歷程：饒舌音樂常有即興演出，如此的展演，不僅

呈現出一個作品，也把創作過程中的外在因素表現在展演音樂的過程中，例如創作者的身體樣態與當時場域的氛圍，都在此連續的過程中呈現出來，而非靜態性的展演；

㈤饒舌對於真理反諷與脈絡化：饒舌音樂也在拼貼與破碎中展演出反對藝術整體與一致性，藝術不會因為增加一些，或減少一些而失去所謂的整體性，從饒舌音樂來看，不會有那種為藝術而藝術的說法，這種為藝術而藝術只是個把藝術錯誤的認為超越歷史與文化脈絡的假象。饒舌很樂意去解構原先的音樂整體性，同樣的解構過程中，也凸顯藝術的短暫和不需要永恆的保證，音樂的出現都是偶然，也無所謂被稱為無可取代的經典藝術。過去認為藝術價值必須透過時間上的檢驗成為一個不合理的哲學假定，也不再認定藝術必須表達普遍真理的形式，只是呈現地域脈絡的樣貌；

㈥在生活中的藝術大眾對於饒舌的喜愛也反映了社會的多元寬容的自由，筆者認為饒舌音樂並不是要取代其他音樂，而是要讓大家聽到不同的音樂，在知識與藝術無法脫離社會權力結構下，至少饒舌音樂表達出對權力結構的反諷，以及如此的結構並非永遠恆久不變，在自由生活中各有追求的表達權力。

伍、結論

當前我國教育變革的藍圖以即興美學為最終目標時，可以參考新實用主義的美學觀點。從新實用主義的美學論點來詮釋饒舌音樂來看，新實用主義重新賦予美學內容，這對教育美學或我們十二年國民教育的推動藍圖中提及的即興美學時，可分成個人層面與社會層面連說。在個人層面上有：(1)美學不該僅是一種抽象的思想、學說或是概念的分析，而是一種身體的、生活的與實踐的連續過程；(2)人必須要有主導自己的生活，就像藝術家創造一件藝術品那樣，帶有意志的作用與審美的性質，甚至是個反諷知識分子或是強健詩人；(3)人若要主導自己的生活，必須能自覺與方法來實現；在社會層面上，為了培養人的審美能力，(4)這個社會必

須是民主自由的社會，確保每個人都能有機會以美做爲理想的生活模式；
(5)民主不只是政治體制而已，而是一種生活理念的實踐，彼此利益共享
以及彼此充分互動與經驗交流，溝通是社會的基礎，如此才能形成共識。
然而目前美學教育被視爲培養學生熟悉古典藝術之時，容易產生經濟與文
化階級的現象，實在不利於社會團結，從饒舌音樂比起古典音樂更受到大
衆的喜愛，此反映出通俗的流行藝術比起放置在博物館的物件更具有廣大
深遠的文化影響力。

　　最後，教育需要回歸到我們的生活中，從自發到互動，從互動到共
好，也就是和自我與他人之間產生作用，當個人考慮最理想的生活美學與
自我創造之時，是一種可欲的擴展與擁有更多的可能性，產生更新鮮的方
式重新自我描述，也是一種自我即興美學的實現。

參考文獻

中文

馮朝霖（2013）。十二年國教課綱系統圖像與全人教育理念。臺北市：十二
　　年國教與生命教育研討會論文集，頁15-40。

馮朝霖、范信賢與白亦方（2011）。**國民中小學課程綱要系統圖像之研究報
　　告書**。臺北市：國家教育研究院專題研究計畫成果報告書（NAER-100-
　　12-A-1-02-01-1-02）。

外文

Dewey, J. (1929). *Experience and Nature*. New York: Norton.

Dewey, J. (1934). *Art as Experience.* New York: Minton, Balch.

Dewey, J. (1966). *Democracy and Education: an introduction to the philosophy of
　　education*. London : Collier-Macmillan.

Foucault, M. (1997). *Ethics: Subjectivity and Truth*. In P. Rabinow(ed.). Trans by
　　Robert Hurley and others. London: The Penguin Press.

Nussbaum, M. (1997). *Cultivating Humanity: A Classical Defense of Reform in
　　Liberal Education.* Cambridge: Harvard University Press.

Nussbaum, M. (2010). *Not for Profit : why democracy needs the humanities.* Princ-
　　eton, N.J: Princeton University Press.

Rorty, R. (1979). *Philosophy and the mirror of nature.* Princeton : Princeton Uni-
　　versity Press.

Rorty, R. (1982). The Contemporary Philosophy of Mind. *Syntheses* 53, 323-348.

Rorty, R. (1989). *Contingency, Irony, and Solidarity*. Cambridge: Cambridge Uni-
　　versity Press.

Rorty, R. (1999). *Philosophy and Social Hope*. New York: Penguin Books.

Rorty, R. (2006). *Take Care of Freedom and the truth will Take Care of Itself.* Stan-
　　ford: Stanford University Press.

Rorty, R.(2010). *The Rorty Reader*. In C. J. Voparil & R. J. Bernstein (eds.). New York: Wiley-Blackwell.

Starr, L.& Waterman C. (2007). *American Popular Music*. London: Oxford University Press.

Susterman, R. (2000). *Pragmatist Aesthetics: Living Beauty, Rethinking Art*. New York: Rowman & Littlefield Publishers.

Tubbs. N. (2013). *The Value of the Arts*. Journal of Philosophy of Education, 47(3), 441-456.

Willis, P. (1977). *Learning to Labour*. London: Ashgate Publishing.

李 崗

國立東華大學教育與潛能開發學系副教授

教學藝術 ── 海德格觀點

摘　要

　　本文旨在說明海德格的教學藝術理念，主要透過其思考方式的追溯，重新傾聽其隱藏在文本之中的心聲，一方面深化課程與教學實踐的藝術哲學基礎，二方面反省臺灣教育改革推動長期以來習而不察的現象。首先，針對國內教學藝術的相關論述加以評析，指出教育界對於藝術、技術與科學之間的關係尚未予以釐清。其次，引述海德格如何論證藝術與技術乃是一種知道的樣態，共同帶來真理的發生與流變，不像現代科學的本質是研究，要求精確程序的控制，研究計畫的設計，卻化約了事實的豐富性，造成專門領域之間的界限。進而，本文依據海德格理念提出四大命題：一、教學藝術即意向性的理解；二、教學藝術即解開理論形式的束縛；三、教學藝術並非契約化的商品交易；四、教學藝術即構成進入思想的通道。最後，回歸海德格林中路的隱喻，闡明其中蘊含蘇格拉底教學典範的意義，並且參照學生對於海氏教學實況的回憶，作為理念與行動之間的相互印證。

關鍵字：海德格、教學藝術、教育、大學

壹、緒論

　　所謂美學，乃是「以哲學、心理學、生理學、社會學、人類學、藝術史爲基礎，以探討美的本質、美感經驗和藝術原理三大問題之系統學問。」因此藝術本質、藝術創作、藝術欣賞、藝術評論等問題，成爲美學中重要的討論題材。（崔光宙，2008：10）尤其是教育美學，作爲一個新興的研究領域，主要運用美學的思維方式，直接面對實際的教育現象，進行問題的分析與價值的批判，不僅提出綜合的回應之道，同時創造專業的意義規準。職是之故，教育美學是美感教育的理論基礎，必須處理課程與教學的實踐問題，才能彰顯其隸屬教育領域的學科屬性。

　　就臺灣推動教育改革的歷史脈絡而言，十二年國民基本教育的官方政策，強調精進中小學教學的品質與成效，爲了提升教師的教學專業能力，特別開設相關研習課程，要求全國教師必須參加，其中包括：有效教學、差異化教學、補救教學、創新教學、適性教學、多元評量、合作學習、學習共同體等內容。由此可見，教育部制訂政策方向的行政官僚，其計畫背後所隱含的思維邏輯：教學乃是一種技術，透過參加研習或教案比賽的方式，可獲得改善，成爲影響教育改革的關鍵因素。不過，教學方法的改變，其實無法保證教學品質的有效提升，因爲我們必須追問：教學目的之決定，從何而來？爲何而變？甚至我們必須質疑，教學眞的只是某種技術的操作嗎？

　　中華民國課程與教學學會，在2010年便以「教學藝術」爲主題，徵稿發行年度專書，這凸顯出上述議題已經逐漸受到教育學界的重視。回顧國內的相關文獻，本文所知最早可以追溯到，美國哥倫比亞大學希臘語文和拉丁語文以及文學教授Gilbert Highet所撰寫《教學藝術》（*The Art of Teaching*）的中文譯本。作者表示，自己相信「教學是一種藝術，並不是科學」。將科學的方法和目標，應用於個別的人，似乎是一種危險的嘗試。每一位教師，其計畫工作必須秩序井然，有條不紊，其處理事實，亦必定要精確無誤。不過這一點也不能使教學「科學化」，因爲教學和情緒及人的價值有關。情緒不能有系統地估價和應用，人的價值無法在科

學範圍內充分領會。只要幾個月的不當教學，可能使學生視一門有用的科目如畏途。教學不是「僅僅使用幾個公式」便可以「大功告成」。（嚴景珊、周叔昭譯，1960：1-6）換句話說，作者認為教學是為了引起學生的興趣，誘使學生樂於學習，科學無法處理情緒和價值問題，藝術卻可以，所以教學是藝術不是科學。

相形之下，國內學者有不同看法。黃政傑（2010: 1）主張，「教學是科學也是藝術」，這是教育學系「教學原理」課程中教導學生的話。劉唯玉（2010: 23）認為，實證主義的認識論偏向教學科學觀點，相對主義的認識論偏向教學藝術觀點。黃繼仁（2010: 65-66, 76, 80-83）表示，科學只能處理教學理論的通則性，藝術才能處理教學情境的複雜性，教師必須運用課程慎思的方法，透過實踐藝術解決現場問題，兩者之間可以善用共同要素的架構，進行溝通、剪裁、調適和轉化，相輔相成。高博詮（2010: 191-192）指出，依據神經科學的研究成果，可以清楚看見教學的變與不變之處，尤其人類大腦具有可塑性，透過藥物、運動等方式能夠增進行為輔導的成效，此種特性正彰顯教學的藝術本質──具有無限的可能性。張如慧、王前龍（2010: 330）分析，一位優良教師的語文教學，如何以樂趣、美感、主動學習為核心，配合奠基於證據本位研究的系統化教學策略，能夠確實融合藝術與科學。張芬芬、陳政宏（2010: 450）相信，藝術與科學像是一道光譜的左右兩個方向，藝術是「個人化、內在化」，科學是「社會化、外在化」，教學通常是先藝術後科學，逐漸將個人理論轉化為公共理論的過程。

仔細推敲上述各家說法，部分立論仍有待商榷。例如，若將科學與藝術的區分，視為認識論立場的不同，其實是一種範疇失誤；彷彿科學觀點只能基於實證主義的立場，殊不知現象學、建構實在論……等其他流派，不僅可以發展出不同的科學觀點，同時每一種哲學立場，也都會有其相應的藝術觀點。所以，認識論不是區分科學與藝術的有效判準。又如，科學與藝術之間的共同要素，究竟所指為何？兩者若本質不同，又該如何溝通？如何互相轉化？高氏顯然將科學視為論證藝術本質的有效論據，其

立論前提在於：變是藝術的本質，不變是科學的本質。這個說法若成立，兩者之間似乎很難找到共同要素。張王二氏將情意視為藝術的核心要素，將認知視為科學的核心要素，這種區分使得兩者之間的溝通與融合成為可能。張陳二氏的內外之分，其實是將藝術視為實踐，將科學視為理論，兩者被類比為默會知識與外顯知識的差異，教學也被視為是先有實踐後有理論。若是如此便意謂著：藝術可以理論化（科學化），科學可以實踐化（藝術化）。那麼，隨之而來的問題便是：藝術的「社會化」，真的等於「科學化」嗎？科學的「個人化」，真的等於「藝術化」嗎？答案顯然沒有這麼簡單。也就是說，「教學藝術」一詞的內涵與外延，仍未獲得清楚的分析。

　　黃政傑對此問題顯然有所覺察，在其〈主編序〉中，特別運用兩段生動的文字描述，作為教學科學與教學藝術之間的對比。就前者言，教學是大量生產過程中的工具，依據既定的教育規格和程序，把標準化的教育成品製造出來。就後者言，教師面對著不同材質的學生，要運用各種可能的適切方法，引導其開展獨特的潛能，把每個人雕塑成優質的藝術品。同時，他也將教學藝術歸納出自由和開放、創新與獨特、多元性、情意性、反思性等五項特質。（黃政傑，2010：1-7）不過，必須注意的是，上述的區分或許可以反映出兩種教學文化，但是不能將其「歸因」為強調兩種不同理論的結果。因為，臺灣教育的工廠化現象，乃是缺乏教育哲學省思的下場，不是強調教學科學理論的結果。科學，作為一門追求真理的學問，不應將其類比為大量生產的工業程序。反過來說，先就臺灣教學研究現況而言，我們可能根本尚未建立「在地化」的科學理論，何來過去「強調」之說？國內教育學界，常誤將科學化約為技術的標準操作，因而很少能夠針對各種現象，提出「精確的」因果關係解釋。此外，再就科學精神而言，同樣也可以蘊含先前五項特質：研究假設的建立，需要自由開放的心胸；研究結果的判斷，強調創新與獨特的貢獻；研究方法的設計，鼓勵多元的討論、不斷的反思；研究程序的執行，重視實事求是的情意態度。換言之，上述特質無法區分教學藝術與教學科學的差異。問題在於，我們將藝術與科學這組概念，視為理所當然的二元對立，並未真正深究其本質

爲何。

美國史丹福大學教育心理學教授蓋茲（N. L. Gage, 1917-2008），被尊稱爲「教學研究之父」，早期代表作是《教學藝術的科學基礎》（*The Scientific Basis of The Art of Teaching*）一書。他將「藝術性」（artistry）界定爲直覺（intuition）、創造（creativity）、即興（improvisation）、表現（expression）的歷程；同時將「科學基礎」界定爲「實作」（practice）事件中所涉及的規則知識（knowledge of regular）和必然關係（nonchance relationships）。更重要的是，蓋茲特別強調「教學科學」與「教學的科學基礎」的區分。（Gage, 1977: 14, 15, 20）這就顯示其基本立場——科學可以作爲藝術的理論基礎，兩者雖然有所關聯，但是不應該混淆其先後順序，我們必須建立教學藝術，而非教學科學。同樣任教於史丹福大學的艾斯納（E. W. Eisner, 1933-2014），則主張教學乃是一門受到教育價值、個人需求、教師信念所引導的藝術。所謂藝術，主要意義有四：一是作爲美感經驗的來源，二是由品質的知覺與控制所決定，三是作爲一種啓發的或冒險的活動，四是尋找逐漸浮現的目的。尤其是敏感（sensitive）、聰明（intelligent）、創意（creative）三項性質，使教學獲得藝術的地位。相形之下，技術強調的是標準（standardization）、慣例（routine）、效率（efficiency）。艾氏主張，教學藝術必然涉及一種介於自動性（automaticity）與創新性（inventiveness）之間的張力。（Eisner, 1994: 154-156, 164）由此可見，蓋茲與艾斯納雖然都重視教學的藝術化，但是兩人的藝術觀點仍然有所差異，前者是將藝術與科學作對比，後者是將藝術與技術作對比。也就是說，上述問題關鍵在於：何謂藝術？何謂科學？何謂技術？三者本質有何不同？三者之間有何關係？

因此，本文引介德國哲學家海德格（Martin Heidegger, 1889-1976）的觀點，包括技術與科學的概念重建，藝術作品中發生的眞理，同時聚焦其教學理念的相關論述，企圖藉此釐清「教學藝術」的教育美學意義。

貳、藝術、技術與科學

　　所謂「技術」（technology），依照海德格的分析，常見說法有兩種：第一，技術是一種達成目的的手段；第二，技術是一種人類活動。兩種說法乃是互相隸屬。因為設置目的，取得手段加以利用，乃是人類活動。設備、工具、機械的製造與利用，這些事物本身，及其所服務的需求與目的，全部都屬於所謂的技術。這些複雜的發明都是技術。技術本身是一種發明（contrivance），或者用拉丁文來說，是一種instrumentum，意指堆積（heap）、建造（build up）、安排（arrange）的功能。所以，第一種是工具性定義，第二種是人類學定義。前者制約著人與技術之間的關係。我們將技術操作成一種手段，讓技術處於精神的掌握之中。我們想要主宰技術。主宰意志愈是急迫，技術愈是恐嚇要脫離人類控制。然而，這種定義是正確的（correct）嗎？毫無疑問地，正確總是與某種正在考慮的事物有關。為了正確，這種固定的凝視，根本不需要在追問其本質的過程中，顯露某件事物（uncover the thing）。基於這個理由，只是「正確」，尚未成為「真的」（the true）。只有真的，出於其本質，才能讓我們與所關切的事物之間，進入一種自由的關係。因此，上述定義仍然沒有向我們顯示技術的本質。我們必須經由正確尋找真的，所以我們必須追問：何謂工具本身？手段與目的隸屬其中嗎？手段乃是憑藉某種事物發生作用達到效果。凡是引起結果的事物稱為原因。凡是追求目的和使用手段之處，凡是工具性統治之處，就是因果關係統治之處。許多世紀以來，亞里斯多德的四因說，彷彿已成為定論。舉例而言，銀是質料因，盤子是形式因，獻祭活動是目的因，工匠做成銀盤是動力因。海德格回溯工具性至此，仍然繼續追問：為何剛好有四個原因？所謂原因，到底所指為何？很長一段時間，我們習慣將原因表示為「使事物發生」（bring something about）。在這種連結中，使事物發生意謂獲得結果與效果。原因（causa）的動詞是cadere，意思是「墜落」（to fall），表示使用某種方式，導致某物墜落的結果。我們今日稱為cause，羅馬人稱為causa，希臘人則稱為aition，意思是說還有其他事物，可以感謝、歸功、歸咎、回應。四個原因乃是通道，

一切立刻互相隸屬，而且針對其他事物予以回應（being responsible）。所謂回應，舉例來說，盤子感謝銀的組成，獻祭容器感謝盤子的外觀，工匠則感謝獻祭容器的生產，銀盤感謝工匠的審慎思考。那麼，一開始又是何者統合這四種回應方式呢？爲了避免錯誤的詮釋，海氏強調，四種回應乃是「將事物帶入表象之中」（bring something into appearance）。他們讓事物湧現，自由朝向那個場所，用自己的方式開始，直到完全抵達，進入在場（into presencing）。這種回應是一種「場合／時機」（occasioning）或「引導向前」（inducing to go forward）。所謂場合／時機，就希臘人的思想與經驗而言，可以賦予一個更爲寬廣的意義，那就是因果關係的本質。相較之下，一般狹窄的意義，只不過是突然發生（striking against）以及釋放（releasing），而且意指整個因果關係之中的次要原因。這些場合／時機，讓尚未在場者抵達進入在場。柏拉圖曾經在《饗宴》中說過：凡是從「不在場」過渡並前進到「在場」，所有的場合／時機都是poiēsis，都是「產生」（bringing-forth）。換句話說，不只是「手工製造」（handcraft manufacture），不只是藝術的和詩意的「帶來」（artistic and poetical bring-ing）表象與具體意象（imagery），甚至physis，事物起因於本身的出現，也都是一種產生。physis的確是最高級意義的產生。因爲，透過physis而在場的一切，本身是爆發與開放的產生，例如花的盛開。相較之下，透過藝術家或工匠的產生，例如銀盤，其爆發與開放不在本身，而在別人身上。因此，場合／時機的樣態，也就是四種原因，乃是在產生中「遊戲」（at play）。自然事物的成長，以及藝術與工藝所完成的一切，會在任何既定時間到來，成其表象。然而，產生如何發生？是在自然之中，或在藝術與手工之中？這種到來，海氏稱爲「顯露」（revealing），希臘人稱爲alētheia，羅馬人譯爲veritas，我們稱爲「眞理」（truth），通常將其理解爲一種觀念的正確性。事實上，一切產生乃是扎根於顯露之中。產生，在本身之中，聚集（gather）四種樣態的場合／時機（因果關係），將其完全統治。一切生產製造的可能性，都在顯露的範圍以內。此外，技術的希臘字源爲Technikon，意指屬於technē，意義有二：第一，technē並非只是工匠的技巧與活動，同時也是心靈藝術（the arts of the mind）與精緻

藝術（fine arts）。Technē屬於產生，某種有詩意的東西。第二，從早期至柏拉圖的時代，technē與epistēmē連結在一起，在最廣泛的意義下，兩個字都是「知道」（knowing）的意思。兩個字意謂著熟悉、理解、專精某件事物。這種知道，提供一種開啓（opening up）；這種開啓，就是一種顯露。（Heidegger, 1977: 4-13）因此，技術不只是手段，而是一種顯露的方式。技術的本質，向我們開啓一個眞理的領域。

　　所謂「科學」（science），海德格回溯中世紀稱爲doctrina和scientia，希臘稱爲epistēmē，和今天使用這個詞彙的意思，完全不同。希臘科學從未精確，無法精確，也不需要精確。今天我們所說的科學，本質是研究。研究的本質是由何者所構成？事實上，「知道」已將本身建立爲某個「領域」（realm）的一套程序（procedure），例如自然或歷史。此處，程序不只意謂著方法或方法論。因爲，所有程序已經要求一個開放範圍（sphere），可以在其中移動。這種範圍的開啓，正是研究中的基本事件（fundamental event），必須透過一個基礎計畫的「設計／投出」（projection），才能加以完成。這種事先草擬的設計／投出，導致認識（知道）的程序，必須約束自己，堅持範圍的開啓。這種有所限制的堅持，就是研究的嚴密性（rigor）。這種程序本身，確保其對象的範圍在存有（Being）領域之中。舉例來說，現代物理學被稱爲數學物理學，因爲它使用了一種十分特別的數學。但是，它之所以能用此方式進行數學地操作，只是因爲在更深刻的意義上，其本身已經是數學的。對希臘人來說，ta mathēmata表示人事先知道，他所要觀察的事物，以及他與事物之間的交互作用。假設，我們看見三顆蘋果在桌上，我們認出共有三顆蘋果，那是因爲我們已經知道「三」這個數字。然而，數學的本質無論如何，不會由數字加以定義。數學物理科學的嚴密性是精確性（exactitude）。此處，所有的事件必須事先加以定義，例如運動的時空規模，這樣才能完全進入表徵之中，作爲自然事件。這種透過測量所完成的定義，乃是數字與計算的協助。但是，數學對於自然的研究，其實並不精確，因爲受限於研究對象的範圍，所以必須用這種方式計算。對比之下，精神科學，甚至一切涉及生命的科學，爲了保持其嚴密性，必然是不精確的。一種生物當然也可

以理解為一種運動規模的大小，但是此時已不再將其理解為有生命的。歷史精神科學的不精確性，不是一種缺陷，而是這類研究根本需求的滿足。同樣地，歷史科學對象範圍的設計／投出與確認，比起在精確科學中完成嚴密性來說，那是更為困難的執行。也就是說，透過設計／投出的計畫，以及確保計畫的嚴密程序，科學變成研究。然而，這一切都是在方法論中首次發展成其所是。如果研究者設計／投出的範圍變成客體／對象的（objective），那麼，讓我們在各種層次交織的多樣性中與其相遇。因此，無論與何者相遇，必須解放程序，自由觀看其可變性（changeableness）。只有在他者視野的不斷改變中，事實（特殊性）的豐富性（plenitude）才會顯示自身。事實必須變成客體／對象的。所以，程序必須表徵其在變化中的改變，必須使其維持原狀，讓運動還是運動。事實的固定性（fixedness）和事實變化的持續性是「規則」（rule）。在變化歷程的必然性（necessity）中，改變的恆定性（constancy）是「定律」（law）。只有在規則與定律的範圍內，事實變成如其所是的清楚。對於事實的研究，在自然領域中，本質是規則與定律的建立與驗證。藉由對象範圍得到表徵，方法論具有澄清（clarifying）與解釋（explanation）的特性。解釋是雙向的：藉由已知說明未知，藉由未知驗證已知。解釋發生於調查之中（in investigation）。在物理科學中，調查藉由實驗發生，總是依據某種調查場域，以及某種目的的解釋。但是，物理科學並非藉由實驗首次成為研究，相反地，只有在自然知識已經轉化為研究之處，實驗才首次成為可能。換句話說，現代研究的實驗，不只是在程度與範圍上更為精確的一種觀察，其實更是根本不同類型的一種方法論，與定律的驗證有關，為自然計畫而服務。歷史精神科學中的來源批判（source criticism），就相當於物理研究中的實驗。此處，來源批判一詞，指涉的是對於來源，進行整個領域的發現、檢查、驗證、評估、保存與詮釋。史學的解釋，基於來源批判，並非回溯事實至定律與規則，也不將自己侷限於事實的報導。在歷史科學中，就像在自然科學中一樣，方法論的目標，乃是表徵固定的東西，並將歷史做成一個客體／對象。只有當歷史處於過去的時候，才能夠成為客體的。在過去中，固定的東西，基於史學解釋，對於單一（solitary）

與多元（diverse）的計算，總是、已經是、曾經是（always-has-been-once-already）可比較的。透過一切事物之間的不斷比較，透過計算將會發現可理解的事物，並將其建立與認證為歷史的基礎計畫。史學研究的範圍，只能延伸至史學解釋所到之處。在歷史中，獨特、稀少、簡單的事物，從未是不證自明的，仍然是無法理解的。歷史研究並非否認偉大的事物，更確切地說是將其解釋為例外。在這種解釋中，偉大乃是相對於日常（ordinary）與平均（average）。只要解釋意謂對於可理解事物的化約，只要史學保持研究（一種解釋），那麼就不會有其他的史學解釋。因為，作為研究的史學，就行動與結果而言，具有一種可理解以及可調查的關係，在此意義上，設計／投出與客體化過去，要求來源批判作為其客體化的工具。這種批判的標準，改變了史學接近報刊通俗文章（journalism）的程度。由此可見，作為研究的一切科學，其基礎在於設計／投出一個界限清楚的對象範圍，因而必然有個別化（individualized）的特性。一切個別化的科學，透過方法論的發展，將本身特殊化，進入專門的調查場域。然而，這種特殊化（專門化），絕不單純是一種令人厭煩的副產品，伴隨逐漸增加喪失調查能力（unsurveyability）的研究成果。這並不是一種必要之惡，而是科學作為研究其本質上的必然性。專門化不是結果，而是一切研究前進的基礎。透過方法論，研究才不會分散，變成任意調查，導致迷失方向。因此，首先必須理解這一切現象：今天無論是物理科學或精神科學，只有能夠將其「制度化」（institutionalize）的時候，才會獲得一門科學應有的尊重。結果導致，方法論的程序確認凌駕一切之上，科學創造了適合自己的團結與統一，學者（scholar）消失無蹤，取而代之的是，參與研究計畫的研究人員（research man）。這一切尖銳的工作氣氛，完全不是為了廣博學問的培養（the cultivating of erudition）。研究人員家裡不再需要圖書館，他經常到處奔波，在國會中蒐集資料，在會議中進行協商，為了佣金與出版商訂定契約，一起決定必須寫的是哪些書。研究工作者努力向前，進入現代技術人員（technologist）的範圍。（Heidegger, 1977: 116-125）因此，現代科學的本質乃是研究，透過精確程序的控制，研究計畫的設計，反而造成事實豐富性的化約，無法跨越專門領域之間的界限。

　　所謂「藝術」（art），海德格主張，乃是藝術品與藝術家的本源（origin）。本源是本性（nature）的來源（source），一個實體（entity）的存有者（being）現身於其中。因此，我們必須在實際的藝術品中尋找藝術的本性。作品實際的面貌（reality），則是藉由在作品中發生作用（at work）加以定義，此即真理的發生（the happening of truth）。此處是將實際的作品，已經預設為這種發生的承載者（bearer）。作品的特性是由藝術家已經完成的創造所組成。很明顯地，作品的被創造性，只能透過創造歷程予以掌握。純粹透過作品本身，企圖定義作品存有者是行不通的。我們將創造（creation）視為一種產生。然而，器具的製造（the making of equipment）也是一種產生。這是一種很奇妙的語言遊戲，手工藝（handicraft）並不創造作品，即使與工廠產品相對比，亦是如此。問題在於，我們如何分辨：「創造」的產生和「製造」的產生，有何不同？作品創造需要技藝（craftsmanship）。偉大的藝術家，最極致地推崇技藝。他們首先要求自己具備爐火純青的技藝以及刻苦耐勞的修養。最為重要的是，他們經常努力教育自己，不斷更新一切的技藝。充分認識藝術品的希臘人，使用techne表示工藝與藝術，使用technites表示工藝家與藝術家。不過，這依然是有失偏頗與膚淺的；因為techne既不表示工藝，也不表示藝術，更完全不是今日意義下的科技；從來不是一種實踐的展演（practical performance），而是一種知道的樣態（a mode of knowing）。「知道」意謂著「已經看見」，最廣泛意義的觀看，意指去理解在場的東西（to apprehend what is present）。就希臘思想言，知道的本性在於aletheia，也就是存有者的無蔽（the uncovering of beings）。它支持與引導一切朝向存有者的行為姿態。Techne作為希臘人風俗習慣中所經驗到的知識，乃是一種存有者的產生，因為它帶來在場的存有者，好像這些存有者走出遮蔽（out of concealedness），專門進入其表象的無蔽狀態（into unconcealedness），它從未指涉「製造行動」（the action of making）。藝術家是technites，不是因為他也是一位工藝家，而是因為作品與器具「由隱而顯」的設置（setting forth），發生於一種「帶來」與「在場」之中，造成存有者處於首次到來的場所，並且在（假設是）表象之中現身。但是，存有者之中所

發生的一切，乃是出於與其本身一致的生長（grow），此即「產生」。
將「藝術」稱爲techne，完全不表示藝術家的行動是由於技藝才被看見。
在作品創造中，看起來像是技藝的東西，其實是不同種類的創造。這種作
爲（doing），由創造本性所決定與影響，當然終究受限於創造之中。那
麼，創造本性如果不是技藝，會是什麼？海氏主張，只有展演創造行動之
時，創造才變成是實際的，因此其面貌視這場行動而定，創造的本性由作
品的本性所決定。縱使作品的被創造性與創造有關，兩者還是必須由作品
的作品存有者定義。所謂創造，是讓事物顯現（emerge），就像已經帶往
前來的東西一樣。作品之所以成爲作品，是眞理在其中流變與發生的一種
方式。一切建立在眞理的本性之上。應該特別注意的是，如果存有者無蔽
狀態的本性，無論如何屬於存有本身，那麼，存有透過自己本性的方式，
讓場所的開放性（openness）發生，並且引導其作爲一種場所，每一個存
有者在其中，都可以透過自己的方式顯現或發生。在衝突中，在眞理本身
所開啓的範圍中，眞理只有透過安置自己（establishing itself）才會發生。
究其原因，因爲眞理是澄清（clearing）與遮蔽（concealing）的對立。開
放性的澄清，以及在開放中（in the Open）的安置，乃是互相隸屬的，都
是眞理發生的同一個本性。這種發生，乃是透過許多的通道，在歷史上是
有根據的：其一，眞理指定本身進入作品（setting itself into work），在其
開啓的存有者之中，眞理安置自己；其二，建立一個政治國家的行動；其
三，不只是一個存有者，還是一切存有者，這種接近使眞理的到來閃閃發
亮；其四，本質的犧牲；其五，思想家的追問，運用有價值的問題命名存
有，作爲對於存有的思考。相形之下，科學不是眞理發生的本源，而是眞
理已經開啓的區域（domain）。在這個場域（field）之中，透過分門別類
地（specifically）理解與確認，科學顯示本身可能而且必定是正確的。當
一種科學穿越正確性到某種程度，繼續朝向一種眞理的時候，那便表示抵
達所謂「如其所是」（what is as such）的本質揭露（disclosure），這是哲
學。因爲眞理，爲了首次成爲眞理，正是在本性中安置自己，所以這種朝
向作品的衝動（impulse），就在眞理的本性中，作爲眞理各種不同的可
能性之一，藉此本身得以在各種存有者之中發生。在作品中，眞理的安

置,是一種存有者的產生,以前從未出現,以後不會再來。這種產生,明確地帶來存有者的開放性,其實就是創造,其產生的東西就是作品。這種帶來,更精確地說,是一種涉及無蔽狀態的接受(receiving)與體現(incorporating)。由此可見,藝術乃是將自我安置的眞理,固定於形象之中(in the figure)。然而,自我安置也意謂:將作品存有者,帶進運動與發生之中。這種發生,就像保存/收藏(preservation)。這樣一來,藝術乃是眞理在作品中富有創造性的保存/收藏。(Heidegger, 1975: 57-71)因此,藝術乃是眞理的發生與流變,與技術同樣屬於一種知道的樣態,不同於科學作爲眞理已開啓的區域,藝術是一種產生,一種創造,一種保存,一種收藏,更是讓所有事物得以如其所是地顯現的場所。

參、教學藝術即意向性的理解

所謂「意向性」(intentionality),原本是胡賽爾(Edmund Husserl, 1859-1938)現象學的核心概念,其理論意義隨胡氏思想發展而有早晚期之轉折:早期爲靜態現象學,《邏輯研究》偏重於主體意識方式的分析,《觀念》偏重於客體呈現方式的分析;晚期爲發生現象學,偏重於視域的分析。(汪文聖,1995:47-52)舉例來說,一個老師對於一個學生的認識:一則涉及老師本身進行的日常觀察,此即主體的「能思」(Noesis);二則涉及學生本身實際的行爲表現,此即客體提供給主體進行思考的「感覺質料」(Hyle);三則涉及老師觀察學生之後所得到的結果,此即主體對於客體的「所思」(Noema)。換句話說,靜態現象學之意向性,乃是由認知主體出發,然後對某某事物有一意識,這個「意」識既指「向」這個對象,同時也賦予其意義。職是之故,李維倫將Noesis一詞譯爲「能意」,將Noema一詞譯爲「所意」。索科羅斯基(Robert Sokolowski)主張:前者指的是我們意向事物之時的意向活動,例如知覺與判斷;後者指的是意向性的客體端,包括任何對象的連結——不是意識所對之物的一個概念,不是一個讓我們指向事物的觀念,不是一個意識指向某一事物的中介,而是透過現象學態度經驗到事物顯現的一個「環節」(moment）。所謂環節，乃是某個整體之中的「部分」，但是必須與其他環節在一起，「無法脫離其所屬整體」而單獨被呈現。（李維倫譯，2000：44-45）由此可見，無論是所思或所意，都不是我們根據預設立場，對事物所保持的關注，反而是懸置我們的基本信念，對於一切事物的判斷有所保留，才能夠真正意識到事物的整體。

關永中更精闢地指出，「所思」非指「真實對象」（real object），非指「意識活動」（act of consciousness），而指「意義範圍」（sphere of meaning）。究其原因，所思是真實對象的某個單一角度，單一的所思剎那生滅，這些互相呼應的一系列所思，隸屬於同一個對象，共同構成一個所思系統，所以所思「屬於」真實對象，一個真實對象是由無數的所思「綜合」而成。因此，一個真實對象本身就是一個所思系統，你永遠可以進一步地從中發現新的角度、新的意義、新的所思，真實對象與單一所思，兩者互相依存，卻不彼此等同，不可混為一談。（關永中，2000：166-181）根據上述觀點，回到先前的例子便可以說，老師對學生的認識，其實是一個永無止盡的發現歷程。難怪發生現象學之意向性，會偏重於視域的分析。汪文聖（1995：50-54）便主張，胡賽爾晚期所致力之動態分析，包括兩種視域：一是「外在視域」（Auβenhorizont），指的是在作靜態分析下所意向之對象以外，尚可能被意向的領域；一是「內在視域」（Innenhorizont），指的是在原本所意向之對象中，仍可繼續被經驗地決定的領域。舉例來說，一個老師對於學生的認識，一方面會涉及他或她對其父母親教養態度的理解，另方面也涉及學生本人過去的生命經驗，前者即外在視域，後者即內在視域。換句話說，早期的意向性是指涉一個現實已經存在的對象事物，晚期的意向性則延伸至各種尚未實現的視域背景。由此可見，視域意向性至少包括時間視域和空間視域：透過時間視域，老師可以看見學生從過去、到現在、走向未來的發展歷程；透過空間視域，老師可以看見影響學生發展的社會文化脈絡。

不過，海德格卻批評胡賽爾將意向性主體化：將意向性賦予在主體的經驗上，再將之與不具經驗的物體連成一關係。他認為意向性是意向與所意向互屬之結構整體，被意向的不只是一被觀察的物，它更存在於被觀

察的整個狀態方式之中。也就是說，胡賽爾關注的是「觀察什麼」的內容問題，海德格更注重的是「如何觀察」的態度問題。（汪文聖，1995：54-55）前者強調意向性是心理之物的本質結構，後者堅持意向性是體驗行爲的具體存在。舉例而言，「感知」（Wahrnehmung）是日常生活中最自然、最原初的行爲方式，其意向結構有兩個因素：一是朝向，即作爲行爲的感知；二是被朝向者，即作爲對象的被感知之物。對胡賽爾來說，被感知的對象乃是直接被把握或自身當下呈現；對海德格來說，現象學考察不是探討被感知的存在者本身，而是觀看存在者如何被感知的方式，觀看被感知之物是如何被構成，如何在感知中展示其具體存在的特徵。（張燦輝，1996：29，46-55，117）也就是說，老師對於學生的認識，不能單純地以爲，學生只是個被觀察的對象；事實上，老師本身作爲一個觀察者，其觀察方式同時也深受學生行爲表現的影響；所以意向性並非完全出自於老師的主體意識，而是由兩者之間的師生關係形成意向結構；學生如何展現其生命情調，將會構成老師眼中的學生圖像，老師自己的生命情調，也會影響其學生的行爲表現。

因此，海德格表示，他並不否認胡賽爾的偉大洞見──意圖的指向性是本質的（intentional directedness is essential）──但是他質疑是否該被理解爲心理術語。海氏主張：「意向性首先起因於在世存有，而非意識。」從字源學的角度來說，其直接的拉丁字源intendere，以及較久遠的希臘字源teino，都和一種向外延伸的原初行爲有關，例如將手伸向某物、有意地拉緊肌腱。意向性涉及的是人爲了某個目的去做某件事，而非單純地去意識某件事，所以上述心理指向性的意義，乃是從與某件事的具體關聯中，衍生出來，再予以抽象化的。這種沒有利害關係的純粹沈思（contemplation），在一個由目的所組成的世界中，其對象不是我們關心、對我們有意義、我們已經掌握的事物本身，只是一種貧乏而枯竭的殘餘。我們與事物之間的關聯，乃是透過一種行爲／姿態（comportment）。這種姿態意指與深思熟慮無關，而是實際參與這個世界各種人事物的具體行爲。職是之故，意向性即行爲的姿態，真理即世界的揭露，兩者乃是密切相關。海德格宣稱大學應該用更基進的方式，重新思考意向性這個觀念；大學的

功能，在提供其他各種社會服務之前，更緊急迫切而絕對必要的任務，就是要提升對於意向性的理解；因爲教育工作就是有關於我們冒險所從事的一切，最早由希臘人用paideia這個概念予以表達。（Heidegger, 2002: 30, 42）所謂paideia，乃指希臘文化追求盡善盡美的教育精神。這種追求，意謂著一種行爲的姿態、生活的方式、教育的方向、文化的內涵，同時也必然涉及海德格觀點的意向性這個概念。就這個立場而言，老師與學生必須透過一種開放視域的基進化，讓學習歷程的延續不受侷限，因爲每個世代都會累積自己的生命經驗，彼此對於盡善盡美的追求不一定相同，所以教學必須是雙方意向性的互相理解。

肆、教學藝術即解開理論形式的束縛

二十世紀初期，海德格便已經指出，對學生來說，「爲何要讀大學？」這個簡單又深刻的問題，總有一天會向我們提出，並且要求我們予以回答。究其原因，當時面對二次大戰德國慘敗，誰也不知道明日的青年會變成什麼樣子。海氏明確表示，他們所追求的只不過是，對於教育意義的一種洞察，就像洪堡（Wilhelm von Humboldt, 1767-1835）的大學理念，並非沿襲過去德國觀念論單調而平庸的傳統，而是在拿破崙戰爭之後，符合全國動蕩不安的時代需求，主宰整個世紀高等教育的發展潮流。（Heidegger, 2002: 31）舉例來說，十八世紀之末，德意志大學尚未形成一種制度，自從啓蒙運動發生以後，學術研究已傾向於技術應用，許多訓練實用人才的專科學校紛紛設立，例如礦冶學院、藝術學院、建築學院、農業學院。當時的大學，只能養成一批固執拘謹的學究，以及狂妄自大的青年，完全不注意新興的研究趨勢，在社會上已經普遍地失去信用。1807年，費希特（Johann Gottlieb Fichte, 1762-1814）發表了一篇創立新式大學的計畫，強烈攻擊原有大學的工作，只不過是重新排印書籍，對學生再朗誦一遍，結果是養成學生的惰性，其所得不會超過教師的知識範圍。他認爲理想的大學，應該是一種具有創造性的「藝術的學校」（Kunstchule），教師指導學生，運用「科學的理性程序之藝術」，有系統地去發現新的

知識。大學教授需具備自己的一套見解，凡是沒有藝術性的理性習慣之人，也就是沒有適當創造天才的人，都不是合格的正式學生。（田培林，1976：550-554）1808年，施萊馬赫（Friedrich Daniel Ernst Schleiermacher, 1768-1834）主張大學的責任在啓發學生的學術精神，學術不是各種知識的總稱，而是尋求個別知識之間的統一性，學生要學習從普遍的角度看個別的事物，教師要說明個別知識領域之間的關聯，這是一種自由的精神活動，強制性或機械性的活動，無益於學術精神的形成。（施維禮，2006：58）1809年，洪堡被舉薦擔任普魯士內政部新設的文化與教育司司長，採取新人文主義的立場，親自擬定新式大學的改革計畫，宣稱「透過學術進行陶養」（Bildung durch Wissenschaht）。所謂陶養，即個人天賦的完全發展，各種潛能（Kräfte）最圓滿、最協調的開發，最終融合成爲一個整體。這是一種「內在的成長」，而非「外在的目標」。因此，具有通識性質的陶養，既是個性全面發展的結果，也是人作爲人應具有的素質，與專門的能力與技藝無關。相反地，任何專業性、實用性的學習，均會使人偏離邁向陶養的正途。換句話說，大學的活動在於從事學術研究，根本目標在於促進學生和民族的精神發展與道德修養。（陳洪捷，2002：37，38，67）教授的任務不是「教」，學生的任務不是「學」；學生必須獨立地自己去從事「研究」，老師則是從旁引導、協助其產生興趣、不受干擾、自動工作；進而使學生對於各科學的統一性，先有適當的瞭解，再培養其具有創造的能力。（田培林，1976：557-558）總而言之，這就是今日提倡「研究與教學必須合一」的歷史根源。

此處必須特別注意的是，今日國內研究所的上課方式，比較接近上述的學術討論；一般大學部的授課內容，還是停留於特定領域學科知識的學習，並未培養學生具備跨領域獨立研究的能力。對於大學教授來說，目前教育部及各大學自行規定的授課時數，常常使得教師的教學無法完全符合其研究領域；或者出現另外一種弔詭的情形，教師必須先提出已發表的學術研究成果，才能夠開設研究所的相關課程，甚至還必須經過系、院、校課程委員會的同意。這些衍生的教育行政制度，固然是爲了避免可能發生的各種爭議，或許可以說是保障學生的受教權益，更重要的其實是爲了

應付評鑑委員的訪視，但是對於學術的自由、知識的創新、學生的發展，是否反而造成弊大於利的結果呢？換句話說，今日臺灣高等教育的改革方向，其實是從行政的角度來看教學，而不是從研究的角度來看教學；不過，更有趣的問題是，就算從研究的角度來看教學，那在臺灣的大學又意味著什麼？是否意味著從理論的角度來看教學？目前教育部嘗試區分「研究型」和「教學型」的大學或教師：一方面表示研究型的大學，每年必須發表大量的學術論文，作為自己辦學績效的證明，卻似乎可以不必關注學生的學術能力如何培養；另一方面則又表示教學型的教師，若是想要提出教學升等的申請，必須針對其教學的歷程進行相關研究，同時提出如何進行師生互動的相關佐證資料，這似乎又等於變相要求，所有學科專家都必須具備教學研究的教育專業。以上所述種種亂象，已經清楚反映一個事實：臺灣高等教育的發展，並未嚴肅面對教學的本質問題。

回到海德格的脈絡，他延續了尼采（Friedrich Wilhelm Nietzsche, 1844-1900）對於西方虛無主義危機的分析，重新思考科學的本質，1933年在弗萊堡大學（University of Freiburg）校長就職演說中，引用「上帝已死」的說法，批判現代德國大學及其科學實踐，提出自己對於大學本質的見解。（Bambach, 2003: 79；張志和譯，2007：136-137）以下，循此線索進一步加以分析。

首先，海德格主張所有的科學都是哲學，都保持朝向哲學的根源；棄絕盲目崇拜，也就是一切喪失根基、沒有力量的思考；也與可以用來定義各類學習科目（disciplines of learning）之技術的研究及訓練無關，要求在與存有者對立中成長或毀滅的勇氣。這是赫拉克利特式的遊戲，在遮蔽與揭露之間，只屬於那些足夠「強壯」和「堅韌」的人。這種心甘情願、面對危險的狀態，也就是尼采之查拉圖斯特拉的精神，海德格稱為「追問」（questioning）。他明確表示：追問既不是好奇心不受限制的玩耍，也不是頑固地堅持懷疑，不計任何代價，而是揭露自己朝向事物的崇高性（sublimity）及其法則；追問的勇氣，意謂著體驗與忍受在世存有的深淵。（Bambach, 2003: 73-74；張志和譯，2007：128）這種萬丈深淵，隱喻著個人與時代之間的對立與危險。就像尼采對於德國大學文化的批判，

指責康德：依附於大學，屈服於政府權威，維持宗教信仰的表象，忍受在同事、學生之間求生存；因此很自然地，他的例子招致大學教授與教授哲學的產生。然而，哲學生活之解放的許多階段，仍然不爲德國人所知曉。教授們嘮叨不停的「眞理」，似乎是一種謙遜的生物，完全不必害怕其不守秩序（disorderly）或太守秩序（extraorderly）。這種個性溫和容易相處的生物，一再保證所有已經樹立的力量，不會想要製造任何的麻煩，畢竟她只是「純粹的科學」。因此，哲學在德國必須逐漸地忘記成爲純粹的科學。（Nietzsche, 1983: 137；Nietzsche, 1995: 184）換句話說，尼采堅持生活根本意謂處於危險之中。德國大學想要追求科學的客觀性，反而陷於計較瑣碎細節的學究氣息，這種枯萎的文化將扼殺哲學的創造性，所以他否定大學能夠成爲一種文化改革的機構。

相形之下，海德格雖然也像尼采一樣，企圖顛覆官方對於研究與教學的理想，但是海德格並未對大學完全失望，而是將其視爲克服德國經濟、社會和政治疾病的一種方式。費希特曾說，大學是爲了民族精神教育而設立的地方，人類所擁有最重要的機構和最神聖的事物，大學提供民族實現其天命的一種途徑。海氏顯然繼承此項傳統，並將自己視爲「天生的哲學家和新運動的精神領袖」，於是宣稱：就任校長之職乃是獻身於高等學習機構的精神領導。只有眞正扎根於德國大學的本質之中，老師與學生才會覺醒並漸漸變得堅強。然而，只有當領袖們本身首先（隨時）接受一種精神使命的引導——爲德國民族的歷史烙上印記——並且絕不妥協，這種本質才能獲得清晰、等級與力量。海德格相信，眞正的革命必定產生於大學，德國在世存有的全面轉化，既要求一種科學的復興，也要求基進地重新組織科學在大學中的場所位置。大學不能只是一個研究與教學的機構，一個官僚的漩渦，各種科目在一個地理空間交會，各種專業卻沒有一個精神核心，變成只是方便的集合。換句話說，德國大學已經喪失其本質，哲學必須導向對於傳統實踐之陳腐僵化結構的攻擊，德國學術青年發現自己處於一種革命的覺醒之中。十九世紀初自從洪堡進行大學改革，校長被理解爲平等眾人之中的第一個人，大學被視爲是學院社群，其權力源自於一種共同使命，而非單獨個體。海氏的演說，乃是針對上述理想提出挑戰，

他認為校長的權力凌駕於學校理事會、名譽校長與各院院長之上，這是對於德國新人文主義思潮的徹底拒絕，同時也表示與整個保守之陶養意識形態的斷裂。（Bambach, 2003: 77-79, 84-88；張志和譯，2007：133-136，144-149）由此可見，海德格對於洪堡理想的批判，在於大學必須透過精神領導而非政治領導，才能發動二次革命，重新回到本質的根源。

於是，他將演說題目訂為〈德國大學的自我堅持〉（the self-assertion of German university），一開場便向聽眾問道：我們知道這種精神使命嗎？這種德國大學的本質，能擁有真正的力量，烙印我們的在世存有嗎？然而，我們曾仔細思索過，這種自我治理的宣稱，要求我們什麼嗎？我們知道自己是誰嗎？即使我們知道，自己乃是德國民族最高學府的師生，我們能夠沒有最持續、最嚴厲的自我檢核嗎？海德格表示，既非大學目前情勢的覺察，也不是大學早先歷史的熟悉，足以保證大學本質的充分認識─除非我們首先能劃清界線，進而願意堅持我們自己。自我治理必須基於自我檢核。自我檢核預設德國大學擁有自我堅持的力量。德國大學立基於科學，藉此教育並訓練德國民族命運的領導者與保衛者。因此，我們必須重新掌握科學的本質，並且追問在何種條件之下，科學能夠「為了我們」（for us）、「透過我們」（through us），真正地存在？（Heidegger, 1985: 470-471）這種本質無法藉由傳統上人文主義的學術路線或歷史的博學多聞加以掌握，只能藉由一種「在哲學中」、「透過哲學」進行自我堅持的意願。除此之外，演說的標題隱藏著一種吶喊，反對以下五點：(1)教育官僚的國家機器；(2)傳統洪堡模式的大學生活；(3)目前大學結構中沒有哲學性質的系所；(4)德國文化中的非精神力量，他們試圖接管並指導此刻的革命能量；(5)民族中某部分的人，他們已經忘記其本質的真正根源。海氏強調，真正的科學不是scientia，而是philosophia，真正的哲學，在本質上是前蘇格拉底的。正如尼采所言：更古老的哲學家活動，乃是朝向整體的治療與淨化，所以哲學家保護和守衛他的家鄉。對海德格來說，所謂自我堅持，總是一種本質與根源的回歸與轉化，並且朝向未來，而非頑固地依附手前現成之物─這種意志將喪失自我，看不見真正的本質。（Bambach, 2003: 89-93；張志和譯，2007：150-156）也就是說，堅持不

是守舊，不是習慣不合理的現狀，大學必須創新，必須重新追問：教學的意義爲何？

　　舉例而言，當時大學的學科疆界，延續著新康德主義和狄爾泰學派的傳統，將研究區分爲自然科學和精神科學兩個領域。同時，心理學、社會學、人類學等社會科學逐漸興起，國家社會主義開始流行所謂的「民族科學」、「政治科學」。上述現象受到海德格嚴厲的批判，因爲這些「科學」，在他眼中都只不過是技術的學習模式（a technical model of learning），反映的是傳統洪堡陶養理想的膚淺與無效，完全沒有達到眞正科學的基本要求──自我反省、自我限制、自我管理。這些科學在本質性基礎的根已經萎縮，誤將科學等同於當代的形式與實踐，所以必須回到古希臘philosophia的實踐之中。眞正Wissenschaft在這種原始意義上，不只是scientia模式下明顯而自我確定的知識，更應具有驚奇（wonderment）的特徵。驚奇乃是philosophia的開始。海德格強調，大學應該提供一種新的公共服務模式，使哲學成爲大學存在的眞正重心，將其從學術理論的枷鎖中解放出來，允許其在追問的天地中自由地航行。這種基進取向的哲學，乃是一種開放的路徑，而非固定體系的學說。換句話說，眞正的哲學是一種經驗，而不是一種理論，她提供的不是「救援的海岸」，而是「跳上波濤洶湧的船」，在那裡一切有賴於掌握航線並注意風向。柏拉圖將theorein理解爲最高級的生命形式，海氏揭露希臘人的theoria不只是理論而已，他找到超越理論與實踐之二分的可能性，重新思考兩者之間的關係。洪堡時代新人文主義留給德國大學的遺產，尤其是理想的學者姿態，便已經遭受這道鴻溝的毒害。海德格認爲，亞里斯多德所謂最根本的理論態度（the fundamental theoretical attitude），其實是那種使人類成爲本眞之人的praxis，theoria不只是一種特殊類型的praxis，更是所有類型中最本眞的一種。然而，現代科學的危機，在於沒有能力恢復這種praxis的本眞性。（Bambach, 2003: 94-96, 99-100；張志和譯，2007：158-160，164-166）這就是海氏爲何反對洪堡傳統的大學，批評其理論世界過於狹隘的原因。

　　職是之故，當時的教育之路已走到一個十字路口。海德格認爲，自從柏拉圖創立學苑（the Academy）以來，便獨尊理論形式的理性，造成對

於高等教育的束縛，大學的理念傳到他們這一代，基本上被定義爲兩個要素：一是「抽象化」（abstraction），二是「普遍化」（generalization）。所謂抽象化，乃是將教育單純化約爲理論的理解，用一種沈思的方式來觀看這個世界，爲的是引入普遍的原理原則，以便支配多重而複雜的現象。這標示出一種轉變，傳統教育只是一種部落習俗的社會化，理性教育乃是從具體特殊上升到抽象普遍，然後再返回的歷程。所謂普遍化，乃是指任何事物皆可以進行理論的理解──用永恆的觀點來看事情（sub specie aeternitatis）──這種方式毫無例外，包括觀看作爲人類的我們自己。理性教育將我們提升至用上帝的眼光來觀看這個世界，從而可以定義我們最高級的渴望──當我們在最人性的關係中順應自然（kata physin），真正的人類生命之善，意味著根據理論來過日子。因此，大學從一開始就誤入歧途，不斷將自己制度化爲有權接近眞實的場所，在那裡一切事物都遷就於理論的凝視。（Heidegger, 2002: 31）也就是說，教學的首要之務在於解開理性的枷鎖，避免教育之中遍布著理論的壟斷，老師不能把理論看得比其他具體事物更重要，必須從大學原本的限制中解放出來，讓學生重新認識自己與世界之間各種眞實的連結關係。

伍、教學藝術並非契約化的商品交易

海德格強調，大學作爲教育系統的頂點，必須採取並忠於一種角色，那就是不計一切後果，永遠遵循教育的本質，無論是爲了教會、國家、公民社會的利益，皆無例外。教學應保存原始的希臘精神，避免與各種形式的理性命令有關，例如爲了符合效益、權宜之計，或是順從規定、風俗習慣等目的。因此，若是想達成教育的任務，就必須認識大學結構的本質：除非停止進行教育，否則不可能成爲社會工程的工具，或者簡化爲達成目的的一種手段。專業訓練和博雅教育，雖然方向不同，同樣都是錯失標的，同樣在各自的潮流中追求學生的完美，使其成爲有效率的中產階級（bourgeois）或世界的公民（citoyen）。（Heidegger, 2002: 30-31）換句話說，博雅教育與技職教育之間的論爭，對海氏而言，同樣都是將教學工具

化、技術化、效率化，同樣都是處於看不見本質的危險之中。尤其可怕的是，自然科學逐漸成長的聲勢，工業經濟的技術需求，中產階級的職業偏好，例如法律、醫學、商業等安全舒適的生涯。上述這一切結合，推翻哲學以往作為科學女王的地位。康德的《純粹理性批判》，費希特的《知識學》，黑格爾的《精神現象學》，不再成為科學的形上學基礎。整個大學已經淪落為「生涯主義」（careerist）和「商品交易」的學校模式（trade school model）。（Bambach, 2003: 99；張志和譯，2007：164）

海德格沈痛地宣稱：

> 「科學的全貌與真正的學習，甚至都還沒有進入正在從事研究之人的視野。大學越來越呈現出百貨公司的特性，知識的分配好像只不過是另一件手前之物（present at hand object）。大學已變成一種商品交易的學校。法學院與醫學院的成員，特別容易與大學一刀兩斷，其設立彷彿是獨立的商品交易學校……今天的大學，難道我們不是正在錯失其本質嗎？難道我們沒有喪失社群意識，喪失作為學生的我們應該共享某種事物的感覺嗎？學術研究能用這種方式掌握其整體性（totality）嗎？能夠維持與世界之間該有的親近性（proximity）嗎？這種在世界整體性之中特有的存在感（sense of existing）——學術研究曾經（而且應該）發生——需要再一次被喚醒……我們必須嘗試在本質存有中，掌握科學與哲學，同時保持關注其合一性（unity）。」（Bambach, 2003: 94）

也就是說，時至今日看起來稀鬆平常的教育市場化現象，二十世紀之初，海氏便已經提出嚴厲的批判。他曾表示，早在1919年，眾多學術改革者之中，只有自己孤獨地聚焦大學理念，指出其中充斥著理論的抽象化問題。大學透過將理論化為原則的方式，必定會制約教學關係的品質。結果造成，老師與學生之間的「邂逅」（encounter），乃是透過理論的抽象化作為媒介，並將這種關係視為心靈的問題——心靈在思辨行為中相遇。

大學以為，教學歷程是一種抽象的交換模式，源自於理論，而非立即藉由「頭」與「手」發生變化的師生關係。根據這種模式，基本關係乃是心靈與世界的關係，經過表徵（representation）的方式，可以視為主體與客體的關係。因此，交換抽象化的學習經驗，是一種由外而內的傳授，同時賦予交換條件／交換物（quid pro quo）的形式與質料。在這種關係中，老師提供某種有價值之物，用來交換學生其他有價值的東西，結果導致現在的教學受制於「契約的邏輯」（the logic of contract）。首先最重要的是，師生總是遵守諾言，就像立約的雙方一樣。事實上，教學契約化在大學傳統中，已經獲得一種不證自明的地位，甚至有關教育改革的激進討論，也是直接視為理所當然，忽略沒有契約的教學，認為這是違反直覺的。（Heidegger, 2002: 39）這種情形，在今日的教學現場亦是如此。不僅有些宣稱推動自主學習的老師，會要求學生訂定學習契約以示自我負責；甚至全臺灣幾乎所有大學的教務行政人員，都會要求授課老師必須在學期之初繳交教學計劃表，明確說明課程目標、課程內容、教學方式、作業要求、評分標準、參考文獻。這種操作形式的背後，其實正隱含著上述的契約邏輯。一方面這是一場「公平的」交易行為，賣方（老師）事先清楚描述商品（課程）的特性，買方在超過鑑賞期或試用期（選課期間）之後，不得退貨（退選）。二方面雙方都必須依照契約規定行事，彷彿學習歷程可以完全按圖施工直到驗收成品。如果有人中途想要變更原始設計，就會涉及雙方的價值判斷：學生可能覺得「物超所值」（功課不重，學分好賺）或是「誤上賊船」（功課超重，學分難賺）；老師也可能覺得「不敷成本」（負擔太重，薪水太少）或「穩賺不賠」（工作輕鬆，薪水優渥）。總之，師生可能都是基於「收支平衡」的邏輯—拿（付）多少錢，做（學）多少事—來決定一切。

再者，在高等教育系統中，由於受到理論的束縛，教學被限制在某種範圍以內，這些座標乃是由一些基本的「區分」（distinction）所設定：例如教師與學生、頭與手、知識與意見、有興趣與沒興趣、認真與嬉戲、博雅與職業等。透過上述和其他衍生的區分，這套明確的心靈生命優先順序獲得肯定；然而，更具體、更統整的人類表現型態，與其有關的價值卻

被否定。這種區分的語言本身，已經造成最初的某組詞彙享有特權，凌駕與其相對的詞彙之上。因此，海德格致力發展，比起這些僵化的二分法，更細緻巧妙的概念與區分，爲的是表現paideia的本質。特別之處，在於要避免「否定的決斷」（negative determination）。舉例來說，學生被定義爲只與先前的教師觀念有關，就像教師不是什麼一樣。這種取向隱含著使用「存有」（being）與「流變」（becoming）的形上學區分，藉此將學生定義爲：在變成「像」（like）教師的過程中，企圖以「是」（is）教師爲目標。對海氏而言，這完全是一種誤導。他主張蘇格拉底的形象，正指出我們該前進的方向。在《饗宴篇》中，蘇氏聲稱要展示頭與心並非徹底分離，而是互相隸屬（belong together），成爲教育不可或缺的環節。同樣地，「我知道，我什麼都不知道」，這個自我指涉的悖論，乃是一種教學的姿態：無知在知識的腳下，矛盾在眞理的面前。換言之，paideia的特色在於，自古以來，蘇格拉底告誡我們：不要接受教學的報酬。這個概念的起源，可以由蘇氏所說的「時代謬誤」（anachronism）加以推測，意指古代的希臘七賢（the Seven Sages），從未向學生收取家教費用，不同於當時的智者（sophists）。蘇格拉底譴責的是，透過契約邏輯將教育化約爲商品（commodity）的狀態，於是根據「等値法則」（the law of equivalence）來考慮是否交換，這是對於paideia的毒害。（Heidegger, 2002: 40）此處可以追問的是，當老師變成商人，學生變成客人的時候，兩者之間，除了法律關係，究竟會如何互動？

這個問題的答案，在今日的大學，彷彿已經昭然若揭、歷歷在目。但是，回到海德格的脈絡，有兩個看似平常的現象，許多人或許未曾特別留意，他卻已經提出發人深思的觀察。海氏主張，大學生活的權力集中，理論提升至普遍相等的水準，兩者之間具有內在的關聯。顯而易見，「演講課」（lecture）與「討論課」（seminar），乃是「一」（普遍相等）（general equivalent）與「多」（特殊多重）（particular manifold）的區分，而且這種區分宰制著上課的方式。（Heidegger, 2002: 40）所謂「演講」，在舊的大學中，只是對於古典名著的解釋或說明，也就是將已有的傳統知識，由教師傳授給學生；在洪堡大學中，則是將學術研究的方法，

由教師加以理論系統的發揮，使學生自動用此方法，獲得新的知識。所謂「討論」，在舊的大學中，有兩種形式：第一種是由教師主持，領導參加的學生，對於某一個問題，或某一種主張，彼此都採用邏輯的方法，反覆辯論，達到更為明白的「正」面結論；第二種是由教師指定問題，或提出主張，完全由學生自己主持，相互討論，決不容許提出「反」面論調。在洪堡大學中，教師決不能預先假定一個結論，學生的討論可能會有正、反兩種不同意見，只有能夠舉出事實，提出理由的時候，才能夠作一結論。（田培林，1976：560-561）海德格表示，在教學的交換中，教師角色是再現學生之間普遍相等的「一」，學生將自己歸入教師的普遍性（under his generality），分受教師的統一性（participate in his unity）。在教師面前，學生群體內存在形式的平等。因此，教學被仿造為交換：就「教」而言，教師漠視實際學生五花八門的差異和區分，並且自己對著面無表情、沒有個性的學生講話，這些抽象的學生正是他的副本。同樣地，就「學」而言，學生放棄用特立獨行的方式表現其生命，而是追求一般的思考方式，將自己提升至教師的水準。（Heidegger, 2002: 40-41）這種場景，似乎並非只是出現在大學校園，臺灣中小學的教學現場，其實可能也不例外。諷刺的是，今日十二年國教高唱「差異化教學」的教育改革，卻是仍然運用市場機制來處理少子化的問題，並未清楚看見契約邏輯的謬誤，又如何能夠面對「價值」的差異化呢？

陸、教學藝術即構成進入思想的通道

教學的本質，之所以不能類比為商品的交易，關鍵在於師生雙方，並不是進行「有價值之物」的交換活動，而是進行「有價值之人」的生產活動，而且這是一個互相隸屬與自我完成的歷程，師生都需要對方的參與，卻也都不需要對方的依賴。依賴教師的學生，很難學習獨立自主；依賴學生的教師，亦容易迷失教育方向。也就是說，在僵化的二分法中，「老師」和「學生」這組概念，常常被視為是上下對立，而非互相隸屬的關係；「自我」完成與「互相」隸屬，看似矛盾，其實並不衝突；「需要」

和「不需要」，並非一個截然二分的概念，必須視其脈絡而定；「參與」和「依賴」，往往就在一念之間；所以海德格才會提醒，要進行細緻而巧妙的區分，才不會掉入語言的陷阱，忽略眞正應該思考的問題。

　　回到大學的本質問題，海德格主張，大學眞的不能宣稱，要在理論中開始進行教學活動。因爲，大學起源於「驚訝」（astonishment, thaumazein）所湧現的情緒／心境（mood, Stimmung），亞里斯多德說，這是生命與思想之間的具體結合。海氏表示，德國大學的發展，正處於面臨抉擇的交叉路口，自己並不是輕率地使用這個隱喻，因爲「路徑／通道」（path/way, Weg）一直都是其思想的指導原則，更不用說，也是教育的指導原則。畢竟，中世紀佛萊堡大學的教育活動，乃是始於文法、辯證、修辭三大學科（trivium）的交集，正是相當關鍵的時刻。到目前爲止，我們一直壓抑自己的記憶─大學只是一個「偶然相遇」（chance meeting）的「場所」（place），在曠野中充滿著各種道路（roads in the open）。更過份的是，今日的大學已經喪失這種意義，三叉路原本是一個不祥的場所，那裡一切處於危險之中。就在這三條致命之路交會的地方，伊底帕斯（Oedipus）不知不覺地實現了德爾菲神殿（Delphic oracle）的預言，喬卡絲塔（Jocasta）後續的描述使其體認自己可怕的命運，對於黑卡蒂（Hekate）而言那是神聖的場所。但是，它又具有普通場所的意義，也就是惡名昭彰的水溝。我們使用「瑣事」（triviality）一詞，保留其貶義，作爲一種軟弱無力的回響。然而，大學卻得承認僞造的家譜，就在純粹理性的紋章盾牌上。經過士林哲學的全盛時期，三條路徑已經被清理乾淨，他們天生的危險被馴服，他們的奧祕已消逝。不過，無可避免地，教育的方式將我們從理論的天上高空，倒轉送回有限性的地下水溝。教育的方式，構成了進入思想的通道（the passage into thought），但是，並非一條毫無生命的水管，藉由表徵的方式，將作爲主體的我們與客體連結。當我們帶著整個存有的重量，走在上面冒險前進之時，它所通往之處只會揭露它自己。（Heidegger, 2002: 32）由此可見，藉由希臘悲劇中「三叉路」的隱喻，海德格清楚點出教學的意義：不是追求抽象的理論概念，而是揭露實際的生命情調；這條思想通道不是理性至上，而是充滿驚訝感受，即使面對的是

無法確定的未來，依然願意冒險進入神聖的殿堂。

　　舉例來說，海氏認為德國的教授已經忘記，上述三個學科乃是單獨學的，並非同時學的，其假設是某人沿著路徑就會「畢業」：首先是文法，教我們正確地說話；其次是辯證，教我們正確地推理；最後是修辭，教我們美妙地說話與推理。三大學科，雖然只是一個詞，卻已指出tri-via-ium其中的多重性──三路歸一。將其譯成「叉路」（cross-roads），恰恰暗示一個人站在各種路徑之間，低頭看著每一條路，考慮到底要走那一邊，因為實際上要想橫越道路，人必須先過了路口，選擇單一的路徑。在某種意義上，要走三條路是不可能的，這就強迫我們認清，我們的向前運動，來自站立和深思熟慮──變得無法決定或甚至迷路。這是一種相當奇怪的巡視進度，要求在轉折點永遠的猶豫不決。每一步前進同時是一種過失（faux pas），必須撤回，好讓我們回到十字路口。面對著明顯（visible）與隱蔽（concealed）的各種可能性，猶豫不決的本身，是一種無知，是我們進入知識的方法。（Heidegger, 2002: 32-33）換言之，教學之所以是一種冒險，乃是因為在思想的旅程中，師生必須共同面對意外的發生，同時謹慎決定各自的想法，到底該「往前推進」或「撤回原點」，誰也不知道真正的答案在哪裡，最後的結局會是如何。以下，摘錄海氏對於文法、邏輯、修辭等學科屬性的分析，舉例說明教學如何能夠構成思想的通道。

　　首先，就文法言，語言學家和文獻學家之中，誰還記得這是在博雅課程中走出的第一條路，採用日常生活的術語，從此充滿雙關語和隱喻，使得語言的熟悉性（familiarity）和陌生性（strangeness）顯而易見？就像在德語中，拉丁文法術語「格」（case），表示一種墜落（a falling），遠離「名詞」（nomen）的直立，進入傾斜的關係。在基督教中，亞當的墮落與文法的變格，出現神學的關聯。如此神祕的雙關語，表現出我們對語言豐富性的重新好奇（wonder）。我們一天閒談之中，使用無數次的各種「格」，假定雙關語中仍有某種陌生感，這迫使我們留意，我們與這個世界之間，總是必須維持倫理的關係。這種關係若非已經迴避價值問題，不可能用清教徒式的科學語言予以理論化。現代大學已經喪失這種文法藝術的倫理面向。語言發生於字詞選擇的結果，因此文法是正確選擇

的藝術；就像波愛修斯（Boethius）宣稱，這是正確說話的藝術，違反任何規則，都是一種偏離正直的發言，一種口語的瑕疵。在適當基礎上，大學是一種不可分割的探究之家，巴曼尼得斯的存有問題，蘇格拉底的價值問題，兩者再次齊聚一堂。在「在世存有」（Dasein）的文法中，下降（declining）是永恆的價值運動，從未停留於任何固定的「格關係」；也沒有任何以前直立的、墮落之前的主詞位置，從那裡墜落，與受詞產生傾斜的關係。墜落是我們起初的狀態，與此時此地的日常事物有關。在主格的主詞與受詞之間，我們所建構的介詞之橋崩塌了。在墜落中，唯一的議題是，我們在世存有的潛能性，甚至是在非本眞的樣態之中。在世存有能夠墜落，只因其關鍵是：帶著一種體貼的心靈狀態。本眞的存在，不是某種事物，漂浮在墜落的日常性之上，只是一種修正方式，可以藉此抓住日常性。笛卡爾的「我思故我在」所表達的自我節制（self-containment），主張先驗自我作爲絕對意識的優先性，不因涉及外在客體而受到污染，而且存在優先於一切這樣的涉入；然而，在世存有的墜落，表示其基本狀態是在世界旁邊，關切此時此地，關切可用之物（read-to-hand）如何轉移我們的注意力，無可避免地，停止追問自己，我們行走的路徑通往何處。更糟糕的是，它也能夠把我們帶到「他們」（They）的路徑，平庸的公共道路；那裡，正確說話只是閒談，優美書寫只是潦草。（Heidegger, 2002: 33-34）

其次，就邏輯言，乃是正確推理的藝術與科學，教我們適當的文字意義，給我們工具去形成概念，並將其組合成爲一個命題。哲學的傳統將其「誕生」歸功於亞里斯多德，他闡述了三段論法的推理形式和主要範疇，並讓所有實體能夠獲得分類。其中，主詞與述詞之間的關係，立於不敗之地。這個詞，希臘文是hypokeimenon，拉丁文是subiectum，字面意思是「躺在下面」（lying beneath）。在德文中，保留以拉丁爲字源的Subjekt，用於邏輯和語言學，但是卻將往下丟（throwing under）的意義，音譯成日耳曼詞彙，爲了獲得一個不同的意義：支配（subjection, Unter-werfung）。於是，意義指向相反方向。在政治意義上，某人被統治當局所鎭壓（subjugated, unterworfen）：這個字暗示義務的意思。然而，亞里

斯多德使用sub-stance，「站在下面」這個意義，它的屬性、特質和關係皆可預測。此處亞氏對詞彙的使用，hypokeimenon或subiectum，構成了一個人認同的眞正核心；實體性（sub-stantiality）與自我一樣大，永遠向自我顯現，是本質的。丟擲（werfen）的暴力意義已經退居不重要的地位。拉丁文subicere的原始意義是「放到下面」，被用於最基本的意義，就像把母馬放在種馬下面，此時adicere（由此我們得到文法的adiectum）意謂「插入」、「將（自己）弄到上面」。在奇怪的命運翻轉中，劣勢變成優勢，理論的主體，現在統治並掌握著，被拋擲在心靈之前的客體，爲了在思想的抽象化中，予以再現（re-present）。同樣地，在大學中，邏輯與論證是主流，教師與學生之間的教學關係，可用同源的詞彙加以理解，從主體到客體更爲普遍的關係，此乃一個實例。教師賦予學生eidos，也就是形式（form）與目的（finality），學生就像依據一個抽象模式（kata ton logon），加以「塑造」與「形成」的精神質料（spiritual material）。希臘人對於「形成」（forming）的隱喻，爲德國「陶養」的概念提供基礎，可以證實上述的連結。在morphe這個字中，依然可以發現陶藝家創作的手（poietical hand），從事著具有延展性的黏土工作。教師堅持，作爲topos，也就是模具（mold），學生則以「樣本」（exemplar）的姿態出現。Topos作爲一個動詞，提醒我們在主體─客體的詞彙中，所存在的教育暴力，因爲其具有「敲打」（beat）或「搗碎」（pound）的意思，就像與對手搏鬥時，或更精確地說，就像壓製一枚硬幣一樣。學生被鑄成一個形象（image），彷彿是即將發行的古希臘銀幣。變得清楚的是，作爲教學社群的大學，乃是由等級制度與極權主義建構而成：學生臣服於教師的規訓（the student is subjected to the discipline of the teacher）。當然，這其中隱含的是，教師的再現乃是模仿自techne及其與「生產」（production）的關係。透過techne的類比，將教育化約爲工具，這正是使今日大學一切走偏的源頭。事實上，亞里斯多德也指出可以找到解決之道的地方：透過physis的類比來理解教學。依此而論，morphe乃是與自我創造、自我顯現的physis配成一對，而非與技術的hyle，也就是未加工的生產物質配成

一對。因此，教育的本質，就像進入表象的集合（a mustering into appearance），必定與存有的意義密不可分，結果就是，大學顯現爲森林中的空地（a clearing, Lichtung），其中師生關係採取不同的樣子與形式。在超越的運動中，在世存有進入大學的空地，被撕裂並被錯置於其世界之外。它喪失其穩定堅固的實質，專心於每日流動的心境及微不足道的責任。依照習俗，靈魂是一種自我移動的原則；根據定義，靈魂無法被移動或丟擲。但是，在學術的圍牆以內，主體的自我治理是奇怪的，只有偏離航道，他的船才能到達港口。（Heidegger, 2002: 34-35）

　　最後，就修辭言，乃是將說服（persuasion）的工作，視爲美妙說話與推理的目的。雖然閱讀詩歌和欣賞比喻，傳統上是文法的一切，然而修辭學其實是學術界的私生子，值得認祖歸宗，給予其正當性。海氏強調，自己在《存有與時間》一書中，開始依據修辭觀念的形象，重新思考傳統上符應理論的眞理。於是看見，眞理的理念，被視爲表徵與被表徵者，兩物之間的適切交換，本身只不過是固著（fixed）在我們的想像之中，一個比喻的例子而已。自從柏拉圖以來，眞理有一種致命的重新定位，那就是遠離具體的事物，這些事物在我們方言的豐富性之中，自然地展示並顯露其本身，朝向等值交換的理念。然而，「等值」這個詞彙的成立，要求一種普遍的價值觀念，一種共同的標準，藉此交換的平等（equality）得以測量。在交換中，形式的同一性被保留更勝於質料的交換。事物一樣維持著自我同一，但是其他方面，卻被不同事物完全取代。現在，這種「共量」（commensuration）的發生，只能夠透過抽象化、普遍化的方法，化約成共同擁有的一切。再次回到亞里斯多德，交換，無論是商業的或理論的表徵，意謂著普遍等值的觀念，一個標準的測量使事物成爲可共量的，同時也讓事物的平等變得可能。因此，理論的眞理是同樣的眞理，是抽象的、片面的、破碎的普遍等值的眞理。這種普遍等值的發生，只不過是希臘人概念思考的發明，思想在其中摒除偶然，在現象中將本質與非本質截然二分，所以創造出一種抽象的表徵。在直覺中，我們與整體（豐富卻無區分）直接關聯，思想分離，容許我們介於不同事物之間，藉由全稱的表徵，使彼此產生關聯。概念的發展，從單稱到特稱，再從特稱到全稱，是

一種普遍等值的上升運動。在上升到概念的過程中，理論將思想逐出其原先狀態，刻上比交換律更完整的眞理，結果卻導致越來越複雜的等值代換。海氏所謂眞理即無蔽（aletheia），指的是一種原始、具體的眞理，就像世界的揭露一樣，不會爲了說服，就漠視差異，著重同一。偉大的思想，很少斷定一個命題的利弊得失。這是一場根深柢固的方言，以及更能表達時代需求的語言，兩者之間的搏鬥。說服的單位是整個方言，而非強勢的三段論法；方法是翻譯，而不是推論，邏輯是輔助的。在修辭階段中，無論是Elocutio或lexis，一個人選擇用風格來脫離論證，此處完全行不通，因爲方言與一種理想語言的觀念徹底決裂，所有其他語言，都是根據清晰度（clarity）與精鍊度（refinement）加以測量。修辭轉向，就像運用新的方式揭露世界的先驅，在認知上必須將比喻（trope）等同於直覺與推論，而非將其視爲工具或裝飾的功能。理論的目的在於忘記其歷史，並將思想變成純粹在場，藉由脫離從過去思想家所繼承的語言，解放我們自己。我們與傳統之間的關係，必須是一場傾聽（hearing），更確切地說，是思想演說的再傾聽。對海德格來說，哲學這件事，乃是保存最根本的比喻力量，在世存有藉此得以表現自身。我們需要傾聽文字，傾聽他們的雄辯，傾聽他們的隱喻，就好像是第一次聽到那樣。在世存有與世界之間的關聯，不僅僅是文法上的介詞問題，實際上更是一種追問，一種召喚，一種回應。作爲主詞，我們處在呼格，就是被召喚的處境。在世存有的語言，不是國際通用的混合語言（lingua franca），而是一種方言，其文字是完全無法翻譯的聲音，在相同意義上，詩歌及其隱喻也是無法翻譯的。海德格承認自己刻意避開，柏拉圖觀念論使用的眼睛隱喻。隱喻是最優秀的理論，如果「隱喻」是被允許的；可以將其稱爲從抽象到具體的瞬間下降，一個否認其形象的隱喻。這勉勵我們上升到一個觀點，得以持續而完整地觀看一切事物，正是theoria；將我們的腳吹離地面（我們膽敢說它無立足之地嗎？），從遠處看，畫出所有的邏輯空間，並且準備將發生的一切分類保存。另一方面，修辭學將我們的腳留在地面，但是也將其轉向，如此一來，我們的墜落排除任何安全返回，尙未傾斜的思維方式。此處沒有長遠的眼光，只有近視，用眯眯眼去看理論強光中的一個小點。道路的

隱喻，在海氏作品中無所不在，就像柏拉圖作品中的眼睛一樣，不同的是道路的形象性無法遺忘。修辭學的隱喻，阻擋了抽象思考的道路。（Heidegger, 2002: 35-38）

　　因此，綜合以上海氏論述：文法的教學，表面上是字詞選擇的思考，其實主詞與受詞之間，不僅涉及自我與他者如何互動的價值議題，同時更必須省思自己的日常生活是否屬於本真的存有狀態；邏輯的教學，乃是涉及文字意義的思考，透過科學與藝術的推理方式，省思各種概念之間，是否隱含某種特定的意識形態，如何在多元的脈絡中，理解在世存有的意義；修辭的教學，穿梭於概念與形象之間，也就是抽象與具體之間的思考，從邏輯論證走向直覺隱喻的思考，從理想語言走向方言的思考，更是從同一走向差異，從說話走向傾聽的思考。職是之故，教學即構成進入思想的通道。

柒、結論

　　我們將錯誤（error）視為迷路（wandering），意指真理是穿越觀念與事物兩點之間的直線距離。我們絆倒或前進都是用雙腳。海氏嘲諷地說，自從兩足是理性動物的共同點，我們對於心智發展的理解，漸漸地圍繞著某種二元性。我們進行思考，不是獨腳人式的跳躍（sciapodal hops），而是醉漢式東倒西歪、彼此關聯的移動（interconnect lurches of ambulation）。理性思想就是去散步，因為，在算術的意義上，「除法」（division）構成「比值」（ratio）的基礎，就像差異性構成我們物種的基礎。純粹理性代表的是掌握事物的整體，正如柏拉圖的教導，理性動物首先將思想加以聚集（gather），然後進行分門別類的劃分（divide）。就像沒有部分的理解，我們不可能掌握整體一樣；沒有個別的分解動作，例如左與右、是與否、正命題與反命題，我們整個身體不可能推動自己前進。因此，在「跳房子」的潮流中（in hopscotch fashion），比值驅動著我們前進，從匱乏（privation）到占有（possession）。我們將思想的移動命名為辯證（dialectic），這是一種出發之前，完全掌握其目的地的姿態，不會

誤入歧途。但是，問一個問題這件事情本身就打開了通道，因爲追問就是把我們的腳放在新的道路之上。舉例來說，哲學的早期形式是蘇格拉底式的對話（dialogue），那時甚至抗拒一種整體的邏輯地圖繪製（logical mapping），因爲它曲折蜿蜒、敘說神話、繞道而行。蘇格拉底這位最純粹的思想家，沒寫下任何東西，遵循傳統打赤腳，徘徊於古希臘的市集（agora），也就是地痞流氓和各條道路相遇的場所。他打破舊習又不敬神，拒絕放棄他的故鄉雅典，在城市中到處漫遊。作爲在地生長的公民，蘇氏仍然是自己國家裡的異鄉人；然而他的學生的學生亞里斯多德，是在雅典定居的外地人。蘇氏在共和國中排除了外國詩歌，亞氏成爲帝國建造者亞歷山大的家庭教師，並繪製一個龐大的版圖，可以打包一切人類知識，分配給它的居民。這個概括一切的帝國，宣稱一切已知的領土都是屬於自己的，甚至野蠻人的修辭學或詩歌也不例外，現在被文明化並製作成，隸屬於辯證與政治學的更高知識。蘇格拉底的場所感，無論是在城邦內或外，都已漸漸消失於亞氏的知識帝國之中，因爲所有場所現在都是位居其內，空間的整體性，必須變成所有這個樣子的空間。諷刺的是，亞氏錯過的根本區分，使得較小的區分開始擴散：此處修辭學必須與政治學有所區別，政治學必須與倫理學有所區別，這個科系必須和那個科系有所區別；每一個特殊的techne，現在都需要另一個techne，用來辨識它不是什麼。在刪除根本差異的過程中，區分彼此的需求凌駕於所有其他關切之上。相較於亞氏之前對修辭學的毀謗，蘇氏更慷慨激昂，仍然更接近修辭學的精神，認識哲學這件事所面臨的威脅。（Heidegger, 2002: 38-39）

　　海德格表示，自己的教學典範乃是蘇格拉底的談話，個體之間的問與答，透過經常變動且無法定義的方式，具體地形象化教學的場景，這樣他們各自的認同，可以被丟擲進入疑惑裡面。求知的慾望並非來自缺乏本身，而是發生於親身體會某人缺乏善的事物。一無所知的人，不可能想要變得聰明，因爲他的狀態，使其無法認識自己的缺陷。因此，無知從來不是簡單的以及不合格的，知道自己的無知，則導致eros或求知的慾望。哲學家，有智慧的愛人，實際上既非聰明，也不是完全無知。無知是一種知識與智慧的狀態。既然如此，宣稱知道自己不知道，與其說是自我矛盾，

不如說是一種在顯露中隱藏自身的感受（a sense of what conceals itself in the revealing）。蘇格拉底式的邂逅，在具體的教學中，會操作各種的論述技巧。運用針刺般的言論，蘇氏追問他的對談者，使其陷入矛盾與混亂，還原至aporia，缺乏資源的狀態。Aporia是一種特殊的缺乏或需要；一種困惑（perplexity），乃是與「先前的不假思索」邂逅所成就；一種不確定性，關於下一步何去何從，乃是由前進的慾望所驅動。反觀今日的大學機構，賦予教師一個受認可的地位，結果形成一個能夠阻礙溝通的權威。教師已被視爲學識廣博的權威者，以及知識與智慧的分配者，這種教學必然會避開慾望。教學方案中的專制是適得其反的。如果教師無所不知的姿態，以及這個姿態所展現的權威，乃是阻礙學習的因素，那麼教育問題，不是如何傳遞知識的問題，而是如何停止傳遞知識的問題。具體的教師，乃是那些缺乏資源又在現場臨時演出的人。教育不是知識和技能的傳遞，既不像中世紀的師／徒典範，也不像現代的賣方／買方。相反地，可以稱爲一種抑制（withholding），一種談話的延遲（delaying of articulation），爲了學生也許可以得到一個答案。無知就像一種停止的狀態，既質問教師作爲一個知者的角色，也質問學生作爲一個不知者的角色。教師的沈默，終究是必須被聽見的。（Heidegger, 2002: 41）

　　海德格的猶太人學生約納斯（Hans Jonas, 1903-1993）表示：他是一位非常了不起的老師，不僅具有偉大的原創性，更是令人心醉神迷。在我的經歷中，這種老師是空前絕後的。在我的流浪過程中，他的課堂筆記我隨身帶著，無論流亡到哪裡總是如此，直到60年代最後捐給海德格檔案館爲止。大家在上課時不但非常虔誠，仔仔細細地做筆記，下課後還互相校對，在他將講稿整理出版之前，我們早就將其作爲正式文獻加以研究。另一位學生穆勒（Max Muller, 1906-1994）也表示：海德格培養學生的風格，完全不同於其他教授。他與學生一起去郊遊，一同散步，一塊滑雪。還有一位學生皮希特（Georg Picht, 1913-1982）則說：海德格講課給我的感受如此深刻，以至於生理上幾乎都有震撼的反應。當他走進教室時，一種思的力量就撲面而來，彷彿有一種立即感受得到的衝擊力。他辭掉校長職務後上的第一堂課令我難忘。他丟開一切繁文縟節，沒有任何姿勢的身

體語言，以一種苦行僧似的冷與靜，直入哲學事件——比以前更嚴格、更有蕭瑟落寞的味道。1940年我註冊為他的學生，他邀請我每天下午去拜訪他，我認識到以前一無所知的另一個海德格。一位善良有耐心的老師，願意解釋你向他提出的所有問題，對每一處無法精準掌握的地方，他都能給出自己的理解。甚至我提出了與他不同的解釋，他也都給了我異乎尋常的尊重，下一次上課便詳細深入討論我的觀點，並且在反駁時盡可能地不傷害我。自此他不再把我當成一個大學生，而是當成年輕同事那樣對待我。海氏自己把上課看的很神聖，總是籠罩在激情洋溢的氣氛之中。但是他不能忍受學生對他保持錯誤的依賴感，例如有一次一個女大學生，在發言時唸起充斥其術語的筆記，他不久便打斷她：「這裡不要海德格化！我們回到事情本身上來。」他教導我，這種哲學對話的開放性，使我有可能嘗試說自己的話，相信自己理解了什麼，就說什麼。他堅定不移地忠誠於自己的道路，這使我印象深刻而且刻骨銘心；他用善意的理解鼓勵我，有意識地保護我的自主性，對於這一點，我迄今仍然感激他。（陳春文譯，2005：144-149，162，189）

因此，教學藝術作為教育美學的一個核心概念，就海德格觀點而言，可以將其視為：一種場所的開放，一種真理的顯露，一種思想的冒險，一種意向的理解，一種追問的發生，一種驚訝的湧現。

致 謝

本文是由行政院科技部補助之研究計畫（NSC99-2410-H-259-034）（NSC100-2410-H-259-058）（NSC102-2410-H-259-051-MY2）的部分研究成果修改而成，在此一併敬致謝忱。

參考文獻

中文

田培林（1976）。**教育與文化**。臺北：五南。

李維倫（譯）（2004）。Robert Sokolowski著。**現象學十四講**（Introduction to phenomenology）。臺北：心靈工坊。

汪文聖（1995）。**胡賽爾與海德格**。臺北：遠流。

施維禮（2006）。論洪堡教育理念引發之教育問題，**止善**，1，51-68。

高博銓（2010）。教學的變與不變。載於黃政傑（主編），**教學藝術**（頁175-194）。臺北：五南。

崔光宙（2008）。緒論。載於崔光宙、饒見維（主編），**情緒轉化——美學與正向心理學的饗宴**（頁01-26）。臺北：五南。

張如慧、王前龍（2010）。教學藝術與科學的結合：偏遠弱勢地區優良教師語文教學之個案。載於黃政傑（主編），**教學藝術**（頁329-352）。臺北：五南。

張志和（譯）（2007）。C. Bambach 著。**海德格爾的根：尼采，國家社會主義與希臘人**（Heidegger's roots: Nietzsche, National Socialism, and the Greeks）。上海：上海書店。

張芬芬、陳政宏（2010）。「教師個人理論」及其啓示-內隱凝煉的教育思維。載於黃政傑（主編），**教學藝術**（頁433-456）。臺北：五南。

張燦輝（1996）。**海德格與胡塞爾現象學**。臺北：東大。

陳春文（譯）（2005）。G. Neske & E. Kettering著。**回答—馬丁海德格說話了**（Antwort. Martin Heidegger im Gespräch）。南京：江蘇教育出版社。

陳洪捷（2002）。**德國古典大學觀及其對中國大學的影響**。北京：北京大學。

黃政傑（主編）（2010）。**教學藝術**。臺北：五南。

黃繼仁（2010）。從課程慎思的觀點探討教學藝術的立論及重要性。載於黃政傑（主編），**教學藝術**（頁63-88）。臺北：五南。

劉唯玉（2010）。教學藝術之意涵與啓示。載於黃政傑（主編），**教學藝術**（頁15-24）。臺北：五南。

關永中（2000）。**知識論（二）：近世思潮**。臺北：五南。

嚴景珊、周叔昭（譯）（1960）。Gilbert Highet著。**教學之藝術**〔The art of teaching〕。臺北：協志工業。

英文

Bambach, C. (2003). *Heidegger's Roots: Nietzsche, national socialism, and the Greeks*. New York: Cornell University Press.

Eisner, E. W. (1994). *The educational imagination*. New York: Macmillan.

Gage, N. L. (1977). *The scientific basis of the art of teaching*. New York: Teacher College, Columbia University.

Heidegger, M. (1975). *Poetry ,language, thought* (Albert Hofstadter, Trans.). San Francisco: Harper & Row.

Heidegger, M. (1977). *The question concerning technology, and other essays* (William Lovitt, Trans.). N.Y.: Harper Perennial.

Heidegger, M. (1985). The self-assertion of the German university and the rectorate 1933/34: Facts and thoughts (Karsten Harries, Trans.). *Review of Metaphysics, 38(3)*, 467-502.

Heidegger, M. (2002). Heidegger on the art of teaching (Valerie Allen and Ares D. Axiotis, Ed. & Trans.). In M. A. Peters (Ed.), *Heidegger, education, and modernity*(pp. 27-45). Oxford: Rowman & Littlefield.

Nietzsche, F. (1995). *Unfashionable observations*. (Richard T. Gray, Trans.). California: Stanford University Press.

Nietzsche, F. W. (1983). *Untimely Meditations* (R. J. Hollingdale, Trans.). New York: Cambridge University Press.

謝易霖

國立政治大學教育學系哲學組博士

慈心華德福高中[1]教師

第九章

圖像與音樂——人智學啓迪下關於課程與教學兩個交映的隱喻[2]

摘　要

　　華德福教育自1919年其奠基者魯道夫‧施泰納（Rudolf Steiner）於德國斯徒加特（Stuttgart）肇建第一所學校，如今已蔚爲全球最大的另類教育運動。其社群之教育論述，具深厚經驗基礎，哲學觀與藝術性貫串教學實踐。研究者爲現場教師，以投身十二年一貫課程行動研究之經驗基礎，透過自傳、教學敘說（主要爲語文領域）、文獻探究與詩學詮釋學進行反思研究。

　　研究發現：華德福課程反映其基礎人智學（Anthroposophy）對人類意識演化之理解，由施泰納對於藝術活動之區分：「圖像性」與「音樂性」，有助吾人理解「教學之爲藝術」之意義，亦啓發「課程整體」和「教學現場」相互關係之意蘊；二則同時藉由「圖像性」與「音樂性」之映照，得出教師專業奠基於「課程觀／素養」帶來的視野與現場教學「聆聽現場」之能力。三則在「圖像性」與「音樂性」這組隱喻交映中，陳顯教育美學意涵，教育乃詩之發生。

關鍵字：華德福教育、教育美學、課程美學、十二年一貫課程、語文教學

1　宜蘭縣政府甫於2015年正式將冬山慈心華德福教育實驗國民中小學延伸至高中階段，改制爲「宜蘭縣立慈心華德福教育實驗高級中等學校」，同年9月2日由縣長林聰賢、人智學教育基金會董事長嚴長壽與執行長張純淑主持揭牌儀式，華德福實驗學校成爲全國第一所從小學到高中，完整的十二年一貫公辦民營的學校。此處簡稱「慈心華德福學校」，以下行文作「慈心華德福」或「慈心學校」。

2　本文原以生命史研究、民俗誌方式書寫，在專書出版之際爲體例與出版精神，在行文上頗多調整，過程與李崗教授來回討論，此致謝忱。

壹、前言

　　不管談論的是美學、教育美學、教學即藝術、美感教育，作爲教育研究者或現場工作者，Paulo Freire關涉（concerned）實踐的論述直指人心，他說：「教育本質上乃是一種美學的實踐（education is naturally an aesthetic exercise），即使作爲教育者的我們不自覺這一回事，我們仍然涉身於一個本質地美學的計劃／想像。」[3]（Shor & Freire, 1987: 118）進一步究竟思考，對「教育本質上乃是一種美學的實踐」的自覺，可謂是教育實踐與「美」關涉成爲藝術活動的前提，這種對「美」的肯認，對「美」的呼求，其範圍不只在教育思辨，不只在教育政策施行，也及於微觀的教育日常：「對教學現場的教學而言，最要緊的不是要先懂得多少統整課程的方法，或是創造多少新奇的教學法，或是擁有多少專精的藝術知識，而是教育實踐之前，先肯定了『美』作爲與教學交往的價值性與必要性。」（洪詠善、范信賢等：2016，504）且倡言：「將藝術作爲與教學交往的形式。」（ibid）

　　華德福教育奠基於魯道夫‧施泰納（Rudolf Steiner）闡述之人智學（Anthroposophy），素以藝術教育與教育之藝術性著稱，施泰納對當代藝術發展亦有影響。研究者任教之慈心華德福學校爲華語區第一所K-12的完全學校，在參與十二年一貫課程行動研究，同時投身課程轉化的教學實際（主要爲文史哲領域）歷程中，研究者善用「教學現場」的研究助力與利基（niche）且正視陳伯璋所言（2001: 35）：「……就人力而言，教師可能無法獨立做好課程發展，而是需要一個具有學習型組織的團隊合力完成。」豐沛的經驗之流與生命交融的歷程研究雖充滿力量；但也存在消磨心力與資源的限制，現場研究需在教育實踐與研究探索之間、個人發展與

---

[3]　馮朝霖（2006）對Freire美學推行的文章，該文由批判教育學入手，透過Freire對「教學的美」與「教學藝術」的談論，作教育美學的發展。另有Shor & Freire，林邦文譯（1987/2008）頁153，「教育天生就是一種美學的活動。」此處Shor & Freire的對話，我用的是馮朝霖的譯文。

團隊合作之間取得平衡。準此，研究者傾向將教育行動研究中的「我」置諸Parker Pamler所言之脈絡：「求眞的群體」（community of truth），書寫的知識論基礎爲：「我們認清現實的唯一途徑是使自己成爲共有性或群體的一部分。」（藍雲、陳世佳譯，2009：113）

是以這篇研究書寫具自傳性質，乃現場教師於教育行動研究之經驗反思，在親歷人智學之於教育美學、教學藝術之視野，試圖於課程研究與貫串小學至高中的教學經驗基礎之上，扎根教學脈絡，由此探究施泰納於教學藝術之論述中所揭示的二元性及其可能的融合，他說：

> ……在教學上首先應該從某一種特定的藝術性形式入手，好讓整個人，尤其是意志力，能夠在課程中獲得支持……在孩子還小的時候，從一開始就以某種藝術性的形式進入我們的教學中。現在，我將所有帶進人類的藝術性活動，再分成兩種類型，一是雕塑／圖像的傾向，另一是音樂／詩歌的傾向。這兩種藝術的傾向──塑形／圖像的，以及音樂／詩歌的。確實是相反的兩極。然而，正是透過它們兩極化的差異，使得兩者能在一個更高層次中組合、更高層次的一體中融合。（施泰納，2013：32）

爲行文之便，研究者試以「課程理解」的「研究我」與「教學實踐」的「教學我」區別發言位置，闡述「圖像性」與「音樂性」這組隱喻交映所帶來的教育啓思。

貳、「行動／敘說」裡的隱喻

Sonia Nieto曾任教小學至研究所階段，如他所說（2007: 17）：「由於我相信所有的教學終究會以一種自傳形式呈現，而且這樣的自傳會以一種演化的歷程呈現，所以我在這裡先使用我自己的故事來開啓接下來的章

節。唯有針對那樣的演化過程進行反思，我們才得以瞭解我們的動機、抱負、甚至當作老師的成敗關鍵。」後現代教育學者Martusewicz（2001）則將「自傳」（autobiography）視爲生命轉譯（translation）。是一種從一個文本到另一文本的流動，一種從某種心理經驗到另種心理經驗的過渡，是一種從自我理解到另種自我理解的轉變。自傳可視爲思考教育的一種途徑。（陳貞旬，2007：120）。進言之，教育研究站定「現場發聲」的位置時，總是「自傳」的。「我」是行動研究過程「行動／研究」的工具。

　　「我」有不同視角，「研究我」與「教學我」開展敘事，於敘事開採意義，以書寫反思「教／學」已是我工作習慣，也是生活，在「讀」與「寫」之間往來返復，既寫我，亦讀我，既編寫我，又改寫我。我既是教師又是研究者，是介入者也是探究者，以此「行動／自我傳述／傳述自我」進行教育研究時，研究便成爲「自我研究」（self-study）。關於自我研究Lanzara這樣說：

> 自我研究是對實踐情境（例如一個計畫）同步的探究與介入，在其中，觀察者／中間媒介促進他或她的夥伴對他們自己實踐與經驗進行反映。自我研究，藉由讓人們認知到無法輕易由其他方法獲知之特質，因此也可被視爲發展有關設計歷程之知識的技術方法。它的分析單位及時間範圍是變化不定的：它們的範圍從來自較寬廣歷程或實踐的「快照」式情節，到更具擴展性的縱向紀錄，後者追溯的是設計的整個「歷史」。（2003：332）

　　「敘說[4]」（Narrative）既「自我傳述」亦「傳述自我」，在我研究與

4　以生命傳記敘說爲研究取向，文本採集使用Fritz Schütze開展的敘述訪談法，採集研究者學生與家長的敘說文本，與教學現場的田野記錄、學生作品相互參照。文本分析則以Rainer Kokemohr參照推論分析爲軸，輔以F.Schütze、Moustakas的分析法，也借用Bruner和Lévi-Strauss的見解。這個「敘說」取向，在臺灣由Fritz Schü-

教學的行動歷程裡，「敘說」在提升「教學我」專業並轉化「研究我」時扮演重要角色[5]。教育現場它提供「微觀」的經驗與知見；在理論框架的層面則對教學起著指導作用。敘說是「外化」[6]（externalization）發生的方式，我因此得到教學的「反映／鏡子」，區分了Logos和Mnemosyne（＝memory）的兩條道路，並適時以敘說和聆聽的態度轉變教學。因為「敘說」及教學現場反饋，我曾提出了兩組比喻「聽覺／視覺─時間／空間─敘說／文本」，對「聽到／聆聽」的體會或「看到／外化」有深刻體會（謝易霖，2004），這與華德福教育內涵極有呼應，成為我學習華德福教學藝術的碁石，也是我教學行動中產生的參照理論。

　　成虹飛（2014）詮釋羅蘭巴特（R. Barthes）「作者已死」和傅柯（M. Foucault）「否定自己」對「行動／敘說」發表動人論文。他寫道：

> ……每一次的書寫都是再現已逝的自己。行動敘說者的書寫，就是一個作者將自己置諸死地而後生的過程。透過重看和重聽文本，他成為自己的理想讀者，得以挪移到一個重新創造意義的位置。再經由持續的重寫與重讀，作者進入一個不斷自我否定與自我重生的辯證演化的過程。敘說探究的書寫，固然是作

---

tze和Rainer Kokemohr的學生倪鳴香教授開展，對我而言，不但對「語言活動與生命表達」有更深刻的認識，也有個人生命反思的作用，這在行動研究中扮演關鍵角色，由「概念教學」轉向「敘說滋養」，是當時最深刻的體會，教學上重要的轉化。

5　在近20年的教學生涯，因為同時具備著研究生角色，「研究我」與「教學我」更顯得相伴而行。

6　「外化」，簡言之是「產生作品」，推廣而言亦有文化的意思。除了有合作、分工的共同創作的意義外，還有「使可看見」這樣的簡單卻足為教育原理的意涵，回想之前「研究我」談到「敘說」、「文本」俱有客觀化用處，而由「說」到「寫」，可視為「聽」到「看」，由「時間」到「空間」的外化過程（嚴格說來，「說」也是外化），就這樣，「研究我」和「教師我」各自的興趣在此結合了。

　　者死亡的過程，卻又透過聽與看的自我對話，走向意識覺醒，
　　走向復活。生命成爲自我創造的藝術，自己既是作者又是讀
　　者，更是作品。（2014: 16-17）

　　　「行動／敘說」產生「敘說」的書寫文本，在文本「敘事[7]」裡，文本中的我透過敘事掌握「我」所經驗的世界形成可讀可寫的作品，在重讀與重寫中，我的視野擴大了，認識加深了。與我相關的華德福教育、慈心學校課程發展等故事亦透過「研究我／教學我」的「行動／敘說」展開，給出了可以閱讀、理解、分析、討論與對話的文本，在文本裡可看到前述Lanzara所說的，著重「快照」式的情節描寫以及透顯出整體發展的「歷史」側面。然而，要在「敘事」中開採出「意義」，以本研究之見，可以由「隱喻」出發。

　　　在敘事文本的背景下，隱喻被視爲是其中一部分；反過來說，敘事受到隱喻影響：我們進入「部分—整體」的詮釋循環（Alvesson & Sköldberg, 2011: 151）；再者隱喻意味著就某個事物看待成某個其他事物，同樣的，敘事意味著我們將某個獨立事件看待成某個更大脈絡的部分，這意味著不論在鉅觀或是微觀的層次，在「看待成爲」（seeing as）之基礎，「隱喻」與「敘事」具備連結關係。進一步說，當「敘說」給出的「敘事」文本展現脈絡產生對比，敘說者需創造比日常語言更適切有力的概念。敘說者給出「隱喻」以解釋這個對比所造成的張力，這正是敘說者平衡其敘說以求建構完整的結果[8]。爲此，對比迫使談話浮現隱喻，在此不論生命故事樣貌如何，皆是敘說者在生命故事展現的不同策略，然而生命面臨變遷發展的環境，對於開放的機體自然產生不斷地「覺察」與「行動」

---

[7]　在此我試著區分「敘說」與「敘事」，前者傾向指涉口語傳述，而後者指涉文本裡語言形成的脈絡結構。

[8]　這樣的思考啓發自Fritz Schütze奠基經Rainer Kokemohr與其學生倪鳴香介紹至台灣的「敘述訪談」（narrative interview），給我們關於「隱喻」與「故事／敘事」的思維，特別是Rainer Kokemohr對於「隱喻」的看法。

（Merken und Wirken）的壓力，構成學習的意義，在此「學習」出現了，新的世界觀誕生。（謝易霖，2011：168-169）可以說，在「隱喻」發生處，發生新的意義。

Alvesson & Sköldberg指出的「詩學詮釋學」具參照價值（2011, 141-152）。其指出「隱喻」與「敘事」在廣泛的詩學領域有親密聯繫。「詩學」意味著文學的研究而不應該與「詩」搞混，詩可以是詩學研究的客體之一（ibid: 142）。「隱喻」和「敘事」同時是詩學構成的面向，Alvesson & Sköldberg有細緻討論（ibid: 151-152），它們相互支撐彼此：

> 比方在經濟學中，隱喻——僞裝成模式——是詩學的主宰形式[……]然而，當隱喻（模式）必需被解釋時，經濟學者便轉向經濟過程的歷史，亦即敘事。反過來說，爲了要解釋爲什麼經濟故事（案：「故事」疑爲「敘事」之誤）如此發生，經濟學家轉向他們的隱喻（模式）。因此，隱喻與敘事共同構成經濟科學中一種自我支持的詩學。」（ibid: 152）

如此的理解，行動研究倡導者Schön行之有年，Schön的《反映的實踐者》（*The Reflective Practitioner*）與《反映回觀》（*The Reflective Turn*）兩書作爲臺灣從事行動研究之學者思想資藉已多年，其中展現他反映性實踐方法貫穿不同專業領域（如音樂、電機、治療、建築……）「隱喻」與「故事」的使用，是Schön在反映性對話中引領對方反身辨識自己之認識方式的入口。（夏林清，2004：8-9）

綜合以上，本研究透過「研究我」與「教學我」展開課程行動研究與「華語文的教與學」的「敘事」，且推衍其中浮現的「隱喻」在教育美學，特別是教學藝術、「課程」與「教學」間「圖像性」與「音樂性」交映之啓思。

參、華德福課程與其人智學基礎

　　慈心學校的「課程發展」因應學生成長與教師專業需求成長，同時與「課程理解」有關；既累積、反芻在地教學經驗、形成論述，同時亦需消化人智學與華德福教育近百年發展的論述，這是並進工程。透過「課表」研究，使得課程研究得到切入點，2012年底華語區十二年一貫主課程課表可謂初次完稿[9]。（謝易霖，2016：212-222）。本節陳述相關課程理解與其人智學基礎。

一、學校肇建即有十二年一貫課程圖像

　　人智學爲碁石的華德福教育之興起，有其深刻的時空背景。魯道夫‧施泰納（Rudolf Steiner）1861年出生於奧、匈邊界；1899到1904年於著名的馬克思思想家威廉‧李卜克內西（Wilhelm Liebknecht, 1826-1900）辦理的工人教育學校任教。1906年以來，施泰納一次又一次地針對教育和學校問題提出建議，在企業家愛彌爾‧莫爾特（Emil Molt）的推動下，華德福─艾斯托莉亞香菸工廠工會於4月23日請求施泰納辦學（Lindenberg, 2015, 135-136），1919年[10]斯圖加特（Stuttgart）成立「自由華德福學校」

---

[9]　透過「三角檢證」（triangulation），「脈絡化」（contextualization）等降低研究者「偏見」（研究者傾向用「先見」）造成的負面影響。且研究者透過「參與者查證」取得「團隊觀點」獲得效度。研究者整理出「十二年一貫統整課表」並書寫「研究初稿」，透過校內電子郵件群組發送，公開知識並尋求團體回饋，公開於「教師會議」與相關工作小組、年段會議進行討論，進行「參與者查證」，這對消除效度威脅很有價值。（Maxwell, 1996/2001: 138-145）「課表」得到團隊討論，成爲教學對話與踐行依據，並有簡要歷程記錄，且因爲線上互動、共筆之過程，學校團隊與研究者因此更進一步認識課程整體。這眞是一段與團隊同行的旅程。

[10]　1918年，一戰結束，德國戰敗，不但有內戰隱憂，亦遭協約國封鎖，經濟崩潰、飢荒和瘟疫蔓延，失業、遊行抗議和暴動日益增多。施泰納提出「三元社會秩序」（Three-fold Social Order）理念爲處方，出版《社會問題之核心》（Die Kern-punke der sozialen Frage），爭取到不少文化界人士支持。

（Freie Waldorfschule; Free Waldorf School）（范信賢，2011：260；Carlgren, 1998: 13, 20, 23）。1920年[11]，他開始人智學大學之授課活動，並於1921發行《Das Goetheanum》週刊。1924年他密集演講，且投入許多訓練課程，最後一場旅行為9月28日，之後臥病在床持續工作。1925年3月30日病逝多納赫（Dornach）。（Lindenberg, 2015: 187；曾曬淑，1999：205-206）質言之，華德福教育可說是三元化社會運動的成果，亦是「展現了堅強的生命力」的種子。（Carlgren, 1998: 19）。當年施泰納對辦學要求提出四點條件，這可以看出施泰納開時代風氣之先的洞見與初衷，他要求：

1.這個學校必須開放給所有的兒童；2.這個學校必須男女合校；3.這個學校必須是十二年制一貫教學；4.這個學校直接與兒童一起工作的教師必須是學校經營的主持人，同時，這個學校必須將政府及經濟的干預減至最低。（林玉珠，http://waldorf.org.tw/waleduintro.html；范信賢，2011：261；羅恩綺，2009）

華德福學校立校之初已設置高中，並招收一般文科中學轉學生[12]。「這是[……]一所當時仍不存在，但卻是時代需要的『十二年一貫制學校』（zwölfjährige Einheitsschule，一所包括國民小學與各級中學的學校）。不分社會背景，所有人都可以上的學校。」[13]Carlgren, 1997/1998：

---

[11] 1922有特別意義，這年除夕夜，第一座木造歌德館Goetheanum大火，這對施泰納而言是一大打擊，他著手設計全新的鋼筋水泥歌德館，並重組人智學會。之後他持續撰寫自傳，並與醫師Dr. Ita Wegmann共同發展疾病治療的藝術。附記於此。

[12] Rudolf Grosse在他的書中《我經歷過的教育》（*Erlebte Pädagogik*）描述到1922年，他十七歲剛轉學進入第十年級的最初印象。（Carlgren, 1997/1998：26）

[13] Caroline von Heydebrand（1886-1938）為第一批華德福學校教師，曾描述第一所學校辦校初期，社會各階級的孩子從一年級到最高年級都生活在一起的狀況，這可謂是德國第一所全民的一貫制學校，無論普通科中學生、職業科中學生和民眾學校學生都在一起上課。見所引書。（Carlgren, 1997/1998：23-24）

20）在華語區，華德福學校發展多由幼兒園開始，然而十二年一貫的課程圖像，在學校創設時便已確立，而非歷史發展之結果，探究華德福課程時需特別注意。

二、作為華德福教育基礎的人智學所開展的「視野」[14]

全人教育先驅John Miller（另名Jack Miller）說道，施泰納將其教學方

---

[14] 施泰納的著作由多納赫的魯道夫・施泰納遺作管理委員會自1956年開始出版，規劃的340冊中，至1991年底已有310冊出版（Lindenberg, 2015: 182），進入網際網路時代後，線上有「Rudolf Steiner Archive」（http://www.rsarchive.org/）可依主題、發表地、日期等檢索。華語區則由「魯道夫・施泰納華文編譯小組」主導施泰納著作德文譯爲繁體中文的工作。

施泰納的著作與演講集數量龐大，當然一時不能盡讀，人智學線上圖書館「Rudolf Steiner Archive」（http://www7.rsarchive.org/Basics/BasicBooks.php）建議其基本五書，不失爲好方向，即爲：《神智學：超感官的世界認識以及人的天職導論》（*Theosophy: An Introduction to the superensible knowledge of the world and the destination*）（簡稱《神智學》）、《自由哲學》（*Philosophy of Freedom*）、《認識更高層的世界：一條通往奧義的現代之路》（*Knowledge of the higher worlds and its attainment*）、《古代神祕儀式以及作爲神祕事實的基督教》（*Christianity and Occult my mysteries of antiquity*）以及《奧祕科學大綱》（*Occult Science, An Outline*）以上誠然對華德福教育都能有觸發，且臺灣華德福社群持續有讀書會和師培系統導讀，然「研究我」則考慮施泰納思維的一貫性以及著作時對讀者的設定，與「教學」直接相關的無非給第一批華德福教師的講座結集。課程涵蓋：《The Study of Man》、《Discussions with Teachers》及《Practical Advice to Teachers》三部分，這些成爲日後全世界華德福師資培訓必備的基本內容。這三個講座是華德福教師的基本裝備（Kugler，轉引自：施泰納，2014：3-4）。

透過早年施泰納作爲教師與指導者的經驗，他考察了他在德國各地講座，於是他整理自身觀點以論文的形式於1907年出版的《人智學啓迪下的兒童教育》（光佑版）（*Die Eriehung des Kindes vom Gesichtspunkte der Geisteswssenschaft*; 英譯：*The Education of the Child in the Light of Anthroposophy*）。此書在臺灣已有兩個譯本，除上述光佑版，2015年人智學基金會版《從靈性科學觀點看兒童教育》由「魯道夫・施泰納華文編輯小組」責任編輯。這是他早期對四身之互動以及與教育的關係較爲整合、重要的著作。也是較早引入臺灣的施泰納著作。

法植基於他對人的概念。這些概念引導華德福教育教學措施，檢視教學前檢視施泰納的人智學發展理念是重要的[15]（Miller, 2009: 169）。茲述如下：

㈠對靈性世界的肯認

華德福教育的語彙是「身心靈發展」，傾向相信存在著超越此世的靈性世界。可以說，華德福教育的世界觀、人觀就是肯認靈性世界的真實存在。施泰納（2014: 26）對第一所華德福學校的教師說道：

> 即使我們從孩子誕生開始就只能通過物質眼睛來看他，我們也要意識到，這也是一種延續。我們不只是要看到死亡之後人類

我也參照施泰納的其他演講集，諸如"*Balance in Teaching*"，該書內容有兩部分是：一是1920年9月，施泰納給出上述已成三書的華德福教育基礎講座後，隔年後再回到學校，提出Apollo和Dionysus兩種力量，以及如何透過課程來平衡這兩種極端，這是當初給第一所華德福學校教師密集講座的延伸；二是1923年11月的三次演講，這次則聚焦於歷史轉變教師的使命，由希臘體操運動員（greek gymnast）、古羅馬雄辯家（Roman rhetorician）、現代教授（modern professor），在新世代健康開展上奠定（lay out）教師與醫學領域更密切的合作。（Douglas Gerwin, 2007: IX-XVII）質言之，這裡的討論亦可視為歷史上教師圖像的變遷，同時也開展了教師工作的意義領域。蒐集1923年8月系列演講"*A Modern Art of Education*"一書，英譯版發行於2004年，書中展開了一段教育史追尋，並提及「靈性」（spirit）與身體的關係，同時觸及課程實質與華德福學的組織等；而2004年"*Human Values in Education*"蒐有1924年7月施泰納對於教育學的最後公開講座，此書蒐有他重新講述早年談論之議題，他重又提及人類由孩童發展以至於人類之身、心、靈，並討論教師會與親師會等社會靈性面向，以及教育與人智學運動。同年4月他有兩本集子"*The Essentials of Education*"和"*The Roots of Education*"，兩書講座日期相差3日。上述對「研究我／教學我」理解華德福課程皆有重要幫助。

[15] 他是在介紹eurythmy提到這點。eurythmy中譯優律司美，優律司美，中國則稱為「音語舞」；此處Miller這本譯作裡譯為身體律動，與一般華德福教育語境有出入，他以為施泰納對人的概念引導了華德福教育將其重點放在特別的形式eurythmy之上，此見解待商榷，然而在突出eurythmy在華德福教育的重要性卻也真實。

存在所經歷過的事物，亦即物質（Physisches）之後靈性方面的
延續，這種非由我們所幫助而由更高層次的存有（Wesen）所關
照的東西，正是我們需要通過教育所延續的內容。若我們意識
到，此處藉由你自己的工作在這個人類存有（Menschenwesen）
上所延續的是高層次存有在他的出生前（vor der Geburt）就已經
做過的工作，僅此就足以給予我們教育與教學事業定下正確的
基調。

　　華德福導師傾向相信：當你面對一個班級，他們與你有著命運上根本
的聯繫，他們生下來條件有如此的差別，也有不同際遇，因為他們不是第
一次誕生於這世上，這其間有著「業力」（Karma）關係，孩子因為累世
積累與自身的生命藍圖各異而有不同氣質。當然，撇開這樣具有神祕色彩
的說法，我們也可以用「個別差異」來看待人各殊異的事實。在龐大、長
久的教育實踐歷程中，這論述也有了很深厚的經驗基礎[16]。
　　人降生前有他此世的計畫，帶著由靈性世界而來的天賦、特質等，
但「自由」是在世間才能得到的，教師應該與孩子的命運相遇。這些話在
世俗或經科學洗禮的現代不無玄虛之意味，卻是華德福社群共同語言。人
智學是對精神世界的科學研究，可以透過理性發展出進入、認識靈性世界
的方法，諸如施泰納指出的「實用思維鍛鍊法」（黃寧靜[17]，2009；Stein-
er，2012：87-96）他對於教育問題與對於人類本質認識的關聯，其看法有
著如佛家「四聖諦」的理解，亦即「苦」、「集」、「滅」、「道」。對
於作為靈性科學的人智學與人的本質和教育的關係，他說：

---

[16] 關於因緣業力的說法，確實是華德福學校對孩子認識的基礎，若有興趣，中文資
料較易獲得有《靈性科學入門》潘定凱編譯2008。R. Steiner。
[17] 有趣的是華德福學校來自基督世界，但介紹修行法門的卻是佛學刊物。這篇文章
出自Steiner的演講，2008年華德福高中師資養成課程Robert Neumann也帶讀這篇。

這裡為這樣一個問題，為**教育問題**[18]而指明這點。並非提出要求和方案，而是索性描述**兒童的天性**。從成長中的人（werdender Mensch）的本質出發，會輕而易舉得出兒童教育的觀點。

要瞭解**成長中**的人的本質，總的說來必須從觀察人的<u>隱密</u>的天性出發。（施泰納，2015：10）

華德福教育構築在：「視靈性科學為實質存在而非推論而得的理解」。就研究我的立場，若無法如施泰納所說以高等感官進行觀察，不妨正視人智學形構華德福教育論述的價值，視之為待驗證、可推想的構造。這是「研究我」一貫的現象學式的立場。

(二)「生命四身」與「三七發展論」

人智學以「四身」[19]的認識，所謂四身，區分為「物質身」、「生命身/乙太身」、「星辰身」、「自我/吾」。它們的活動又有日夜節奏。所以教學時應考慮「睡眠生理學」（鄧麗君、廖玉儀，2006：31）。四者有複雜的交互關係（ibid:188），人由出世開始，物質身體漸漸發展，約每七年開展一個新的身體，在21歲左右，「自我/吾身」才算出現，「這個『吾身』為更高層次的人心之載體。有了它，人成為了塵世創造之冠。[20]」（施泰納，2015：17）「靈性科學必定要談及人的**三種誕生**。」（ibid: 24），對於這四身由不同的發展時間，接受其適切的教育，可謂華

---

[18] 本段粗體與底線為原書所加，下同。

[19] 施泰納在《從靈性科學觀點看兒童教育》一書中對四身的關係有清楚描述，可一窺華德福教育的人類發展論。有意思的是，由施泰納行文得知物質身是我們平常感知可得，然而其他身體，如以太身，他說：「對於那些提升了自己高級感知器官的人，以太身/Ätherleib或者生命身是觀察的對象，而不是理知行為和推斷的對象。」

[20] 這段後面還接著：「可是此個『吾』絕非現代人內在的簡單本質……」施泰納這段之後，以「缺乏教育所謂未開化之人」、「歐洲之普通人」、「高貴的理想主義者」作比方，指出這個「吾」在人的本質其他環節上下功夫（arbeiten an etwas），它的任務在此：自動使其他環節高貴並且淨化。

德福教育的金律。

身體發展的第一個階段是出生到換牙期前（0 到7 歲），在乳齒換成恆齒之後宣告結束（Crayonhouse, 2014: 37）物質身對外界開放，感官與世界有正式接觸。換牙前，身體器官要長成確定的狀態，此階段教育的重要任務是身體的成長。七歲前的「生命身／乙太身」，是自動讓其發展，不要給其太多知性影響，有了正確的成長基礎，才能順勢良好地成長下去，以外在的自然環境給予身體器官型塑良好的形狀。（梁福鎮，2008，Steiner, 1981; Steiner, 1995: 7）[21]

第二階段是青春期（7到14 歲），以胸部的肺與心臟為主的呼吸循環器官，在這段時期發育成熟（Crayonhouse, 2014: 38）。換新牙即其獨立運作的表徵，此時可由圖像和範例來推動學習，並引導想像力，但還不適宜使用抽象準則，這時教師權威很重要，記憶力的培養也是，就「教學我」的認識裡，這與一般理念學校或主智學體制學校強調批判思考（critical thing）很不同。施泰納說：「由7歲至14、15或16歲—也就是到青春期，是生命體進入解放的期間，就像肉體在出生時就開放進入了外在環境中。所以在這段期間，我們要努力訓練這負責記憶，一生習慣、氣質、傾向與持久的意願的生命體。[……]這也是講故事與寓言的時候，過早發展批判的能力是錯誤的教育方法。[……]這段年紀，也是以圖像表達人類生命的故事與童話對孩子有強大影響力的年紀。[……]愈晚激起孩子們內在的批評判斷的能力就愈好。[……]當孩子進入了第3個7年期，也就是青春期時[……]一個人的個性也同時被釋放，所以必需發展個人的評判力。」（Steiner，2008：81-82）而內心世界在九歲前後會變得很豐富，也會強烈意識到周圍的世界和「我」之間的不同。（Crayonhouse, 2014: 38）

---

[21] 梁福鎮所用的書為《人智學教育學及其先前假定》Steiner, R. (1981). Anthroposophische Pädagogik und ihre Voraussetzungen.Donach: Rudolf Steiner Verlag. Steiner, R. (1995). *The kingdom of childhood: Seven lectures and answers to questions given in torqua*y, August 12-20, 1924.（H. Fox, Trans.）. Rev.Translation. Barrington, MA：Anthroposophic Press.

換牙後也代表著塑造身體的建構力量達到最後階段。由於感受的力量逐漸與意志分離，「反感[22]」的能力也漸強，如上所言Steiner著重此階段記憶力的鍛鍊，將來也才可以概念方式掌握住所習得的事物。記憶訓練應該配合此時期所產生的想像力，我們可以生動的圖像引發兒童的學習，這是利用已發展的意志來進行的教學方法。Steiner指出：記憶和生動的圖像是分屬於思想和意志這兩邊，不過正由於「感受」對兩者的聯繫，我們可以結合來使用，此時的兒童心靈感受力比理解和認知能力來得強，較多以通過整個身體感受來知覺心靈中的細膩感覺，此時的兒童發展重點是在其活躍的感受上。（梁福鎮，2008[23]；施泰納，2015）

14歲到21歲是第三個時期，以四肢和腹部為中心的肌肉、消化代謝器官逐漸發育，生殖器官也發展成熟。（Crayonhouse, 2014: 39）人類獲得完全自由，這人智學所稱人類第三次誕生。關於這時期開展的「星辰身」（Astralleib）或者說是「感受身」，施泰納描述道：

……而星辰身／Astralleib或者感受身是由自身活動的（in sich beweglich）、有顏色的發光圖像組成的一種造型。

感受身在形狀與大小上與物質身／physischer Leib有出入。它在人身上呈現為略長的卵的造型，物質身和以太身／Ätherleib被拱護其中。它在四周凸出於二者之外，呈現為一種光圖造型（Lichtbildgestalt）。（2015: 16）

「星辰身」對外在世界開展，代表著心靈可受外在的影響，發展其知性和抽象理解的能力，開始具有獨立判斷並挑戰權威，這種挑戰權威的

---

[22] Sympathy同理心（或譯「感入」、「融合」）與Antipathy反感心、離斥感，是人智學中對人的基本的、重要的認識。沒有同理，我們無法進入他人世界，沒有反感，又無法形成自己。

[23] 梁福鎮轉引自The education of the child and early lectures on education. (Selections). Barrington, MA：Anthroposophic Press.選文內容亦可見本文參考的中文著作。

目的在於不先預設任何觀點，以實驗和經驗建構出眞實精神，但絕非是局部的眞理，而是從精神科學中找出眞實的世界過程。「感受」聯繫於「思想」的傾向漸強並持續於日後生活，兒童已不像過去是過度的感受體，而可以開始教育以預備日後生活。瞭解了意志、感受和思想的眞實內涵，我們知道此時的知識必須基於對世界的眞實瞭解，青春期後，孩子開始會希望將其判斷連結到周遭環境。（梁福鎭，2008）他們也徬徨於「被設定的人生」與「追求自己想要的人生」。這時期能夠感受到世界的眞實面，並建立追求眞理的感覺以及健康的批判精神。（Crayonhouse, 2014: 38）我們可以更好的掌握住這個人類圖像：「人的三次元」。

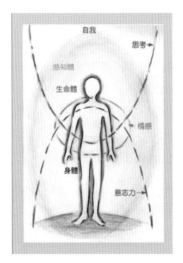

圖1　人的三次元（慈心華德福學校繪）

總結以上，自出生起物質身體漸漸發展，約每七年開展一個新的體，在21歲左右，「自我」才算出現。此即所謂「三七發展論」，此論在人21歲成年之後的發展仍有論述，此不贅述。其要在：生命不同時期，接受適切的教育。換牙以前的七年之間，孩子尚屬夢幻階段，一切事物都是善的，他們在夢一般的狀態，模仿是他們的天性。之後，對權威的信任，成爲其門徒是他們的本性，因此所有的教學，到14歲左右，都配合這樣的天性發展。而與權威之間的合理阻抗。1-8年級爲導師階段，鼓勵同一導

師教授主課程。但入學前八年爲同一主帶老師此非教條（Eller, 1998/2011: 147-149）；實踐上，或爲專長之故，或爲了培訓教師，或爲提供學生不同的成人典範，時有調整；9-12年級爲導生階段，高年段導師與學生之間傾向諮詢關係，教師權威不再如兒時來自情感或生活照護，主課程主要由學科專家爲之。

㈢課程發展符應個人對歷史意識的復演

施泰納在玄學大綱（Occult Science: An Outline）描述了宇宙演化歷程，他由原始生命的精神狀態，追溯人類的發展。從「活在上帝的懷抱中」，到成爲獨立的人類，能在地球上生活於一個無機物的軀體中，並對自身有充分的自覺。而所有階段，兒童都是此一人類屬性發展的小宇宙。他在1923年以「人類是創造性字詞的交響樂」（Man as Symphony of the Creative Word）系列演講中提到「……人在他的整個結構中，在他的生命情境中，眞的如其所是地呈現出了一個小世界——與大宇宙對照著的小宇宙，它內在於他自身，確實包含了世上的所有律則與奧祕。」Joan Saltar 闡釋道：「兒童發展所顯現出來的，也正是巨大宇宙發展歷程的鏡面反射。他的姿勢不僅透露出這些訊息，而且還在告訴我們，什麼是每一個階段不可缺少的。」（2000: 54）這位幼兒保育專家，仔細描述個人發展如何經過植物、魚類、鳥類、爬蟲類、四足動物到人類的旅程。二十世紀初美國心理學家霍爾G. Stanley Hall亦有類似理論模型闡明青少年心理發展，人類個體自幼到成熟的成長歷程，正代表人類自原始到現代整個進化階段之重演，此皆可視爲某類復演論（Recapitulation Theory），是以華德福教育期待教師懷抱人類發展的整體圖像。

肆、課程即圖像

Eisner（2008: 179）言道：「我們將整個課程視爲一套材料，供學生或教師使用，以達到教學效果，那麼很顯然的，這套材料從一開始的構想，一直到能夠廣泛應用於各學校，過程中必然需要不斷修正改進。」他

又說（ibid: 179）「……教師並不是課程設計者手上的棋子，既不能也不應該忽略。」透過華德福統整課程研究，我們要進一步說，課程本身應將「生命」因素考慮進去，課程本身是等待生命踐履之地圖，是教學現場時師生之「前給予」（pre-given），是等待生命與之對話、共舞的先前存在。

「理想的華德福學校課程表」有如全知識地圖，是人類整體文明之圖像！當教師以之爲教學參照，且透過聆聽孩子與進入知識的內在工作，課表將因教師詮釋而有著生命，「理想／理論之整體課程圖像」與「實際個人之詮釋行動」出現「整體」與「部分」的「詮釋學循環」（hermeneutical circle）；課程產生自組織現象，教師成爲課程之化身。正如歐用生（2003: 240）〈讓知識與統整課程交心──設計有學術生命力的統整課程〉所言：

> 教師在設計統整課程時，應思考技術背後的方法以及方法論，思考爲什麼要這樣作，有沒有其他變通方式；作實際的或批判性的反省，使理論和實際對話，漸漸會體會出理論。這就是所謂實際的理論（practical theory），實際的智慧（practical wisdom）或實際的藝術（practical arts）。每一個教師都發展自己的課程，說自己的故事，課程統整一直發展下去，愈來愈精緻，故事就永遠說不完，愈來愈精采。這時教師就是課程學者，就是教育哲學家。

一、課程實施狀況

基於前述「靈性觀」、「生命四身」、「三七發展論」、「復演論」等，華德福教育作一至十二年一貫之課程安排，在實踐上則基於前述「睡眠生理學」等對人的認識，華德福課程有「主課程」與「副課程」等區分。「研究我」在課程研究時發現，即使課程上有「主課程」、「副課

程」之謂，但扮演不同角色，教學上皆應用心經營。「主課程」（main lesson）之連貫系統，每年約有12個（或多或少）「主課程」，「副課程」以各式活動、相關藝術課程、練習課等來回應、支持該年段發展主題。主課程每天早上由導師爲主要負責，至高年段則以專科教師爲主，試以慈心學校某班課表爲例，可略窺學生在校作息：

時間	星期一	星期二	星期三	星期四	星期五
8：00 8：15	打掃時間				
8：20 10：20	主　要　課　程				
10：20 10：50	早點心與戶外時間				
10：50 11：35	英文	英文	書法	英文	英文
11：35 12：20	練習課	練習課		閱讀與寫作	音樂
12：20 13：30	午餐＆午休	午餐＆午休	結束圈	午餐＆午休	午餐＆午休
13：30 14：15	木工／泥塑	體育		手工	閱讀與寫作／水彩（隔週）
14：15 15：00					
15：00 15：30	結束圈	結束圈		結束圈	結束圈

圖2　慈心某國小高年段班級課表

[……]以2個小時進行完整主題的教學。每一年，整個主課程的進展、主題與主題之間，都有其統整的、整體的一貫性。每個主課程連續進行約三至四個星期左右，總體目標在於讓孩子深化、豐富與統整其學習經驗。每一主課程包括物質的、藝術的和知性的範圍，而週期式循環學習則有助於兒童「生命體」韻律節奏的發展。主課程範圍有語文、數

學、自然科學和人文社會與環境，搭配各種創造性的藝術課程、身心發展與健康、慶典等活動，以得到身心靈的平衡發展。（范信賢，2011；邱奕叡，2007）主課程有其節奏，達致整體課程的和諧，或說「呼吸」[24]今日由課堂所得之經驗，或來自聆聽故事、或來自實驗、或來自觀察，或來自體驗，經過一夜睡眠，第二天透過「重述」，再寫在學生自己的「工作本」，工作本可謂華德福學生自製的課本。是以十二年一貫課表研究，主要由主課程主題切入。每年約莫有12主題，12年計約144門主課程（或多或少），這就是學校生活打開的意識進化之流，文明世界之窗。

二、語文課程研究所開展的視野

要瞭解人智學語文教學之觀點，施泰納1919年給第一所華德福學校教師的三個講座是基本裝備，其中《實用教學指引》（即《教育藝術：方法──教學法》）第五、第九與第十三講，直接提及對語文教學之認識，其間包含了文字如字形、字音；文句與文法；語文與文化生活；甚至語文特色（Steiner, 2013: 182）。漢語特性、漢語發展史，甚至語言學知識亦需掌握，在文化／文學研究試找出對應、轉化之處。我透過公開知識，得到反饋，並結構成師資培訓課程之講綱，較具規模如2010廣州師訓授課記錄：2011年5月21至22日「各民族文化中的文學」及2012年與資深教師Ben Cherry主講華德福語文課程，提供教學反思之機會。

2014慈心學校有了第一屆高中生畢業，在十二年一貫之教學環境，「課程」與「教學」的研究環境便成熟了。茲以「語文課程」探究為例，在東方文化脈絡之下，研究者2008年參照個人教學經驗、整理校方既有文獻產出「華德福語文主課程一至十二年芻議」，首次探索北美華德福聯盟（AWSNA: Association of Waldorf Schools of North America）課表；2010年辦學成果展，校內語文小組整理語文領域實踐記錄大要，研究者補入各年級身心發展與課程之對應，主編七至九年級教學記錄；2011年春天，我

---

[24] 一般而言，「呼吸」就是華德福教育的行話，大概是指節奏鬆緩，或是吸收與輸出。

主筆高中辦學計畫書課程計畫，較詳細地閱讀Stockmeyer（2001），參照
Martin Rawson（2000）課程著作和幾個華德福課表（見參考文獻）。2012
年年底編製華德福十二年一貫課表。主題課程部分，整體而言每年級已有
如下安排：

一年級：格林童話、各地原住民神話

二年級：動物寓言、聖者故事、注音符號、字典使用

三年級：創世神話（希伯來神話、中國神話、台灣原住民神
　　　　話）

四年級：北歐神話、山海經、西遊記（動物故事）、中國三代
　　　　傳說

五年級：古文明（波斯、巴比倫、印度、埃及、希臘）、封神
　　　　故事

六年級：羅馬史、中國文史（春秋戰國到秦漢）

七年級：文言文（諸子百家選）

八年級：文法與修辭、唐宋元明清（史事、詩詞與小說）

九年級：現代文學（浪漫主義／寫實主義／象徵主義）、台灣
　　　　文學

十年級：聖典文學、詩學

十一年級：記實書寫；帕西法爾；神話／古文明；古典漢語

十二年級：浮士德、世界文學

（資料來源：2012研究者修改自所任教之華德福學校語文主課程課表）

研究發現，小學階段的語文學習主要種透過故事，故事提供「圖
像」，「小學一到五年級所有的課程，必須以想像中的圖像來主導」
（Carlgren, 1997/1998: 181）究其實[25]，涉及了人智學對人的認識：

---

[25] 要瞭解華德福教育之中，要注意低年級「童話」與中年級「神話」之真正意義，
　　「我們要做的第一件事就是不要將這些故事視為來自民間的想像；真正的童話故

今天，我們必須承認：表象是一種圖像活動，源自於我們出生前或被孕前所曾經歷過的事物。我們因爲受到靈性力量的影響，而被植入圖像活動，出生後這個活動仍持續在我們內心發揮作用。當我們傳達圖像給孩子們時，我們的教育就重新開始了這些宇宙活動。我們將能夠萌芽的圖像植入孩子們的內心，因爲我們將孩子置入一種身體的活動之中。所以，我們作爲育人者，在習得能通過圖像而發揮影響時，必須要保持這種感覺：當你通過圖像而發揮影響時，你所影響的是整個人，由此就產生了整個人的共鳴。（Rudolf Steiner, 2014: 63）

「圖像」教學乃基於人智學作爲靈性科學之預設，這構成了華德福教育教學的基礎。即使到而六、七、八年級的中學，文、史教學著重「情感」的共鳴與連結，透過故事（特別是人物傳記）。這時要讓課程「具體化」且與孩子的情感連結，這與教師自身情感是否投入有關。「教師要確定所使用的圖像，都和現實有關，如此一來，孩子會在最短的時間內醒覺過來，並和老師的課程有連結。」（Christof Wiechert & Florian Osswald, 2010: 103）。

那麼高中階段的「詩學」、「記實書寫」、「帕西法爾」與「浮士德」」等課程又是如何？以「記實書寫」之行動研究爲例：

周一遇到第三次在○○見面的David Anderson，這次也是來帶戲劇，我與他交換了十一主課程的備課經驗[……]今天20120918他說覺得我make sense，然而提到這個主課程有個很重要的精神是「objective」賓果！英雄所見略同[……]而David重要的提醒爲對習於free-writing的學生來講，這種具有technique的書寫很重要，

事從來不是這樣的。所有眞正的童話都開始於遙遠的，不可知的過去[……]在遠古，那些有古老天眼的人們可以經常經歷到精神世界……」（Steiner1908/12/26演講，http://wn.rsarchive.org/Lectures/Dates/19081226p01.html）

誠然，而精神面上，要能在十一年級有意識且有能力給予「客觀化」「分析」與「基於合理前提推導」的能力，這不僅只在語言覺工作，也是思想覺工作，甚至是自我覺（感知他人自我）的工作。這種「報導文學」式的處理很可以組織，除了在課程意識上具社會實在的意識，在課堂經營之中小組工作會很具體。

David不只一次的提到technique的重要。（札20120918）

由上知，「客體化」、「分析」、「基於合理前提推導」等能力實爲重要。十二年級「世界文學」主課程對照小時候取材的各民族神話與故事，如北美課程建議閱讀十九世紀俄國小說、美國超驗主義文學（Transcendentalism）等，這些作品多探討人性道德或抱持「人爲宇宙縮影／人爲大宇宙對照著的小宇宙」之看法，以萌發的理性意識進行省思。「帕西法爾」、「浮士德」更透過結構複雜的作品，產生讀者與文本的對話。「古典漢文」的主課程，除了延伸語文學習之需要，亦爲華語區辦學高中所必須，此外亦呼應十一年級「分析」主題需求（詳見附件）。而高中的語文課程，也是青少年形成認同、發展認知與判斷的養分。

綜上可知華德福教育十二年一貫之語文課程之主軸，是由「童話／神話／圖像」而「歷史／情感」進而「抽象／判斷」之歷程；意識上由「夢幻」到「入世」到「清醒；」主題上亦存在「U型鏡像」之對映，且語文作爲課程漸漸獨立於「故事／歷史」，有文史分家之趨勢。這些成爲統整課程之脈絡，呼應人智學中人類意識發展之進程。

三、課程視野爲教學行動之地圖

「課程理論」與「教學實際」的相爲表裡。歐用生（2003a: 382）道：「理論和實際是相互驗證、相互形成的，而且是在社會脈絡中產生的。課程概念、模式及其產生結果的有效性和實用性，並不完全要依賴科學的驗證，理論不是脫離實際加以驗證後，應用到教室現場的，課程理論

是在實際中驗證的。」兩者的關係正似地圖與行動，課程在理念層次打開了我們的視野；教學則是課程實踐。前方的路一直是未知的，而地圖開啓了想像，仍待我們踐履。

教育工作乃是教師理解世界的生命行動，唯有在這樣朝向未知與未完成的行動中，生命得到展現。華德福教育的視野超乎一生一世：「在所有教育過程中，都是一種出生前的超感官活動在發揮作用，將這納入自己的情感之中，會賦予全部教育所必需的神聖性（Weihe），而沒有這種神聖性就根本無法進行教育。」（Steiner, 2014: 63）這樣的「視野」相當廣大，視域極為長遠，具如此觀點的教師，面對教育現場之處遇，其思惟系統當有不同的推衍，當然，這樣的宇宙觀或類似的華德福人觀，不見得能為所有人接納，但不妨抱持「存而不論」的態度。

教師在課程中開展自身，課程因教師投入而發展。人對善的追求，對美的感受與對世界的感知，在在反映他作為一個活的存有，及其作為構成世界宇宙整體的部分，此亦如Steiner（2013: 7）所言：「這種『由整體入個別』的方式，要完全貫穿整個教學。」透過藝術活動，人使得世界透過個人主觀，得到了浸染個人知、感再呈現出來的「新世界」。以華德福學校統整課程觀之，其語文課程是種全面考量的課程。教師之課程素養實為全方位學習的積累，藉以形成「課程整體之圖像」教學現場師生之共舞，實在是有著整體圖像的撑持。

伍、教學即音樂

歐用生（1994）說道：「……研究和行動具有不同的特徵和要求，二者合一，易形成矛盾。尤其是行動研究大部分是一種團體過程，團體中的研究成員雖關心同一教育問題，但關心的焦點，採取的途徑，研究導向卻未必一致，過程中的協商和協調就極為重要。」既然課程為師生共創，則

對課程之理解，實際教學可謂最直接且有意義的研究途徑[26]。有位同事的故事也觸動我，他說就任華德福老師的出發點，乃因他聽說，這是瞭解人智學的最好方式。在華德福十二年一貫的統整課程中，我有能力進行縱向十二年教學的就是語文領域。而這也是課程轉化的關鍵。

一、我對「語文」的探索與「教學反思」

華語區華德福教育，必然面對語文教學如何轉化的提問，「教學我」有近二十年的實踐經驗，我以人智學語文教學之觀點作功課[27]，從中找出對應之靈感，例如John H. Wulsin Jr.的"*The Spirit of the English Language: A practical Guide for poets, teachers & students*"，實則人智學對語文有著如洪保所言的「民族之心魂」的看法，那麼漢語特性、漢語發展史，甚至語言學知識亦需掌握。洪保（W.von Humboldt, 1767-1835）探索多民族與其語言的關係後發現：「語言具有一種能爲我們察覺到，但本質上難以索解的獨立性，就此看來，語言不是活動的產物，而是精神不由自主的流射（eine unwillkührliche Emanation des Geistes），不是各個民族的產品，而是各民族由於其內在命運而獲得的一份餽贈。」（姚小平譯，2004：21）個體在語言之中創造表現其獨特性格與思維歷程，亦反應所屬之社會文化框

---

[26] 在大量的閱讀施泰納的著作，特別是較有意識地進行博士論文這三年。這有如身在他發想構作的建築裡，展開他留下的設計圖，閱讀他的指示；然而，他的「設計圖」這比方或許無法反映出他做教育談論的脈絡，他的教育論述，大部份是演講記錄，再由速記員或是現場人士的筆記整理而成，他並不是以理論構作的口吻發言。可以說教育論述的文本脈絡，常是「隨緣設教」，有著脈絡性且常是針對現場、實務而有的談話。

[27] 如Steiner與語言認識相關之講集"*The Genius of Language*"（1995）然而，施泰納引證了許多德文爲例，認識較爲困難。此外「語言教學」亦可由人智學角度的「十二感官」（The twelve senses）出發（Soesman, 2011, 143-172）。人智學醫生Soesman 以爲，語言的教學必須由聽開始，語言覺和自身動覺是相對的（ibid, 151），語言和音樂也不同（ibi152），就人智學的角度，語言乃是大天使所創造，是大宇宙透過我們所形成的。這樣的見解對教師深入語言教學具有人智學的啓示，相關論述具有醫學基礎，亦不失爲華德福社群之外的教師之參考。

架中之民族精神，又說，「語言不僅只伴隨著精神的發展，而是完全占取了精神的位置」（ibid）。

　　1924年7月24日，施泰納說道：「……更且，如果你想瞭解「吾」（I being），你必須掌握且形成（make）某種你自身語言的內在本質和結構。我們透過理智來瞭解物質身體；透過對塑形的理解來瞭解以太身（ether body）；通過對音樂的理解來瞭解星辰身（astral body；而通過對語言深刻與透徹的理解來瞭解「吾」（I being）。」[28]（Steiner, 2004: 158）類似的意見並非孤證，顯見施泰納看重這樣的區分，例如載於 *"The Essentials of Education"* 的1924年4月10日早上斯徒加特（Stuttgart）演講，他指出我們抽象的、邏輯的來認識「物質身」（in an abstract, logical sense）；以帶著直覺認知的塑形活動（the sculptural formative activity with intuitive cognition）來認識「以太身」（etheric body）；成為一位音樂家且以音樂家眼光視「人」（human being）如視樂器一般，那就可以瞭解「星辰身」（astral human being）；而當我們瞭解在語字展現的「說話／語言天賦」（the genius of speech）的創造力，而不僅只透過說話將語字（words）與外化記憶（external momery）關聯起來，那麼我們得到了「自我」，亦即「吾」的知識。（Steiner, 1997: 49）。這些他關於語言本質性的談話，開啓了我對「語言／語文」的新視窗，而這些關於語言的探討，作用於教學與創作之上。

　　閱讀這些論述時，常也會設想自己是聽眾的一員，或是與他對話，更重要的，是與「教學我」己身的教育經驗、生命經驗進行內在對話。作家身份使我對語文有較貼近的理解，而對於王力、程抱一、葉維廉等具創作者身份的語文大家較能掌握。目前而言，我以「文字」、「文法」、「文

---

[28] And, if you want to understand I being, you must master and make the inner nature and structure of some language your own. We understand the physical body through the intellect; the ether body through an understanding of form(指泥塑／塑形); the astral body through an understanding of music; and I being through of a deep and penetrating understanding of language.

學」、「文化」作為切入方向，而在高中應該著讓孩子就「語文自身」有感觸，感覺到自己與語文一起工作[29]。若課程是「樂譜」，則教學有如共奏音樂。讓音樂再生，而要如此，就得進入「教學現場」。

二、讀譜與唱歌：教學現場的音樂性

語文學習常由具體的圖畫進入抽象的語文符號，教英文時，海浪（Wave）代表W，畫山（Mountains）代表M，畫村莊（Valley）代表V，這是視覺的教學藝術化，這可追溯至施泰納1919年8月26日的示範。（2013：64-76）中文具有強烈視覺效果，華語圈華德福學校的孩子學習寫字時，會遇到很多「字形」，參與各個漢字的「字形」演變。以慈心華德福的學生學習寫字的過程為例，學生看到黑板上有楷書，還有甲骨文、金文，甚至篆書。

圖3　華德福教師黑板畫　慈心華德福提供

---

[29] 我曾試著在文化／文學研究找對應、轉化之處。透過公開知識，得到反饋，並結構成師資培訓課程之講綱，較具規模如2010廣州師訓授課記錄；2011年5月21至22日「各民族文化中的文學」及2012年在慈心華德福師訓與資深教師Ben Cherry主講華德福語文課程，提供教學反思之機會。

「圖像元素」的發展在書法課可以看得最清楚[30]，書法課由形線畫而篆、隸、魏碑、唐楷以至於中學階段的行書、草書，同時在書畫同源的基礎上，將書寫與水墨書畫作課程的有機結合，在實踐上已具規模。孩子學習寫「寫字」也是由形線畫，某個程度來說，由畫字到寫字，經歷字的「形變[31]」（Metamorphosis）。孩子從四年級開始學習書法課程，課程隨同孩子的身心靈發展，由小篆、漢隸、魏碑、唐楷、行、草等呼應「復演」之需求。而進一步不妨這麼看，孩子加入了語文的流變，當每個字的意義被理解，它都帶來意義，孩子似乎在做識譜學習。

「圖像／視覺元素」易呈現於校務評鑑等書面報告，是於引用、轉述，而「研究我」長時間看課，開採出的整體課程印象，是前述「織體」，「音樂性」的隱喻，這似乎得親臨現場經歷「時間」才有深切體悟[32]。看課的課程主題有的是語文領域，有的可歸爲自然領域，而數學、社會主題，在低年段亦透過不同的「故事／敘事」成爲孩子的滋養，除了「圖像／視覺元素」，「音樂／聽覺元素」也會隨著不同的主題變化。孩子自然而然跟隨、模仿。這和華德福較高年段的學習景致相當不同。

范信賢&楊宏琪（2012）以爲「黑板畫」可見教師的投入，而我以看課記錄數算，每堂主課程內有數十首因主題不同而有的詩、歌、謠，教師更需投入龐大的心力熟習它們，親近它們；笛子、里拉琴等樂器的加入，更明顯看出「音樂／聽覺元素」的份量。我所看到的華德福教師不只是「畫者」。更是「指揮」和「歌者」，而「吟遊詩人」形象更隨著燭火旁的里拉琴音浮現。教室內的活動是成人在課程理念下的實踐文本，「圖

---

[30] 可見慈心書畫教師黃媛芊（2010）。中國書畫在華德福教育的意義。人哲，8，頁82-84。

[31] Metamorphosis，施泰納相當推崇歌德（Goethe），歌德有一書"The Metamorphosis of Plants"，記錄了他的植物研究，透過觀察，以「強化」和「極化」的觀念來說明有機體的變化，雖然以現在主流植物學的觀點看來玄了點，但當年也影響了十九世紀思潮。

[32] 即便我就服務於慈心，但是一直在中、高年段授課，僅止理智上認知，這不是駐點且帶著參與觀察角度而來的經驗可比擬的。

像」和「聲音」確實為教師課堂經營以及孩子課堂經驗的兩極。

> 而教材本身對孩子產生什麼影響？在這裡涉及到一個很廣泛的
> 觀點：我們必須學習認識，教材是如何產生。我們經常面對眼
> 睛和耳朵，時間和空間，圖像和聲音的兩極性，同時在教學內
> 容中我們也遇見其中兩者的綜合性。這是基本的經驗，當我們
> 自問我們要教什麼？什麼時候我觸動到眼睛？什麼時候觸動到
> 耳朵？什麼時候在「圖像」裡面？什麼時候在活動中，在「音
> 樂河流」中？（Wiechert, 2006: 72）

「圖像」除了可見之形象，更有整體、具象之意涵；「音樂」因在
兩段沉默間，有開始有結束，投向未知，等待完成。這之間就是語言的發
展與意義的推衍。「這是根據一項最重要的宇宙事實──在所有雕塑／圖
像藝術中，人是古老天體秩序的模仿者；模仿世界天體秩序最高境界的形
式，即是將世界複製於雕塑／圖像之中，但是，在音樂藝術中，人自身是
創造者。人並不是再造某些已存在的東西。而是徹底地創造未來才會出現
的東西。」（Steiner, 2013: 43）

Paker J. Palmer（2013: 102）指出，按新的看法，現實的一切都是既主動
又互動的，構成一個龐大的關係網絡，而身為此中的認識者，我們既採取
行動、也受他者的行動影響，而我們所認識的現實，則是我們與周遭環境
之間錯綜交會的結果，他說：「在這番交會中，我們肯定會有所塑造，但
也受到自己所屬的相互關係現實（the relation reality）塑造。」（ibid）「教
學我」的體會，我必須聆聽這來自「相互關係現實」的聲音，同時互動，
予以回應，共創樂曲，這樣每次的教學都像是創作且積極主動，課堂主題
將我們拉在一起，成為有組織的共同體。這樣投入課堂的教學好似音樂
家，不管是古老民謠唱和、古典交響或是爵士樂，都必然肯定著「聆聽」
的重要，唯有如此方有即興與真實交織，有譜也好，無譜也罷「……並不
表示即興是可以隨便怎麼樣就怎麼樣。即興的訓練依照的是最紮實的音樂
感與基本功，完全內化和聲與節拍的根本邏輯……」（楊照，2010：68）

三、「圖像性」與「音樂性」的人智學看法

　　施泰納在《實用教學指引》第五講描述了〈如何教導拼音文字的字母〉，對於母音要從「人的內在」與「人與世界的關聯」來重現，而外在物件的圖像是用來說明子音（Steiner, 2013: 69-71; 25），而對語言中「聲音」的感受，施泰納在〈將同感與反感運用在教育上〉呈現了他的看法，說話是種在胸部進行，也在頭部同步進行的活動，只不過在胸部中呈現出的更眞實（ibid: 19），「你只有在一開始眞的將語言視爲深植於人類情感中的東西時，才可能理解語言。」（ibid）對於施泰納而言，語言雙重地根植於人類情感之中。第一種深植於人類面對世界時，從自己的感情所帶出的所有東西，我們帶著一種明確的感受、一種感受的細微狀態（ibid），只要我們帶著心魂存在於人世，存在於這小宇宙中一天，我們就會與驚奇、詫異產生關聯。施泰納說：「如果我們能夠建立宇宙的關係、宇宙的關聯，就能夠與『詫異』的細微感受狀態相連結。然後，『詫異』轉變成了『O』（案：發「喔」的音）……『O』……也就是我們內在的呼吸被『驚奇』或『詫異』捉住的結果。所以，你們也可以將『O』看作是驚奇或詫異的表現。」（ibid:19-20）至於另一種針對事物的情感的細微狀態，施泰納是以類似「對比」或「二極」的方式來並舉，像是面對空無，或與空無相關的黑色，或其他相關之物的情感狀態是字母「U」（案：「烏」音）；而另一端是朝向充滿，以及朝向白色、明亮或所有與之相關的東西時的「A」（案：「啊」音）；另一組是類似防衛與抗拒的「E」（案：「ㄟ」音）和相對於此，類於合一感受的「I」（案：「壹」音），此外，施泰納提到了雙母音以及在東方語言較常見的「A」「O」「U」，這是類如「奧」的音，施泰納指出，這是東方人顯現出更多的敬畏感。（ibid: 22）施泰納對聲音的看法可佐證其語言觀的特徵：「語言是人類對宇宙的關係。」（ibid: 25）

　　前述Wilkinson說明了視覺的重要性後，他也提及聽覺：「……同時更重要的是這些字母代表的聲音也有其重要性，例如，B有閉鎖的成分，L代表開展之意，F和R則是表達著兩種不同的活動。」（1997: 13）有了上

述的體會，課堂裡藝術活動加入就不只是教學法或技巧這樣的思考，而是針對教學行動的根源認識而產生的作爲。一個字，它的形象展現了一個世界觀，此字的聲音也有著特色；不論視覺與聽覺，出於此認識教學的藝術性格外重要，也會更有靈感，正如施泰納於〈人學·第十一講·從出生到青春期的教育〉寫道：「在好的教學中，閱讀與書寫必須只用藝術方法教授。繪畫、塗色與音樂的最初元素必須優先於閱讀與書寫……如果我們首先讓孩子繪畫，接著從其圖畫中發展出書寫形式……正確的路線是盡可能透過意志去喚醒心智。我們只能夠藉由以藝術教育方法通到心智教育的路線，才能辦到。於是，即使當孩子最初交給我們負責的前面幾年，我們必須以藝術的方式教他們閱讀與書寫。」（Steiner, 2010）

　　Christof Wiechert是當代知名的華德福教育家、人智學學者，他早年就讀荷蘭海牙的華德福學校，並在華德福學校教學長達30年，2001年至2010年擔任瑞士多納赫哥德館教育部部長。他曾在以華德福教育特有的三種活動深入淺出的詮釋「圖像」和「音樂」這兩種相對的作用，這三種活動分別是「口述故事」、「濕水彩」和「優律詩美」（Wiechert, 2007: 73）。「生命之初就存在著圖像的一切，所有形成的、成形的、塑造的引領我們進入生命……這是一種過程，先是看不見的，在『出生之前』就開始的，而後慢慢地在看得見中呈現出來。」（ibid: 72）Wiechert提醒我們德文有這麼美的字：「Bildekräfteleib」，譯爲「形成力量之體」（ibid）這股力量來自靈性世界，帶著它的任務來到我們身體而準備完成。而「音樂」的力量可視爲是死後世界的影響，那是意志的力量，它們首先無意識地在身體功能的培養鍛鍊中作用，當身體功能成熟時，孩子的心魂清醒達到自主獨立性。這段時間正好是青春期。「對孩子來說，小學生活主要從圖像的力量開始，然後經過幾年時間慢慢地與音樂的力量結合。」（ibid）以人智學的見解，我們可以將「圖像」理解成「成形／塑造」的力量，這是我們由「未出生」前得來的力量；而「音樂」和情感與意志關聯，與身體關聯，它指向死亡[33]，是以Wiechert會說：「當我們述說故事時，使用的語

---

[33] 此處動用到的人智學理解，可參見本書所引《實用教學指引》〈第三講：藝術活

言具有音樂性質，藉此在孩子內心被喚醒內在的圖像。」（ibid: 73）

陸、「我」對「圖像性」與「音樂性」的體會與反思

語文教學的「圖像性」與「音樂性」，正與「課程／教學」共構。當施泰納提及教學與教育中這兩種元素時，並不特指語文教育，而是指這兩種元素普遍存在於教學與教育中而有奇妙的交織，在我們聽到的世界中「音樂」（musical）、「音調」（tonal）的元素，以及在我們看到的世界中「圖像」（pictorial）的元素。當然，我們聽到與看到的事物也混合著其他感官印象，只是它們不具有和聽到與看到這般相同的意義（significance）。（Steiner, 2007: 30-31）

爲充實研究者對「實際」的體會與認知，身處一到十二年一貫的教學場域，主要任教年段爲國、高中的研究者，亦至三年級授課，同時亦於十年級、十一年級、十二年級設計、教授「詩學」、「記實書寫」、「古文明／神話」，透過高年段課程教學經驗，反思它們與低年段課程的呼應。

「詩學」有著文學史和語言學的課程內容，綰合了自小到大所學的文學形式與內容；「記實書寫」呼應了高年段對「眞」的追求，也與十一年級「古文明／神話」分析式的理解呼應；「古文明／神話」特別呼應了四、五年級的古文明神話，但以較後設的角度去分析。這些與研究者投入三年級「創世記」主課程備課與教學時，因對象不同生起不同感受，同時也得到不同的教育經驗，而對此十二年一貫課程有「統整」之理會。

Karl Stockmeyer整理了華德福學校課程，並輯錄Steiner關於教學的演說記錄，是相當重要的課程參考。Steiner曾對十一年級的課程作過建議：「詩學、韻律學以及風格的學習都必須是這個年級美學和藝術課程的一部分。雖然是這樣，你也不必將風格限定在文學方面，可以擴展到其他形式的風格，好比藝術、音樂和雕塑。雕塑方面，我將採用Gottfried

動中的塑形／圖像性與音樂／詩歌性〉（施泰納，2013），以及更進一步，《作爲教育學基礎的人的普遍智識》〈第三講〉（施泰納，2014）。兩者皆同出於1919年8月23日斯圖加特對第一批華德福教師的培訓講座。

Semper[34]）對風格的定義……」（Stockmeyer, 2001: 33; Steiner1921/6/21演講）。Steiner於1923年4月24提到許多關於「圖畫式的意像」與「音樂的印象」，「歌德大部分的文學作品都可溯因於圖畫式的意像；而另外一方面，絕大多數藝術上的浪漫作品也可回歸音樂的印象。連接兩種不同型態的藝術即是重點所在。」（ibid）

　　研讀這些資料，研究者連結了在教學踐行與教學省思，並與華德福教師的論述和Steiner的話語進行內在對話，進行「反思回觀」（Reflection）[35]並記錄書寫，得到進一步深思之依據[36]，藉以嘗試形構、描述內在對話，得到關於「圖像／視覺」與「音樂／聽覺」之圖像。

一、圖像性：由文字出發

　　若以「形」、「音」、「義」來認識文字，漢語保留更多的形象。華德福教育的書寫和幾何、數學都是由「形線畫」[37]入手。這也是小一新生的第一堂課（見附件），透過形線畫的基礎，再進行字的書寫，而寫字都由畫開始。Wilkinson如此描述：

　　「讓我們從字母教學開始。字母教學開始時就是要以圖畫來呈現，

---

[34] Gottfried Semper十九世紀德國建築師。極有影響力的理論家。Semper堅持建築風格可反應當時的社會政治狀態，他相信在人類加工品，尤其是建築物似乎是來自無秩序的想像，但其深層的意義將被找尋出來 Semper尋求型體建造的原型是類似哥德之探尋植物生長的原型。

[35] 具體觀念參Lanzara〈變動的故事：從設計歷程的反映實驗中學習〉，收於Schön, Donald A.主編，夏林清、洪雯柔、謝斐敦譯（2003）：《反映回觀：教育實踐的個案研究》，臺北：遠流。

[36] 具體的有：(1)研究者發表之文字；(2)個人反思札記；(3)課程計畫書；(4)十二年一貫主題課程課表。

[37] 形線畫不同於一個有主題的繪圖，它是經常被教導的課程，在華德福教育裡是一個公共教學的實踐。形狀繪圖如同是一種特殊診斷治療的課程：心理、精神性、運動技巧、空間定位、自信心、自尊心等的平衡，促使孩子有組織架構的技巧，並能集中注意力，富邏輯的思考；透過顏色的選擇，可美化他們的想像力、創造力及情感的發揮，創造一份內在的和諧。（97校務評鑑）

小朋友或許會畫海浪、畫山、畫村莊，從這些圖形中，老師引導出字母的形狀，畫海浪（Wave）代表W，畫山（Mountains）代表M，畫村莊（Valley）代表V，同時更重要的是這些字母代表的聲音也有其重要性，例如，B有閉鎖的成分，L代表開展之意，F和R則是表達著兩種不同的活動。」（1997：13）其中關於字形與聲音，適可說明教師在語文教學中對圖像與聲音的連結。前述提及中文形象化的特色，每個字都可視爲一個世界圖像，這在書法課教學可以明顯看出。

> 對孩子而言「書法」是個陌生的名詞，但在學習的內容與形式上，書法課是一至三年級形線畫的延伸。藉由手的提壓的力量去體驗直線和曲線，再從現到空間視覺去體驗垂直、水平、左右對稱與不規則的對稱[……]○○華德福的書法課程是以孩子的發展階段對照華德福教育發展而成的藝術課程，是形線畫與語文課程的延伸與創作，在書法課程的引導與書寫裡，孩子得到對人類生命史與自我生命源流的探索與觸發。（內部資料，97校務評鑑）

書法教學、形線畫與語文課的結合，這是華語區華德福教學的特色。孩子從四年級開始學習書法課程，隨年級而上由小篆、漢隸、魏碑、唐楷、行、草等呼應「復演」之需求。考歷年教學記錄，書法教學自然有考慮學生的個別性，然在教授主題上，很清楚的對應各年級的歷史復演。一位華德福書畫教師如此記錄：

> 華德福教育在7-14歲期間任何學習都非常著重圖像式教育，而篆書是最接近象形的書體堪稱習字的基礎。依照歷史的演進過程，再發展成方正工整的隸書，然後是具最高美感並且具有書寫便利性的楷書。最後階段才朝向發揮自我的書體發展，此時行草書便成爲可以發展高度自由精神的書體。（黃媛芊，2010：82）

　　華德福學校沒有課本，教師將教材內容書畫於黑板，這是教師最直接的圖像經驗。對低年段的孩子而言，黑板畫可以提供豐富的圖像，甚至每天在教師打開黑板（被設計成可開闔）；高年段老師而言，在構圖的同時，也是內在工作，讓自己對教學內容形成圖像。然僅是畫圖，不足以瞭解圖像的意涵。

　　J. S. Brunner（1915-）之「認知表徵論[38]」（System of representation theory）出現之前，華德福學校在二戰前就掌握了相關原則，教師傳授新科目、新課題時，最初宜用「非語言」的指導，然後鼓勵學生運用由圖表、圖畫再現，形成心象（mental image），最後用符號（語言）進行教學，這與「外化（externalization）[39]」相關，是使對象「可看見的」能力。Steiner亦說道：

> 當你持續給孩子定義，當你說：「獅子是……」等等，而且讓他記在心裡的時候，這時候你就是在把死概念轉植給他，並且期待他三十歲，還依照你告訴他的原樣保持這些概念：訂定許多定義是活教學的死亡。那麼我們應該怎麼做呢？在教學中我們不准訂定定義，而必須致力於詳述（characterization）。當我們從儘量多種立場看事物，就是詳述事物。（2010: 132）

　　要能詳述事物，就必須深入理解事物的本質，這是種內在工作，讓所欲講講授的事物在心中有清晰的樣子，透過語言描述使其歷歷可見。這在故事講述是很有力量的。描摩圖像或創造這圖像的過程，須得經歷對該事物較全面的理解。從而方得掌握其本質，是以知「圖像」之產生和整體之

---

[38] 人類對其環境周遭的事物，經知覺將外在物體或事件轉換爲內在心理事件的過程，此即「認知表徵」（cognitive representation）或「知識表徵」（representation of knowledge）。理論內涵也有著動作、圖像與符號，很可能是學習的三個階段，且是最好的序列。

[39] 詳見Bruner著作。宋文里譯（2001）。教育的文化。遠流。（Bruner原著，1996）

參照有著密切的關係。而最重要的是，「內容要與教師結合，要發自內心的，與內在眞正的結合。」（鄧麗君、廖玉儀譯，2006：49）圖像之形構便產生內在工作的呼求。

二、音樂的體驗

語言喚起圖象，形成圖像的能力，與語言中的聲音能量和質地有關。研究我以爲對於「聲音」品質的意識，是近來慈心華德福對於語文教學另個意識開展[40]，「我們缺乏演說課，朗誦與歌唱是很不同的東西。」（會議記錄・20110312）我對語言中的「音樂性」喚起「圖像」的連結體驗，最大開啓是與吳欣霏老師學習河洛吟唱。2012年前後，社群內對河洛雅言的學習，以及身具南管、北管經驗的專任音樂教師進慈心任教，開展了慈心對語言聲音品質的體驗：

> 在吳欣霏老師的指導下，感受河洛雅言的魅力。體會。體會一個字的意義、圖景被喚醒，隨著聲音而有新生、成長、完成的生命感。由開始到結束，這眞的讓我更細緻、充盈。我相信這種力量將帶入慈心團隊。這體會，有如幾次David Anderson帶領的戲劇，如同寶珠師所言，那是每次都像禪修的戲劇課，或是說，感受到得到以太體的戲劇課；又好像幾次優律詩美舞者展現的化身聲樂。[……]其中「只在此身中」的「知哉ㄅ山丟嗡喔嗡」一逕入雲深天邊，雖然一會兒就九點半了時間太晚，但老師要我們靜坐後片刻後寫下心得，仍自然流露出「悠長入心」的感動。這算來是爲了《詩學》主課程而來的行程，收穫超乎

---

[40] 2011年教務處召開語言領域會議共計四次1月8日、1月21日、3月5日、3月12日，記錄簡要可於102年，這次會議有別於年段會議、課程發展會議等例行會議，乃特意邀集校內語文背景資深教師、優律詩美老師等由行政、教學、人智學研究角度對慈心語文發展做稍深刻的觀照。會議記錄可見《102校務評鑑》〈貳之二、校本課程與研究創新〉。

預期。謝謝辛伶謙媽邀約。（研究手札·20121005）

正是這種體會，我對「朗讀」、「吟誦」、「歌唱」這些不同的聲音品質有更細緻的辨別，「朗讀」是清醒的，「吟誦」是半夢半醒的，而「歌唱」是夢著的，這使得「教學我」設計語言課程聲音體驗，有了好參照。自我進慈心以來，每次教師會必有的歌唱鍛鍊，以及不時有之的合唱練習，還有隨著第一屆畢業生在高中時學習布農族八部合音，和諸多透過節慶、典禮等場合，在校園被眾人經驗著的各式聲音藝術，使得聲音藝術更能進入課堂當中；這使得我在研究施泰納對相關議題的說法時，如藝術活動裡的「圖像性」與「音樂性」（Steiner，2013：32-45）更有著體切的感受。華德福學校廣泛以歌曲、音樂進行教學，對音樂極為重視。語文形成圖像，同時亦有聲音之應用，聲音拉長彷彿將自我延伸，完成一個曲調，需要勇氣。當吟唱將聲音拉長出現「空間性」。當聲音歸入寂靜，投向沉默，音樂所構成的聲音樣像才告完成。聲音的品質、音樂性自是語文教學的重要內涵。資深華德福教師Roy Wilkinson提及詩歌教學時寫道：

「By dim moon glimmering coasts and dim grey wastes Of thistle gathered shingle and sea murmuring woods.」朦朧的月光灑在海岸，薊花蒐集了石礫散佈在無垠的荒漠，伴著海岸喃喃地低語。

這段英文原文，是由連串的韻律構成，這使得Wilkinson說：

此刻理解到什麼意義已不是重要的了，聲音本身、旋律、韻律才是無價之寶。這些聲音的美是六、七歲的小孩也能欣賞的，就算他們不能瞭解其中邏輯或語言知識上的意義。把這些律動——史代納所創造出來的動態藝術——加入課程之中，會有幫助的。（1975/1997: 134）

Nancy Mellon是位華德福教育工作者與藝術治療師，她提到故事是由

許多方面組成的：

> 語言的樂章：通常字音對孩子的吸引力大於字義。故事時間對
> 孩子來說就像一場文字浴。成人講述有節奏的故事時，孩子能
> 很快地進入其中，而大人也同樣能享受故事所蘊含的音樂品
> 質。有些故事主要建構在語言的聲音及節奏上。
> 圖像之流：其他較具畫面性的故事則呈現出一連串生動的圖
> 像，有時帶來不同層次的意義，像夢一樣。給自己一些時間凝
> 視故事的每個段落，想像一位極有造詣的藝術家正在你眼前畫
> 出這些場景與人物。透過練習，故事的圖像語言將得以發展，
> 就彷彿是你正穿過一個井然有序的畫廊。自活躍的想像力中湧
> 現而出的圖像多姿多采。相較之下，書中的插圖往往顯得平
> 淡。我們的視覺是與所有感官緊密相連的。」[41]（2013: 62）

小結與回觀

　　回觀過往語文教學之行動研究得到一組比喻：「說／聽；時間藝術」
與「寫／看；空間藝術」，關於此，Lévi-Strauss的《神話與意義》收錄
〈神話與音樂〉（2001: 76-90）就「神話」與「音樂」所做之對比，有
很好的參照。他轉述且發揮其友Roman Jakobson的見解指出「Le Son et le
Sens」（聲音與意念）是語言不可分割的兩面：「有聲音，聲音有一種意
義，而且，沒有一個聲音去表達它，便不可能有意義存在。在音樂，是聲
音的元素凌駕一切，而在神話，則由意義的元素獨領風騷。」（ibid: 88）
研究者曾以之為出發，在華德福師訓中發展教學課程，並形成這樣的圖
像：

---

[41] Nancy Mellon另列有「舞蹈的形式與方向」和「意義與道德」兩點，內容亦相當
精彩。

（sound　∞　sense））

　　呼應研究心得：「研究我」透過自我體驗得到理解以下理解，研究者作爲傾聽者，「說／聽」關係中參與時間藝術；研究者作爲觀看者，「寫／看」關係中參與空間藝術，而這些無非是意義建構、生成的一種可被把捉的方式，這成爲「教師我」教育踐行的參照點，以之爲資藉發展策略，想像「教育」或許可能是怎麼一回事。（研究者，2004，77）「圖像性」與「音樂性」的隱喻浮現，共鳴我平日關心的語文教學研究。

柒、「圖像性」與「音樂性」陳顯的教育美學

　　「圖像性」是有形象、固定、非時間、既知；「音樂性」是無形象、流動、時間性、未知的。2013年至2014年間，在一次教師會（Colleage），教師共讀施泰納1917/10/12演講，該講收於社群內部刊物《紫書》112-114頁，其中一段文字是本研究重要參照：

　　……音樂與發展歷程以及未來的一切事物均相連；而雕塑或建築的領域與過往的存在有關。……孩童是我們所能見的最美妙的雕塑品。身爲教師，我們需要具備音樂性的胸懷，這樣的心靈狀態是融入未來的。如果在教學時抱持這種感覺，就能在師生關係中加進一個美好的音符；因爲這將使教師在評價一個孩子時，無論這孩子多調皮，都能獲得最深的理解，並設定最高的目標。這樣的心靈狀態確實充滿教育的力量。

　　這幾次教師會，大家聚焦討論「音樂」和「雕塑或建築」的對照，這在我／研究者心中產生思考與自我對話。這促成研究者進一步研究，特別是施泰納對人類藝術活動的分說，1919年8月23日他於斯圖加特〈藝術活動中的塑形／圖像性與音樂／詩歌性〉說：

現在，我將所有帶進人類的藝術性活動，再分成兩種類型，一是雕塑／圖像的傾向，另一是音樂／詩歌的傾向。這兩種藝術的傾向——塑形／圖像的，以及音樂／詩歌的。確實是相反的兩極。然而，正是透過它們兩極化的差異，使得兩者能在更高層次中組合、更高層次的一體性之中融合。（Steiner, 2013, 32）

施泰納所指稱的圖像性，是種活生生的形象，他指出相對依據於觀念來教育。「另一個面向，是雕塑／圖像性，它活化僅憑藉觀念來發展的事物。」他接著指出要「盡可能及早讓孩子活在色彩的世界中」，因爲施泰納所指的雕塑／圖像是活的，因爲顏色本身就充滿了內在細微感受。關於「圖像」我們已申論許多，那麼「音樂」呢？Steiner的認知，「音樂」具有相當的獨特性，華德福教育中「音樂」更具特殊地位。「……音樂中存在著某種創造性，它超越大自然且從其中衍生而出。當人在發展音樂性時，人本身就成爲大自然的共同創造者……」（ibid, 45）對施泰納而言，兩者最完美的配搭是未來的優律詩美，在華德福社群中所熟知的看得見的音樂，中國譯爲「音語舞」。

我深深體會到由「Sound/Sense」、語言「形、音、義」的認識和施泰納分說的「圖像性」與「音樂性」兩極，得到以下這模型：

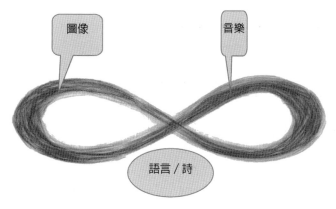

圖4 「圖像／聲音」交織的模型

　　就華德福教育視個人發展體現人類意識演化的復演觀來看，人類整體或個體向未來邁開腳步，如音樂般投向未知，確也同時是與「圖像」之映象發生交織，在教育現場，如是交織而成爲生命／發生。正如投向未知之「音樂」的隱喻：「眞正的音樂與眞正的詩歌是一種『創新』，並且出自這種創造行動之中，世界的木星、金星與火神星的演進將會形成。當我們與音樂性連結時，在某種程度上，我們經由音樂拯救了應該要發生的事物，我們將它從目前的存在無效用中拯救出來，並賦予眞實生命。」（Steiner, 2013: 43）是以我們得出：「圖像」實爲課程之整體；「音樂」乃現場投向「未完成」的創造。有如語文教學之體悟，圖像包含了意義，音樂使語言「成活」，無人可否認的是，那就是教育的發生，那種存在於過去卻帶來新意，帶來生命湧動的，就是詩。

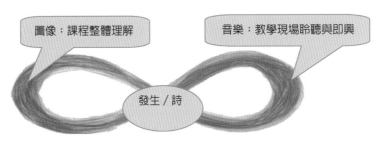

圖5　「課程整體」與「教學現場」之交織

　　凝視「課程」圖像，有如讀譜卻不是照譜操課，更好說是音樂感與基本功的磨練，對於種種音樂主題及其發展的練習；教學現場是聆聽互動之整體回應成爲對課堂的歌唱。正如施泰納所言：「在雕塑／圖像領域中，我們凝視美，並活在美之中；在音樂的領域中，我們自身成爲美」（2013, 43）透過課程研究與教學行動之體認，唯有對過往「整體圖像」之凝視，且在現場向未來投契而行「音樂」創造之時，教育不只是模仿，也不落入隨意而行。教育才眞實「發生」，教學才眞正有了生命！

參 考 文 獻

一、期刊、研討論文、計畫

Glökler, Michaela (2006)。有關華德福教育實務上的二十六個問題，收錄於**邁向健康的教育**。宜蘭：歌德館醫學部門和教育部門，48-69。

Wiechert, Christof & Osswald, Florian，余若君、韋萱譯（2010）。孕育生命的藝術2009亞洲華德福教育研習會演講紀錄。**華德福教育**，第八期，102-115。宜蘭：財團法人人智學基金會。

成虹飛（2014）。行動／敘說探究與相遇的知識。**課程與教學季刊，17**(4)，1-24。

吳梅（2012）。華德福在中國，載於**時代教育・教育家**2012年7月號。成都：時代教育報刊社，16-21。

邱奕叡（2007）。教育的藝術——○○華德福學校的課程與教學簡介。**中等教育，58**(3)，136-165。

洪詠善、范信賢、阮凱利、邱鈺婷（2016）。美感教育視點的國際視野：美國實踐案例之探析。載於范信賢、洪詠善、阮凱利、黃祺惠（編），**這樣，美嗎？美感教育在臺灣**（頁487-507）。新北市：國家教育研究院。

范信賢（2011）。慈心華德福學校課程的美學探究：E. Eisner觀點的映照。載於陳伯璋（主編），**課程美學**（頁257-280）。臺北：五南。

倪鳴香（2003）。葉子長出來，要紮多久的根：尋華德福教育（*Waldorf-padagogik*）在臺灣行動的足跡。**教育部顧問室創造力教育先導型計畫（T922062）**。臺北市：國立政治大學幼兒教育研究所。

夏林清等（2004）。單純地寫一個故事。載於Schön, D. A.**反映的實踐者：專業工作者如何在行動中思考**（頁7-11）。臺北：遠流。

梁福鎮（2007）。斯泰納人智學教育學的另類教育涵義。收於馮朝霖（2007）編著，**漂流・陶養與教育：臺灣另類教育學會2007年度學術研討會論文集**，75-102。臺北：元照。

梁福鎮（2008）。斯泰納人智學教育學之探究，載於**當代教育研究季刊**，第

十六卷第一期，2008 年3月，121-153。臺北：國立臺灣師範大學教育研究與評鑑中心。

陳伯璋（2001）。學校本位課程發展與行動研究，載於**行動研究與課程教學革新**，中華民國課程與教學學會主編，臺北：揚智。33-47。

陳貞旬（2007）。與四歲幼兒談生論死：一場由對話衍生的生命探究之旅。**教育研究與發展期刊**第三卷第一期，113-141。

馮朝霖（2001）。另類教育與全球思考。**教育研究月刊，92期，12月**，33-42。臺北：高等教育。

馮朝霖（2006）。希望與參化——Freire 教育美學推衍與補充之嘗試，載於李錦旭、王慧蘭（主編）**批判教育學——臺灣的探索**，137-167，臺北：心理。

黃媛芊（2010）。中國書畫在華德福教育的意義。人哲，第八期，82-84。宜蘭：財團法人人智學基金會。

黃寧靜譯（2009）。實用思維鍛鍊法（上）（轉譯自英譯版Rudolf Steiner1909年1月演說：Practical Training in Thought）。**圓智天地**，83期，頁13-22。

黃寧靜譯（2009）。實用思維鍛鍊法（下）（轉譯自英譯版Rudolf Steiner1909年1月演說：Practical Training in Thought）。**圓智天地**，84期，頁20-29。

楊照（2010）。**如何做一個正直的人**。臺北：文景。

歐用生（1994）。提升教師行動研究的能力。**研習資料。第11卷，第2期**，1-6。新北市：臺灣省國民學校教師研習會。32。

歐用生（2003a）。誰能不在乎課程理論？——教師課程理論的覺醒，收於**教育資料集刊**第二十八輯。臺北：國立教育資料館，頁372-387。

歐用生（2003）。校本課程發展的理念與實踐——臺灣經驗，收於**課程典範再建構**。高雄：麗文文化。133-150。

謝易霖（2010）。四個語言精靈與一個魔術師，人哲，第八期，58-65。宜蘭：財團法人人智學基金會。

謝易霖（2011）。青少年哲學教育及創意寫作的行動研究：北市自主學習實

驗計畫之經驗，**另類教育1**，147-213。

謝易霖（2011）。青少年哲學教育及創意寫作的行動研究：北市自主學習實驗計畫之經驗。**另類教育，1**，147-213。

謝易霖（2011）。生命整體、個人風格與生命技藝，收於○○**華德福學校家長會訊2011夏季刊，no.26**，43-45。

謝易霖（2016）。十二年一貫高中階段（9-12）美學主題課程初探：以臺灣慈心中小學實踐經驗爲例，**這樣，美嗎？美感教育在臺灣**，209-246。新北市：國家教育研究院。

二、碩博士論文

王士誠（2009）。**華德福教育神話教學蘊義之研究**。國立政治大學教育學系哲學組碩士論文，未出版。

謝易霖（2004）。**邂逅‧敍說‧蛻變——一個另類學校教師的行動研究**。國立政治大學教育學系哲學組碩士論文，未出版。

羅恩綺（2009）。**成爲學生生命的領航者——以一位華德福教師爲例**。朝陽科技大學幼兒保育系碩士班論文，未出版。

三、專書

■中文部分

Alvesson, M. & Sköldberg, K.，施盈廷、劉忠博、張時健（譯），國家教育研究院（主譯）（2011）。**反身性方法論：質性研究的新視野**。臺北市：五南。

陳新轉（2001）。**課程統整理論與設計解說**。臺北：商鼎。

黃譯瑩（2003）。**統整課程系統**。臺北：巨流。

馮朝霖編著（2011）。**漂流‧陶養與另類教育**。臺北：政大出版社。

曾曬淑（1999）。**思考＝塑造：Joseph Beuys的藝術理論與人智學**。臺北：南天。

華德福教師團隊，倪鳴香主編（2004）。**扎根與蛻變/尋華德福教育在臺灣行動的足跡**。宜蘭縣：人智學教育基金會。

Bruner, J.S.，宋文里譯（1996/2001）。**教育的文化**。臺北：遠流。

Carlgren, F.，鄧麗君、廖玉儀譯（1997/1998）。**邁向自由的教育──全球華德福教育報告書**。（Erziehung Zur Freiheit：Die Pädigogik Rudolf Steiners）。新北市：光佑文化。

Eisner, Elliot W.，郭禎祥、陳碧珠譯（2008）。**教育想像力──學校課程、教學的設計與評鑑**。臺北：洪葉。（原著作出版於1985，據2002版譯出）。

Eller, Helmut，滴水譯（2011）。**與孩子共處的八年：一位資深華德福教師的探索**。（Der Klassenlehrer an der Waldorfschule 1998）中國：天津教育出版社。

Finser, Torin M.，吳蓓譯（2006）。**學校是一段旅程──華德福教師手記**（School as a Journey-The Eight-Year Odyssey of a Waldorf Teacher and His Class）。北京：人民文學。

Humboldt, Wilhelm von（2011）。**論人類語言結構的差異及其對人類精神發展的影響**。臺北：商務印書館。

Jaman, Ron，李心儀、劉雲英、謝叔樺譯（2005）。**讓孩子與數學真實相遇**（Teaching Mathematics in Rudolf Steiner School for Classes I～VIII）。臺北：洪葉。

Lanzara，夏林清、洪雯柔、謝斐敦譯（2003）。變動的故事：從設計歷程的反映實驗中學習，收於Schön ,Donald A.主編：**反映回觀：教育實踐的個案研究**，臺北：遠流。

Lévi-Strauss，楊德睿譯（2001）。**神話與意義**（Myth and Meaning）。臺北：麥田。

Maxwell, J.A.，高熏芳、林盈助、王向葵譯（1996/2001）。**質化研究設計──一種互動取向的方法**（Qualitative research design: An interactive approach）。臺北：心理。

Mellon, Nancy，翁綾霙譯（2013）。**為孩子說故事**（Storytelling with Children）。臺北：洪葉文化。

Nieto, Sonia，陳佩正譯（2007）。**教師、生命、自傳**（What Keeps Teachers

Going）。臺北：心理。

Parker, P. J.，藍雲、陳世佳譯（2009）。**教學的勇氣**。臺北：心理。

Saltar, Joan.，余振民‧柯勝文譯（2000）。**我來了**（The Incarnating Child）。臺北：光佑。

Shor, I & Freire, P，林邦文（2008）。**解放教育學：轉化教育對話錄**。臺北市：巨流。

Shor, I & Freire, P，林邦文譯（1987/2008）。**解放教育學：轉化教育對話錄**（A Pedagogy for Liberation Dialoque on Transforming Education）。臺北：巨流。

Steiner, R.，何畫瑰譯（2012）。**認識更高層的世界：一條通往奧義的現代之路**。新北市：光佑。

Steiner, R.，柯勝文譯（2002/2005）。**人智學啓迪下的兒童教育**。臺北縣：光佑。

Steiner, R.，林琦珊譯（2013）。**實用教學指引：華德福學校1-8年級課程圖像**。臺北市：洪葉文化。

Steiner, R.，芮虎，李澤武，廖玉儀譯（2014）。**作爲教育學基礎的人的普遍智識**（Rudolf Steiner Verlag, Dornach, 2005）。臺灣：財團法人人智學教育基金會。

Steiner, R.，顏維震譯（1947/2010）。**人學**（1947年，英譯第二版1966版）。臺北市：洪葉文化。

Wilkinson, R.，余振民譯（1975/1997）。**教育的藝術**。新北市：光佑。

■英文部分

Kovacs, Charles (1999). *Ancient Mythologies: India, Persia, Babylon, Egypt*. Stourbridge: Wynstones Press.

Lindenberg, Christoph trns Peter Luborsky (2004). *Teaching History: Suggested Themes of the Curriculum in Waldorf Schools*. (trans: Geschichte lehren: thmat, Anregungen zum Lehrplan 1989) AWSNA.

Martusewicz, R. A. (2001). *Seeking Passage: Post-Structuralism, Pedagogy, Eth-*

ics. New York, NY: Teachers College Press.

Shor & Freire (1987). *A Pedagogy for Liberation: Dialogues on Transforming Education.* South Hadley, MA: Bergin & Garvey.

Shor & Freire (1987). *A Pedagogy for Liberation: Dialogues on Transforming Education.* South Hadley, MA: Bergin & Garvey.

Steiner, R.(1998). *Faculty Meetings with Rudolf Steiner: 1919-1922 VOLUME1*(Translated by Robert Lathe & Nancy Parsons Whittaker Faculty Meetings 1975) USA:Anthroposophic Press.

Steiner, R.(2007). *Balance in Teaching* (Translated by Ruth Pusch & René Querido Erziehung und Unterricht aus Menschenerkenntnis 1982, 1983)。USA: Anthroposophic Press.

Winter, Dorit (1998). *The Art and Science of Teaching Composition. AWSNA.*

四、課程資料

Caroline von Heydebrand (Author), Eileen M. Hutchins (Author)(1989). *Curriculum of the First Waldorf School*（translate and adapted with the permission of Verlag Freien Geistesleben, Stuttgart）1966 translate from *Vom Lehreplan der Freien Waldorfschule*.with additional notes on the teaching of English in English Schools by Eileen Hutchins. England: Steiner Schools Fellowship Publications.

Rawson, M. & Richter, T. (Ed.)(2000). *The educational tasks and content of the Steiner Waldorf curriculum.* Steiner Schools Fellowship Publications.

Stockmeyer, E. A. Karl (2001). *Rudolf Steiner's curriculum for waldorf schools* (Roland Everett-Zade, Trans.). UK: Steiner Schools Fellowship Publications. (Original work published 1969)

王尚文
泰國Assumption大學
哲學與宗教研究所助理教授

第十章

聽覺退化——
從阿多諾觀點論音樂教學

壹、美感教育，所為何為？

貳、美學與美感

參、文化工業與聽覺的退化

肆、感覺審視力的提升作為美學教育的目標

摘　要

「美學」（Ästhetik）一詞的原意乃是「感性的知識學」，美感教育的首要任務當是培養與提振感覺的靈敏性，亦即「審視力」（Einsiht），以體察內在與外在世界的豐沛性。然而當代的「文化工業」（Kulturindustrie）現象卻逆向地將人們的感官遲鈍化，以推銷出更多的文化商品並達到自身的利益最大化。

阿多諾（Theodor W. Adorno, 1903-1969）藝術哲學中最令人耳熟能詳的就是他對於「文化工業」的批判。文化工業將文化予以物化和商品化，以致於文化失去其最為寶貴的精神面向。此外，它還傷害了作為主體的人的感覺：人們在文化工業系統性的重複性麻醉中，漸漸失去感覺的敏銳性，成為資本主義商業邏輯下的犧牲品。這很明顯地戕害著人性以及美感教育。

從批判文化工業所帶來的感覺障蔽之中，我們看到了美感教育的一個積極面向：培養受教者的感受力，使之能夠在今日的巨量資訊之中，適當地分辨何者為真實感動人心的美，何者又只是資本主義推銷術中的糟粕。

關鍵字：審視力、美學、美感教育、批判理論、文化工業、聽覺、聽眾類型學

前　言

　　「美感教育」顧名思義是一種對於「美的感受」進行陶成的活動。然而由於理念的誤解、教育制度的不當設計、家長的虛榮心……等種種原因，這種活動往往淪爲一種身體上的技術訓練，而無法使受教者對於美感有進一步的提升。本文在此嘗試對於美感教育的理念進行探討。

　　本文分爲四個部分。第一部分以中華民國教育部所定的「美感教育第一期五年計畫」作爲一個楔子，並且參酌席勒和朱光潛的意見來檢視美感教育，可以發現培養「審視力」乃是美感教育的重點。第二部分回到「美學之父」鮑姆加登當初創立「美學」這門學科的初衷，我們也可以發現：美學除了是感性知識的科學之外，培養感覺的敏銳性，亦即「審視力」，也是密切相關的。第三部分進入到「批判理論」學者霍克海默和阿多諾對於「文化工業」的批判，指出文化工業爲了獲得最大利益而對於人類的感覺進行欺騙與鈍化，這嚴重傷害了美感教育的理想。第四部分，亦即本文的結論，提出美感教育的兩個面向：消極面是對於虛假的藝術文化現象進行批判，積極面則是提升受教者的感覺精緻度，如此才能眞正地感受到「感性知識的完滿性」，亦即「美」。

壹、美感教育，所爲何爲？

　　我國政府不知曾幾何時——也不知是幸或不幸——將「美感教育」定爲我國教育方針中的一項重點。「教育部因應民國103年即將啓動之十二年國民基本教育計畫，並爲落實中小學教學正常化與五育均衡發展之教育理念，進一步發展提升國民美感素養，使臺灣成爲一個具有美感競爭力的國家，教育部預定自103年起至107年推動『美感教育第一期五年計畫』」。以下是教育部所定的六大重點：

　　㈠美感教育從幼起：幼兒教育是美感啓蒙之關鍵。推動幼兒園美感及藝術教育扎根計畫，啓發每一個幼兒的美感覺知與經驗，奠定美力終身之基礎。

㈡美力終身學習：美的感受力、想像力、創造力、實踐力是終身的學習。自幼兒園到高等教育、自社區大學到樂齡中心，每個人都能持續在學校、社區、社會中學習美力，提升生活幸福感及創造力，並讓美的陶冶成為人的基本權利。

㈢藝術青年播撒美感種子：大專青年發揮美的影響力，透過藝術（含設計）教育，與山地、沿海、離島的學童共同創造美感生活的經驗與表現，播撒美感種子。

㈣教師與教育行政人員美感素養提升：各教育階段學校教育人員能夠透過藝術欣賞、美感教育的途徑、美感教育環境實作等各種形式的課程，提升「美感啓發與覺知」、「美感生活與體驗」、「美感認知與表現」、「美感文化與品味」、「美善人、事、物的賞析、建構與分享」等美感與美感教育的素養。

㈤厚植美感教育研究發展實力：致力美感教育長期扎根與研究發展。透過推動美感教育實驗計畫，研發各教育階段美感教育課程、教材教法、學習評量；調查分析各教育階段學生美感素養之表現與問題，累積縱貫性研究資料，並整合連結美感教育研究與資源等途徑，改善美感教育與人才的育成沃土，厚植臺灣美的實力。

㈥美感教育點線面：美感教育之推展自幼兒至松年，循序漸進系統推展。從點的獎勵與試行，到線的聯盟與協作，進行擴展全面性的美感終身學習。以美的感受力、想像力、創造力與實踐力為經，以家庭、學校、社區、社會為緯，實踐於生活各層面，強調美感經驗者之自發性的學習與行動，以實現樂善好美的藝文社會。[1]

這六項重點可說是面面俱到：從「幼兒至松年」，從城市到離島，從施教者到受教者，都被規劃在這個計畫中。然而為何要「提升國民的美感

---

[1] 中華民國教育部（2014）。美力洋溢・攜手行動，啓動美感教育新紀元——教育部美感教育第一期五年計畫。2014年3月25日。取自http://www.edu.tw/pages/detail.aspx? Node=1088&Page=20695&wid=1112353c-88d0-4bdb-914a-77a4952aa893&Index=1。

素養」呢？美感素養提升了之後對於個人、國與社會究竟有何益處呢？教育部似乎沒有多做解釋。不過本文認為，必須先將這個關鍵觀念釐清，人們才有辦法制定正確相應的實踐策略，才不會虛擲有限的人力與物力。比如說在音樂教育上，若人們不先討論音樂教育要教導受教者什麼內容，則音樂教育很容易就淪為一種純粹的樂器演奏技術訓練，而偏離了音樂教育原本的初衷。[2]

今日吾輩在提到美感教育時，通常直接會聯想到德國文學家與哲學家席勒（Johann Christoph Friedrich von Schiller, 1759-1805）的作品《審美教育書簡》（*Über die ästhetische Erziehung des Menschen in einer Reyhe von Briefen*, 1801）。在這本小書——但它卻是討論美感教育最知名的經典之一——席勒指出：「培養感覺功能是時代更為緊迫的需要，不僅因為它們是一種手段，可以使已經得到改善的審視力（Einsicht）對生活發生作用，而且還因為它本身就喚起審視力的改善。」[3]

此段文字中，「培養感覺功能」似乎值得人們注意。「感覺」不是人們生而俱來的一種功能嗎？為何還需要「培養」？在此處席勒揭示了一個重點，那就是：感覺並不是一種單純的生理學過程——感官接觸到外在世界的感覺與料（sensedata）之後透過神經傳導將訊息傳到大腦——而是一種可以透過「培養」而達到「深化」的一種意識狀態。這也可以從這段文字中「審視力」這個概念看出端倪："Einsicht"這個詞是由"Ein-"和"Sicht"這兩個字所組成。"Sicht"的意思是「看」，"Ein-"這個字首是「進入」之意，"Ein-sicht"的直譯就是「看進去」。也就是說，美感教育的目的不只是提供各種表面上不同的感覺形式，而更在於培養、深化感覺的功能，讓人們藉由感官但是不停留於感官，穿透表象更深入到事物內部。

類似的觀點，我們也可以在美學大師朱光潛的主張中看到。在《談

---

[2] 相關的討論可參考王尚文（2012，11月）。「理解」作為音樂教育之核心。載於國立臺灣大學哲學系主辦之「2012教育哲學學術研討會」論文集，頁81-89。

[3] 馮至、范大燦（譯）（1999）。Friedrich Schiller著。審美教育書簡。馮至全集，第十一冊。石家莊：河北教育出版社：1999，頁51。

美》一書中,朱光潛談到了他美學研究的宗旨:

> 人心之壞,由於「未能免俗」。什麼叫做「俗」?這無非是像
> 蛆鑽糞似地求溫飽,不能以「無所為而為」的精神作高尚純潔
> 的企求;總而言之,「俗」無非是缺乏美感的修養。
> 在這封信裡,我只有一個很單純的目的,就是研究如何「免
> 俗」[……]我時常領略到能免俗的趣味,這大半是在玩味一首
> 詩、一幅畫或是一片自然風景的時候。我能領略到這種趣味,
> 自信頗得力於美學的研究。[4]

所謂的「俗」,就是人們只停留在對於表象上的滿足,只沉溺在眼前近利的追求。然而美學的研究教導人們不只是單純地「看」一幅畫或是一片自然風景,而是要「玩味」它們,也就是進入到對象的表象之中去理解其深意,此乃可與上文席勒所稱的「審視力」互相詮釋。

貳、美學與美感

如果單單從中文來理解,會發現「美學」——一門討論「美」和「藝術」的學科——和「美感」——對於「美」或「不美」的感受——雖然相關,但是似乎仍然是兩回事。然而我們看到席勒與朱光潛的說法,這兩者又似乎息息相關。如果回到歐洲語言來看,「美感的」(aesthetic)和「美學」(aesthetics)其實指稱著同一件事情。

美學這門學科的「內容」在西方文化中,其實在哲學與藝術無比昌盛的古希臘就已經誕生了:比如說在柏拉圖與亞里斯多德的著作中,我們就可以看到許多相關的討論。然而美學這門學科的「名稱」,卻是遲至十八世紀才由鮑姆加登(Alexander Gottlieb Baumgarten, 1714-1762)所鑄造出

---

[4] 朱光潛(1995)。談美。臺北:洪葉文化事業有限公司。頁3-4。

來。鮑姆加登在1735年的《一些關於詩的哲學沈思》（*Meditationes philo-sophicae de nonnullis ad poema pertinentibus*）中首先提出一門「美的科學」的要求。1742年他在奧德河旁的法蘭克福（FrankfurtamOder）大學開始講授這門課程，並且於1750年以*Aesthetica*爲名，將這些講稿出版。[5]

鮑姆加登以古希臘文的$\alpha \ddot{\iota} \sigma \theta \eta \sigma \iota \varsigma$（aisthēsis），亦即「感覺」一詞，鑄造了拉丁文"Aesthetica"一詞，作爲他1750年大作的標題。在*Aesthetica*一書中，鮑姆加登討論了「美」與「藝術」等諸相關問題，但是他的重要貢獻更在於建立了一門「感性知識的科學」（Wissenschaft von der sinnlichen Erkenntnis），並且以此補充他的老師沃爾夫（Christian Wolff, 1679-1754）所建立的理性知識論系統。在沃爾夫的系統中，「他關心的是明白（distinct）的概念，也就是那種可以用文字傳達的概念；他並不關心『清楚』（clear）但不『明白』的概念，也就是清楚但無法用文字傳達的，例如一種特定顏色的概念。而且由於他相信有關美感享受的概念不是明白的，因此他省略美學的處理。甚至當他考慮人的能力或機能時，他集中注意在『高級能力』（vires superiores），而將『低級能力』（vires inferiores）留給所有的動機和意圖。而且他相信美的快感是低級能力、感覺能力的作用，也是使他省略美學理論思考的理由。」[6]

然而對於鮑姆加登來說，感覺所帶來的也可以是一種知識：「哲學家是芸芸眾生之一，如果他認爲，如此一大部分的人類知識與他無關，那麼他表現得並不好。」[7]而這種感性知識的最完滿狀態就是美：「美學的目的是感官知識本身的完滿（perfectio cognitionis sensitivae）：這就是美。」[8]

---

[5]　Joachim Ritter (1971). Ästhetik, ästhetisch. In Joachim Ritteretal.(Eds.), *Historisches Wörter buch der Philosophie*. Vol. 1. Basel: Schwabe Verlag,, col. 1556.

[6]　陳潔明、關子尹（譯）（1993）。FrederickCopleston著。西洋哲學史。卷六：盧梭到康德。臺北：黎明，頁158。

[7]　Baumgarten, Alexander G.(2007). *Ästhetik* (Dagmar Mirbach, Trans). Hamburg: Felix Meiner. P.15.

[8]　Ibid., p.21.

　　沃爾夫因爲感官感受的不明確而將其排除在知識的領域之外，鮑姆加登則是發現在這種不明確之中，其實具有一種層級性，所以他才會指出：美是感官知識的「完滿」。這代表：存在著「不完滿」和「完滿」的感官知識，只是在一般情況下，一般人所接觸的感官感受僅是那些不明確或不完滿的部分。而美學──或者我們可以稱「美感學」──研究的目的，乃是冀望我們去追求那感官知識中的精華。

　　由鮑姆加登、席勒和朱光潛的主張中，我們可以看出，其實美學所關心的（一個）重點，乃是審視力的問題：如何穿透表層的感官感覺，進入到感官知識的精華或完滿性。所以是否受過美學研究薰陶的差別就在於：只能耽於表面上五光十色的感官刺激，或是能藉由並且穿透感官感受，進入到一個美的完滿性世界中。所以美學教育應該要透過各種方法，來培養受教者的審視力，亦即敏銳的感覺能力。

參、文化工業與聽覺的退化

　　然而西方這種對於美感教育的理想在二十世紀遭受到一種系統性的挑戰，那就是所謂的「文化工業」。而對於這個現象批評最力的，是著名的「批判理論」（Kritische Theorie）學者。

㈠批判理論與大衆文化

　　1937年霍克海默（Max Horkheimer, 1895-1973）寫了一篇名爲〈傳統與批判理論〉（*Traditionelle und Kritische Theorie*）的文章。在這篇文章中他指出：在「傳統理論」中，是先設定一個終極目標，然後朝著這個目標進行探究，不過這種思考模式因爲這個預想目標的限制而走向僵化和宰制的可能；而「批判理論」則是與之相反：它不設定一個終極目標，純粹藉著批判事物不合理的一面來進行批判理論的工作。換句話說，傳統理論的思維是要告訴我們什麼「是」眞理，而批判理論則是要告訴我們什麼「不是」眞理。

　　自此，「批判理論」就成爲霍克海默和他的好友阿多諾（Theodor W.

Adorno, 1903-1969）以及其他一群志同道合人士，如馬庫色（Herbert Marcuse, 1898-1979）、班雅明（Walter Benjamin, 1892-1940）等人，他們這一個團體的稱號。由於這個團體主要是在霍克海默擔任所長的位於法蘭克福的「社會研究所」（Instituts für Sozialforschung）活動，所以他們又有一個「法蘭克福學派」（Frankfurter Schule）的稱號。另外，因為他們的主要想法承繼了一些馬克思的重要主張，比如說「材質主義」（Materialismus）和「意識型態批判」（Ideologiekritik），所以他們又被稱為「新馬克思主義」。

　　批判理論主要所關注的領域有經濟學、個體的發展以及文化。這個研究團體的特色，就在於他們對於「社會」進行各種跨學科的研究。對於他們來說，社會並不是人群在某一個特定時間的總合，更重要的是各種不同的社會關係，這些關係極強大地超越了個體而存在，並且限制了人類的性格以及行動可能性。在這些影響個體行動的關係中，「大眾文化」是一個特別重要的因素。

㈡大眾文化與高雅文化

　　英文與德文的「文化」（culture, Kultur）一詞來自於拉丁文"cultura"，指的是「耕種」之意。從西塞羅開始就流行將哲學稱為「心靈的修養」（cultura animi）。德國的自然法教師普芬朵夫（Samuel von Pufendorf, 1632-1694）決定性地將"cultura"和"natura"，亦即「自然」對立起來。他不再從神學的角度將自然理解為原始的亞當樂園狀態，而是一種在社會之外的不幸福狀態。也因此文化這個概念獲得了物質文明的（ergologische）以及社會的意義。到了赫爾德（Johann Gottfried von Herder, 1744-1803）文化概念才獲得了現代的意義。他將歷史性（Historizität）加入到文化概念中，使得這個概念成為國家、民族和社會的一種自我改變和自我完成的生命形式。[9]

---

[9]　Cf. Perpeet, W. (1976). Kultur, Kulturphilosophie. In Joachim Ritter et al. (Eds.), *Historisches Wörterbuch der Philosophie*. Vol. 4. Basel: Schwabe Verlag. Col. 1309-1324.

在每個時代都有它們的大眾文化（Massenkultur），但是大眾文化要到近代才成為一個重要課題。由於科技的發展以及大眾傳播媒體的進步，大眾文化在二十世紀獲得了驚人速度的發展。從十九世紀工業化社會開始，由於城市聚集了大量的人口，所以他們的空閒時間如何安排，成為了一個重要的社會課題。

學者通常將大眾文化與精英文化（Elitenkultur）或高雅文化（Hochkultur）對舉。從歷史上來看，在早期社會中，高雅文化是和貴族關聯在一起的。然而在法國大革命之後，貴族失去了權力，高雅文化慢慢地流傳到民間，才開始被尋求如何在內容上而非在社會階級上被定義，並且和較大的文化活動效果以及有興趣的人士（無論他們的出身如何）關聯起來。高雅文化通常指的是音樂、造型藝術、文學、表演藝術，這些藝術形態必須符合某些確定的美學標準以及有效用的教育理想。並且從十九世紀開始，大學更扮演了一個推廣高雅文化的重要角色。從事高雅文化需要長時間的技術養成訓練，還有美感理念的薰陶，才有辦法達到高雅文化所要求的美學標準和教育理想。

相較之下，大眾文化的訴求就很不一樣。一來是它的對象是一般大眾，所以其內容必須要平易近人，忌諱深奧晦澀；二來接觸大眾文化的人比較想得到的是可以讓他們精神放鬆的娛樂，或是感官上的暫時解放。如果還期望這些觀眾花頭腦去思考其中有什麼隱喻，那可能要求過高了。但是基本上，大眾文化仍然是一種「文化」，也就是說，它還是有某種程度上的教化作用與期待。

除了內容上的要求和高雅文化不同之外，十九世紀以後的大眾文化還有一個特色，那就是和資本主義的結合。資本主義的邏輯是累積資本並且追求利益的最大化。當資本主義在大眾文化中嗅到豐富的數量所可能帶來的利益時，便毫不猶豫地參與到其中。然而當大眾文化和資本主義結合時，主導的已經不再是文化因素，而是商業邏輯。

㈢ 文化工業及其缺失

霍克海默和阿多諾稱這種大眾文化和資本主義的合體為「文化工業」

（Kulturindustrie）。「文化工業代表的是文化與商業的緊密結合。在這種緊密結合的關係中，文化工業常成爲資本主義制度的維護者。」[10]霍克海默與阿多諾合著的《啓蒙的辯證》（*Dialektik der Aufklärung*, 1944）中，其第二章的標題爲〈文化工業：啓蒙作爲大衆欺騙〉（Kulturindustrie: Aufklärung als Massenbetrug）。在這一章中，此書的作者們指出：當資本主義進入文化領域之後，許多東西都開始變質。在此指出文化工業的主要兩點缺失：

首先，則是文化工業這種體制在本質上是反文化和反藝術的。爲了達到最大的產量，而非追求作品的精神性與精緻性，資本主義遂以工業化的方式來製造這些文化商品。工業化的生產方式所強調的，乃是被生產物的「規格化」與「同質化」。而這種工業化的要求，恰恰和傳統藝術所強調的「單一性」和「一次性」，亦即和班雅明所指稱的「靈光」（Aura）[11]背道而馳。

其次，是主體在這種結構之中受到欺騙和傷害。在文化工業之中，文化這種精神之物變成了「文化商品」（Kulturware）。當文化成了一種商品時，它所發展的邏輯就不再是文化性的、精神性的，而是資本主義的邏輯；它不再是以追求精緻性和精神的提升爲目的，而是以累積和創造資本爲目的。爲了達到最大利潤，資本主義從生產到行銷使用了許多的手法，來達到這個目的。比如說在生產時使用工業大量製造的方式來生產許多文化紀念品，或者是以大量曝光的廣告方式來刺激民衆消費，甚至是製造假需求來欺騙民衆購買這些文化商品。而這種對於主體感覺能力的欺騙與傷害，正是對於前述美學理想最鮮明的否定。

㈣〈論音樂中的拜物教性格和聽覺的退化〉

在這種資本主義的欺騙之下，民衆成爲待宰的羔羊，只能默默地被餵

---

[10] 方永泉（2012）。遊戲、文化及教育。臺北：學富。頁90。

[11] Cf. Benjamin, Walter(1996). *Das Kunstwerk im Zeitalter seiner technischen Reproduzierbarkeit*. Frankfurt a.M.:Suhrkamp.

養著各類資訊。在各種長期且強烈的資訊侵襲之下，久而久之，人們的感官逐漸變得遲鈍，變得無法以自己的感覺來評判文藝作品的優劣，而只能人云亦云，以按「讚」的次數多寡來判斷一件作品。[12]在這種情況下，談論審視力的培養變成了一種空虛的回聲。

發生在音樂領域中的這種情形，阿多諾稱爲「聽覺的退化」（die Regression des Hörens）。這個概念主要是阿多諾在〈論音樂中的拜物教性格和聽覺的退化〉（Über den Fetischcharakter in der Musik und die Regression des Hörens, 1938）這篇長文中所提出的。「拜物教」（Fetischismus）這個字來自於葡萄牙文的"feitiço"，拉丁文的"facticius"，意指「藝術地錯誤」和「魔術」。「這個字首先由葡萄牙人在引申的意義上用來指西非的神像。法國人德布羅斯（Ch. De Brosses）將這個概念在一種和原初意思有所語言學變異的意義上引進科學中，以此他將這個概念從原始民族中所發現的信仰應用到世俗對象的權力負載（Machtgeladenheit）上。」[13]

卡爾・馬克思（Karl Marx, 1818-1883）在《資本論》（Das Kapital, 1867）的第一章〈商品的拜物教性格與其奧祕〉（Der Fetischcharakter der Ware und sein Geheimnis）中使用了這個概念，並且以此概念作爲政治經濟學的批判概念。馬克思宣稱，在資本主義的交換關係之中，出現了一種特別的性質，稱之爲「商品的拜物教性格」，它是「當勞動產物取得商品形式時，謎一般的性格」。[14]

阿多諾進一步將這個概代應用到音樂的文化領域之中。他指出，就是音樂中的這種拜物教性格導致了聽覺的退化。「在音樂的拜物教性格的對立極上發生了一種聽覺的退化。這不是指單一聽眾倒退到原本發展的一

---

[12] 參考王尚文（2010，4月16日）。點擊率重估一切價值的時代。中國時報。http://showbiz.chinatimes.com/2009Cti/Channel/Showbiz/showbiz-news-cnt/0, 5020, 10010905+112010041600398, 00.html

[13] Lanczkoski G. (1972). Fetischismus, I. In Joachim Ritter et al. (Eds.), *Historisches Wörterbuch der Philosophie*. Vol. 2. Basel: Schwabe Verlag Col. 940.

[14] Marx, Karl (1962). *Das Kapital*, Vol. 1. *Marx Engels Werke* (MEW), Vol. 23, Berlin: Dietz Verlag. P.86.

個較早階段，也不是一個集體總水準的倒退〔……〕而是那合於時宜的聽覺，那退化者，緊抓住童稚階段者。聽的主體，伴隨著選擇的自由以及負責，所損失的不僅是有意識認知音樂的能力──這種能力曾經被一小群團體所限制住──而是他們倔強地根本否定這種認知的可能性。」[15]

在音樂的拜物教中，所有的音樂都成了同質性的商品，它們的功能就是提供給聽眾孤立的刺激，聽眾只能片段地去感受音樂。「那些僅僅還有能力的耳朵，從被提供之物中聽著人們對其所要求的，還有那些記錄著抽象刺激之物，而非將這些刺激的環節（Reizmomente）帶進綜合（Synthesis）之中，只是拙劣的耳朵。」[16]就如同老子所指出的「五音令人耳聾」）（《道德經》第十二章），這裡所稱的「耳聾」並非指生理上的無能力，而是說這些已經習慣重低音的「拙劣的耳朵」，對於音樂藝術所強調的「聲響的意義」，充耳不聞。

㈤三種退化的聽覺類型

在這篇文章中，阿多諾提出了三種聽眾類型，阿多諾認為他們各有著不同的聽覺退化程度。

1. 第一類是「狂熱分子」（der Enthusiast）：這種人會寫「熱情的信給廣播電臺和音樂廳」，並且「在精心引導的爵士會議上〔展現〕他們自己的熱情，作為他們所購買商品的廣告。他們稱自己是吉特巴迷（jitterbugs），宛如他們要同時肯定和嘲笑他們個體性的消失和在醉迷地發出嗡嗡聲金龜蟲之中的變化」。[17]而他們的這種熱情，阿多諾認為只是一種「虛假的主動性」（Pseudoaktivität）。

2. 第二類是「有熱忱的人」（der Eifrige）或是「業餘愛好者」（der

---

[15] Adorno, Theodor W. (1978). Über den Fetischcharakter in der Musik und die Regression des Hörens, In Theodor W. Adorno, *Gesammelte Schriften*. Vol. 14. Frankfurt a.M.: Suhrkamp. P.34.

[16] Ibid., p.39.

[17] Ibid., p.41.

Bastler）。他「在下班之後回到寧靜的小房間裡『忙著』聽音樂」。[18]相對於第一類人「外放的」虛假主動性，這一類人所展現的則是「內斂的」虛假主動性。他嘗試做個「業餘愛好者」，勤奮地自己安裝音響，研究怎麼樣的音響最好……等等。可是「談到拜物教聽覺來說，這種業餘愛好者可能是最完全的。他所聽的，甚至他怎麼聽的，對他來說，都是無關緊要的；他所關心的只是，他在聽而且他成功地用他私人的機器在公開的機械裝置中將自己接通，而沒有對其施加最輕微的影響。」[19]阿多諾認為這種類型的人是最完全展現拜物教聽覺性格的人，他最明顯地將交換價值予以偶像化。

3. 第三種是「能幹的傢伙」（die patente Kerle）：這類人他「到處都可以找到頭緒，並且所有事情都可以自己辦好：較高年級的中學生，他在每一個社會都樂於自我完成要求，為了舞蹈和娛樂，將爵士樂以機械般的精準漫不精心地演奏：。加油站裡的男孩，當他在加汽油時，無拘無束地哼著切分音；聽覺專家，他可以細數每個樂隊並且沈浸在爵士樂的歷史裡，就像在處理救恩史[20]一般。」[21]表面上看起來這種類型的聽眾能夠自由地玩音樂，但其實他表現出對於統治狀態的完全服從：「他將自己表現為對世界吹口哨的獨立者。但是他所吹的，是它〔世界〕的旋律〔……〕汽車司機是能幹的傢伙這種聽覺類型的表率。他對於所有統治者的贊同如此之廣，以至於他完全不製造更多的反抗，而是出於自身業已越來越去完成，為了可以有效的運轉下去之故而被他所要求之事。他竄改在物化體制統治之下他的下層秩序的完成的意義。」[22]

說他們是「退化的」，是因為他們在進行音樂聆賞這種活動時，都不

---

[18] Ibid., p.42.

[19] Ibid., p.43.

[20] 在此處，阿多諾暗諷這類聽眾將爵士樂當成心靈救贖的來源，所以他們將爵士樂團的歷史就當成上帝的救恩史。

[21] Ibid., p.43.

[22] Ibid., pp.43-44.

是將音樂──由聲音與其結構所構成的藝術作品──本身當成重點，而且他們也沒有能力以自己的感官來判斷音樂的優劣。在這些情況中，音樂只是他們在資本主義的物化體制中的陪襯。

肆、感覺審視力的提升作為美學教育的目標

看了上述的分析，讀者們可能會有一個印象：阿多諾似乎是站在精英文化的立場批判大眾文化，在音樂上更是從歐洲古典音樂的角度批判流行音樂。在此，本文想要對於這一點做出澄清：阿多諾所批判的並不是流行音樂「本身」，而是批判其背後主導的商業邏輯。不巧的是，大部分的流行音樂都是以商業利益為出發點，所以都成為阿多諾批判的對象。

現代資本主義社會不斷地將個人「同質化」與「單一化」，將所有的人變成一種「單面向的人」：興趣、行為與價值觀都變得類似。在文化工業的洗腦下，大多數人是變得無法靠自己的感受去分辨好或不好，只能人云亦云。要破除這種困境，必須要培養每位個體具有批判精神。批判精神一方面讓人可以識破外在社會對於個人惡意的系統性扭曲，另一方面讓人們培養自我意識，並因而發展出自我的特性。而由此種具有批判精神個體所組成的社會，也才是一個健康多元並且可以進行理性討論的社會。因此批判精神的宣揚與培養，乃是刻不容緩之事。

「五色令人眼盲，五音令人耳聾」。尤其今日的「資訊社會」（information society）比起阿多諾當時所批判的「工業社會」來說，充斥著更多虛假和無意義的資訊。然而資本主義的欺騙邏輯在今日已經掌控了這個地球的絕大部分領域。要將這種邏輯完全革除，不啻是緣木求魚。比較可行的方法，是學習如何與資本主義這種今日必要的惡和平相處。而具體的作法，就是在這茫茫的資訊之海中，以理性為基礎，揀選出適合於個人的部分而加以利用。

這種理性揀選必須要配合敏銳的感覺，亦即席勒所稱的「審視力」，洞察出其中的真真假假。而要提升這種審視力，在消極方面必須要去除障蔽甚或麻痺感覺之物，如同阿多諾在此處所做的批判工作；在積極方面，

則是要培養感覺的敏銳性，讓感官可以更進一步地感受到事物的細緻與完滿，並以此與拙劣的事物區分開來。至於「如何」培養這種感覺的敏銳性？最直接的方式就是由教師帶領學員們對於具體的藝術、音樂作品，尤其是大師級的作品，進行細膩的觀察與分析，好讓學員們瞭解藝術之所以成為藝術，其中的精到之處。

所以我們看到了美感教育的積極任務：美感教育的重點不應該被錯置於實作與技術訓練之上，就如同今日臺灣的音樂班或美術班所做的課程設計一樣；而是應該鼓勵和教導受教者如何去感受、去欣賞藝術作品其中的奧祕：藝術家們如何以各種媒介，隱含地或明確地表現出他們想要表達的理念。以培養感覺能力的敏銳性為前提，陶成大眾「以耳思考」（mit den Ohren denken）[23]的能力，這樣的美感教育對於國家社會與一般大眾才是有益處的。

---

[23] Adorno, Theodor W.(1978). *Prismen*, In *Gesammelte Schriften*, Vol. 10. P.11.

參考文獻

中文

陳潔明、關子尹（譯）（1993）。Frederick Copleston著。西洋哲學史。卷六：盧梭到康德。臺北：黎明。

中華民國教育部（2014）。美力洋溢‧攜手行動，啓動美感教育新紀元—教育部美感教育第一期五年計畫。2014年3月25日。取自於教育部網站：http://www.edu.tw/pages/detail.aspx?Node=1088&Page=20695&wid=1112353c-88d0-4bdb-914a-77a4952aa893&Index=1

方永泉（2012）。遊戲、文化及教育。臺北：學富。

王尚文（2012，11月）。「理解」作爲音樂教育之核心。載於國立臺灣大學哲學系舉辦之「2012教育哲學學術研討會」論文集，頁81-89。

——（2010，4月）。點擊率重估一切價值的時代。中國時報，2014年3月25日。http://showbiz.chinatimes.com/2009Cti/Channel/Showbiz/showbiz-news-cnt/0,5020,10010905+112010041600398,00.html

朱光潛（1995）。談美。臺北：洪葉。

馮至、范大燦（譯）（1999）。Friedrich Schiller著。審美教育書簡（*Ueber die ästhetische Erziehung des Menschen in einer Reyhe von Briefen*）。馮至全集，第十一冊。石家莊：河北教育出版社。

外文

Adorno, Theodor W. (1978). *Gesammelte Schriften* (GS), ed. by Rolf Tiedemann. Frankfurt a.M.:Suhrkamp,.

　　GS 3: *Dialektik der Aufklärung*.

　　GS 10-1: *Kulturkritik und Gesellschaft I*.

　　GS 12: *Philosophie der neuen Musik*.

　　GS 14: *Dissonanzen. Einleitung in die Musiksoziologie*.

Baumgarten, Alexander G. (2007). *Ästhetik* (Dagmar Mirbach, Trans). Hamburg: Felix Meiner, 2007.

Benjamin, Walter (1996). *Das Kunstwerk im Zeitalter seiner technischen Repro-duzierbarkeit*. 22th ed., Frankfurt a.M.: Suhrkamp.

Marx, Karl (1962). *Das Kapital*. Vol. 1. *Marx Engels Werke* (MEW). Vol. 23. Berlin: Dietz Verlag.

Perpeet, W. (1976). Kultur, Kulturphilosophie. In Joachim Ritter et al. (Eds.), *Historisches Wörterbuch der Philosophie*. Vol. 4. Basel: Schwabe Verlag, Col. 1309-1324.

Ritter, Joachim (1971). Ästhetik, ästhetisch. In Joachim Ritter et al. (Eds.), *Historisches Wörterbuch der Philosophie*. Vol. 1. Basel: Schwabe Verlag, Col. 1556-1580.

林美玲
國立政治大學教育系教育哲學組博士生

精神流變——
透過法蘭西斯・培根
論教育如何藝術化

凝視他們吧，我的靈魂！真恐怖！

他們像木偶般，略略有些滑稽；

像那些夢遊者一樣怪異且令人害怕；

陰鬱的眼球不知死盯著什麼看。

他們的眼睛失去了神聖的光芒，

總是仰面朝天，彷彿遙遠望向遠方，

從未見過他們對著路面，

夢幻般將自己沉重的頭垂下。

就這樣，他們是在無盡的黑暗中流徙，

這永恆寂靜的兄弟。城市啊！

你圍繞著我們咧笑，嘶吼，高歌。

醉於生，夢於死，沉緬近乎殘忍的逸樂，

看呀！我也是步履艱難，卻比他們還要麻木，

我問：「盲人啊！你們想向天上尋求什麼啊？」

─波特萊爾《惡之華》盲人 Les Aveugles─

摘　要

古希臘哲學家赫拉克利特（Ἡράκλειτος，西元前540年－前480年）以「一切皆流」立論，認為宇宙是永恆的活火，他不滿足於尋求萬物的表象，主張尋求隱藏在現象背後的衝突、對立、依存、統一、轉化，看見其最後擁抱的規律與和諧的作用。完形治療法（Gestalt Therapy）創立學者Perlz 也認為，「我」是變動不已的，只有我在與不在，沒有好與壞。

赫氏重視感覺經驗，提醒我們從外部世界轉向認識「人」這個主體。

Perlz 認為力量存在於現在（Power present）經驗的澄清及自我覺察能力的提升，才能眞實地成爲整合的「人」。本研究亦關注「人」這個主體的精神流變，試著援引二十世紀最重要也最具爭議的英國畫家法蘭西斯‧培根（Francis Bacon）自我揭露的創作經驗，以探討教育者如何看待受教育者如同看待畫家生命的創化，理解人如何經歷一連串隱而未揭的自我開顯歷程，從而辯證互爲主體的教育如何藝術化。

　　人類圖像，乃是哲學人類學使用來指涉某人對於人性本質想像的概念，在教育人類學上，即爲教育現象學的掌握：「幫助人成爲其自己」以及「人如何發現意義？」，本研究使用後設認知法詮釋畫家培根於西元1962年至1986年前後共約24年間接受英國藝評家席維斯特（David Sylvester）的個人訪談；以及法國哲學家德勒茲曾著書論述培根的草圖（diagramme）理論，試著從畫家實踐繪畫的過程，摘取與詮釋其中感官感覺的形式、韻律、對抗陳腔濫調與變調後的趨相似性，在所有美好的圖像或創作完成之前，草圖如何以其混沌、災難的現場，帶來一種秩序或韻律的萌生的可能性，研究發現：藝術家創作過程的精神流變歷程研究，經詮釋轉化爲後現代教育美學的情境模擬，能協助洞察互爲教育主體者的能變性，增益教育如何藝術化的認識。

關鍵字：精神流變（Spirit Flux）、教育的藝術化（Educational Artistic Conception）、培根（Francis Bacon）、草圖（Diagramme/Diagrame）、人類圖像（Human Picture）

壹、導論：凝視「教育的惑業」

在教育的惑業裡，存有一種難以令人承受的苦，Joan Wink（2005）書寫來自真實世界的記錄《批判教育學》裡已敏覺地自我詰問：「教師是一個矛盾的存在嗎？」，確實身為後現代教育風景裡不斷向非傳統教育方法前進的教師，其既帶有社會壓迫的實然權力特質，卻又必須承擔著解放的應然義務。而矛盾與改變，也正是批判教育的教與學的基礎。

這些苦諦（Dukkha）與混沌（Chaos）的力量，與法國哲學家德勒茲（Gilles Deleuze）以感官感覺邏輯（The logic of Sensation）論英國畫家法蘭西斯‧培根（Francis Bacon, 1909-1992）的藝術作品具有類比性，從畫面能感受藝術家一再描繪精神流變（flux）的過去事件，透過那些充滿能量、力度之扭曲變形的無器官身體，引入時間，打破敘事的秩序感，傳達了一種生命對抗陳腔濫調的反作用力，就如同普魯斯特在《追憶似水年華》對過去潛在環境條件的定義：「現實而非現時，理想而不抽象。」（Real without being actual deal without being abstract），培根以苦難做為製造世界的條件，德勒茲以差異做為哲學自身的運動，破壞了傳統的秩序性與統合感，卻對於教育學的人類圖像帶來新的觀看（seeing and looking），啟動了「教育如何藝術化」的現象參照：

> 「在所有的藝術中，繪畫無疑地是唯一一種必要的、歇斯底里地將它自己的災難納入，並且因而形成一種向前的逃離的一種藝術。在其他的藝術中，災難只是參與其中，但是在繪畫之中，繪畫穿越災難、緊抱混沌，並試著從中脫逃。」（德勒茲著，陳蕉譯，2002，頁130-131）

在本研究中想提倡的「教育藝術化」，不同於「藝術教育」或「美學教育」的課程目的導向，主要基於促進教育人類圖像的解放，聚焦於探討詮釋培根的草圖災難階段之藝術化歷程。John Berger（1972）《觀看的方式》（Ways of Seeing）提示了我們，觀看不是一個簡單的行為。當我

們的眼睛看著前面的物件，不論是一個藝術品，或者是報紙上的廣告，我們所看到的，以及腦海中所接收到的訊息，實際上非常複雜，本文初步設定就先從草圖（diagramme/diagrame）作為此研究觀看的起點，草圖具有孕育生成（becoming）的流變特質，能與教育「幫助人成為其自己」的觀點相符應。故此篇僅論草圖階段，先排除其他色彩、造形與構圖的複雜層面，此亦為本研究的限制。

當教師不再以唯一主導者的形式存在教育的現場，教師該如何還能在日常中隨性地seeing，以及有目的性與方向性地looking受教育者？並且仍不負教育成人之美的藝術化使命。

貳、解放「無器官的身體組織」

英國畫家法蘭西斯‧培根十分擅長以扭曲變形的肉體骨架與任由外部力量侵襲的畫面來表達精神上的暴力，他具備廣闊的文化背景，研究過尼采著作、崇拜立體派的畢卡索與浪漫主義的繪畫，並且深受北歐怪誕風格畫家的影響。培根習慣使用一些知名人物的畫作或形象做為他的草圖基礎，但最後都徹底地進行重新詮釋，例如林布蘭、梵谷與委拉斯蓋茲所描繪過的教皇英諾森十世。

《教皇英諾森十世像》（Pope Innocent X）原是十七世紀西班牙畫家委拉斯蓋茲的肖像畫作品，畫中的宗教統治者英諾森十世正襟危坐在一張華麗的安樂椅上，這個顯赫的當權者，曾經被描繪著隆重的法衣和潔白的襯衣、綢裙，背景襯著暗紅色的天鵝絨帷幕，座椅上鑲嵌的金銀寶石閃爍著光芒，但經過三百年後，被培根引入時間與外部的力量，偉大開始走下坡，曾經至高無上的教育者，成為一無器官組織的屠體。

回憶我第一次看見培根"Study after Velazquez's Portrait of Pope Innocent X"畫作時的驚懼，也有一種神經反饋性的欲逃離感，畫面的視覺衝擊直接地轉換為身體的觸覺襲來，繼而是深刻的反省，原本莊嚴崇高的教宗，就像是被綁縛在電擊椅上的精神病患者，偉大正在高速從空中往地面墜落，教宗至此面目全非，比之黑暗裡被私運宰殺的豪豬還不如。

　　培根在訪談錄中自陳：「我想要做的是，扭曲事物的表象，並且在扭曲變形的當中帶回來對這個表象所做的紀錄。」如此繪畫實踐的過程，與Perlz 的T-A-S完形理論相映，也猶如赫氏的流變說，將過程辯證為正經驗－反經驗－合經驗：

> 「正經驗」是虛假的，中間隔了一個僵局層（impasse layer），
> 這是許多人的難關，但只要有勇氣跨越僵局層穿透到「反經
> 驗」，首先經驗到內爆層（implosive layer），會有短暫的黑暗、
> 窒息感、麻木與癱瘓，伴隨著強烈的情緒反應，隨即進入外爆
> 層（explosive layer），過程結束，恍如隔世，卻開始接觸到實存
> 的人格（authentic personality），真實的自我。（金樹人，2002）

　　英國藝評家席維斯特也向培根確認，如此扭曲表象，幾乎是帶回某事物的方法，繪畫的過程就像是一種復原過程（陳品秀譯，1995，頁41）。

　　馬克思對現代性（Modernity）的批評與反省十分徹底，他認為現代性放置工具理性於資本主義社會中，形成了「人的扭曲與異化」，導致「人不在乎創造，只在乎擁有，從創造主體，變成生產主體。」若藉培根的繪畫語義，扭曲被扭曲的，或許就成為一種人性的恢復。

　　回想我們的教育圖像裡也早已被摻進了上帝的社會制度及生產的工具理性，如果不再將這些表象進行徹底翻攪與解放，教育註定要面臨一場又一場的悲劇，教育中的創造性也將被徹底瓦解，這就如同現代性（Modernity）曾經許諾其有益於：「人類追求民主、自由、科學、人群的應許。」但是現代性終於並未成功統合這些元素，反而造成人與人的分裂、人與自然的分裂、人與創造性的分裂，成為未實現的諾言（failed promise）。

　　如何解放或恢復受教育者的人性，助其成為學習的主體？若將學習者珍視為畫家，教師退後成為觀賞者，一起接納一連串混沌行動與內外部力量的精神流變，將其連續性變化的當下現象視為草圖到繪畫的事實，那麼教師還會是一個占據權勢位置又要負責解放的矛盾的無器官組

織的存在嗎？

參、草圖的感官經驗：清醒的夢遊者

「世界的本質是一種看不見的諧和，一切差異和對立都溶解在這諧和之中。」這是古希臘哲學家赫拉克利特的流變主張：其意指思想的客體原則與主體原則此消彼長、相互滲透、螺旋演進。世界看似無常不定，卻是在流變之中展演了有機的 logos。

培根說：

「草圖確實是一種混沌、災難現場，但是它同時也是一種秩序或韻律的萌生。就再現性的已知事物而言，這是一種暴烈的混亂，但是就繪畫的新秩序來說，這是一種韻律的萌發：它開啓了感官感覺性的領域。」（德勒茲，陳蕉譯，2003）

Perlz 辯：

「鬆開心靈以就感官，並強調右半腦取向，完形是運用直覺而不是直線式的思考，注重隱喻、幻想、想像、運用身體的姿勢與動作，使當事人能加以感受與經驗。學習是一種發現與恢復有機體本身智慧的歷程，而成熟乃是完形的目標。人不能阻止自己成熟，成熟乃是由環境支持到自我支持的一種超越歷程。」（國家教育研究院，2000）

德勒茲論：

「草圖結束了準備性的工作，並且開始了作畫的動作。不會有一個畫家沒感受過這種混沌—萌芽的經驗，在這樣的經驗裡，他看不見任何東西，並且可能沉沒……。那些不凡的畫家與他

人的不同之處即是展現在他們緊抱這種非再現性的混沌的方式
上，以及他們對於即將來臨的繪畫性秩序、這個秩序與混沌的
關係的評估方式上。」（德勒茲著，陳蕉譯，2002，頁133）

由上列的反覆辯證中，可知畫家和這些已知事物之間，存在著一場徹
底的搏鬥，因此存在著一種完全屬於畫家的，然而卻先於繪畫的動作而存
在的準備性工作：草圖。而這個準備的工作是看不見的，而且是寂靜的，
然而它卻是極為強烈的，草圖和整張圖畫在培根這類抽象表現主義畫家手
中互相混淆是常見的，培根甚至說過他不曾畫過草圖，但人們在他身後
卻有一部分草圖被大眾發現。相對於草圖這個工作，繪畫性的事實（fait
pictural）就如同一個延後效果（après-coup）的連續性動作。

在畫家想做的事情和他做的事情之間，必然會存在著一個「怎樣做」
的問題。培根論及他之所以進到畫布裡，是因為他知道他想做什麼，但是
拯救他的，是他並不知道怎麼達成，他不知道怎麼做到他想做的事，他想
做的事只有在他從畫布中走出來的時候，才得以達成。透過擺脫畫布來擺
脫陳腔濫調、擺脫或然性。

透過草圖上彼此覆蓋重疊的短線條所重新發現、重新創造的再現，與
一開始的再現並不相同。培根持續不變的提及：「使其相像」，卻是以透
過意外性的方式以及非相似性的方式使其相像。

就像老師和學生是完全不同主體、也承載著各自的哲學理想，但他
們可以透過互相涵化的過程，以促進草圖成為繪畫事實的「使其相像」模
式，找到共同的規則欲求，啟動真實的感官知覺，透過神經系統的直覺回
饋，造就師生在形象上的親近相似。

德勒茲提及：「草圖讓我們從一種形式進入另一種形式，草圖的重要
性是，它是被用來讓某些事物從它之中顯現的。」在看待教育如何藝術化
這件事情上，我們也有可能會在再現性的已知事物以及再現的視覺組織之
中被牽絆住；我們也有可能錯過草圖、糟蹋了它、在它上面放太多東西，
以致使它無法作用。草圖的運作、草圖的功能，培根說是「暗示」，或者
更嚴謹地說，是引入「事實的可能性」，而教育的藝術化也應根植於這樣

嚴謹的可能性之中。

　　與眾多畫家共處在擺脫混沌布局之中的教育工作者，如何逃脫自身靈魂中的困境或夢魘，重新屏氣凝神地看待這樣充滿感官創造力的人類圖像與可能性的佳構，就如同面對眼前受教育者不斷以己身最初的生命力量撲身而來一般，那個最初開始的動作：教育現場的草圖，將會是一連串被消滅、移除、覆蓋的過程，或是任其雜亂繁殖？該如何互為教育者一起邁向繪畫的事實？

肆、讓草圖成為圖像：阻止增殖與擴張

　　「世界不是一個被動的客觀事物，而是一個主動的製造過程。」這是古德曼（Nelson Goodman, 1906-1998）在《製造世界的方法》（*Ways of Worldmaking*）的藝術哲學，也是本文所不斷反覆辯證的教育真實。

　　Gur-Ze'ev, I.（2002）也拋出了一個重大的教育命題：有關自我教化（self-cultivation）、反思（reflection）和解放的實踐（emancipatory praxis），在我們現今所面對的後現代教育現場，應裝載著何種責任與可能性？這之間存有何種關係的遞迭、重述與論證。

　　德勒茲自言：

> 「培根不停地提到阻止草圖增殖的絕對必要性，在作畫的動作之某個時刻，將它維持在畫中某個區域的必要性……，拯救輪廓，對於培根而言，再沒有比這更重要的事了。……，因此，草圖不應該吞噬了整張畫，它應該還是在時間和空間的限制下。它應該還是作用性的，並且是被控制住的。……，草圖是一種事實的可能性，它不是事實本身。不應該是所有的再現性事物都消失了；特別是一種新的再現，感覺形象的再現，必須從草圖之中出現。並且使得感官感覺清楚、精確地被顯現出來。從災難中走出……。」（德勒茲著，陳蕉譯，2002，頁142-143）

德勒茲提及：要讓草圖成爲圖像，有三種途徑：將抽象發展成一種象徵的符碼（code）是第一種途徑。它是把毀滅或是混沌，還有手屬性的事物，縮減至最低限度的一種途徑。它所提倡的是一種禁慾主義，一種精神式的致敬。透過密集的精神性的努力，它凌駕於再現性的事物之上，也讓混沌變成一條爲了發現抽象的以及象徵的形式，所必須跨越的簡單小溪流。然而抽象繪畫發展成一種象徵性的符碼，而不是一種草圖。

第二種途徑是非形象藝術（art informel）。草圖和和整張圖互相混淆，整張圖就是草圖。如此就讓繪畫本身變成一場無以倫比的災難力量，畫家如同失明盲目，放棄對整個視覺的控制，製造多於線條的線條，多於表面的表面，製造少於量體的量體。或許將在災難的絕對臨近性之中，發現韻律。這類行動繪畫（action painting）所使用的粗暴方式，會在一次災難屬性的繪畫中爆發，也可能一次感官感覺確實達到了，而它卻停留在一種無可救藥的混亂當中。

第三種途徑是培根所追隨的。他雖也接受混沌曖昧未明的感官感覺與神經系統的召喚，但他也不停地提到阻止草圖增殖的絕對必要性。將它維持在畫中的某個區域的必要性。用時間性保留住一種對草圖的掌握。拯救輪廓，對於培根而言，再沒有比這個更爲重要的事了。

那麼到底培根如何以韻律感穿越身體的振盪（vibration），成爲一位清醒的夢遊者，如何以類比的語言在失控與侷限之間，形成繪畫的事實，安然地走出畫布，可惜德勒茲對於草圖面臨視覺抽象災難與因手屬性擴展失去草圖輪廓的掌握，似乎未盡詳細，草圖與繪畫作品之間所「製造的問題」與「製造的世界」的重要議題也未再挖掘。只剩下在場的美學可供玩味，教師與學習者之間的共生，先不論是否眞能成爲佳構，但透過草圖與混沌、災難共存的現場，該如何眞正避免另一場災難的入侵？

如果繪畫的動作只是一個延後的效果（apres-coup），那些來自各種不同的角度和以各種不同的草圖速度向畫布逼近的生成，是否可以透過古希臘哲人赫氏萬物皆流的變動和諧論、畫家培根的主體感官經驗、哲學家德勒茲對草圖流變的想像與完形治療心理學家 Perlz 力量存在於當下的觀點，聯合跨界進一步爲「教育如何藝術化？」提供可能往前一探的指引，

並且應用於解除批判教育學所稱的現今教師工作上的矛盾，使教育美學境界持續演化為可欲的真實圖像：教師既能善用社會賦權的指導實然，但也賦予學習者解放的應然。

> 完形的目標在協助當事人去發現、探索與經驗其整個體驗或行為模式。因此完形治療的目標可以歸納為下列三點：(1)由他人支持變成自我支持，負自己的責任，發展自己的潛能；(2)統整自我，發展內在中心；(3)提高覺察能力。（國家教育研究院，2000）

> 培根：事實皆有表象，而表象之中皆有能量，能量是很難設陷阱捕捉的東西。如果你畫肖像畫，那就一定要記錄臉孔，然而從他們臉上，你要能夠捕捉到他們所散發出來的能量。也就是說一個畫家如果試圖記錄生命，就必須用更激烈、更省簡的方式作畫，必須具備張力……。你可以稱它是一種經過潤飾的簡單。你必須透過縮減，凝結出強度來。（Sylvester，陳品秀譯，1995，頁193）。

草圖是一種事實的可能性，但它不是事實本身，感覺形象的再現，必須從草圖之中出現──德勒茲如此理解培根草圖的輪廓，培根也提及：一條不限定任何事物的邊界的線條本身，其本身仍然擁有輪廓。

論述至此，畫家既可能是正處於草圖階段的受教育者，也可能是摸索著輪廓本體的教育者；但兩者都必須具備張力、也必須接受縮減，透過外部世界與內在感官感覺之間的反覆辯證，阻止各自無限制地擴張，再次扭曲已被扭曲的，以凝結出具有辯證不二的生命如繪的能量。

在教育實踐的現場，若我們相信在藝術創作裡，畫家以自身的感官感覺邏輯對抗混沌，並以一種類似潛意識中的生命力量──韻律感，可以穿越偶然返回自身的成長，就如同德勒茲所說，這股力量是來自外部的衝擊，但也引入時間，打破敘事，它們將會沿著水準方向繁殖。

一方面與草圖災難現場浸潤、共生與避免陳腔濫調，另一方面不要讓草圖被窄化至符碼狀態，然而也不可無限擴展到阻抗整張圖畫的誕生，如此落實於教育藝術化的過程，是否真有存在的可能性？

伍、韻律的整體：穿越身體的振盪

美國當代的後結構主義的教育學者Rebecca（2001），她提及東方佛教教義裡一個很首要的原則——人生的苦難，而苦難這個事實本身的意義，關係到後結構主義肯定的負面的一部分，一個差異的生成力，我們必須明白，使我們受苦，它也是創造性的，我們被困在那裡，我們重溫或週期不斷嘗試解決這些關係。我們選擇如何應對苦難，將決定了我們生活的質量。

苦痛，若是無人照顧它，它將可以發展成為非常具有破壞性的態度和行為。通常我們避免我們自己的痛苦或去回應它，所以不知道我們是如何造成傷害的，但是我們的行動，反應我們周圍的世界，會重擊到別人，苦難永遠不會僅僅只是一個人的體驗而已。

「最困難與最令人激動的，就是要觸動到真實的核心。」培根一語道盡成就第一流作品的困難法則。來自英國的培根，從未接受過正規的美術訓練而依靠自學起家，他的作品表現出扭曲事物的外在表象，但是在曲解下卻呈現事物真實的面貌。

事實上，我們只有在韻律本身也沉浸在混沌之中、沉浸在暗夜裡，以及當層次的差異被不斷地、暴力地翻攪的時候，我們才有可能開始探求尋找這個韻律的整體。（德勒茲著，陳蕉譯，2002，頁61）

教育裡的共生原則，是處於相互關聯的師生異種之中，是無限的成長的不穩定狀態，是對變化中心存有敬畏，如此的生命之網張開在教育者與受教育者之間，層層疊疊放置愛意與憐憫，促使彼此產生一股的孺慕之情，教育的藝術化高峰期，是草圖穿越身體的振盪，進入韻律並開始既自由解放又自然結合的以苦難共生的那一刻。

陸、草圖的類比：一種批判性的事實

德勒茲認為培根的要求總是有用的：「草圖不應該控制整張畫」，也就是說無論教育者或受教育者，沒有誰該控制整個教育現場，而「草圖的重要性是，它是被用來讓某些事物從它之中顯現，而且如果沒有任何東西從中出現的話，它就失敗了。」（德勒茲著，陳蕉譯，2002，頁210）

> 草稿（esquisses/sketch）、草圖（diagramme/diagram）兩個詞，在意義上有明顯的區分。培根自陳許多當代的畫家並不畫草稿，所謂的草稿意謂著計畫性的繪畫準備工作，在正式繪畫工具介入前被移除。而培根的草圖是在未知的短線條或任意的抹布擦拭、向畫布投擲顏料的過程中，將可能再現的身體引入時間與打破敘事，成為無器官的肌肉組織，順手就將已知的事物除去痕跡或清洗或覆蓋，是引入事實的可能性一起生成，這是培根稱之為草圖（Diagramme）的東西，是觸覺性的神經反饋，無法不在場的連續變形現象。（德勒茲著，陳蕉譯，2009，頁131）

尼采在《悲劇的誕生》一書中提到：「我明白主張，構成人類的基本形而上的活動，不是倫理學，而是藝術。」而人類究竟如何構成這種活動？

英國的哲學家、藝術評論家、史學家及教育學家赫伯特‧里德（Herbert Read, 1893-1968）在《藝術的意義》一書中不斷一再強調：「藝術並不必然具有美感。」既然藝術未必等同美感，那麼「教育的藝術化」其意義為何？

藝術這一門的定義總時常可以再修正，因為它是人類思想最難以捉摸的概念之一。它之所以這麼難以捉摸，即是我們一向把它視為形上學的概念，然而基本上它卻是一個有機的且可測量的現象。藝術，事實上深切的涉及知覺、思想與有形動作的實際過程（Read, 1956）。

　　教育若要勇於面對藝術化的救贖，教育這一門的定義也應該可以不斷修正，若想追求成人之美，應該力行實踐並使其處於流變之中。教育中的陶養是透過教化和思考的行動，激發學生個人自我型塑出某種期待達成的特質和模式，教師自身也應該隨時準備接受變革和挑戰，不要淪爲製造機器人的技術工匠（Giroux, 1988），應以生命力建構教育的歷程。而藝術，尤其是德勒茲口中的繪畫事實形成過程的草圖，無疑就是以生命力所建構的。

　　而從複雜科學出發的「即興美學」主張生活是一種參與，而參與是一種創造與即興，因爲生活不會發生在真空狀態中，它總是發生在交互回溯行動（inter-retro-actions）與組織的網絡中，以及在秩序、混亂、組織、不斷學習的持續遊戲（ongoing play）中。（馮朝霖，2011，頁7）

　　馮朝霖（2006）於《希望與參化──Freire教育美學推衍與補充之嘗試》中提出的教育美學的「希望、邂逅、投契與參化」三大可能性進行彼此液態的滲透，所以才稱爲教育美學與教育的政治性、倫理性與藝術性是永遠無法分離的密友。我也信仰這如林中雨後的彩虹應懸於我輩所追隨的批判教育學的未來藝術化裡，並且能使教育者與被教育者邂逅在自利與利他的教育田野，盡情神馳（flow）其中。

　　此外，馮也曾在德國學者魏爾許（Wolfgang Welsch）的「橫繫理性」（transversale Vernunft）的多元文化情境觀點中申論出「網化思維」」（networking thinking），其實踐要素：「虛靈的認同」、「謙卑的外推」、「開放的對話」、「自發的連結」、「詩情的網化」，不但深入地探討了理性與感性合作的美感，文末裡提出的『針孔』論，針孔具有穿針引線之功，也具有針砭之意涵。正是教育草圖理論形成繪畫事實前──教師最後反省實踐的要旨，進入一種批判性的事實，解放自身處於權力結構的專業矛盾。（馮朝霖，2003）

　　我們應該可以相信：草圖讓我們從一種形式，進入另一種形式，例如從一個鳥屬性的形式，進入一個傘屬性的形式，草圖在這個意義上，如同一種轉化的中介般地運作。

　　青少年受教育者，或者說是學生階段，只是成人之前，一個中介變

調的過程，是草圖，也是一種成為全人事實的可能性，教育的藝術化行動
應能使其感受：我正在改變我的形狀，我覺得我自己像是偶然一樣 "I am changing my shape, I feel like an accident" 的美麗與能變。

最後本文透過艾倫‧狄波頓《藝術的慰藉》，為教育的藝術化行動，
附議七大功能：

> 我們把全副心思集中在天上的雲朵，
> 於是在那一時之間擺脫了平日的煩憂，
> 也因為意識到世界之大，
> 而不再耽溺於那些自我中心的無盡埋怨裡。
> ——記憶

> 我們如果失敗，
> 原因可能不是欠缺技術，
> 而是缺乏希望。
> ——希望

> 藝術的種種用途裡，
> 其中一項出人意料的重要功能，
> 就是教導我們以更成功的方式承受苦難。
> ——哀愁

> 一件作品一旦能為我們提供我們欠缺的優點，
> 我們就稱之為美麗；
> 但我們從作品中感受到的情緒或動機若是令我們倍感威脅，
> 或是壓得我們喘不過氣來，
> 我們就會將這件作品斥為醜陋。
> 藝術可望讓我們的內心恢復完整。
> ——重獲平衡

我們對自己並非瞭如指掌。

我們擁有直覺、疑慮、預感、模糊的猜測與混雜的情緒，

這一切都難以輕易界定。

藝術能夠促成自我認識，也是將此一成果傳達給別人的絕佳方式。

——自我認識

要克服自己對藝術作品的防衛心態，

有個很重要的第一步，

就是以更開放的心胸面對我們在特定情境中體驗到的陌生感。

——成長

在藝術的帶領下，

對於何謂珍貴的事物，

我們能夠重新找回較為精確的評估能力，

原因是藝術能夠違逆我們的習慣，

邀請我們重新校準自己仰慕或喜愛的目標。

——欣賞

Alan de Botton, 2013 《*Art as Therapy*》

陳信宏譯，2014 《藝術的慰藉》

參考文獻

中文

Berger, John (1972). Ways of Seeing. 吳莉君譯（2005）。**觀看的方式**，臺北：麥田。

Botton J. (2013). Art as Therapy. 陳信宏譯（2014）。**藝術的慰藉**，臺北：聯經。

David Sylvester (1987). Interviews with Francis Bacon. 陳品秀譯（1995）。**培根訪談錄**。臺北：遠流。

Francis Bacon - Logique de la sensation (1981). Trans. Francis Bacon: Logic of Sensation. 陳蕉譯（2003）。**弗蘭西斯・培根：感覺的邏輯**。臺北：國立編譯館。

Jonathan Littell (2013). Triptyque：Three Studies After Francis Bacon，林心如譯（2014）。**仿培根的三習作**。臺北：行人文化實驗室。

Perlz, F. (1969). *Gestalt therapy verbatim. Mob*, UT:Real People press.

Read, Herbert (1984). The Meaning of Art. 梁錦鋆譯（2006）。**藝術的意義：美學思考的關鍵課題**。臺北：遠流。

Sturken& Cartwright (2009). Practices of Looking：An Introduction to Visual Culture. 陳品秀譯（2013）。**觀看的實踐：給所有影像世代的視覺文化導論**。臺北：臉譜。

宗培、陳勤（2004）。**始基─流變─邏格斯**・西南師範大學學報（人文社會科學版）。第30卷，第2期，頁17-18。

金樹人（2002）。**變與流變**。輔仁大學心理學系主辦「三十週年系慶學術研討會：心理學的開展：創新領域・社會議題・方法論」，臺北。頁5-20。

郭宏安譯（2012）。Baudelaire, P. C. (1857). Les Fleurs du Mal.。**惡之華**。新北市：新雨。

陳瑞文（2011）。**德勒茲創造理論的非人稱與非人稱性**，國立政治大學哲學

學報。25期,頁6。

馮朝霖(2003)。**橫繫理性與網化思維**,清華大學通識教育季刊,第十卷,第一期,頁1-20。

馮朝霖(2006)。**希望與參化──Freire教育美學推衍與補充之嘗試**《批判教育學──臺灣的探索》,臺北:心理,頁137-168。

羅達仁譯(1987)。**爾班·哲學史教程:上卷**,北京:商務印書館。

林雅萍
長庚大學人文及社會醫學科副教授

第十二章

靈性救贖——
梅朵論通過藝術的
道德教育

壹、導論：梅朵論藝術與道德

　　自柏拉圖關於詩與哲學的爭執以來，藝術與道德的關係一直都是美學、藝術哲學與倫理學討論的重要議題之一。當代英國哲學家與小說家，艾瑞斯・梅朵（Iris Murdoch, 1919-1999）本身的哲學與文學成就即體現其論證藝術與道德緊密連結的企圖。若熟悉二次戰後西方倫理學界在德行倫理學與道德心理學方面的復興思潮，幾乎很難會否認梅朵的哲學與文學作品所帶來的影響力。[2]尤其是在她《善的至高性》（*The Sovereignty of Good*, 1970）一書問世之後，[3]許多重要學者例如：Charles Taylor（1989; 1996）、Alasdair MacIntyre、John MacDowell、Stanley Hauerwas（1996）、以及Lawrence Blum（1994）、Susan Wolf（1990）等，皆曾在著作中明白表示他們對梅朵思想的繼承與推崇。[4]此外，由Routledge出版社所編撰的《二十世紀百大哲學家》（*One Hundred Twentieth-Century Philosophers*, 1998）一書中僅有六位女性獲選，而梅朵正居其一，足以顯示她在哲學界

---

[1]　本章作者原訂標題為「世俗化時代的靈性救贖—梅朵論通過藝術的道德教育」。本書主編為求凸顯全書之論述架構，同時兼顧各章標題之一致性，因而略作更動，特此聲明，並向作者致上最深的歉意與謝意。

[2]　Charles Mathewes（2000）將梅朵與G. E. M. Anscombe一併納入二次戰後所興起的倫理思潮，並指出兩者都在試圖透過亞里斯多德或古代倫理學傳統的啓發而為道德能動性（moral agency）與實踐理性尋求一種更為豐厚且具體的理解與說明。該文主要目的在於檢視幾位晚近學者有關道德與哲學心理學方面的著作，並且指出在梅朵與Anscombe所引領的這波思潮下，自1970年代開始，包含Charles Taylor, Philippa Foot, Alasdair MacIntyre, Bernard Williams, Amélie Rorty, Annette Baier, Jonathan Lear, Martha Nussbaum, John McDowell, Thomas Nagel, David Wiggins, 以及Susan Wolf等人皆在道德心理學領域的相關議題上提出十分豐富且出色的文獻。

[3]　Antonaccio（2000）指出，本書「是過去五十年當中，最具影響力且最為廣泛閱讀的道德哲學著作之一。」。

[4]　不僅如此，根據Conradi（2001）的整理研究，其影響所及尚包括：Stanley Cavell, Cora Diamond, Martha Nussbaum與Mark Platts。

當中的重要性。[5]

　　特別的是，梅朵雖出身並工作於英國分析哲學的學術脈絡之中，卻不採用且甚至批判以語言分析從事倫理學研究之方法，她一手寫哲學，一手寫小說，試圖藉由對人類複雜處境的細膩描寫，深入透視與揭露人的內在生命與道德活動當中曲折幽微的面向。從1950年代的早期論文，直到1992年發表之最後一本哲學著作，梅朵持續批判那些試圖將道德活動化約爲簡單原則的抽象理論，主張除了道德義務的研究之外，必須同時注意道德行動之所以生發的背景脈絡，特別是行動者的認知、感覺與想像等內在心理活動的道德品質。對於梅朵而言，道德問題是人生在世無法逃離與規避的課題，她終其一生所關心的主題就是如何設計出一套忠於人類道德經驗，並能回答如何使人類能夠更趨道德，生命更臻美善的道德哲學。

　　除了哲學作品之外，梅朵共著作二十六本小說，一部詩集、五齣劇本，及一套以其劇本*"The Servants and the Snow"*（1973）爲基礎撰寫而成的詞本（libretto），這在哲學界並不尋常。對梅朵而言，藝術，特別是文學，才能夠穿透人類複雜矛盾的生命經驗，眞實地捕捉展現在生命浮光掠影之間的道德性。關於這一點，受梅朵影響甚鉅的著名基督宗教倫理學者Stanley Hauerwas在1981年出版的著作*"Vision and Virtue"*一書中指出，梅朵認爲「最好將倫理學與道德生命理解爲一種美學形式」（ethics and the moral life is best understood as a form of aesthetics）（Hauerwas, 1981, 2）。

　　受到柏拉圖對話錄《理想國》當中與視覺及認知相關譬喻之啓發——「洞穴喻」（the allegory of the cave, 514a-517c）與「日喻」（the allegory of the sun, 507a-509c）：前者藉由囚徒從洞穴逐漸奮力走向陽光，比喻一種視覺的淨化與認知品質的提升過程，而後者則是藉由太陽與視覺、譬喻善與認知之間的關係，梅朵進一步採取柏拉圖式的進路，以「見識」（vision）作爲理解道德的主要隱喻，將道德界定爲努力如其所如地觀看自我與世界的歷程。因此，道德生活所需要的不只是據以把握普遍概念

5　其他五位分別爲G. E. M. Anscombe、Hannah Arendt、Luce Irigaray、Julia Kristeva與 Simone Weil，詳見Brown, Collinson, Wilkinson eds. (1998)。

的理性能力，而是能夠在個別具體的情境中辨識個別特徵的感性知覺（αἴ
σθησις）能力──事實上這個字就是目前中譯爲「美學」（aesthetics）一
字的希臘文字源，其緣由正在於美的事物並非理性認知的普遍抽象對象，
而是感覺的個別具體對象。正如雷斯博斯島（Lesbos）上的建築師懂得使
用彈性量尺（Aristotle, *Nichomachean Ethics*, 1137b29-33）測量凹凸不平的
石塊尺寸，在面對幽微曖昧的曲折人事時，道德行動者需要的是一種能夠
細膩地辨識並適當地回應個別具體情境，對不同對象作出不同反應的能
力。對梅朵而言，爲了拓寬與深化我們對於道德經驗的複雜性與多樣性的
理解，以類比於美感知覺的形式來貼近道德乃是一種較佳的方法。

　　梅朵主要是就藝術在道德生活中的角色，尤其是以藝術活動當中所涉
及的審美經驗與道德經驗之間的類比，來論述藝術與道德、美與善，乃至
於美學與倫理學之間的關係。梅朵所採取的柏拉圖式進路促使她將重點放
在與「道德見識」（moral vision）相關的意識狀態或心理事件，尤其是行
動者如何發展與提升其對道德情境當中之個別事物與特徵加以知覺、感受
與想像等能力的品質，而這些正好是一般認爲藝術可以發揮其作用的領域
之一。例如Byran Magee在與梅朵對談文學與哲學的關係時曾指出：「今
日有一普遍的看法，……，認爲好的藝術在另一種意義上對人有益：它使
人的感性（sensibilities）敏銳化，理解力提升，並因此增進對他人的移情[6]
能力（capacity for empathy with other people）。」（Murdoch, 1997: 14）據
此，梅朵藉由藝術可提升我們的知覺與想像能力，並增進對他人之道德理
解（moral understanding）的角度，提供了一種連結藝術與道德、美學與倫
理學的可能性。

　　筆者曾爲文（Lin, 2012）提出兩大論題來闡述梅朵關於藝術與道德

---

[6]　目前在心理學與教育學界常將"empathy"翻譯爲「同理心」，且已廣爲通行。但
　　回溯其希臘文原始字義，"em-pathy"可解爲"en"(in) + "pathos"(passion, suffering)，
　　乃指將自己置於他人的立場與處境，體會並理解其主觀情感經驗的能力，故亦有
　　「移情」或「神入」之翻譯。筆者在此處不打算推翻現已通行的用法，落入名相
　　之爭，但有必要針對此概念之實質內涵提出簡短的說明。

的論證。簡要來說，梅朵認為道德生活複雜多元，不該侷限於意志的選擇與行動，而是包含諸般內在意識狀態與心理事件，例如知覺、情感與想像等等。道德的首要任務並不在於以自律理性建構可普遍化的行為理由或原則，而是能夠在個別的情境當中，對他者投以公正與愛的關注，並據此做出適當的回應。藝術正是在此意義上與道德擁有內在連結。首先，藝術為我們呈現人類境況，從而提升我們對實在的知覺能力，培養慈愛關注他人的美德。在此意義下，藝術與道德是同一的，因為兩者的本質都是愛，亦即對個體的真實看見（Murdoch, 1970: 64-65; 1997: 215）。必須注意的是，這不是一種工具主義式（instrumentalist）的論述。在〈崇高與善〉（the Sublime and the Good）一文中，梅朵雖然說「藝術乃是為了人生，……，否則即無價值」（art is for life's sake, ... , or else it is worthless），但她提醒我們這個「為人生而藝術」（art-for-life's sake）的理論立場並非主張藝術是為了道德教化或教育而存在（1997: 218）。藝術之所以與道德有關，並不是指藝術服務於道德目的，或必須文以載道、教化人心，而是由於藝術作品本身為我們呈現了人生在世之種種掙扎，我們在藝術審美活動中所發展培養的審美或美感知覺，無異於在道德情境中對他人與善的知覺。當我們從日常感知進入審美經驗，能夠對個體有更真實的看見，在「體物入微」的同時培養「推己及物，體貼世情」的想像力，從而在「忘我」的「凝神觀照」之中接納與尊重他者。第二，藝術還有著更為深沉的作用層次。藝術的角色不侷限於道德感性的開發與培養，其實，藝術本身就是一種道德行動。根據梅朵的看法，藝術經驗即是一種靈性經驗，藝術淨化我們的心靈能量，是使我們能夠從自私幻象朝向真實看見的修養歷程。以柏拉圖的語言來說，藝術治療靈魂，是「欲望的漸進救贖」（progressive redemption of desire）（Murdoch, 1992: 25）。本文主要想深入說明這第二個層次的論點，並試圖闡述梅朵對於透過藝術之道德教育的獨特見解。根據梅朵，若要談論藝術對道德教育的重要性，不能只是停留於作為一種開發與培養道德感性的教育方法而已。藝術不只是道德的輔助，其本身就是人類在世俗化時代中的靈性救贖。

貳、道德的真義在於道德見識與心靈能量品質的提升

　　要理解梅朵對於藝術作為一種靈性救贖及其與道德教育的關聯，必須先說明她獨特的道德心理學與道德見識（moral vision）的觀點。梅朵接受佛洛伊德的心理學預設，認為人類意識在本質上是一套以自我為中心的能量所建構而成的系統，內含晦暗幽微及難以理性控制的性趨力libido，為了保護自我免於面對真相而產生的痛苦，傾向於建構各種虛假幻象的方式尋求慰藉與出路，但這些幻象遮蔽我們觀看真實世界的眼光，阻礙對他人的真實理解，是道德的最大敵人（1970, 51; 57）。由此預設出發，梅朵主張道德的任務在於破除自私的障霧，提升道德觀看能力，以能如其所如地看見對象的真實存在。而筆者認為梅朵的道德心理學最獨特之處是她在 "The Fire and the Sun: Why Plato Banished the Artists" 及其晚期著作 "Metaphysics as a Guide to Morals" 當中發揮柏拉圖的Eros概念，將道德見識的品質與心理能量（psychic energy）的品質相連結，並以之解釋道德變化的內涵。

　　梅朵著重柏拉圖的Eros概念本身所蘊含的中介性與雙面潛能：Eros本身缺乏美善，卻飽滿求善若渴的能量，熱切渴望永恆擁有美善（Plato, Symposium, 204d-206e），與善之間有著內在的必然關係。這個特性使梅朵得以超越單純的佛洛伊德式人學預設，選擇柏拉圖的Eros作為心靈的基本能量，取其一方面既是性欲的自私占有，另一方面又必然是對知識與美善的欲求，從根本上保有人類向善的動能與成德的可能性。

　　對梅朵而言，人之所以未能正確地行動，乃是因為缺乏道德見識，而這乃肇因於本性自私的心靈將能量指向自我，因此若要提升道德見識的品質，必須轉變心靈能量的指向，使之從自我轉向外部實在，而這個能量轉化的歷程，就是道德主體逐步從幻象奮力進往實在的道德成長歷程。梅朵的說明：

> 柏拉圖使用能量概念解釋道德變化的本質。……他以光和視覺的意象伴隨能量（磁性吸引力）的意象。太陽賜予溫暖和活力，及賴以得見之光亮。我們必須將低下的自私能量與眼光

（low *Eros*）[7]轉化爲崇高的精神能量與眼光（high *Eros*）[8]……
柏拉圖理解下的道德生活是一種情感的緩慢轉變，在這之中，
觀看（專心、關注，注意的訓練）是神聖（已淨化的）能量
的來源。這是欲望的漸進救贖。……改變我們的定向（orienta-
tion），改變我們欲望的指向，更新並淨化我們的能量，持續朝
向正確的方向觀看。（1992: 24-25）

上述文字明確顯示梅朵將觀看與心理能量－*Eros*－緊密連結，主張
道德見識的品質必須藉由轉化*Eros*能量而提升。道德成長既是道德見識，
同時也是心靈能量的整體轉化，轉化的內涵在於能量從注視自我（self-
regarding）轉向注視他者（other-regarding）[9]，而此轉向則有賴於道德主體
努力將其視線投向超越的至善，使心靈能量得以經由對善的關注而被吸
引超拔出我執的無明狀態，獲得整體的淨化與提升。這「一段漫長深刻
的『非我』（unselfing）歷程」（Murdoch, 1992: 54）正如同柏拉圖「洞
穴喻」當中的囚徒不斷層層往上前進，在至善的光照與吸引之下，經歷
一段從以自我爲中心的低階欲求（low *Eros*）轉化成以至善爲關注對象的
高階欲求（high *Eros*），同時也是從幻象到實在的靈性朝善之旅（spiritual
pilgrimage）[10]。

梅朵倫理學強調對世界的如實觀看，著重於培養一種能夠在個別具體
的情境中，正確覺知並適當回應他人與倫理特徵的能力。反映在她對於道

---

[7] 此處並非以「低下的自私能量與眼光」翻譯"low Eros"；前者原文爲"base egoistic
energy and vision"，而"low Eros"是梅朵常用的詞彙，意指低階的欲求能量，她在
該段落中直接穿插補充，此處則保留原文，不作翻譯。

[8] 同前註。

[9] "self-regarding"與"other-regarding"直譯爲「涉己」與「涉他」，但此處特意強調
"regard"一字的「觀看」、「注視」之義，以凸顯梅朵的道德「觀視」模型。

[10] 由於梅朵不是以宗教的意涵理解"pilgrimage"，她主張人類心靈或靈魂所追求的對
象並不是神而是善，故此處將通常譯爲「朝聖」的"pilgrimage"譯爲「朝善」，以
更貼近梅朵之義。

德見識的理解，指的不是一種客觀描述道德性質的命題性或理論性知識，
而是必須經過不斷學習與修養，經由道德意識的中介，對個體採取公正與
慈愛態度的關注才能獲得的知識，在此意義下，個人的道德品質與其觀看
世界的能力之間相互關聯與界定。有別於康德式理性自律主體的行為準則
對於道德律令或義務的服膺，梅朵在理解道德性的判準與要求時，著重於
道德見識的培養，而這種特殊的道德見識又與心理能量密切相關。如上所
述，人之所以未能對世界有清楚的看見，關鍵在於私欲的遮蔽，因此道德
的核心任務乃是對自私霧障的破除，亦即「非我」的實踐。

參、藝術經驗與心靈轉化──美、善與非我（un-selfing）

如前所述，梅朵主張藝術不只具有培養道德見識的教育功能，而且本
身就是一種轉化心靈能量，從幻象朝向實在的靈性修養或精神操練（spiri-
tual exercise）。藝術是能夠成就靈魂救贖的最重要方式──「對人類集體
與個別的救贖而言，藝術無疑比哲學還重要，而文學又是最重要的。」
（Murdoch, 1970: 74）這到底是什麼意思呢？為何，以及如何透過藝術實
現靈性的救贖？

我們或許都有過這樣的經驗，在欣賞偉大的畫作、聆聽優美的樂曲，
或是突然在黑夜中照見光輝的明月時，剎那間，我們的整個心思被美所
攫取，抽離出瑣碎的凡俗時空，忘卻自我與人世間的恩怨情仇，並彷彿能
夠體會到某種更高的價值與秩序層次。著名的法國小說《刺蝟的優雅》
（L'Élégance du hérisson, 2006）當中有一段描繪心思細膩敏感的小女孩芭
洛瑪（Paloma）經受藝術之美所衝擊的生動文字：

> 每次合唱表演就跟奇蹟發生一樣。所有的人，所有的煩惱，所
> 有的恨，還有所有的欲望，所有的恐慌，一年來的學校生活，
> 以及學校的粗鄙之事，大事小事，老師們，形形色色的學生，
> 充滿著叫聲、眼淚、笑聲、奮鬥、破滅、落空的希望，以及意

外良機的生活：只要合唱團一開始唱歌，這一切都完全消失。生命的一切過程都被歌聲所淹沒，突然間，我們有一種互相友好，團結一致，甚至是相親相愛的感覺，彼此的心心相印淡化了日常生活的醜陋。……每一次聽合唱，都是一樣，我很想哭，喉嚨很難受。我盡可能地控制自己，可是有時候超過自己所能：我幾乎不能控制自己不哭出來。因此當輪唱出現時，我眼睛一直看地下，因為同時之內所體會的感受太多了：太美、太團結，太令人驚奇的心心相印。我不再是我自己，我變成了純美的一部分，而其他的人也是一樣。這時候，我總是自問，為什麼這不是日常生活的規則，而只是在合唱表演這個特殊的時刻才會有的呢？（Barbery著，陳春琴譯，2008: 214）

根據梅朵的柏拉圖觀點，美──無論是藝術或自然之美──是唯一我們天生就喜愛，且最可企及（the most accessible）的精神性事物（Murdoch, 1970: 40; 63; 82-83）。美與善之間有必然的內在連結，善本身不可見（invisible），而美則顯現為善之可見與可企及的面向，引領通往善的觀念。美的事物激起我們對善的追求，使我們透過美而見到善（Murdoch, 1970: 68）。當全神貫注於美的事物時，我們的視線透過美而投向超越的至善，精神能量經由對善的關注而被吸引超拔出我執的無明，獲得淨化與提升，此時，自我被消融到更高的價值中，而我們對其他事物的覺知也清明起來。在梅朵的理解下，我們得出一種對審美經驗的獨特解釋：審美所帶來的「非我」經驗，是一種非占有的、自我忘卻的、超越自我中心欲求的精神體驗（spiritual experience），也是促成道德變化的關鍵：

跟隨柏拉圖的暗示（*Phaedrus*, 250），我要說在我們周遭事物中最能引起「非我」者，就是美。……在藝術與自然中所共有的美，為經驗品質與意識轉變的觀念提供了一個清楚的意涵。（Murdoch, 1970: 82）

梅朵接著舉出一個例子：

> 帶著焦慮與忿恨的心情，我望向窗外，無視周遭事物，苦思於
> 一些對我名譽有傷之事。突然，我看到一隻盤旋的紅隼。頃刻
> 之間，一切都改變了。那個沉浸於虛榮心受損的自我已然消
> 失。現在除了紅隼之外，別無他物。而當我再回頭想想其他事
> 情，已覺得什麼都不那麼重要了。（Murdoch, 1970: 82）

審美經驗所帶來的並不只是一種對於美麗事物的愉悅感受，讓觀賞者可以暫時忘掉生活當中的痛苦與煩惱而已。在對美的關注中被喚起的，不僅是一種覺知自我與外物的觀點轉化，更是精神能量能夠超離自我的膠著，獲得整體提升的體驗。

此處筆者想再補充一點。眾所周知，柏拉圖在《理想國》提出對藝術的兩大看法：第一，藝術是虛假的──藝術乃是對顯象的模仿（mimesis），故藝術創造出來的事物與真實離了三層（595b-602c）；第二，藝術是危險的──藝術強化屬於靈魂較低層次的感性，妨礙理性（602c-606d）。然而這似乎與梅朵論證藝術以追求真實為目的，而且能夠提升我們對真善美的關注力（attention），具有成全道德之作用的論點相互牴觸。那麼，身為一位柏拉圖主義者，梅朵要如何化解此衝突？她要如何在柏拉圖將詩人趕出理想國的同時，主張「偉大藝術作為教育者與啟發者的角色」（the role of great art as an educator and revealer）（Murdoch, 1970: 63）？

梅朵的論述策略是，區別出好的藝術與壞的藝術，並賦予前者如同柏拉圖式的美的地位：

> 藝術，從現在起我將「藝術」界定為好的藝術（good art），而
> 非幻象藝術（fantasy art），它提供我們對於優秀的獨立存在的純
> 然愉悅。無論在它的生成或欣賞之中，它都是與自私占有截然
> 不同的事物。它鼓動我們最好的官能，而且──以柏拉圖的語

言來說——它激起靈魂最高部分的愛。（Murdoch, 1997: 83）

依此，梅朵可說同時是「柏拉圖主義者與柏拉圖美學的批評者」（Hepburn, 1978: 270; Widdows, 2005: 117），因為她並不認為柏拉圖對藝術的批判是全面的。藝術，好的藝術，乃被理解為從在幻象中尋求慰藉的自私欲望努力轉化與提升以達致真實看見的「一段漫長深刻的非我歷程」。順此論證，當柏拉圖將藝術與藝術家趕出理想國，梅朵卻試圖拯救他們，並宣稱偉大的藝術提供我們向善的道路，而且是藝術家，並非哲學家，才能從「火堆」走向「太陽」。

肆、通過藝術的道德教育——世俗化時代的靈性救贖

梅朵終生的哲學與文學事業乃是矢志為人類的道德生命提出一套新的說明並嘗試回答蘇格拉底所提出的古老問題——「我們應該如何生活？」（Plato, *Republic*, 352d）——而努力。對她而言，道德哲學的終極探問應該是：「我們如何能使自己變得更好？」（Murdoch, 1970: 76）「怎麼樣才算是一個好人？我們如何能使自己變得更有道德？我們能夠使自己更有道德嗎？」（1970: 51）不過，梅朵認為她當時的主流倫理學觀點並未能對這些問題提出令人滿意的回答。

梅朵對現代道德哲學所提出的批評主要表現在以下三個層面：第一，二十世紀初在分析哲學大行其道的影響下，部分倫理學者偏向於倫理語詞與概念的釐清，缺乏對實質問題的探討與解決，使得原本應該豐厚具體的生命學問，淪為抽象的意義與邏輯分析。即使涉及現實事務之議題，這些倫理學家們仍舊預設並強調邏輯與倫理的中立立場，將事實與價值領域區分開來，避免道德承擔，不再以提供完美人生典範或足以使人安身立命之價值依歸為終極目的。第二，現代哲學與科學對於人性圖像的描繪太過化約。自康德以降的現代道德哲學預設道德主體為自律的理性存有，抽離具體的社會、歷史、人際與價值脈絡，陷入一種多重孤離，價值無依的境況，成了無處境（situationless）的自我與抽離式主體（disengaged subject）。而由於現代哲學「將形上學從倫理學中解消」（the elimination of metaphysics from ethics）（Murdoch, 1997: 63），人與超越價值源頭的連結亦不復存在。第三，由於將道德能動性的發用侷限在選擇意志（choosing will）的端點，連帶地使道德討論的焦點限縮在意志的選擇與行動，忽略行動的背景脈絡以及對行動者內在生命歷程的觀照。進一步來說，這類哲學不但忽視知覺、情感與想像力在道德領域的作用，也導致對於道德變化的解釋不夠充分，既未能為人類豐富多元的道德經驗提供充分的概念與修辭，亦無法在實質上提出一套有效的成德技術指引，是不夠周全的道德理論。

如同本文第二節提到的，梅朵援引柏拉圖的觀點，以「能量（energy）概念解釋道德變化的本質」，將生命問題視為「能量轉變」（transformation of energy）的問題，至於「我們要如何才能變得更有道德」，則涉及能量與見識的整體轉化與提升，總的來說，這是個人的救贖問題（the salvation of the individual）（Murdoch, 1992: 24）。

根據Anne Rowe的詮釋，此處的救贖並不是指基督宗教意義下對來生的應許，而是除去幻象的遮蔽，朝向真實看見的緩慢進程，並因此能夠更加道德地行動（Rowe, 2002: 9-10; 155, n.2）。這個特殊的理解其實與梅朵思想的基本預設密切相關。第一，她認為「人本性自私，而且人生沒有外在目的或τέλος」；第二，「我們是短暫的道德生物，屈從於必然性與機運。傳統意義下的神並不存在。」（Murdoch, 1970: 76-77）這造就了梅朵道德哲學一個很獨特的面貌：一方面，她主張人生的無目的性，但另一方面，她又堅持在這個已經沒有神的世俗化世界中，仍有超越的善存在。這需要進一步的解釋。

梅朵如此說明善的超越性：

善仍舊存在某處。我們所寓居的自我，是幻象的處所。善與在品德的意識中看見非我、看見並回應真實世界的努力相關聯。哲學家們經常訴諸這種對於超越觀念的非形上學意義來解釋善。「善是一個超越的實在」，這意味著品德是衝破自私意識

的紗幕，並如其所如地參與這個世界的努力。（Murdoch, 1970: 91）

據此主張，善的超越意義並不在於到達彼岸的理想世界，而是透過非我的修養，以對現世中的他者有更清楚的看見。著名的梅朵學者Peter Conradi亦如是指出：「對梅朵而言，道德朝善者（moral pilgrim）[11]等候的不是飄渺的他方，而是在『此處』以不同且清新的方式感知。」（Conradi, 1986: 86）

在梅朵的觀點中，靈性操練並不以成就個人自己的生命本身為目標。而因為藝術能夠使靈魂的能量轉向並提升，從自私的幻象狀態中解放，這也是她認為通過藝術與審美經驗，靈魂得以獲得救贖，向善靠近，令我們在這個偶然且無目的的世俗化世界中有真實的看見，因此本身就是道德活動之故。

伍、結語

當今道德教育亟思以觀照感性體驗與靈性成長之向度，追求人格完善的修養歷程。英國小說家與哲學家梅朵提出道德見識與心靈能量向善之轉化與提升作為道德成長的真義，並在其獨特的倫理學架構中論述藝術與道德、美學與倫理，以及美善的合一。其理論貢獻在於重新肯定超越的價值根源，堅持至善的最高性，同時又另闢蹊徑，將超越性的意涵轉化為對個體如其所如地觀看與關注。根據梅朵的看法，藝術與審美經驗不只具有培養道德感性的教育功能，而且本身就是一種能夠啟動「非我」實踐，轉化心靈能量，使我們能夠從自私幻象上升至真實看見的精神操練，是能夠成就靈魂救贖的重要途徑，此即為通過藝術的道德教育之真諦。

---

[11] 同前註。

參考文獻

外文

Anscombe, G.E.M.(1958). Modern Moral Philosophy, *Philosophy* 33, 1-19.

Antonaccio, M.(2000). *Picturing the Human. The Moral thought of Iris Murdoch*. Oxford University Press.

Aristotle.(1998). *The Nicomachean Ethics*. trans. with an Introduction by D. Ross; revised by J. L. Ackrill and J. O. Urmson. Oxford University Press.

Barbery, M.(2006). *L'élégance du hérisson. Paraskevi Kanari.* 陳春琴譯，（2008），《刺蝟的優雅》，商周出版。

Blum, L.(1994). *Moral perception and particularity*. Cambridge University.

Brown, S., Collinson, D. and Wilkinson, R. eds.(1998). *One Hundred Twentieth-Century Philosophers*. London; New York: Routledge.

Conradi, P. J.(1986). *Iris Murdoch: The Saint and the Artist*. New York: St. Martin's Press.

——.(2001). *Iris Murdoch: A Life*, W. W. Norton & Company.

Hauerwas, S.(1981) *Vision and Virtue: Essays in Christian Ethical Reflection*. Notre Dame, IN: University of Notre Dame Press.

——.(1996). "Murdochian Muddles: Can We Get Through Them If God Does Not Exist?", Antonaccio, M. and Schweiker, W.(1996), 190-208.

Hepburn, R. W.(1978). Review of *The Fire and the Sun: Why Plato Banished the artists* by Iris Murdoch. *Philosophical Quarterly, 28*, 269-70.

Lin, Ya-Ping.(林雅萍).(2012). Art for Life's Sake: Iris Murdoch on the Relationship between Art and Morality. *Proceedings of the European Society for Aesthetics, 4*, 316-330.

Mathewes, C. T.(2000). "Agency, Nature, Transcendence, and Moralism: A Review of Recent Work in Moral Psychology", *Journal of Religious Ethics* 28.2, 297-328.

Murdoch, I.(1973). *The Three Arrows: And, The Servants and the Snow; Plays*. Chatto & Windus.

Murdoch, Iris.(1970). *The Sovereignty of Good*. Routledge & Kegan Paul, reprinted in 2003.

Murdoch, Iris.(1992). *Metaphysics as a Guide to Morals*. New York: Allen Lane, The Penguin Press.

Murdoch, Iris.(1997). *Existentialists and Mystics: Writings on Philosophy and Literature*. Conradi, Peter.(ed.) Penguin Books.

Plato.(1994). *Republic*. Waterfield, R. tran. Oxford University Press(Oxford World's Classics).

——.(2008). *Symposium*. Waterfield, R. tran. Oxford University Press(Oxford World's Classics).

——.(2003). *Phaedrus*. Waterfield, R. tran .Oxford University Press(Oxford World's Classics).

Rowe, A.(2002). *The Visual Arts and the Novels of Iris Murdoch*. The Edwin Mellen Press.

Taylor, C.(1989). *Sources of the Self: The Making of the Modern Identity*. Cambridge: Harvard University Press.

——.(1996). "Iris Murdoch and Moral Philosophy", Antonaccio, M. and Schweiker, W. eds.(1996), 3-28.

Widdows, H.(2005). *The Moral Vision of Iris Murdoch*. Ashgate Publishing Company.

Wolf, S.(1990). *Freedom Within Reason*. Oxford: Oxford University Press.

許宏儒
中央大學學習與教學研究所
暨師資培育中心助理教授

■ 第十三章 ■

協同合作——
論法國教育學家Roger
Cousinet之教育學思想[1]

摘　要

　　教育是一種「成人之美」的藝術，而人是活在社會當中的生命體，因此，「成人之美」的教育歷程，不單單只牽涉到個人的自我完成性，而是藉著相互合作、彼此友愛互助的方式，才能夠真正地讓此自我完成性，呈現一種自我完善與彼此共好的美的圖像。那麼，我們的教育中，是否有著能促成此圖像的學習歷程？還是，我們的教育重視的是個人成就，而他人，則是個人在考試與升學的道路上的競爭對象？

　　本文從當代法國最重要的教育學家之一，Roger Cousinet的協同合作的教育學思想，深入探究此一問題。Cousinet是法國著名的社會學家E. Durkheim的學生，曾經在巴黎索邦大學擔任教育學講座長達13年的他，亦是開啟法國新教育運動的一名最重要的推手。透過閱讀Cousinet的第一手法文文獻，本文發現，他的思想直指出二十世紀以來教育上的弊病：缺乏互動與協同合作；當代教育生產著人類的自私與不信任。而他認為，當代教育的核心精神，除了讓學生成為能夠學習的主體之外，要使得學生能夠在學習的歷程之中綻放生命之美，更必須要讓每個學習的主體，都能學習如何與他人「一起共同學習」。因而，必須要有著能夠促成此一成人之美的「方法」，因此，他提出了在歐陸十分著名的「團體自由工作法」（la méthode de travail libre par groupe），並從中建構起具有平等主體的自由學習歷程，並讓學生能夠嚴肅對待正在協同合作的工作與學習，同時透過協同合作，建構起團體與個人的內在秩序，在互動與實際解決問題的歷程之中，獲得經驗，同時也將經驗予以抽象化，更有助於創造性的思維的誕生。而在這樣的歷程中，學習是符合學生的學習韻律，教室則充滿著喜樂的氛圍。

關鍵字：Roger Cousinet、成人之美、協同合作、團體自由工作法

1　本章作者原訂標題為「協同合作與成人之美：論法國教育學家Roger Cousinet之教育學思想」。本書主編為求凸顯全書之論述架構，同時兼顧各章標題之一致性，因而略作更動，特此聲明，並向作者致上最深的歉意與謝意。

　　未來教育的核心，不僅僅是「如何學習」，而是學習「如何共同學習」。

～Roger Cousinet

壹、前言

　　法國尼斯大學人類學與社會學家Joël Cannau在其「爲何合作」（Pourquoi coopérer）指出，人類這個物種所形成的社會，是迄今以來我們所能看到，有著最強大、最有規律、最多樣化、最有冒險精神，以及最具有效性規範意味的協同合作特性的群體，而且，這個群體，超越了血緣關係與地域的限制。人類協同合作的特性，是這個世界彌足珍貴的資糧（Cannau, 2012: 8-9）。

　　那麼，我們的教育是否有珍視這個彌足珍貴的資糧？我們的教育是否讓孩子有許多與他人彼此相互對話與合作，共同解決問題的機會？有沒有利用協同合作的契機，培養孩子願意傾聽他人、願意幫助他者的良好德行？還是，我們的教育重視的是個人成就，而他人，則是個人在考試與升學的道路上的競爭對象？

　　如同馮朝霖所言，教育是一種「成人之美」的藝術（馮朝霖，2006，頁6）。教育即成人之美，意味著教育的歷程在於成就一個人的美好，意味著人找到自己在世界當中的意義，並成爲他自己，也就是人自身的自我完成性。這樣的歷程是一種美學的向度，沒有標準答案，而是一個不斷變動與綻放生命之美的過程。

　　但這樣的自我完成性，必須放在更爲廣大的脈絡架構之中，也就是人與他人之間的關係。因爲，人活在社會當中，是社會的一分子，也是創造社會的重要元素。因此，每個人的自我完成性，與他人的自我完成性之間，有著緊密的連結關係。要成就一個人之自我完成性之美，必須藉著相互合作、彼此友愛互助的形式，才能夠真正地讓此自我完成性，呈現一種自我完善與彼此共好的美的圖像。誠如法國當代著名的思想家Matthieu Ricaud所說的：「協同合作不僅僅是人類演化的重要創造性力量，它也是

許多個人的自我完成歷程」（Ricaud, 2013: 87）。

法國著名的教育學家Roger Cousinet（1881-1973），深入至當代教育的弊病，反思純粹以傳統講述法以及缺乏協同合作的教育歷程，為學生生命所帶來的影響，並從協同合作式的教育學思想，以及團體自由學習法的教育方法，來開展教育所欲成就生命之美的歷程。

貳、從另類的督學到教育學講座：法國教育學家R. Cousinet

Cousinet是二十世紀以來，法國最著名的教育學家之一。[2]師承Émile Durkheim、曾任巴黎索邦大學教育學講座（chaire de la pédagogie），Cousinet建構了影響法國與歐陸迄今的教育學思想，並開展了影響十分重要的教育學實踐。Cousinet並創辦了La Source學校[3]，是當代法國教育場域中，最具代表性的新教育學校[4]，也是世界許多教育研究者與工作者，前來進行相關研究的重鎮。然而，在臺灣，對於他的研究，迄今仍付之闕

---

[2] 另一名是佛賀內（Célestin Freinet, 1896-1966）。研究者在2011年到2014年於法國研究與工作期間，在盧昂大學（Université de Roeun）教育研究中心，向專精「新教育」思想的專家學者學習，研究佛賀內與Cousinet的教育學思想與理論，更深入至法國各級另類學校，親自接受培訓，迄今仍擔任佛賀內研究院（Institut Freinet - École de Vence）的合作學者。

[3] 雖然是私立學校，但學生的學費依照其家庭的所得而有高低不同的收費標準。

[4] 十九世紀末、二十世紀初，歐洲發生了「新教育運動」（le mouvement de l'éducation nouvelle）。新教育運動的核心理念，旨在對於傳統教育的缺失進行革新。傳統教育以主智主義為核心，過分重視學生在知識上的學習，並以齊一化的方式進行教學，忽略每個學習者的特殊性。傳統教育不信任學生能夠自我學習，對於學生的教育方式即是灌輸式的教育方式。新教育意欲突破傳統教育的窠臼，創造真正能以兒童為教育核心、能培養出明日的公民、以及人人都可以接受教育的新的教育學理念與實踐（Houssaye, 2014: 94）。因而，當時許多新教育運動的學者與實踐者，紛紛建立起新教育學校。

如[5]。在英語文獻部分也很稀少，而且幾乎都是由法文文章翻譯過來[6]。但事實上，Cousinet對於啟動法國的新教育運動，以及法國當代的合作教育學（la pédagogie coopérative），扮演著十分重要的角色（Grandserre & Lescouarch, 2009: 21）。

　　法國是一個中央集權的國家，從當時到今天，法國政府對於教育的控制一十分的嚴密，在教育方法上，傳統講述式的教育方式是最為主流的教育方式，目的是規訓所有的學習者。而法國迄今更有著嚴密的督學制度，來管控所有的教師與教育工作者。

　　在當時，作為督學，Cousinet勇於在這樣的控制主義中，進行許多具有顛覆性改革。Cousinet擔任督學長達31年，並也曾擔任教師，然而，他對於當時保守的法國教育並不滿意，特別是，當時的教育，無法讓學生有著彼此生命經驗的相逢、生命故事的對話，更無相互友愛，彼此互助以解決問題的機會。當時的教育，無法「成人之美」。Cousinet加入當時的新教育運動，並在他執行被國家賦予的督學任務的同時，勇敢地在當時傳統教育的氛圍中，進行一連串的新教育實驗與改革，特別是透過孩童「自由學習與協同合作」，型塑其成為一個更為完整的人的歷程。從一次大戰前後開始，歷經近30年，他大量地與現場教師合作，提出自己的新教育理論與思想，並實地在學校之中進行一連串實際的改革（Raillon, 2008: 21）。因此，他也經常被政府「督導」，是一名「被督導的督學」。

　　作為教育學者，Cousinet將教育學、社會學與實驗心理學結合在一起，在當時奠定了法國教育的科學性。他結合了孩童社會學與實驗心理

5　研究者至國家圖書館期刊論文網以及博碩士論文網，以「全選」（篇名、題名、關鍵字等）查詢，搜尋結果是0筆。搜尋日期，2015年7月13日。唯一一篇，是研究者一篇短文拙著：許宏儒、葉芷嫻（2013）。法國新教育運動學校：泉源學校。國家教育研究院電子報第63期。

6　如從ERIC中搜尋到的唯一一篇由L. Raillon（法國新教育運動教師）所寫的Profiles of Educators: Roger Cousinet (1881-1973), Western European Education, v21, n2, pp.71-87 Sum 1989。即便如維基百科當中的延伸閱讀文獻，雖以英文呈現，但實際上都是法文文章。

學，並開啓了法國「實驗教育學」（la pédagogogie expérimentale）的研究。1904年，Cousinet加入由比奈擔任理事長的「孩童心理研究自由學會」[7]，並與比奈共同合作，發展當時最著名的智力測驗，並致力建構具有科學意義的「實驗教育學」（Gutierrez, 2011c: 10）。

Cousinet之所以成爲法國重要的教育學家（者），其中一個原因是，他將其所從事的各項實驗教育工作理論化，並大量發表爲文章或專書。事實上Cousinet是一個少見的研究產能十分巨大的教育研究者[8]，從1902到1972年，在許多著名的期刊中[9]，發表了總數超過400多篇的文章，也撰寫過許多專書[10]，這在當時或是現在的教育學術場域，都是十分難能可貴的

---

[7] la Société Libre pour l'Étude Psychologique de l'Enfant。1899年由法國諾貝爾和平獎得主、哲學家與教育學者F. Buisson所建立。這個學會並於1906年開始出版當時法國教育學最重要的期刊之一「現代教育家」（l'Éducateur moderne）。1913年接續法國當時重要的教育思想與教育哲學家，也是法國「精神與政治科學學院」（l'Académie des sciences morales et politiques）院士Gabriel Compayré的位置，Cousinet擔任期刊的總編輯。

[8] 從二戰之前一直到他過世前，他大量於期刊撰寫文章。關於他所發表的期刊文章，其數量更十分龐大。當中涉及的學科領域包括有哲學、社會學、心理學、史學、文學、數學、藝術、科學、建築、音樂、語言學，當然都以教育學作爲主軸貫穿這些領域。他所談論的議題也十分多元：除了致力呈現他在新教育思想與實踐上的研究成果，引介國際知名的新教育學者的思想、著作與實踐之外，他的研究所涉及的範圍包括：道德教育、家庭教育、遊戲、懲罰、學校生活與假期、犯錯與學習、孩童自由書寫、文法與拼寫、新教育教科書的編寫、經驗、民主、音樂、學校課程、活動、課程規劃、學校制度甚至是建築等。這些文章主要發表在「新教育家」（L'Éducateur moderne）、「新教育」（La Nouvelle Éducation）、「學校與生活」（L'École et la vie）、「Pour L'Ere」（邁向新世紀）、「教育與發展」（Éducation et développement）、以及「法國新學校」（L'École nouvelle française）等著名的期刊。

[9] 這些期刊有些迄今成爲法國當代重要的教育期刊。

[10] 在專書方面：二戰之前，他所出版的專書爲《團體工作的原則與技術》（Principes et techniques du travail collectif, 1922）。二戰之後，他開始出版專書包括有：《團體自由工作法》（Une méthode de travail libre par groupe, 1945）、《教育學

學術研究者（Gutierrez, 2011b, p.175）。

　　他所發表的許多研究文章，也將國際間許多著名的新教育學者的理論與實踐，諸如Steiner, Montessori, Neill[11]，引入法國的學術與教育實踐場域。透過Cousinet針對這些學者的著作與實踐進行研讀、分析與參訪，並撰寫成文章，抑或編輯期刊與翻譯，引入法國本土[12]。而近年來，法國教育史研究場域，也開始深入探討與挖掘Cousinet在二十世紀中葉前後，對於國際上新教育運動的引介之歷程（Sérina-Karsky, 2012; Raillon, 2008）。

　　另一方面，他更擔任法國巴黎索邦大學的教育學講座，這在當時仍是傳統教育學，主張學習只是個人安靜聆聽與抄錄教師的話語為主流的法國學術與實踐氛圍中，Cousinet以一名「另類」的實踐者與學者立場，倡導

課程》（*Leçons de pédagogie*, 1950）、《文法教學》（*L'enseignement de la grammaire*, 1952）、《教師的培育》（*La formation de l'éducateur*, 1952）、《智識的文化》（*La culture intellectuelle*, 1954）、《歷史教育與新教育》（*L'enseignement de l'histoire et l'éducation nouvelle*, 1955）、《孩童社會生活：孩童社會學文集》（*La vie sociale des enfants - Essai de sociologie enfantine*, 1959）、《學習教育學》（*Pédagogie de l'apprentissage*, 1959）、《做我告訴你的事，給家庭當中的母親的建議》（*Fais ce que je te dis - Conseils aux mères de famille*, 1961）、《新教育》（*L'Éducation nouvelle*, 1968）、《新教育啟蒙》（*Initiation à l'éducation nouvelle*, 1969）。

[11] 尚有Ovide Decroly, Edouard Claparède, Francisco Ferrer, Janusz Korczak。

[12] Cousinet在擔任「現代教育家」的主編期間，大量研讀新教育學家的相關論著，並透過期刊文章的發表，將這些學者的思想與實踐引介入法國，如蒙特梭利、瑞士教育學者A. Ferrière及其活動學校（l'école active）、比利時心理學與教育學家D. Decroly的兒童中心教學法，當然還包括許多其他的學者，如瑞士的心理學家E. Claparède與P. Bovet的理論。對於美洲大陸的Dewey與Stanley Hall的著述，也由他的一名共同合作者，來自英國的Madeleine Guéritte負責翻譯改寫，發表於期刊當中。而其中，來自於美洲大陸的「自我管理」（self-government）、學生自訂計畫、自選主題學習工作等概念，也是透過Madeleine Guéritte的引介。他也開始大量參加國際新教育運動的學會，如著名的「新教育國際聯盟」，其他的新教育會員大會與研討會，親身與來自世界各地的新教育運動學者與實踐者交流互動與學習。他也親自辦理許多新教育國際級的會議（Raillon, 2008）。

團體互助合作之自由學習法，更擔任了索邦大學的講座，可謂十分具有劃時代的意義。

參、當代教育阻礙了「成人之美」的幾個問題

一、忽略「成人之美」所必須的互動、對話與協同合作

Cousinet的教育學思想，直接深入至當時（迄今）的教育問題：學校與教室當中的教育活動，大量的缺少了互動、對話與協同合作這些重要的元素，而他認為，互動、對話與協同合作，是學生成為一個完整的人，所不可或缺的重要元素。從二十世紀初到50年代，因為深受社會學以及心理發展理論所影響，Cousinet的新教育思想理論，更著重的是學習者在學校場域的互動關係（Vals & Saisse, 2002: 93）。Cousnient師事Durkheim，撰寫博士論文。但因為二次世界大戰，加上Durkheim去世的關係，他並沒有完成他的博士論文。在1950年，Cousinet終於將他的博士論文以《孩童的社會生活：孩童社會學文集》[13]出版（Ottavi, 2004: 132-134）。在這本書中，Cousinet以社會學的角度批判傳統教育使得孩子的生命之美，成為枯萎的花朵：

> 孩童的教育是一個連續性的生命的美的綻放歷程，在其中，因為每一項對其發展不可或缺的各種緊密連結起的活動，使得孩子能一步一步的自我型塑與自我實踐。孩子的發展也會因為刪除掉這些活動當中的某一種，而有著影響。而影響最深的是，幾個世紀以來，在學校當中，孩童的發展被限制在只有教師的活動這一活動中，只有教師的行動與培育（或試著培育），孩子的生命似乎早已被視作是無生命的材質。（Cousinet, 2011: 42）

---

[13] *La vie sociale des enfants - Essai de sociologie enfantine*, 1959

　　Cousinet指出，傳統教育不注重學生的社會化，並將學生的社會化互動，轉變成以成人權威所規範好的紀律為主的、一個一個個人的集合（collection）而已：傳統教育學將孩子的學習活動控制在教室當中一排一排整齊的課桌椅中，將學生的學習歷程侷限在教師的板書講述以及學生的筆記之中。因此，對於Cousinet來說，這將是教育當中的悲劇，學校的教育活動看似有集合（union）的群體，但這種群聚並非真的團結，而只是一種奴隸式（esclavage）的集合而已（Cousinet, 1950: 36）。

　　在當時的學校教育當中，並不透過學生自主性與社會性的協同合作（coopération）教育歷程，來幫助學生發展出一種具有互助性質的「團結」（solidarité）。但正是這種團結，讓人成為更為完整的人（Cousinet, 1950: 21）。即便在當時的法國的主流教育體制中，開始試圖要應用新教育的各種教學方式，但還是流於表面形式。如在教學活動時，依照教師的指令進行分組，但仍舊從事著機械性的教育活動（如教師拋出一個看似開放的問題，讓小組學生合作翻書找答案），一種虛假的團結（une fausse solidarité），而非處在一種真實的交相互動與互助（une aide mutuelle）（Cousinet, 1950: 37）。而這個問題在當代，仍舊沒有被好好的處理，教室當中仍舊存在著此種虛假的團結。

　　Cousinet認為，學校教育真正應該做的事情是，幫助學生建構真正的、彼此能夠互助與團結的學習歷程（Cousinet, 1950: 40）。對他來說，學校教育應該是一個讓學生彼此相逢（rencontrer）的場所，讓他們不僅在教室內有所互動，更能在學校的任何角落，都能夠充分的進行社會化的互動歷程。一個教師，他也必須讓學生從這種虛假的集合中離開，真正的讓學生能夠在群體中，進行真正的互動，以型塑他們具有互助的道德意識（conscience morale）。而這種道德意識讓學生能夠知曉人與人之間的平等性，以及互助合作的重要性，並拒絕任何企圖以高壓方式奴役他人的獨裁權威，以免當他們長大成人後，會不自覺的複製這樣的權威意識來壓迫他人（Cousinet, 1950, pp. 53-59）。

二、當代教育生產著「自私與不信任」

2012年，由巴黎高等政治學院的三位教授Yann Algan、Pierre Cahuc與 André Zylberberg所出版的專書《製造不信任》[14]，便將今日社會當中最大 的問題：人們自私自利、無法與別人合作、不幫助別人、甚至不信任別人 的根源，指向「教育」。這本書的研究顯示，在法國：

㈠超過七成的國中小生指出：在學校當中，他們所做的事情就是好 好的抄寫老師所說的以及所寫的，好好的記誦課本裡的知識，以好好的準 備各大大小小的考試。研究結果是，這樣強調競爭性的個人主義，造成學 生只會鑽營小利，服從於權威，未來進入社會，仍以此種潛在已久的習 慣，在工作上只顧自己的私利與考績，並只要聽從大老闆的話即可。

㈡超過三分之二的學生指出：老師從來不把發言權交給他們，也少 有獨立自主與自由的學習機會。學生未來進入社會，非但沒有自主工作的 能力，也不用談所謂的創新與創造力。

㈢超過73%的學生指出，在學校教育中，從來沒有過團體小組的 「學習機會」，更別提個別或是小組的研究群體。在學校中，只有因為 情感（大多是為了安全感以抵禦欺侮）所形成的小群體與小圈圈。這樣 讓學生不僅不知道如何與他人在智識上、在學習上以及在探究問題的研究 中，彼此協同合作，更無形之中讓每個人對於充滿異質性的他人，也就是 與自己取向、個性不同的他者，都充滿著不信任與懷疑的心態。（Algan, Cahuc, & Zylberberg, 2012: 11-30）

上述的發現顯示，這樣的教育成就的是個人狹隘的成績，以及個人以 私利為優先考量的習性。Cousinet在幾乎一個世紀以前，便指出這樣的教 育方式的缺失。在與Durkheim學習期間，他發現到當代教育的重大問題：

> 一方面，傳統教育化約了學校教育的工作（travail scolaire）的 意義，將學校當中的活動完全侷限在聆聽教師的話語之中，重

---

[14] *La fabrique de la défiance*

複與他們生命經驗十分遙遠的課文。另一方面，十分令人非議的，便是教室當中的死氣沈沈（l'immobilisme）。這樣的狀況違背了人類社會當中，交相互動的本能與重要性，抹殺了學習的能量與生命彼此相互扶持友愛的美麗。（Cousinet, 1959: 37）

傳統教育學忽略了孩童在學校的「社會生活」（la vie sociale）這個要素。Cousinet在當時著名的「哲學期刊」（Revue Philosophique），分析社會性的互動，對於孩童在眞實世界中，在知覺以及思考的發展，有重大的影響力（Cousinet, 1907: 165-169）。1908年，他在同樣的期刊上，發表了一篇「孩童的團結」（La solidarité enfantine），便批評當時的教育方式，在本質上完全忽略了孩童在學習歷程之中，交互學習以及合作學習，所能帶來的莫大學習動力與成就，也可以爲人類社會帶來更爲友善、友愛與美好的可能性（Cousinet, 1908: 290-294）。

三、虛假的「新教育」或「另類」的教育實踐

Cousinet所意欲建構的，是一個眞眞切切，以學生爲學習主體的新教育思想。事實上，在當時，保守的法國國家教育體系，已經接收到來自世界當中的新教育思想，也或多或少，在某種程度上，在不違背當時主流的傳統教育學邏輯的情況之下，「挪用」了一些新教育思想的概念。因此，若說十九世紀末、二十世紀初的法國教育，完全不注重學生的主體問題，是十分值得質疑的。因爲，根據法國當代重要的教育學思想史學家D. Hameline[15]的分析，當時所提倡的教育已經出現一種教育學重心細微的轉變，從大教師形象、單純的講臺上的「講授」（professer），轉移到仍以教師爲中心，但加入「活動」（activité）的因子。當時的教育思維，呼籲

---

[15] 誕生於瑞士，學術活動也多在法國與瑞士。Daniel Hameline爲開啓法國對於「教育學」（pédagogie）研究的重要學者。曾任巴黎高等教育學研究中心研究主任，Paris-Dauphine大學教授，現在是日內瓦大學心理學與教育科學系榮譽教授，主要擔任教育哲學與教育學思想史課程的授課教授。

教師離開椅子、離開講桌,到學生身旁,讓他們跟著教師多做練習。當時的國家教育,開始主張教師應當活化(activer)並喚起(éveiller)學生的學習。這時的教育思想,似乎或多或少受到新教育運動的影響,已意識到「學生」的主體性問題,並以教育政策、制度與教學來具體實踐,並也稱此教育學上的改變,爲一種新式的教育(Hameline, 1999: 33-35)。

但對於Cousinet這樣的一個新教育的鬥士來說,這樣的教育仍舊是傳統教育的模式,並非是新教育:

> 這些教育只是打著新教育旗幟,它們仍全然的維持著傳統教育的靈魂,將某些新的東西,在傳統的部分中,東貼貼、西補補,以繼續維持傳統教育的精神,並藉此來說自己在工作上已經有所革新,但實質上,根本什麼都沒有改變。比如說,老師把學生分成幾個小組,然後給每個小組文法練習或是歷史作業,好自我說服,他在他的課堂當中,已經運用了團體工作方法。比如說,教師在講課當中,硬塞入幾個幾乎不需要時間來進行思辨與討論的提問,便說自己已經採用了活動的方法(méthode active)。比如說,規劃在滿滿的課時中,硬塞了一個既定的一小時,來作他們所謂的「自由」表達活動。又比如說,規劃了一個學校散步學習時間,但事先早已經嚴格的安排好每一個既定的細節,並稱這是新教育。(Cousinet, 1968: 86)

Cousinet認爲,事實上,從20年代開始,爲了要回應當時的新教育運動的浪潮,傳統教育者企圖有所改變,也就是加入「詢問式」(interrogative)的教學方式,在課堂上增加教師對於學生的提問,看似師生之間有所互動與對話。但是「詢問是一種十分可議的教育學方式」[16](Cousinet, 2011: 73)這種教師的詢問,是詢問學生說出標準答案,而不是眞正的對話。對於Cousinet來說,這仍是以一種換湯不換藥的傳統教育方式:

---

[16] L'interrogation est une procédé pédagogique contestable

稱作詢問式……的方式的歷史故事正是傳統教育學滑稽的一章。老師仍繼續主宰教室，行政管理者爲建築師，教師爲主持造屋計畫者，但以一種提高層級的方式來進行，教師不再獨立作業，而是有無知的同夥，讓他繼續掌管教室……好以一種更能爲己所用的方式來進行。（Cousinet, 2011: 73）

另一個重要因素是，進度壓力，是從二十世紀初到今天，一直都是影響教師在教學上的重大壓力來源之一。教師必須在有限的時間將各個被規定好的教學目標以及概念，傳遞給學生，並讓學生將這些概念銘刻在心中。因此，想要做出「改變」的教師在教室當中的教學：

仍總是十分的匆忙，他必須要在最短的時間得到最正確的回答，因此他在課堂上試圖以對話的方式來與學生討論，但他所問的問題，也僅是有既定答案的問題，學生很難就著某些議題進行討論與迴響。因此課室當中所呈現的改革，仍是一種單一性的演出場景，只有教師在勉強的進行改革，但這種教育學上的革新又成爲是一種對教師自己的懲罰，因爲他會發現他越來越少時間傳遞那些被規定要教的東西，也就越來越不想進行教育上的改革。（Cousint, 2011: 74-75）

對於Cousinet來說，眞正的新教育的精神，便是眞眞切切的肯認孩子的自主性、教師跟隨著孩子的工作與活動，耐心等待孩子來請求幫助，並針對錯誤適當地改正（文法與拼字）。因此，新教育所建構的，是一個願意給予學習者自主與自由學習空間的教育理念，以及能信任學習者的教育學精神。在《新教育》中，Cousinet回到盧梭的教育學思想，探究所謂的「童年」（l'enfance）的眞正意義：

盧梭認爲童年一點都不是一個要去干預、要去幫助他們預先作好種種準備的一條道路，事實上童年有一種內在的價值（une

valeur en soi），一種具有積極意義的價值，因此我們應該不能
將孩童的目光固定在這條道路上，並認為，幫助他們越早脫離
這條道路是越好的；相反的，要讓孩子留在這條道路上越久
越好。這就是Claparède所稱作「哥白尼式的革命」（révolution
copernicienne）的教育學革新。這也就是所有新教育學（la péda-
gogie nouvelle）不同於傳統教育學的最核心的意義。盧梭之前，
所有的教育都是要幫助孩子盡早成為成人；自盧梭開始，教育
是要幫助孩子不要過早成為成人。童年期，至少從出生到青春
期，必須要好好的完成它的成熟度，因為真切的有著「童年期
的成熟」（une maturité de l'enfance）；因為我們總是認為理想的
成人是打造出來的人（l'adulte idéal l'homme fait），我們就認為
理想的孩童也是「打造出來的孩童」（l'enfant fait）。但是當我
們讓他作為一個如其所是──作為孩童來自我型塑，那麼，僅
是在此條件之下，我們才可以讓其自我型塑之後，去檢視他在
這條道路上的問題，並看看什麼才是最好的方式能夠幫助他，
這才是真正的幫助他成為人。（Cousinet, 1968: 27-28）

在這裡，Cousinet揭示了新教育思想中，對於孩童獨立自主的理論來
源，以及為何人們總是不信任孩童的自主性的根源。在此，Cousinet揭示
的是一種具有新教育思想核心當中的教育倫理學意義，其中包括師生關
係，以及理論與實踐之間的關係：

新教育真正的核心是一種面對孩童時的態度（une attitude nouvelle
vis-à-vis de l'enfant）。理解、愛（如Pestalozzi對孩童所展現無私
的愛）的態度，尤其是尊重的態度（attitude de respect）。等待
的態度、耐心的態度、不敢去撥開花苞的那雙手、不敢去打擾
孩子正在踏出第一步時的那謹慎小心的態度，也應如同孩子正
開始他在學校的第一個學習工作。接受孩童如其所是的態度、
肯認孩童時期是作為人類發展必要的階段。放手讓孩子去做，

接受孩子的錯誤、他所踏錯的步伐、他的猶豫、接受他很久的
時間但只做出一點小小的成果甚至是沒有任何的結果。孩子若
能夠自己滿足他的需要，那麼慾望便會變得是非常令人期待，
即便是社會也必須等待，好讓他能夠自我進行探索與滿足自己
的需求。要相信，當孩子發展越長越完整，那麼他將變成一個
更好的成人…….而我們這些成人們，要盡可能的幫助孩子們能
夠留在他們生命之中的初始無知階段，而我們也應該沈浸在這
個無知的泉源之中，而非花盡所有心力，要以我們的想像來打
造孩子，因為我們的想像不足以成為模範。（Cousinet, 1968: 22-
23）

　　Cousinet在此點出的，是一種植基於肯認孩子、對孩子有著信任的教
育價值論。而既然肯認了孩童的自由學習，Cousinet更深入討論的，便是
在孩童的自由學習的架構之下，如何才不會讓自由成為放任？而在自由學
習裡，孩童所學習的知識（savoirs），到底應該是怎樣的知識形式，或是
應該對於知識進行怎樣的教學以及轉化？

四、當代教育缺乏轉化「原始的知識」（savoirs bruts）成為「運作的知識」（savoirs opératoires）的過程

　　在《學習教育學》[17]中，Cousinet將自己的教育學理論清楚的定位在
「以學習為主」的精神，且所學習的知識必須是活的知識形式。他批評當
時只以教師為中心的教育：「教師已經學習到了如何當一名教師，但學生
從未學習到如何當一名學習者」（Cousinet, 1959b: 2）。他認為，傳統教
育學將教育的核心放在教師身上，不斷地以各種方式教導教師成為一名教
師。但這樣的方式，只會讓教育被化約成為教學，教師的教學又被化約
為各式各樣的教學法（didactiques）。但學生在此過程之中，沒有學習到

---

[17] *Pédagogie de l'apprentissage*, 1959

如何學習。在傳統教育中，學生學習的是屬於別人消化過的知識，而這些知識經常以一種缺乏社會性互動的方式來傳遞，也就是以一種灌輸的方式，直接由老師透過演說、講授、解釋的方式，直接傾倒在學生們腦袋之中。這樣的學習歷程，對於Cousinet來說，幾乎是剝奪了學生學習如何成為學習者的機會，因為真正的學習需是：「學生知道他想學什麼、為何要學，以及自己能尋找各式各樣的方法能夠讓自己有能力去學」（Cousinet, 1959b: 13）。真正的學習，是讓學生能夠自由且自主的，透過自我學習以及與他人互動，來進行各種事物的研究、探討、實驗、驗證、檢核、反思。在此歷程之中，學生覺知到自己有何不足，以及能夠尋求什麼樣的人、事、物來幫助自己。

在「知識」（savoirs）上，Cousinet區分了兩種知識：「原始的知識」（savoirs bruts）與「運作的知識」（savoirs opératoires）。所謂的原始的知識，如「塞納河所流經省分為……」、「艾菲爾鐵塔的高度為……」。這樣的知識純粹只是資訊性的知識，對於學習者來說，這種知識與他的生命經驗，存在著一種斷裂性。但當時的教育（即便今日亦是如此），便是由教師，透過講述法，將這些原始知識傳遞或是灌輸給學生，並透過機械性的考試，讓學生答出這些作為標準答案的原始知識。

相反的，「運作的知識」轉化了「原始的知識」，它將資訊性的知識與學習者的生命經驗連結起來。Cousinet以前述「塞納河所流經省分為……」與「艾菲爾鐵塔的高度為……」的例子為例，「運作的知識」是讓學生把原始的知識與自我的經驗連結起來，產生運作：我到過哪些地方，而塞納河有沒有流經過那裡？我與爸媽買票直接上艾菲爾鐵塔，而沒有用走樓梯的方式上去，是因為它太高了，有……公尺高，是我家的幾倍（Cousinet, 1959b: 123-124）？

學習者所學的知識，都與他有切身相關，他可以運作起這些知識來進行更深入或是更寬廣的學習。因此，對於Cousinet來說，「原始的知識」是屬於課本上的知識邏輯。它是死的，無生命力的，而「運作的知識」才與學習的邏輯相關，而教育必須讓學習者能夠有機會將「原始的知識」轉化為「運作的知識」（Cousinet, 1959b: 99-103）：「對於某個教育課題的

理解，學生必須學習它，而讓它成為運作的知識，好知道它是為何如此、它是什麼」（Cousinet, 1959b: 94）[18]。

因此，對於Cousinet來說，傳統的教育幾乎只停留在「原始的知識」的機械性傳遞中：「現在有個知識，你們好好的看著我如何做，然而你們照做並記憶下來即可」。而新教育必須是教師與學生共同針對一個主題，一起去探究：

> Cousinet的教育指出……教育不再是由一個教師對於學生進行一連串的活動與施為；教育是孩子以他自己的發展來從事某項事情的活動，教師在此只是一個教育的建議者（顧問），他盡可能的營造有利於孩子的學習環境，並幫助之。他所跟隨的活動性的方法（les méthodes actives），是學習的工具而非教學的工具[19]，而這些工具必須一定要由孩子們親自去操作。（Raillon, 1993: 230）

對於Cousinet來說，教育首先誕生於學生本有的知識與某個陌生的客體遭遇，而後學生想要去瞭解、去細究這個客體。他開始使用某些如觀察、實驗或是文件蒐集與分析的工作方法（méthodes du travail），或是工具去探究，以達成他意欲的目標。因此，學生的自由協同合作學習，必須要有著一套可以成就這樣的自由協同合作學習的方法。Cousinet稱之為「團體自由工作方法」（La méthode de travail libre par groupe）。

---

[18] Cousinet更說：「不是因為作為被教者以及學生正被教導，因此學生才學習。應該是說學生學習而非被教導，因為作為被教者是接收資訊，但作為學習者是去找尋這些資訊」（Cousinet, 1959b: 125）。

[19] des instruments, non d'enseignement, mais d'apprentissage

肆、透過「團體自由工作方法」的學習歷程成就生命之美

　　既然教育是種成人之美的藝術，但是否這樣的藝術是種無邊無際，捉不到、摸不著，沒有參照的藝術？若是如此，則教育如何可能？如何進行？對於Cousinet來說，協同合作的學習，必須要有著能夠「促成」這樣的學習方法。這個學習方法，不是教師手冊，也不是教師指引，而是透過這樣的方法，可以「引發出」學生自由與自主學習，以及協同合作的學習歷程。

　　在法國教育史上，新教育運動在二次大戰前後，開始盛行，而當時有許多新教育的鬥士，正在推展著這樣具有革命性意義的改變。但Cousinet發現到一個問題，便是當時的新教育改革，往往過度重視的是個別學生的自主、自由與解放，但忽略了團體性、社會性的協同互動。而這樣的學習歷程，必須要有著一種能夠成就此種學習歷程的方法：「然而，即便改革者意識到孩童只有藉由他自己一步一步的個人的活動，才能自我型塑，但我們經常忽略孩子更需要社會性的活動，也就是「與」（avec）他者一起行動。而這樣的活動必須有著方法」（Cousinet, 2011: 42）。因此，Cousinet在其長時間的教育學實驗的歷程當中，建構了他的教育學思想：團體自由工作方法（被尊稱為「Cousinet方法」（la Méthode Cousinet）[20]。

一、從遊戲中粹取工作的意義

　　Cousinet方法植基於他的博士論文的研究。在他的博士論文中，花了許多時間來探究「遊戲」此一幾乎是教育學家們都會談的論題。Cousinet從觀察孩子們的遊戲，發現到許多教育意義的重要元素，他認為，教育應當在某種程度上，「粹取」出孩童在遊戲時的重要元素：如協同合作、如

---

[20] 事實上，他並非是團體學習方法的創始者，但他應該是在二十世紀前半葉，談論這個概念最多的新教育運動者，也是最大力將這個概念，在理論上加以深化的教育學者，以及在實踐上的實踐者。

探究與實驗精神，並在教育活動當中實踐，最重要的便是從這些元素當中，讓孩子的學習活動成為一種「工作」（travail）。因此，他將具有社會性意義的生活與遊戲之間，作了許多連結，並指出從遊戲中，所延伸出學習工作，在教育中所扮演的重要角色（Cousinet, 1905, pp. 21-33）。

　　Cousinet首先反思當今學校教育的問題。他認為，當今的學校教育將孩童的學習工作一分為二：一邊是孩童大量的在進行社會性合作與互動，而這僅僅發生在學校的幾個零碎的下課時間；一邊是學生個別、孤立的進行學習活動，而這樣的學習活動大多只是聆聽教師的話語，抄寫黑板上的文字以及練習大量的課本習題，這樣的教育活動大量且長時間的在學校各個學習活動時間中：

> 今日這種具有教育意義的社會—遊戲（socio-ludique）活動被丟棄在一旁，而僅在學校的下課時間被允許。一旦回到教室中，當學生又面對著教師並開始接受教師的教學，各種學習活動又成為極度個別性的學習。他者彷彿從未存在。他者禁止被意識到。每個孩子必須且只能獨立活動、不用去認識旁邊的人，不用去幫助他或是被他人幫助，不用去跟他交談，也無須聆聽他人的話語。學校的規訓將每個學生孤立在一個無法穿透的框架中。對於孩子來說，這便首先是一個令他們感到困擾的矛盾，因為他們被迫要在兩種不對等的學習態度之間進行轉換，在某些長時段的時間是絕對個人性的，在某個很短暫的時間又是社會性的，然後又恢復個人性的。但事實上，最讓人感到困擾的，是孩子無法真正的能夠在這不斷地替換之中，找到一個真正屬於學習的意義的平衡點。（Cousinet, 2011: 68）

　　在上述的脈絡之中，個人性的、且幾乎是機械性的聆聽教師的話語、抄寫黑板的字、做習題本的練習、將紙筆測驗的每一題寫上標準答案，這些學習活動占了大多數的時間。在長時間的脈絡中，如此「眾多學習方式中的某一種」學習方式內化至孩子的心靈之中，讓孩子將這種學習的形

式視作爲唯一的學習形式，漸漸的也就自然而然的只以這種學習形式來學習。而透過這樣的學習形式，所產生出來的孩子的樣貌與人類的圖像，便缺乏了「自主、自由、批判力、反思力與創造能力，更缺乏了互助合作的能力，而這些元素，都是成就生命之美最重要的元素」（Cousinet, 1968: 37）。更因爲教室當中的學習，幾乎不存在學生之間的團隊合作，以及師生之間最自然而然的社會性互動，互助、友愛、團結，這些人類社會當中，最爲珍貴且美好的事物（Cousinet, 1950, 2011）。如同上述，這將會讓孩子學到的是極度競爭與自私自利的價值觀。

但是，在遊戲當中，孩子在社會性的交相往來中，學習到的卻是一種兼具規範（règle）與創造（créativité）的雙重性教育功能，更學到的是協同合作、協商以求共識與包容差異的能力，當然，也知道何時何處應該有個人獨立自主的學習時間與空間（Cousinet, 2011, pp. 79-81）。遊戲可以在有限制狀態之下，讓孩子自由的與他人互動。由於孩子們的遊戲，有時候是以「即興式」的方式發起，是孩子們的自由學習，也是孩子彼此經過一種自然而然的規範的建立與協商的過程。在遊戲之中，孩子透過對話與協調，建立起此次遊戲的邏輯與規範，並在即興的遊戲過程中，不斷創造出新的邏輯與規範。在遊戲中，孩童學習模仿、學習到了規範的制訂與建立、學習到瞭解決問題的過程、學習到尊重。在遊戲之中，孩子們更學習到如何自我學習以及團隊學習。當遇到困難時，孩子或合作，或尋求外部支援（如教師）與資源（如工具書或是各種工具）（Cousinet, 1950: 56-70）。

因此，Cousinet的教育學思想，便是讓學校教育的各項活動，都能具有上述的教育功能。他希望將學校當中的各項教育工作，都能夠含有某種遊戲的意義在其中。因此，學校教育，便是一種「工作」，這種工作既非是傳統教育式的灌輸工作，也並非是一般意義上的遊戲。因此，Cousinet特別的提出關於工作─遊戲的教育學核心意義：

首先是教育當中的環境性元素：學校必須提供大量的、不同的、多元性的工作，好讓孩童可以盡可能的投入這些工作當中進行學習。

再者是具有個別差異性的：這些工作必須都能植基在能激發孩童個別

且特殊內在學習動力的基礎上。

最後是具有社會性的：這些工作必須讓孩童有非常多的機會進行團體合作以及問題解決，此時，「原始的知識」便會在團體自由學習活動之中，透過主題式的探究、各種探查、調查與實驗，在小組協同合作的互動、對話、論辨中，進行整理、分析、歸納、評價、批評以及應用，而成為「運作的知識」（Cousinet, 1950: 22-26）。

在這樣的過程中，孩子開始學習到所謂的團結的眞正核心意義。Cousinet指出：

> 孩子學習到，個人與社會是一種必須互助互惠的狀態。他們學習到，當個人奉獻出自己的一部分來與其他成員協同合作，那麼整個團體便能夠呈現生機盎然之美，而在其中，個人也能夠在最符合他的個殊性的任務中，獲得更多。他們也學習到，面對許多事物，必須嚴肅以待，齊心合力。（Cousinet, 1950: 47）

孩子能夠在團體當中進行自我組織與自我管理，而教師也就無須在不斷地訂立各種規範甚或是展現他的權威來管理班級，因為在工作中，就像遊戲一樣，孩子對他們感興趣的課題，是有能力自己加以組織、付出心力探究，並嚴肅地對待整個探究工作的過程。對於Cousinet來說，孩子們必須十分嚴肅地對待著他們所正在投入的事情，更在這樣的嚴肅態度之中，訂立起組內的規範，分工的準則（Cousinet, 2011: 77）。成人之美的教育歷程，不是放任個體隨心所欲的從事自己喜愛的事情，而是讓每個人都可以在學習的歷程之中，能夠嚴肅對待每個學習的事物、所正在從事的工作，以及此項工作所必須遵循的規範。

二、團體自由工作方法的實踐

Cousinet認為，一般來說，孩童在進入學校之前，已經在藉由許許多多的活動，包括自我的探索，以及與周遭同伴一同嬉戲，來認識世界，來

學習知識，來內化規範，來創造事物。在這樣的過程中，孩子的生活幾乎都是充滿驚奇與喜悅。但進入學校之後，一連串許許多多以成人爲主的教學「活動」，讓孩子在學校裡幾乎不再「活動」，而被限制在各自的課桌椅之中，接受傳統教師講述的教學「活動」，也就是聆聽教師的話語、記下黑板上的一字一句，將習題練習得滾瓜爛熟，在測驗中取得最好的成績（Cousinet, 2011: 59-60）。

　　Cousinet的教育學方法，便是給予「人成爲人」的一種學習的契機，並在這個學習的歷程之中，綻放其生命之美。因此，他的團體自由工作方法，讓孩童透過各式各樣的團體學習活動與工作，重新尋回這種驚奇與喜悅。這樣的學習活動，不再全部都是由教師講授，而是提供學生許多的活動，讓學生能夠進行團體合作學習。

　　一般來說，使用Cousinet方法的教師，必須盡可能的提供各式各樣的資料、材料與工具，讓學生能夠在進行團體工作時，有充分的資源可以使用。而學生可以選擇自己欲探究的主題，並尋找想要一起工作的夥伴。而當孩子尋找好自己的組員時，便開始進行研究工作。這時，教室當中，甚至是教室外，會形成許多孩子工作的小區塊，如研究某個歷史人物的歷史區塊、探究某個小動物的自然生態區塊、研究某種水生植物的區塊等等。

　　因此，Cousinet提出「運用Cousinet方法的實際規範」（règles pratiques pour appliquer la méthode Cousinet）。這個規範一般來說，便是從二十世紀迄今，各個使用Cousinet方法的學生與教師，所參照方法的核心精神：

1. 班級的準備

(1) 教師的準備

　　教師不只是課前的備課，他不再只是個教授者（enseigneur），而是個找尋者。教師必須時時都在準備，他也必須預先做一些調查與探究，但他必須有如下的準備態度：他隨時都得不斷地自我學習，隨時都得好好的觀察與瞭解孩子們的一舉一動以及一言一行，以便能好好幫助孩子，更需準備好接受孩子的諮詢，並接受各種不確定性與挑戰。

(2) 工作的準備

　　必須提供給班級的成員有許多工作的機會，這些工作有著等待被探究

的主題與知識，可以讓孩子透過大量的協同合作來自我學習與相互學習。教師群可以訂立一些較爲開放式的主題或主軸（如世界大戰），而後讓學生組成工作小組，針對他們想要探討的面向，選擇自己欲探討的方式（歷史文獻分析或雕塑模型製作等），以進行團體自由工作。教師最重要的事情，是讓每個小組都要有一個可供大量書寫、分析與討論的黑板，以及各種可以讓孩子們使用的工具與器具。而工作的主導權在於每個團體與孩子。

2. 開始工作

(1) 形成團體

形成團體的核心是讓孩子們能夠共同協同合作以進行工作。這裡牽涉到三個規範，是其協同合作的精神，也就是自由的學習，以及爲了共同的目標，彼此相互合作與相互規範：

① 讓孩子自由組成小組，團體成員也可以自己決定如何組織成員與組成的方式。也不可以強迫一個孩子加入或是離開某個團體，更不可以強迫團體加入或是開除某個成員。

② 當小組工作時，讓孩子們專心工作。假使教師發現有一個孩子似乎沒有在做事，那就等待（這經常發生）小組的其他成員調查並證明這名成員無意願一起工作，或是不適任，以致於必須開除他。這時，這個孩子必須加入其他組。

③ 教師只能跟隨著每個團體的工作，不可干預，除非孩子向教師詢問，教師才能夠給予幫助，教師必須要如同一個好的合作者。針對工作進行改正，工作是自由的，但要讓孩子習慣工作且正確地工作。（Cousinet, 1922a: 6; 2011: 127）。

正確的工作意味著，孩子們所產出的作品，必須合乎正確的知識邏輯。也就是說，如文字書寫必須合乎文法規範，科學探究必須基於事實與證據。在戲劇、繪畫等「創造性的活動」（activités de création）時，教師需有耐心，等待學生之間彼此檢驗與改錯，並等候學生主動來尋求支援。而當成果展演發表時（可以不用是最終的成品，而是每隔幾次上課的半成品發表），針對錯誤，教師此時才需主動介入。而在「知識性的活動」

（activités de connaissance）時，則另有他法，如下述分析。

(2) 安置團體工作時所需要的資源

　　每個工作小組都會有他們所要工作時，必須要有的工具。教室四周與教室外附近，最好有著大量的封閉或開放的櫃子，裡面提供著豐富的工具與資源。

(3) 團體自由工作法

　　團體自由工作法並非完全可以適用在任何的學習活動。學校教育也不能都只有團體自由工作法，因爲倘若如此，不也將團體自由工作法無限上綱成爲學校當中唯一的教學方式，任何知識與活動都只能且必須採用此法，這不也等於另一種的教學或是對於教育方法的霸權。

　　因此，Cousinet特別提醒所有的教師，不同的知識形式，有不同的團體自由學習方法。在此，Cousinet區分了兩種教育活動：「知識性的活動」與「創造性的活動」。

　　──「知識性的活動」，如自然科學知識學習，有其嚴謹與科學性，因此需要與具有「創造性的活動」，如藝術創作、戲劇、繪畫不同的團體工作方法。

　　──「創造性的活動」學生的自由度非常的大。學生可以用任何的形式進行創作，也可以自由選擇要如何呈現作品、保存作品以及如何與他人（包括校內與校外）分享。教師介入或是進行修改的可能非常低（Cousinet, 2001: 132-134）。

　　「知識性的活動」有較多的規範。最重要的規範便是，學生必須正確的工作。換言之，每個團體必須在黑板上寫上目前的工作主題與核心，讓自己以及教師確切知道目前所從事的工作到底是什麼，而不要失去焦點。在工作到某一個段落時，必須將目前的半成品拿去給老師檢視。教師首先會先提醒大概有哪一個部分有些問題，但不會明確具體指出是哪一個部分。小組成員回去討論與修改後，再拿給教師檢視，倘若錯誤仍在，教師這時可以明確指出錯誤。而教師此時是否直接針對錯誤進行修正，則必須依照學生的年齡、所工作之知識的特性而定。而後，倘若教師直接進行修改，則小組成員需要將教師所修正之處，重新謄寫一次，並由每個成員反

覆檢視。當然，此時可以繼續進行工作進度，而有更多想法的學生可以繼續增添其創意，如加上搭配此主題的繪畫等（Cousinet, 2011: 131-132）。

在科學工作上，Cousinet說明，工作的主題可以是石頭、植物或動物。當然也可以是雨、雪或暴風等等。可以先讓小組的成員初選幾個有興趣的議題，如第一場雪、印象最深的暴風，讓他們自己討論並選出要探討的主題。當然，依照孩子的年齡，教師事實上可以進行一些指導，如太小的孩子，儘量引導他們選擇與他們最親近的事物，如寵物或校園的狗等。而此時，教師無須特別準備過多的材料，小組成員自動會去尋找。

比方說，科學工作需要工作的方法。Cousinet指出，需要讓學生觀察。然後學生自己將所觀察到的事物寫在小組的黑板上，並開始進行觀察書寫，並來來回回地與教師及小組成員，一同檢視書寫的內容及其正確度。接下來便需開始對於所觀察到的事物進行分類，而後針對每個分類進行可能的比較、歸類，並再次進行多次的觀察、分類與比較。而年齡比較大的學生，可以開始進行各項科學實驗與驗證，而因為科學實驗牽涉到安全性，此時教師的介入、檢視與修正會變得較多。而倘若科學實驗有著較高的複雜度，老師被詢問的次數也當然會提高（Cousinet, 2011: 135-137）。

另外，Cousinet認為，有些學習是「不會」使用團體自由工作法。如他提到，團體自由工作法不會是文法學習的第一考量，因為若以心理學的動機原則來說：「文法的學習，在孩童階段，是不會引起他們的興趣」（Cousinet, 2011: 93）。因此，當在涉及文法的學習時，Cousinet便會讓教師的講述作為課堂當中的主要學習。當然，Cousinet更說，倘若有特殊的情況，孩童們的確展現了對於文法的高度興趣，那麼，這時，他們仍然可以進行團體自由學習，觀察、分析、分類字詞，並建構初步的文法邏輯（Cousinet, 2011: 94）。

對於拼字，Cousinet將它歸類為較為個別性的學習活動，因為拼字的確需要許多專心且安靜的記憶與練習。當然，法語拼字的確有其特殊的邏輯與規律，Cousinet指出，除了教師教授這種拼字的邏輯與規律之外，當然也可以藉著團體自由工作法，讓孩子進行探究，以發現這些邏輯與規

律。但Cousinet亦是一名十分務實的教育工作者，在當時（今日仍是），法國的學生是需要接受大量的畢業考與入學考，而倘若在拼字與文法的學習上，只有以團體自由工作法來學習的話，學生們會花費非常多的時間在處理某一個特定的拼字與文法邏輯，而會影響到下一個步驟與階段的其他拼字與文法學習。而最終的考試制度仍在不遠的那一方，學生還是有必須要在期限內學完的最基本的概念，因此，文法與拼字學習，Cousinet的教室通常不會有太多的團體自由工作法的實踐。而對於文法與拼字，Cousinet倒是十分堅持這兩者的正確度。Cousinet教室當中，也有十分大量的孩童個別或團體自由書寫，當Cousinet論及他的方法的原則與規範時，針對學生作品中的文法與拼字，教師是可以有著較為主動的介入角色，且必須要多次進行批閱與改正（Cousinet, 1952: 11-15）[21]。

當然，核心精神是，在團體自由工作的歷程之中，教師可以真正的觀察到每個學生的特性、特質與困難，並能給予其最適切的幫助與照護。

三、抽象思維與創造

各種學習「活動」與「工作」，並非是一種體驗式的學習而已。對於Cousinet來說，所謂的工作與活動，它的另一個重要目的是，從活動之中精鍊出抽象思維：

> 孩子學習去提出他的解釋而不是被強迫灌輸某些片面性的解釋。他學習如何以分析性的方式，精確的表達自己的意思，好努力讓與他對話的人能夠理解。他學習社會性地生活，也就是透過與他人的思想的交相互動，更豐富化自己的抽象思維。
> （Cousinet, 2011: 65）

---

[21] 這與其他的法國教育學家，如佛賀內（Freinet），比較傾向教師介入的次數需較少，並由孩童藉由作品發表與協同合作的方式，由教室當中的成員們共同進行某一作品的拼字與文法的修改，是有所不同的（Meirieu, 1987: 121）。

　　因此，Cousinet的團體自由工作，其最主要的目的之一，是在各式各樣的活動與工作之中，精鍊出各種知識的精髓（無論是已發生的抽象理論或是將創造出來的科學概念）。也就是說，在這些團體自由工作與學習當中，培育出孩子能夠以其自我或是與他人互動的經驗歷程，發現、理解、體悟各種知識（學科的或是日常的）背後的抽象性原理原則。另一方面，活動不僅僅只是讓孩子發洩他無窮無盡的體力，而必須在當中型塑著抽象性的思維：「尤其是，他學習超越生命的衝動，而這種衝動讓他在他的空間之中，充滿了許多不同的、各式各樣的活動，他必須學習將這些活動轉化爲抽象的思維。」（Cousinet, 2011: 65）而抽象的思維，無論是個人的或是協同合作的，都是創造的契機」。

　　這個論點，不論是在當時或是現在的教育場域，都扮演著至關重要的角色。相對於主智主義重視抽象思考的教育觀，所謂的新教育，或另類教育，經常會被視作爲「重視學生們的經驗與體驗、讓學生大量的到戶外探索」的體驗教育或活動取向的教育。所謂的新教育或另類教育，的確是針對傳統主智主義的教育所不足或是忽略的地方，進行革新。但這並不意味著，新教育或另類教育就不重視學生的思維層面，或是抽象思考能力的訓練與提升，而只重視教室內外的各種「活動」。眞正的教育，必須兼顧著經驗、體驗與抽象知識。對於Cousinet來說，特別是這種與經驗及體驗所融合的抽象思考，十分有利於「創造」。這裡必須藉由臺灣學者黃武雄的教育學論述，區分兩個層面說明：

㈠體驗世界與抽象能力

　　黃武雄在其著名的《學校在窗外》中便提出一個當代教育最重要的核心價值：「打開經驗世界，發展抽象能力」（黃武雄，2003，頁56）。他指出，當代教育最重大的弊病之一，在於將套裝的、抽象的知識直接灌輸給學生。但：

　　學校裡教的知識，是將人類千萬年累積下來的繽紛龐雜經驗，
　　經過編裁整理，而加以抽象化、普遍化、分類化、標準化的

所謂人類經驗精華。這套經驗精華是一整套有系統的套裝知
識。由於經過抽象化、普遍化的處理，套裝知識的內容，看不
到個人特殊經驗的痕跡，看不到眾多的例子與故事。沒有個人
特殊經驗，沒有眾多的例子與故事，學習者不易拿自己的生活
經驗，拿自己的思維經驗，與所學習的內容相互印證，學習者
不易融入套裝知識底層的那些真實的人類經驗。原來，套裝知
識是要經由抽象，去擷取世界的普遍性，讓人掌握世界的普遍
性，並以此放回真實世界，去印證真實的特殊經驗，去瞭解真
實的、看得到、摸得到的具體現象。但由於學習者沒有機會參
與套裝知識的編輯過程，由於他只被迫學習套裝知識中那些看
不到、摸不到的抽象內容，被迫操作套裝知識中那些代表普遍
經驗的文字符號，因此他也失去機會去瞭解，那些抽象內容與
具體現象之間，那些普遍經驗與特殊經驗之間，緊密無間的關
聯。（黃武雄，2003，頁69-70）

黃武雄曾經以此來檢視臺灣的另類學校——全人中學早期的發展，
特別是針對早期另類學校過度重視學生們的體（經）驗，忽略了抽象知識
與能力的培養（黃武雄，2003，頁261）[22]。而Cousinet在法國新教育／另

---

[22] 這幾年，我觀察體制外的理念學校，目前苗栗卓蘭山上的全人中學，是其中唯一
的中學，學生從十歲到十八歲。全人中學也是臺灣目前唯一能觀察抽象能力與想
像力兩者發展到青年期的實驗學校。在全人中學，學校給予學生極大的自由，學
生的想像力普遍發展得很好。遠遠超過一般體制學校的學生。全人保存的一些學
生的文學作品及繪畫攝影，可以證明這項觀察。全人學生的人格發展，亦遠優於
一般學校，論事說理的能力都十分突出。但進一步抽象能力的發展便略遜於某些
體制內菁英學校最上層的學生。這是因為全人的課程，較少抽象語言的操作訓
練。對學科知識的抽象過程，也較少涉及。學校沒有帶動起深入學科知識的風
氣。一些學生雖然在想像力與人格方面的發展不錯，但由於抽象語言訓練較弱，
在目前升學競爭中，容易挫敗，影響其自信。
全人學生都有強烈的自我價值感。但到少年後期若因競爭挫敗而打擊自信，自我

類教育運動發展與勃興的二十世紀初至中葉，同樣的也點出當中的弊病：
過度強調讓學生們體驗與經驗事物，卻沒有好好的在各種學習活動之中，
讓學生能夠真正的將活動當中的各個經驗（包括個人經驗與團體經驗），
加以整理、概念化、抽象化，甚至能試著萃取出普遍化的律則，並意識到
此普遍化的律則也只是時空脈絡下，人類以及文明的發展以其非全知全
能、有限的視角所建構的產物，普遍化的律則也等著被質疑與推翻，也期
待更進一步的革新與創新。在這樣的歷程中，才有可能產生一種對於既定
真理知識的距離，能夠後退一步看待各種真理、律則與知識，能夠有著反
思的空間，進而能夠有著觀點取替、多元視角的可能（Cousinet, 2011: 66-
67）。

㈡維生、互動、創造

　　黃武雄認為，人存在主要有三個原始趣向：「維生、互動、創造」
（黃武雄，2003，頁67）。他認為維生不必教，創造不能教，留下來的便
只有互動一項。維生，意即維持人的基本生存，三餐溫飽。而學生在學校
教育的後期，有著學習專業技能的機會，因此有著掌握維生的能力（黃武
雄，2003，頁67）。今日臺灣的學校教育也大抵讓學生在學校當中不至於
有基本生存的危險，各項對於弱勢的補助與扶助[23]，就某種程度上可以讓
孩子得以完成基礎的國民義務教育，有著基本的讀寫算的能力（當然，今
日教育上對於維生的意義進行了重新詮釋，也就是在今日資本主義社會當
中的維生，幾乎是受制於大財團與資本家──隨之而來的便是今日問題重
重的黑心食品與商品。當代教育已經開始漸漸重視培養孩子能依靠自己的
能力來維生，因此有的孩子能夠自己栽種自己的糧食，自己縫製自己的衣
物，自己搭建自己的住所，這在歐陸與臺灣的許多另類學校都是其教育的
核心，而近來的全球生態村運動，更是如此）。而創造力，無法有制式的

　　價值感也多少會打折。不過這件事尚屬我的猜測，並未經證實。最近全人辦校者
　　也意識到早期創校時或許太浪漫，開始加強抽象能力的培養。我覺得全人所進行
　　的實驗教育，意義深遠，值得教育者密切注意。

[23] 中低收入戶以及低收入戶的補助，國民義務教育低廉的學費以及營養午餐。

步驟與教法，只能在教育的歷程，提供足夠的資糧與土壤，期待它的成長與茁壯。剩下的便是互動。而互動，如同Cousinet的分析，的的確確是當代教育最為欠缺的一項重要的元素，也因在教育當中，大量缺乏互動的機會與歷程，而造成今日教育以及社會過度重視競爭性的習性（habitus）以及個人主義式的自私與對他人的不信任。更重要的是，雖說創造無法教，但透過學生在協同合作學習的契機之中，學生產生了生命經驗的對話與互動，也因為在這個互動的歷程之中，集眾人之智慧與力量，更得以有著許多「創造」之可能與契機。

四、平等、秩序與喜樂之美

一般來說，使用所謂的新教育或是另類教育的教室，最為人所質疑的，便是秩序的問題：這樣的教室秩序如何維持？

Cousinet十分重視教室當中的秩序。但是這種秩序並非是由上而下、壓迫性的秩序，而是一種學習的規律以及學生內在性的秩序。他認為，這種秩序必須回歸到團體自由工作學習當中的幾個要素。

首先，團體自由工作的教室，必須是一種令人舒服的、讓人有安全感的學習氛圍。這意味著，在這裡的每個成員，都是平等的，沒有誰優誰劣。學生可以自由學習，更容許學習當中有犯錯的可能，且犯錯時不會被謾罵與指責，只有提醒、鼓勵與協助。在這樣的氛圍中，學生便可以慢慢的感受到自由學習以及與他人共同學習的樂趣，以及一種學習的幸福。

而所謂的秩序，Cousinet指出，團體自由工作當中的每個實踐，都在潛移默化著所謂的秩序。各個器具、設備與設施，都必須按照秩序分門別類的蒐集、整理、以及安置。再使用時，教師也必須告訴孩子使用的方法與規範。使用後也必須好好歸還與擺放。教室的成員可以共同訂立使用規範與罰則。

再者，團體自由工作時，各團體本身便會訂立出自己的規範與秩序，每個團體成員也必須遵守。而一旦團體自由工作逐漸地步上軌道；一旦學生們知道在團體、在教室當中的每個人（包括教師）都是平等的；一旦整

個教室不再是各做各的事情，各管各的成績，目的是為了拿高分與入名校的自私心與（過度）競爭心；一旦學生們感受到，學生便開始產生一種關於自由學習與協同合作學習的內在的秩序（un ordre interne），他們開始對於學習產生無比的好奇心，以及對於未知知識的探究心，在工作的過程中，他們相互扶持，因此有著持續不斷的能量，不會半途而廢。因此，他們感受到被尊重，被珍視，他們開始有了善待他人的柔軟（douceur）與耐心（patience），喜樂（bienveillance）與愛人（及感到被愛）便由此誕生（Cousinet, 2011: 142-145）。

五、成效

團體自由工作方法，是二次大戰前後，法國最大型的新教育思想的實驗：Cousinet以超過20年，在超過40個都市與鄉村的學校，其中有超過一千名的學生，所進行的研究成果。一般來說，要實踐這種「不一樣」的教育，通常會碰到最大的質疑，便是學生學習成就的問題。而接受Cousinet的教育學方法的學生，有著良好的學習成效。

在學生的學習成就方面，Cousinet本身則有明確長時間的教育實踐成果數據。在1920到1940年代，超過20年的時間，Cousinet 在大巴黎地區以及諾曼地地區的都市以及鄉村公立學校，超過40個不同的班級的研究成果，顯示出這些班級運用Cousinet的團體自由工作方法，在學習上的良好成效。比方說，一個工作團體每個月可以有超過30篇的工作或研究成果的產出（科學研究、歷史研究、藝術創作等）。而在學習成效方面，Cousinet他舉出證據說：

> 工作的品質如何？首先，這顯然是所有教育專業工作者都會擔心的一個問題，也是許多人都會問我的第一個問題：這些採用這種方法的學生知道了什麼？他們學到了什麼知識？然而，這個問題對他們而言意味著：這些採用這種方法的孩子知道這麼多的東西，但他們有學到像在一般傳統學校所會要學到的文

法、數學、歷史、地理知識嗎？因此必須要檢核一下孩子們對於這些知識的能力，以作個確切的比較。直到1941年，這個檢核有了成果。也就是當時小學畢業都需要參加的學習證書（certificat d'études）考試。但要注意的是……當時公立學校，有超過50%的學生並沒有獲得這項文憑，也就是說，他們沒有學會在學校七年的時間所應該學到的知識……但事實上，當某些班級採用Cousinet方法，相對於其他沒有採用Cousinet方法的班級，學生們在這個文憑考試的成果上，都有十分高的比例成功獲得文憑，特別是在科學成績與法文作文的成績上，都明顯的比其他學生高出許多。更且，在一間學校中，我的其中一個合作夥伴在她的班級中都採用我的研究方法，數年下來，這些學生不僅都取得學習證書文憑，之後他們進入高中後，也都成功獲得「基礎證書」（brevet élémentaire）……即便是最為基礎的拼字，也有大量的改善，在一間班級的基礎課程中，聽寫錯誤率從2月15日的19.26%，3月31日的12.4%，而後再經過一個學期（10月到隔年的7月），拼字的錯誤率從9.04%降到3.8%。（Cousinet, 2011: 105-106）

Cousinet還更細區分了關於採用Cousinet方法的班級，每年學生在學習成就上的進步；比較採用Cousinet方法的班級與沒有採用Couisnet方法的班級，學生的學習成果。

當代其他的法國學者也針對其他相關的、不同年代的史料進行研究，也都獲得正向的結果：如G. Dufournet針對50到60年代的La Source學校學生（從小學至高中）；F. Chatelain針對60到70年代的La Source學校學生（從小學至高中），這些學校均大量施行團體自由學習法，透過學生的協同合作學習，他們在各個學業領域的學習表現，都有十分不錯的表現（Chatelain, 2007: 145-150; Dufournet, 2007: 139-143）。在今天，La Source的學生在高中畢業文憑考試上（baccalauréat），從2010到2015年，學生的通過率非常高，幾乎都達90%以上，2015年更是100%（La Source, 2015）。這樣

的通過率，與巴黎許多欲升學至菁英學院（如巴黎高等師範學院）的明星高中（此種高中更設有菁英式預備班，上課內容與方式，與臺灣的補習教育相似），幾乎可以相比擬。

Cousinet以更細部的質性的方式深究學業成就之外的部分：學生在分析能力與綜合能力上的改變；團隊合作在學習成效與嚴肅對待學習議題時的改變；道德性的生活，如民主、平等與互助等等。這些面向均呈現正面的結果（Cousinet, 2011: 106-125）。Sylvain Connac教授在其《與協同合作教育學一同學習》中，論述其長年於基層學校當中實踐Cousinet的團體自由工作法的歷程，他說：「協同合作的教室的秩序以及學習節奏，比傳統教室要來的好。舉例來說，學生彼此互相提醒討論的聲音大小，研究或蒐集資料時，可走動但不可打擾他人，在其他人發表時，不可嘲笑，而是應該給予鼓勵、讚賞、珍視與協助」（Connac, 2015: 35）。在La Source學校，學習的氛圍十分的良好。

伍、結語

十九世紀以來，西方與東方的教育學，對於學習的預設幾乎都是「一個已經對於知識有著良好的認識的主體」（教師），向「一個被認為對於知識幾乎是不知道的個體」，進行教育。這樣的一個主體（教師）向一堆彼此孤立的個體（學生）傳遞知識的過程，預設著教師的知[24]與學生的無知。而團體自由學習便打破了這樣的教育預設、高低之別與對立，將學習視為一種永無止盡的歷程（共同對於已知與未知事物進行探索與學習），將學習中的每個參與者都視為是平等的主體。在協同學習的基礎下，學生重新與他人的生命經驗相逢，與他人的生命故事對話，並透過這個歷程，許多的生命彼此相互參照、對照與詮釋，更豐富了生命的精彩度。

因此，當代的教育，無論是東方或是西方，即便已然有著許多新式

---

[24] 有時還會被認為是全知，或應該要全知

教育／另類教育的思維與實踐，對於所謂的學習，也開始朝向讓學生「學習如何學習」的方向上邁進。但從Cousinet於一百年前對於新式教育／另類教育的研究與實踐，透過他對於團體自由學習方法所揭示的精神，以及他在教育場域（如La Source學校）所進行的許多精彩的教育實踐，在在說明了當代的教育，除了讓學生成為能夠學習的主體之外，更必須要讓每個學習的主體，都能有機會（與方法的參照）學習如何與他人「一起共同學習」，一起嚴肅對待每個需探究的課題，一起在經驗的互動當中萃取出重要概念的核心思維，並在共同探究與實驗的歷程與經驗當中驗證抽象理論與思維。當然，最終能夠透過這些協同合作的歷程，在彼此平等的互動當中，一同建造起關於自由學習與協同合作學習的內在秩序，並在其中，透過互動與互助，培育著人類有著能善待他人的柔軟心，並且在遭遇問題中，彼此相互扶持，培育出堅毅的勇氣與毅力，進而一同創造出能讓每個個體都能走上自我完成的學習之路。因而，這樣的教育歷程，切切實實的成為一種「成人之美」的教育歷程。

當今臺灣十二年國教的課綱圖像，是以「自發‧互動‧共好」為核心三要素（馮朝霖、范信賢、白亦方，2013，頁39-41）。而臺灣的教育也將逐漸朝這個方向前行。幾年前，研究者有幸獲得科技部（當時的國科會）的補助，至法國各個新教育／另類學校接受培訓，因此也更深入的挖掘法國當代最重要的教育學家的思想及其實踐。其中一次，便是到Roger

此為La Source學生透過協同合作的團體自由工作法，所進行的劇場演出

La Source學生在自由工作時間，以兩兩一組的方式，進行專題研究

Cousinet所創辦的「La Source」學校參訪。在那裡，研究者親自體驗到，一個辦學真正嚴謹的新教育學校，呈現的是一種充滿教育美學的氛圍。教室以一種寧靜的方式，開展著團體自由學習的獨特的學習節奏。教室中充滿的，是學生對於對知識自發的熱情、學生在協同合作中，所充滿的生命對話與邂逅，以及對他人的尊重、友愛與互助，希冀的是彼此都能共好的未來。

參考文獻

中文

馮朝霖（2006）。另類教育與二十一世紀教育改革趨勢。**研習資訊，23(3)**，
頁5-12。

馮朝霖、范信賢、白亦方（2013）。國民中小學課程綱要系統圖像之研究。
載於范信賢主編之國民中小學課程綱要之研擬原則與方向（頁21-48）。
臺北市：國家教育研究院。

黃武雄（2003）。**學校在窗外**。臺北市：左岸。

外文

Algan, Y., Cahuc, P., & Zylberberg, A. (2012). *La fabrique de la défiance*. Paris,
France: Albin Michel.

Châtelain, F. (2007). 《La Source》: le regard rétrospectif de l'un de ses fonda-
teurs (1970). *Les Etudes Sociales,* 145, 145-150.

Connac, S. (2015). *Apprendre avec les pédagogies coopératives. Démarches et
outils pour l'école*. Paris, France: ESF.

Cousinet, R. (1907). Le rôle de l'analogie dans la perception enfantine, *Revue Phi-
losophique,* LXIV, 159-173.

Cousinet, R. (1908). La solidarité enfantine, *Revue Philosophique,* LXVI, 281-300.

Cousinet, R. (1922a, January). L'Oiseau bleu, 1, 1-2.

Cousinet, R. (1922b). *Principes et techniques du travail collectif*. Paris, France: La
Nouvelle Education.

Cousinet, R. (1950). *Leçons de pédagogie*. Paris, France: PUF.

Cousinet, R. (1952). *L'enseignement de la grammaire*. Neuchâtel, Swiss, France:
Delachaux & Niestlé.

Cousinet, R. (1959a). *La vie sociale des enfants - Essai de sociologie enfantine (2e
édition)*. Paris, France: Scarabée.

Cousinet, R. (1959b). *Pédagogie de l'apprentissage*. Paris, France: Presses Universitaires de France.

Cousinet, R. (1968). *L'Éducation nouvelle*. Neuchâtel, Suisse: Delachaux et Niestlé.

Cousinet, R. (2011). *Une méthode de travail libre par groupe (1e édition 1945)*. Paris, France: Fabert.

De Vals, M., & Saisse, S. (2002). *Roger Cousinet : la promotion d'une autre école*. Paris, France: ESF

Dufournet, G. (2007). Une expérience de professeur polyvalent à « La Source » (1958-1965). *Les Etudes Sociales,* 145, 139-144.

Grandserre, S.& Lescouarch, L. (2009). *Faire travailler les élèves à l'école: Sept clés pour enseigner autrement*. Paris, France: ESF.

Gutierrez, L. (2007a). « La Source », les raisons d'un succès (1946-1975). *Les Etudes Sociales,* 145, 81-94.

Gutierrez, L. (2007b). L'Oiseau bleu : histoire d'une revue rédigée par des enfants pour des enfants (1922-1929). *Le Télémaque,* 32, 111- 124.

Gutierrez, L. (2011a). Histoire du mouvement de l'éducation nouvelle. *Carrefours de l'éducation*, 31, 5-8.

Gutierrez, L. (2011b). Etat de la recherche sur l'histoire du mouvement de l'éducation nouvelle en France. *Carrefours de l'éducation*, 31, 105-136.

Gutierrez, L. (2011c). Préface. In R. Cousinet, *Une méthode de travail libre par groupes* (pp. 9- 34). Paris, France: Fabert.

Gutierrez, L., Besse, L., & Prost, A. (2012). *Réformer l'école - L'apport de l'éducation nouvelle (1930-1970)*. Grenoble, France: PUG.

Hameline, D. (2000). *Courants et contre-courants dans la pédagogie contemporaine*. Paris, France: ESF.

Houssaye, J. (2014). *La Pédagogie traditionnelle. Une histoire de la pédagogie. Suivi de « Petite histoire des savoirs sur l'éducation*. Paris, France: Fabert.

La Source. (2015). Le taux de réussite au baccalauréat. Retrieved from http://

www.ecolelasource.org/La_Source_Ecole_nouvelle.php?id_niv1=5&id_niv2=11&id_niv3=40&PHPSESSID=4e4f91dc05755bd678f4cd8c56816794.

Meirieu, P. (1984). Apprendre en groupe. Itinéraires des pédagogies de groupes. Lyon, France: Chronique Sociale.

Meirieu, P. (2016). La pédagogie coopérative, c'est une panoplie de techniques. Sciences Humaines, 282, 36-37.

Ottavi, D. (2004). Roger Cousinet et la société enfantine. In A. Ohayon, D. Ottavi, & A. Savoye (Eds.), L'Éducation nouvelle, histoire, présence et devenir (125-143). Berne, Swiss: Peter Lang,

Raillon, L. (1993). Roger Cousinet (1881-1973). Perspectives, v.XXIII, 1-2, 225-236. Paris, France: UNESCO: Bureau international d'éducation.

Raillon, L. (2008). Roger Cousinet, une pédagogue de la liberté. Paris, France: Fabert.

Sérina-Karsky, F. (2012). Les créations d'écoles nouvelles des années 1950-1960: des militantes méconnues ? In A. Prost, B. Besse, & Gutierrez. L (Eds.), Réformer l'école : L'apport de l'Education nouvelle (1930-1970) (101-110). Grenoble, France: PUG.

重要名詞索引

二、中文專有名詞

您，了没？

趕緊加入我們的粉絲專頁喲！

教育人文 & 影視新聞傳播～五南書香

等你來挖寶

五南圖書 教育/傳播網】

ps://www.facebook.com/wunan.t8

絲專頁提供──

書籍出版資訊（包括五南教科書、

知識用書，書泉生活用書等）

不定時小驚喜(如贈書活動或書籍折

扣等)

粉絲可詢問書籍事項（訂購書籍或

出版寫作均可）、留言分享心情或

資訊交流

封面圖
不定期
會更換

請此處加入
按讚

國家圖書館出版品預行編目資料

教育美學：靈性觀點的藝術與教學／李崗主
編. －－初版.－－臺北市：五南，2017.03
　　面；　公分
ISBN 978-957-11-8976-5 (平裝)

1.美學　2.教育哲學　3.美育教學　4.文集

180.3　　　　　　　　　　105024406

1IZS

教育美學
靈性觀點的藝術與教學

主　　編 ― 李　崗（81.8）

作　　者 ― 馮朝霖　方志華　郭淑玲　何佳瑞　蔡偉鼎
　　　　　　陳柏年　林忠蔚　徐永康　李　崗　謝易霖
　　　　　　王尚文　林美玲　林雅萍　許宏儒

發 行 人 ― 楊榮川

總 編 輯 ― 王翠華

主　　編 ― 陳念祖

封面設計 ― 潘旻鴻

出 版 者 ― 五南圖書出版股份有限公司

地　　址：106台北市大安區和平東路二段339號4樓

電　　話：(02)2705-5066　　傳　　真：(02)2706-6100

網　　址：http://www.wunan.com.tw

電子郵件：wunan@wunan.com.tw

劃撥帳號：01068953

戶　　名：五南圖書出版股份有限公司

法律顧問　林勝安律師事務所　林勝安律師

出版日期　2017年3月初版一刷

定　　價　新臺幣560元